D1728393

Reihe Geschichtswissenschaft
Band 18

Karl Rodbertus
(1805 – 1875)

Sozialismus, Demokratie
und Sozialreform
Studien zu Leben und Werk

Udo Engbring-Romang

Centaurus-Verlagsgesellschaft
Pfaffenweiler 1990

Umschlagabbildung:
Karl Rodbertus, Archiv des Autors.

CIP-Titelaufnahme der Deutschen Bibliothek

Engbring-Romang, Udo:
Karl Rodbertus: (1805–1875) ; Sozialismus, Demokratie und
Sozialreform ; Studien zu Leben und Werk / Udo Engbring-
Romang. – Pfaffenweiler : Centaurus-Verl.-Ges., 1990
(Reihe Geschichtswissenschaft ; Bd. 18)
Zugl.: Marburg, Univ., Diss., 1988
ISBN 3-89085-470-2
NE: GT

ISSN 0177-2767

Satz: Vorlage des Autors
Druck: difo-druck schmacht, Bamberg

Vorwort

Vorliegende Arbeit ist meine vom Fachbereich Geschichtswissenschaften der Philipps-Universität Marburg im Juni 1988 unter dem Titel "Sozialismus, Demokratie und Sozialreform. Studien zu Leben und Werk von Karl Rodbertus (1805-1875)" angenommene Dissertation. Sie entstand im Fachgebiet Sozial- und Wirtschaftsgeschichte der Philipps-Universität Marburg zunächst bei Prof. Dr. I. Bog; nach dessen Tod übernahm dankenswerterweise Herr Prof. Dr. Gerd Hardach die Begutachtung der Arbeit. Dank schulde ich ebenso Herrn Prof. Dr.H.K.Rupp, der sich kurzfristig bereit erklärt hatte, das Zweitgutachten zu übernehmen. Die Friedrich-Ebert-Stiftung ermöglichte durch ein Promotionsstipendium den Beginn der Arbeit.

Zu danken habe ich auch den Damen und Herren der Archive und Bibliotheken in Merseburg, Potsdam, Jena, Zürich, Berlin, Frankfurt, Hamburg, und Düsseldorf.

Herrn Dr. Reinhold Keiner (Kassel) und Herrn Jürgen Kowalewski (Hamburg) möchte ich danken für die kritische Lektüre der Arbeit.

Inhaltsverzeichnis

Abkürzungsverzeichnis

GG	Geschichte und Gesellschaft
HdSW	Handwörterbuch der Sozialwissenschaften. Göttingen 1956ff.
HdWW	Handwörterbuch der Wirtschaftswissenschaften. Tübingen 1976ff.
HZ	Historische Zeitschrift
MEW	Karl Marx/Friedrich Engels - Werke. Berlin 1961ff.
RW	Karl Rodbertus: Gesammelte Werke und Briefe. Osnabrück 1971/72
VSWG	Vierteljahresschrift für Sozial- und Wirtschaftsgeschichte
ZfG	Zeitschrift für Geschichtswissenschaften
ZSTA	Zentrales Staatsarchiv

1. Einleitung

1.1. Erkennntnisziel und Aufbau der Arbeit

Johann Karl Rodbertus(-Jagetzow) ist ein unbekannter Bekannter. Obwohl er einen festen Platz in den Dogmengeschichten der Volkswirtschaftslehre oder in den Ideengeschichten des Sozialismus hat, sind seine Theorien und seine sozialpolitische Praxis wenig bekannt. Es gibt Übersetzungen seiner Schriften in die englische, französische, russische, polnische und japanische Sprache. Neuere Arbeiten über Rodbertus gibt es allerdings nur wenige und eine Biographie, die wissenschaftlichen Ansprüchen genügen würde, gibt es bis heute nicht.

Eine Studie über Karl Rodbertus zu verfassen, hätte schon allein darin ihre Begründung gefunden, weil dieser als Politiker wie als Theoretiker der Nationalökonomie und des Sozialismus weitgehend vergessen ist trotz der großen Bedeutung, die er während der zehn Jahre zwischen 1875 und 1885 in der Sozialdemokratie und der akademischen Nationalökonomie besessen hat. Ideengeschichtlich sind seine Ausführungen seit den 1830er Jahren über die soziale Frage und den möglichen Kommunismus bedeutend, weil Rodbertus als einer der ersten Denker versucht hatte, den Kommunismus von einem wissenschaftlichen Standpunkt als Wirtschaftsordnung zu begründen. Ein Mann, der sich selbst als Sozialist bezeichnete, Rittergutsbesitzer in Pommern war, der politisch zwischen Liberalismus, Konservatismus und Sozialdemokratie schwankte, der in der 48er Revolution preußischer Kultusminister war, dessen Schriften zur nationalökonomischen Theorie in der deutschen Wirtschaftswissenschaft des 19. Jahrhunderts Beachtung fanden, der für diese Studien und für seine Veröffentlichungen zur antiken Wirtschaftsgeschichte die Ehrendoktorwürde verliehen bekam, ist als Persönlichkeit wie möglicherweise als Typ in der Verkörperung der Widersprüchlichkeiten der gesellschaftlichen und politischen Entwicklung Deutschlands im 19. Jahrhundert interessant. An ihm und an seinen Schriften bietet sich die Möglichkeit an, die Entstehung sozialistischen Gedankenguts nachzuvollziehen, das sich von dem 13 Jahre jüngeren Karl Marx unterscheidet. Die Unterschiede, die auch in den verschiedenen Persönlichkeiten ihre Begründung finden könnten, lassen sich letztlich aber nicht auf diese reduzieren: hier der isoliert in Pommern lebende Agrarier Rodbertus, dort der im westlichen, industriell weiterentwickelten Ausland lebende Publizist Marx. Aber der Vergleich zwischen Marx und Rodbertus soll nicht im Mittelpunkt der vorliegenden Arbeit stehen, obwohl er unvermeidlich ist. Die Schwergewichte der Darstellung sollen statt dessen erstens auf die Rekonstruktion der Rodbertusschen Sozialismuskonzeption gelegt werden, und das beinhaltet auch die Kritik der bestehenden Wirtschaftsordnung und ihrer nationalökonomischen Darstellung; zweitens soll die Theorie mit der sozialpolitischen Praxis zwischen 1830 und 1875 verglichen werden. Damit muß drittens auch die Stellung, die Rodbertus in der Politik zu Demokratie und Nationalstaatlichkeit einnahm, aufgearbeitet werden, da der deutsche

2

Einheitsstaat bei Rodbertus die politische Grundlage jeder weiteren positiven sozialen und wirtschaftlichen Entwicklung sein sollte. Das Werk von Rodbertus möchte ich in verschiedene Phasen einteilen, so daß die Entwicklungen, die Rodbertus in Theorie und Praxis parallel zu den Veränderungen in Staat, Wirtschaft und Gesellschaft in der Phase der Industriellen Revolution zwischen 1830 und 1870, zwischen der Juli-Revolution 1830 und der Reichsgründung 1871, durchmachte, klarer gekennzeichnet werden.

Somit sollen Beiträge zur Geschichte des Sozialismus, der sozialen Bewegung, der Volkswirtschaftslehre und auch der Politik geliefert werden; denn die Theorie einer anderen, über die liberal-kapitalistische hinausgehende Wirtschaftsordnung, verband Rodbertus immer mit der Forderung nach Reformen in seiner Gegenwart. Somit müssen auch die Pläne für solche Reformen wie auch für die Voraussetzung dieser Reformen, die nationale Einigungspolitik mit in die Betrachtung einbezogen werden. Nicht näher eingehen möchte ich auf jene Bereiche des Gesamtwerks von Rodbertus, wie zum Beispiel die Untersuchungen zur antiken Wirtschaftsgeschichte und sein Engagement für die Agrarier, sofern sie nicht unmittelbar mit seiner Sozialismuskonzeption und seinen Reformvorschlägen zusammenhängen.

Viele gesellschaftskritische Arbeiten des 19. Jahrhunderts basierten auf einem geschichtsphilosophischen Denken, wonach sich die Geschichte auf ein Ziel hinbewege; entsprechendes gilt auch für Rodbertus. Obwohl er es in den meisten Schriften nicht ausspricht, so ist es doch in beinahe allen Arbeiten zu erkennen. Es verändert sich kaum von seinen ersten entsprechenden Ausführungen bis zu seinen letzten brieflichen Äußerungen. In den Kapiteln über die sozialistische Theorie sollen vor allem die Analyse und Kritik der kapitalistischen Wirtschaftsordnung und ihrer theoretischen Abbildung in der Nationalökonomie, Antizipation einer sozialistischen Gesellschafts- und Wirtschaftsordnung und die Überlegungen zur Veränderung des bestehenden Gesellschaftssystems Beachtung finden. Es sollen somit die Intentionen von Rodbertus im biographischen und politisch-sozialen Kontext dargestellt werden. Abschließend soll die Frage untersucht werden, inwieweit Rodbertus als einer oder gar als der "Begründer des wissenschaftlichen Sozialismus" gelten kann, womit der Vergleich mit den Haupttheoremen von Karl Marx unvermeidlich wird, ohne daß jedoch das Marxsche Werk zum Maßstab einer Bewertung werden soll. Eine Kritik der nationalökonomischen Theorien von Rodbertus vom Standpunkt der heutigen Volkswirtschaftstheorie findet sich nicht in der Arbeit, denn anders als bei den Naturwissenschaften ist die Ökonomie keine Wissenschaft, deren Fragestellungen ein für allemal geklärt sind, sondern sie können unter bestimmten Voraussetzungen wiederkehren, so daß eine Kritik immer relativ bliebe.[1] Auch hätten längere Ausführungen zur Kritik die eigentliche

---

1   F.Neumark, Zyklen in der Geschichte ökonomischer Ideen. in: Symposion in memoriam Edgar Salin. KYKLOS 1975, S.16-42

Aufgabe der Rekonstruktion der Theorien und der sozialpolitischen Praxis
von Rodbertus gestört.

1.2. Darstellungsweise

Die Ausführungen in der vorliegenden Arbeit beruhen zu einem Teil auf der
Auswertung des Nachlasses von Karl Rodbertus. Dieser ist in der bisherigen
Forschung nur sehr peripher benutzt worden, zum Teil unbekannt geblieben. Aus diesem Grunde finden sich in meiner Darstellung auch viele wörtli-
che Zitate aus dem Nachlaß, um Rodbertus authentisch zu Wort kommen zu
lassen. Dabei wurde nicht in die Orthographie eingegriffen, weil sich Recht-
schreibregeln auch weiterhin ändern werden. Ergänzungen oder Streichun-
gen von meiner Seite werden durch die Zeichen "< >" dargestellt.

Bei den veröffentlichten Texten wird soweit wie möglich auf die 1971/1972
weitgehend nach älteren Editionen von Thilo Ramm herausgegebene
sechsbändige Rodbertus-Ausgabe, im folgenden RW abgekürzt, zurück-
gegriffen. Diese Ausgabe erhebt aber weder den Anspruch der Voll-
ständigkeit - es fehlen eine Reihe von Zeitungsartikeln - noch den, eine hi-
storisch-kritische zu sein, so daß von mir auch frühere Ausgaben der Texte
benutzt werden. Die Sekundärliteratur wurde in die Arbeit einbezogen,
soweit sie wichtige oder interessante Forschungsansätze zeigte.

1.3. Quellenlage

Als Rodbertus im Dezember 1875 im Alter von 70 Jahren starb, hinterließ er
für einen nichtprofessionellen Wissenschaftler und Schriftsteller ein durchaus respektables Oeuvre und und einen wissenschaftlichen Nachlaß, von dem
heute in der Sprache der Archivare noch "3,5 lfm." vorhanden sind. Dieser
Nachlaß, der in der bisherigen Forschung nur in sehr geringem Maße aus-
gewertet worden ist, war seit dem Tode von Rodbertus ein Streitobjekt zwischen verschiedenen Personen, die sich als Anhänger von Rodbertus betrachteten, und zwischen den Nachlaßbearbeitern und den Nachlaßbesitzern.
Im Kreise seiner Freunde und Korrespondenzpartner hatte Rodbertus des
öfteren von druckfertigen Manuskripten gesprochen, die in seinem Pult la-
gerten und die nach seinem Tode veröffentlicht werden sollten. Aber er
hatte es anscheinend versäumt, in verbindlicher Weise die Person festzulegen, die diese Aufgabe übernehmen sollte. Rudolph Meyer schrieb in seiner
Edition der an ihn gerichteten Briefe, daß Rodbertus ihn mündlich dazu beauftragt hätte; allerdings gab es und gibt es für diese Behauptung keinen
weiteren Beleg.[2] Von den Erben, das waren Rodbertus Ehefrau Wilhelmine

---

2   Bemerkung R.Meyers in: RW 6, S.205, Anm.4; Bemerkung R.Meyers in: RW 6, S.560, Anm.2
    u. 3.

und die Adoptivtochter Anna von Lindheim, geb. Rodbertus, verw. von der
Osten, erhielt der langjährige Korrespondenzpartner Hermann Schumacher-
Zarchlin, und hinter diesem stand Adolph Wagner, die Erlaubnis, Teile des
Nachlasses zu edieren. Im Nachlaß Schumacher findet sich noch der Vertrag
zwischen den Erben und Schumacher aus dem Jahre 1877 über die Herausgabe der Briefe Ferdinand Lassalles an Rodbertus und einer Schrift mit
dem Titel "Zur Beleuchtung der socialen Frage".[3] Aus privaten Gründen
war H.Schumacher-Zarchlin bald von dem Projekt zurückgetreten; er arbeitete aber zeit seines Lebens, wenn auch nicht kontinuierlich, an einer Rod-
bertus-Biographie, die er jedoch nicht fertigstellte. Aus einem Brief von
A.Wagner an Schumacher aus dem Jahre 1877 wird ein Problem deutlich, mit
dem auch der heutige Benutzer des Nachlasses zu kämpfen hat: "... in den
losen Blättern des Manuskriptfascikels ist alles Wust. Man muß diese Partie
über die Pyramiden wohl selbst hinzufügen und sehen, was aus den Blättern (vielfach in Bleistift!) zu machen ist."[4] In den 1880er Jahren, als die
Konzeptionen von Rodbertus verstärkt wahrgenommen wurden, gewann
A.Wagner dann Theophil Kozak und Heinrich Dietzel als Mitarbeiter, dazu
noch den damaligen Studenten und später bekannten Schriftsteller Hermann
Bahr. Diese konnten Einsicht in den Nachlaß von Rodbertus nehmen, während zum Beispiel der explizite Rodbertusianer Moritz Wirth von Wagner zurückgewiesen wurde. In seinen zwischen 1885 und 1888 erschienenen Studien über Rodbertus bestätigte Dietzel den Eindruck, den schon Wagner
über den Nachlaß geäußert hatte, indem er auf das "ziemlich umfangreiche,
aber unfertige Material" hinwies, das aus einem "Wust von Konzepten" bestehe, weswegen er davon abriet, den gesamten Nachlaß zu veröffentlichen.[5]
Dietzel reagierte damit auf die öffentlichen Vorwürfe jüngerer Rodbertus-
Anhänger wie M.Wirth oder M.Quarck, die keinerlei Zugang zum Nachlaß Rodbertus erhalten hatten und den Herausgebern die Unterdrückung von
Schriften unterstellten. Im Gegensatz zu Wagner, Schumacher und auch Kozak war sich Dietzel durchaus der Möglichkeit der Willkür wie auch der
Manipulation bei der Herausgabe von Rodbertus-Texten aus dem Nachlaß bewußt, da die hinterlassenen Texte wegen ihrer häufigen Wiederholungen und
der Unordnung aufgrund der unregelmäßigen Arbeit von Rodbertus an diesen Manuskripten der Bearbeitung bedurften. Konkret benannte Dietzel die
Arbeit an "Beleuchtung der sozialen Frage II" und das "Kapital". Dietzel
kritisierte hier die Herausgebertätigkeit von Wagner, Schumacher und Kozak, die allerdings möglicherweise zu entschuldigen gewesen sei, da ihnen
von Rodbertus Adoptivtochter ein Teil des Nachlasses vorenthalten worden
sei. Das Material für die Zusammenstellung des fünften und sechsten "So-

---

3   Copia (des Vertrages) ZSTA Potsdam Nachlaß Schumacher 90 Schu 4, Nr.5, B.2-3. Der
     Objektwert war mit 900 Mark festgelegt.

4   A.Wagner   an   Schumacher,   9.12.1877,   in: A.Wagner,   Briefe   -Dokumente   -
     Augenzeugenberichte 1851-1917, Berlin 1978, S.156

5   H.Dietzel, Karl Rodbertus. Darstellung seines Lebens und seiner Lehre. 2 Bde. Jena
     1886/1888

zialen Briefes" glaubte Dietzel aus dem Nachlaß noch herauszufinden, da Rodbertus auch bei diesen immer von fertigen Abschnitten bzw. fast fertigen Abschnitten gesprochen hatte.

Der Vorwurf, die Arbeit an der Herausgabe des Nachlasses nicht richtig angegangen zu haben, war zu Recht an Adolph Wagner gerichtet worden. Er, der zeitweilig sogar mit dem Gedanken gespielt hatte, sich der Sozialdemokratie anzuschließen, unterbrach die Edition im Jahre 1878, nachdem die herrschende öffentliche Meinung nach den Attentaten auf den Kaiser sich gegen den "Sozialismus" wandte. Zusätzlich schien Wagner mit dieser Aufgabe schlicht überfordert angesichts der vielen universitären Verpflichtungen und seines politischen wie publizistischen Engagements.[6] Die schon früh einsetzende Kritik an seiner Arbeit veranlaßten Wagner und Kozak, zumindest eine grobe Übersicht über den Nachlaß zu veröffentlichen, die im wesentlichen den Manuskriptmappen M 4, M 5, M 6 und M 9 des wissenschaftlichen Nachlasses von Rodbertus im Zentralen Staatsarchiv in Merseburg (s.u.) entsprechen; u.a. waren darunter die später veröffentlichten Manuskripte "Ein Versuch, die Höhe des antiken Zinsfußes zu erklären" (1884), "Die Forderungen der arbeitenden Klassen" (1885), "Sendschreiben an den Arbeitercongress zu London 1862" (1885) sowie die "Zitatensammlung deutscher und fremder Autoren über die Grundrente", die Michels und Ackermann im Jahre 1926 publizierten. Kozak und Wagner erwähnten nicht die Briefe wie sie auch fast alle Aufzeichnungen aus der Zeit vor 1848 ignorierten, die ihnen entweder vorenthalten wurden oder die aufgrund der starken Orientierung am Saint-Simonismus nicht in das Wagnersche Konzept paßten. Nach 1885 mußten auch Wagner und Kozak nach - wohl nicht mehr nachvollziehbaren - Differenzen mit Anna Lindheim ihre Tätigkeit als Herausgeber des Nachlasses von Rodbertus beenden. Sowohl Wagner und Schumacher-Zarchlin als auch der in den 1890er Jahren aus den USA zurückgekehrte R.Meyer hatten den Kontakt zu Frau Lindheim aus Entrüstung über ihr Verhalten abgebrochen. Erst rund 25 Jahre später durfte wieder Einblick in den Nachlaß genommen werden; allerdings verweigerte Oskar von der Osten, Enkel von Rodbertus, Sohn Anna Lindheims aus erster Ehe, H.Menz die Erlaubnis, Passagen daraus zu zitieren, womöglich weil er sich durch die politisch liberale oder wirtschaftspolitisch sozialistische Grundhaltung seines Großvaters als streng konservativer Politiker kompromittiert glaubte. 1924 übergab - wie schon erwähnt - von der Osten den Nachlaß, anscheinend befreit von allen persönlichen Papieren, Urkunden und Briefen dem Geheimen Staatsarchiv, von wo er nach dem Zweiten Weltkrieg in das heutige Zentrale Staatsarchiv der DDR nach Merseburg gelangte. 1950 wurde der Nachlaß neugeordnet: er umfaßt drei große Abteilungen: A = thematisch geordnete Mappen, B = Briefe an und von Rodbertus, M = ungeordnete Manuskripte.

---

6   s. z.B. Wagner an Schumacher-Zarchlin, 6.12.1877, in: A.Wagner, Briefe - Dokumente - Augenzeugenberichte. Hrgg. v. H.Rubner, Berlin 1978, S.155

Abteilung A umfaßt 18 Mappen:

1. Ideen- und Meinungsjournal von 1831/32,
2. Regulativentwurf für Erhebung der Kreiskommunal- beiträge im Demminer Kreise aus dem Jahre 1845,
3. Korrespondenz anläßlich Rodbertus' Kandidatur und Wahl zur Preußischen Nationalversammlung 1848,
4. Politische Differenzen mit Professor Haase 1848,
5. Politische Niederschriften Rodbertus, etwa 1848/49,
6. Rodbertus' Kandidatur in Breslau für die Wahlen 1858,
7. Umfrage über den Nationalverein 1859,
8. Rodbertus zum preußischen Verfassungskonflikt 1861,
9. Korrespondenz und Manuskripte zu den vier Flugschriften der Jahre 1860/61,
10. Rodbertus und die Arbeiterbewegung 1863,
11. Rodbertus' Kandidatur zum Norddeutschen Reichstag in Ueckermünde 1867,
12. Aufnahme der "Kreditnot" in der Presse,
13. Verhandlungen des Rodbertus'schen Rentenprinzips auf dem Kongreß Deutscher Landwirte,
14. Referate von Schumacher-Zarchlin und Wilmanns über Rodbertus' Rententheorie für die Rodbertus-Kommission,
15. Beratungen über die Eisenbahn-Enquete 1872,
16. Arbeiterfrage auf dem Kongreß Deutscher Landwirte 1875,
17. Rezensionen zu Rodbertus' Schriften 1845-1885,
18. Bleistiftkonzepte zu politischen Fragen.

Die Abteilung B enthält Briefe an und von Rodbertus; die Briefe sind weitgehend alphabetisch geordnet. Seit 1939 sind einige Briefe verlorengegangen, so daß die Briefe u.a. von Saenger-Grabowo, S.A.Samter, G.Schmoller und G.Schönberg, ebenso wie die meisten Briefe von Rudolph Meyer nicht mehr auffindbar sind. Insgesamt befinden sich in dieser Abteilung 728 Briefe bzw. Briefentwürfe, darunter rund 140 bislang unveröffentlichte von Rodbertus selbst. Die überwiegende Mehrzahl der Briefe waren an Carl Philipp von Berg gerichtet. Gedruckt liegen - bis auf einen - die Briefe von Ferdinand Lassalle, die Briefe Adolph Wagners und ein Teil der Korrespondenz zwischen Franz Ziegler und Rodbertus vor. Rund 160 weitere Briefe befinden sich in den Mappen der Abteilung A eingeordnet, und rund 100 Briefe lassen sich in der Paketen der Abteilung M finden. Darin befinden sich unfertige wie fertige, gedruckte wie ungedruckte Manuskripte, Konzepte, Aphorismen, Notizen, Briefe, Rechnungen, Zeitungen und Zeitungsausschnitte sowie einige Broschüren. Dieses Material ist nur sehr grob und unzureichend geordnet und umfaßt etwa 10.000 Blatt.

1.4. **Darstellungen des Werks von Rodbertus in der Geschichte der Nationalökonomie und des Sozialismus**

Zu Lebzeiten wurden die Schriften von Karl Rodbertus erst in den späten 1860er Jahren rezipiert. Sein umfangreiches Spätwerk über die Kreditnot des Grundbesitzes sprach das damals aktuelle Problem der Verschuldung der Großagrarier an, und die Vorstellungen über die Rente wurden auch in der Tages- und Fachpresse der Landwirte diskutiert. Der Bund Norddeutscher Landwirte, später der Bund Deutsche Landwirte bildete sogar eine eigene Rodbertus-Kommission, um das Rodbertus'sche Rentenprinzip zu diskutieren.[7] Damit fand Rodbertus zwar zeitweilig größere Aufmerksamkeit, allerdings nicht als Theoretiker einer gesamtgesellschaftlichen Reform, sondern als ein Vertreter der Interessen der Großgrundbesitzer.[8]

In den Jahren vor 1868 waren die Schriften von Rodbertus kaum wahrgenommen worden, sieht man von den politischen Flugblättern und Schriften ab; es lassen sich zum Beispiel kaum Rezensionen nachweisen. Man findet Rodbertus 1852 "am Rande" in einer Sammelrezension zum Sozialismus bei Lorenz Stein erwähnt[9], während J. Kautz 1860 die bisherigen Ausführungen von Rodbertus zur nationalökonomischen Theorie zumindest "geistreich" fand.[10] W.Roscher erwähnte Rodbertus in seiner 1874 erschienenen "Geschichte der National-Oekonomie in Deutschland" nur an zwei Stellen sehr kurz, und zwar einmal hinsichtlich des von ihm vertretenen Rentenprinzip für die Landwirtschaft[11], zum zweiten kritisierte Roscher Rodbertus' Verquickung von Ricardos Rentenlehre mit der mißverstandenen Methode von Ricardo. Vor allem konstatierte er aber die "bedenklichen Irrlehren über Kapitalsbildung, Grundrente, Centralisation, Socialismus" usw., die Rodbertus zu verbreiten suche.[12] Für seine nationalökonomischen und althistorischen Studien, die Br.Hildebrand als "epochemachend und bahnbrechend" bezeichnete, erhielt er 1871 in Anerkennung seiner Leistungen die Ehrendoktorwürde der Universität Jena.[13]

Nach dem Tode von Rodbertus im Jahre 1875 begann ein Umdenken bezüglich des Sozialismus und der Notwendigkeit von Sozialreformen: das Pro-

---

[7]   ZSTA Merseburg Rep.92 Nachlaß Rodbertus-Jagetzow A 13 "Verhandlungen des Rodbertusschen Rentenprinzips auf dem Congreß deutscher Landwirte", A 14 "Referate von Schumacher und Wilmanns über Rodbertus Rententheorie für die Rodbertus-Kommission 1870/71"

[8]   einige Beispiele für die Resonanz in der zeitgenössischen Presse: NORDDEUTSCHE ALLGEMEINE ZEITUNG Nr.192, 1868; explizit zu Rodbertus, Kreditnot: NORDDEUTSCHE ALLGEMEINE ZEITUNG Nrn.277, 278, 280, 283, 284, 287, 1869; auch NORDDEUTSCHE ALLGEMEINE ZEITUNG Nr.149, 1870; VOSSISCHE ZEITUNG Nr.218, 1869; OSTSEE-ZEITUNG Nr.21, 1869; s. auch die Zusammenstellung im ZSTA Merseburg Rep.92 Nachlaß Rodbertus-Jagetzow A 12 "Aufnahme von Rodbertus' Creditnot des Grundbesitzes, 1868"

[9]   (L Stein), Socialismus in Deutschland. DIE GEGENWART 1852, S.521-528

[10]   J.Kautz, Die geschichtliche Entwicklung der National-Ökonomie, Wien 1860, S.530

[11]   W.Roscher, Geschichte der National-Oekonomik, München 1874, S.865

[12]   ebd. S.1040

[13]   Bruno Hildebrand, Fragment einer Rede, ZSTA Potsdam 90 Hi 3 Nachlaß Br. Hildebrand, Nr.1, Bl.77

8

blem des Sozialismus erhielt angesichts erlebter Umwälzungsversuche wie
bei der Commune von Paris 1871, angesichts des langsamen, aber steten An-
wachsens einer politisch selbständigen, sozialistischen Arbeiterbewegung,
angesichts sich verbreitender sozialistischer Theorie und gleichzeitiger
wirtschaftlicher Krise ein stärkeres Gewicht. Mit einem Teil der jüngeren,
der sozialen Entwicklung gegenüber aufgeschlosseneren Nationalökonomen
wie Adolph Wagner, Gustav Schmoller, Hermann Roesler und Gustav Schönberg hatte Rodbertus noch selbst korrespondiert und so seine Vorstellungen
bekanntmachen können. Bis etwa 1890 war Rodbertus bzw. waren seine sozialpolitischen Schriften einmal Objekt universitärer Forschung, zum zweiten
Anlaß wirtschafts- und sozialpolitischer Polemiken bis hinein in die sozialdemokratische Arbeiterbewegung. Für diesen Zeitraum lassen sich über 50
Bücher und Aufsätze nachweisen, die das Werk von Rodbertus oder Einzelaspekte daraus zum Gegenstand hatten. In diesen Jahren wurden auch
wesentliche Teile des Nachlasses und die ersten Briefe von Rodbertus
veröffentlicht. In vielen Schriften wurde Rodbertus durchaus wohlwollend,
aber letztlich doch ablehnend interpretiert.

Schon 1876 schrieb der noch kurz vor dessen Tod mit Rodbertus
korrespondierende J. Zeller, daß "Dr.Rodbertus als der eigentliche Begründer der sozialen Wirtschaftstheorie betrachtet werden muss. ..., denn die
Grundgedanken der Marx'schen Schriften sind, soweit sie sich auf das Verhältniss der Lohnarbeit zum Privateigenthum beziehen, schon in den Rodbertus'schen Untersuchungen von 1842 in aller Schärfe entwickelt, so dass
in seiner Schrift «Das Kapital» in theoretischer Hinsicht nichts wesentlich
Neues mehr gebracht hat."[14] Mit dieser Interpretation wurde die Grundlage
für die späteren Plagiatsvorwürfe an die Adresse von Marx gelegt. Ähnlich äußerten sich Wagner und Kozak, die 1878 anläßlich der Herausgabe
von Nachlaßteilen schrieben: "Rodbertus steht neben und über Lassalle,
Marx und Engels und hat früher als einer dieser Männer gewisse
Kernpunkte des wissenschaftlichen Sozialismus formuliert. ... Neben diesen
Untersuchungen von Rodbertus nimmt sich alles, was der wissenschaftliche
Sozialismus sonst gibt, doch nur als Beiwerk und weitere Ausführung und
Begründung im einzelnen aus, Marx' großes und bedeutendes Werk nicht
ausgenommen."[15] Besonders einflußreich war die Deutung, die G.Adler 1883
in seiner Dissertation lieferte, indem er Rodbertus endlich als den "Begründer des wissenschaftlichen Sozialismus" kennzeichnete. "Mit Rodbertus beginnt eine neue Epoche in der Geschichte des Sozialismus. Bis dahin hatte
diesen den Vereinigungspunkt mit der ökonomischen Wissenschaft nicht gefunden, er hatte noch nicht verstanden, deren unleugbare, positive Resul-

---

[14]   J.Zeller, Zur Erkenntniß unsrer staatswirthschaftlichen Zustände. Berlin [2]1885, S.1f.

[15]   A.Wagner/Th.Kozak, Vorwort, in: Rodbertus, Zur Beleuchtung der socialen Frage. Theil
          2, Berlin 1885, S.XXIX; A.Wagner nahm den Plagiatsvorwurf nach den Ausführungen
          F.Engels zum Verhältnis Marx - Rodbertus zurück. s. A.Wagner, Grundlegung der
          politischen Oekonomie, Berlin [3]1893, S.40

tate sich zu eigen zu machen und auf ihnen fortzubauen."[16] Durch die Verbindung der Theorien von Adam Smith und von David Ricardo habe Rodbertus den Sozialismus von einer Utopie zur Wissenschaft entwickelte, wie Adler wohl in Anlehnung an die 1882 erschienene Schrift von Friedrich Engels "Die Entwicklung des Sozialismus von der Utopie zur Wissenschaft", bemerkte, die er allerdings nicht zitierte, wie er auch kein einziges Mal in seiner Arbeit den Namen Karl Marx erwähnte.[17]

Neben dieser Einschätzung fand die Charakterisierung von Rodbertus als Vertreter des "preußischen Bureausozialismus" weite Verbreitung. Dietzel[18] nahm das von Engels[19] negativ gemeinte, allerdings so nicht formulierte, Wort auf und interpretierte das Werk von Rodbertus als ein durch und durch konservatives: "Rodbertus, der Träger der deutschen Idee im preußischen Parlament, ist der Schöpfer einer deutschen Sozialphilosophie geworden, aus welcher nicht der Sirenengesang des französischen Kommunismus von Freiheit, Glück und Genuß, sondern der ernste Choral der Pflicht uns entgegenhallt."[20] 1882 erschien das umfangreiche Werk von Th. Kozak, der als erster versucht hatte, das ökonomische Werk von Rodbertus systematisch zu erfassen.[21] Von größerer Bedeutung in der Auseinandersetzung mit den Konzeptionen von Rodbertus und des Sozialismus waren auch die Ausführungen von E.Böhm-Bawerk aus dem Jahre 1884 über Kapital und Kapitalzins, in denen er glaubte, jegliche sozialistische Theorie widerlegt zu haben.[22]

Eigentliche Anerkennung hat das Rodbertus'sche Werk aber auch in diesen Jahren nicht gefunden; je nach sozial- und wirtschaftspolitischem und theoretischem Standpunkt wurden seine Arbeitswertlehre[23], seine Grundren-

---

[16]   G.Adler, Rodbertus, der Begründer des wissenschaftlichen Socialismus, Diss. Freiburg 1883, S.1, S.52, S.64

[17]   allerdings zitiert Adler kurz Engels, Anti-Dühring, s. ebd. S.52 Anm. Mit Marx setzt sich Adler einige Jahre später ausführlich auseinander. G.Adler, Die Grundlagen der Karl Marxschen Kritik der bestehenden Volkswirtschaft, Tübingen 1887

[18]   H.Dietzel, Karl Rodbertus, Bd.2, S.240

[19]   Engels, Vorwort zu Marx "Elend der Philosophie", MEW Bd. 21, S.177, S.180 u. S.185

[20]   H.Dietzel, Karl Rodbertus, Bd.2, S.240

[21]   Th.Kozak, Rodbertus-Jagetzow's socialökonomische Ansichten, Jena 1882. Kozak hatte mehrere Bände geplant, stellte aber nur diesen einen Band fertig.

[22]   E.v.Böhm-Bawerk, Geschichte und Kritik der Kapitalzinstheorien, v.a. S.450-500

[23]   Die sich seit den 1870er Jahren formierende Grenznutzenschule lehnte jede Form der Arbeitswertlehre, wie sie in der Nachfolge von Ricardo formuliert war, ab. s. H.Winkel, Die Volkswirtschaftslehre der neueren Zeit, Darmstadt 1978, S.8f.; M.Blaug, Systematische Theoriegeschichte der Ökonomie, Bd.3., München 1971, S.11f.

tentheorie[24] oder seine Vorschläge zur Lösung der sozialen Frage ab-
gelehnt. Man betrachtete Rodbertus als jemanden, der Anregungen gegeben
hatte, dessen Fragestellungen, Analysen wie Rezepte in der Fachwissenschaft jedoch als falsch betrachtet wurden. Am deutlichsten wird
diese Haltung bei Adolph Wagner, der Rodbertus sehr hoch schätzte, weite
Abschnitte seiner Lehren übernahm und erweiterte, aber dessen
sozialistischen Haupttheoreme selbst nicht folgen konnte oder wollte.[25]
Neben diesen eher abwägenden Stimmen gab es gerade auch von liberaler
Seite, so etwa bei Lexis[26] und Menger[27] strikte Ablehnung jeglicher
Sozialismuskonzeption, so auch der von Rodbertus. A.Menger bezeichnete
Rodbertus sogar als "geistlosen Plagiator" ohne jede Originalität.[28] Von sei-
ner Ablehnung des Sozialismus und Kommunismus machte auch H.Eisenhart
in seiner 1881 und 1891 erschienenen "Geschichte der Nationalökonomik"
keinen Hehl.[29] Dennoch charakterisierte er Rodbertus als "echten Gelehrten", der "jeder politischen Agitation abhold" dem Sozialismus eine
wissenschaftliche Grundlage schuf.[30] Von seinen nationalökonomischen
Grundlage ordnete Eisenhart Rodbertus in die Zeit vor 1850, in die Tradition
Sismondis, bezeichnete ihn als den "ins Communistische übersetzte(n) Sismondi".[31] Lassalle und Marx erklärte Eisenhart zu den die Lehre vulgari-
sierenden Schülern von Rodbertus, so daß sich eine tiefergehende Auseinandersetzung für ihn erübrigte.[32]

---

24   Ein großer Teil der deutschsprachigen Literatur, die sich kritisch mit der
      Grundrententheorie von Rodbertus auseinandersetzt, ist bei G.Rudolph, Karl Rodbertus
      (1805-1875) und die Grundrententheorie. Politische Ökonomie aus dem Vormärz, Berlin
      1984, S.241-290, aufgeführt.

25   A.Wagner, Grundlegung der politischen Ökonomie, Berlin [3]1893, S.38ff.

26   W.Lexis, Zur Kritik der Rodbertus'schen Theorien. JAHRBÜCHER FÜR NATIONALÖKONOMIE UND
      STATISTIK, Bd.43, N.F.9, 1884, S.462ff.

27   A.Menger, Das Recht auf den vollen Arbeitsertrag, Stuttgart [4]1910

28   ebd.

29   H.Eisenhart, Geschichte der Nationalökonomik, Jena [2]1891, S.232: "Unter dem Asylrecht
      Altenglands für erklärte Räuber und Mordbrenner, hat er (Marx, UKR) seit einem
      Menschenalter den Continent unterwühlen dürfen, um alle aufsässigen Elemente an sich
      zu ziehen und zu einem internationalen Geheimbunde zusammenzufügen, der in seine
      Cadres dereinst die gesammte mobil zu machende Masse aufzunehmen vermöchte, eines
      schönen Morgens den bereits von Rodbertus verheissenen communistischen Universalstaat
      zu proclamiren."

30   ebd. S.218ff., hier S.219

31   ebd. S.220

32   ebd. S.230

Interessant ist bei der Beurteilung des Werks von Rodbertus die Position
des um 1885 der Sozialdemokratie noch fernstehenden Demokraten Franz
Mehring, der obwohl ursprünglich eher Rodbertusianer, keinen Zweifel daran
ließ, daß er Marx in seiner Bedeutung höher einschätzte, wenn er schrieb:
"Wer von beiden der bedeutendere war und die größere Zukunft haben
wird, kann unseres Erachtens gar keinem Zweifel unterliegen; was die
eigentliche Größe der Weltanschauung, die Tiefe und Weite des Wissens, das
geniale Erkennen der die Weltgeschichte in ihrem innersten Kern bewegende
Triebfedern anbelangt, so bleibt Rodbertus beträchtlich hinter Marx zurück."[33]

Nicht nur innerhalb der ökonomischen Fachwissenschaft wurde zwischen
1875 und 1890 über den Sozialisten Rodbertus diskutiert, sondern auch innerhalb der deutschsprachigen und russischen Sozialdemokratie.[34] Vor allem
aber in den der Sozialdemokratie nahestehenden Intellektuellenkreisen
wurde der "Staatssozialismus" als Herausforderung für den Marxismus (bei
Engels, Kautsky und Bernstein) oder als Möglichkeit zu einer staatlichen,
sozialdemokratisch orientierten Sozial- und Wirtschaftspolitik und -reform,
als Alternative zu Marx (C.A.Schramm, M.Quarck, H.Bahr) erkannt.[35] Entsprechend hart waren auch in diesen Kreisen die Polemiken, insbesondere während der Zeit des Sozialistengesetzes. Gegen Rodbertus oder mehr noch gegen die Rodbertusianer engagierten sich Friedrich Engels und Karl
Kautsky auf der einen Seite[36], während sich Carl August Schramm auf der
anderen Seite[37] als Rodbertusianer exponierte. Nicht zuletzt wegen der
Autorität, die Engels innerhalb der Sozialdemokratie genoß, wog das
negative Urteil, das er aussprach, so stark, daß der Name Rodbertus für einige Jahre nicht mehr unter denen der deutschen Sozialisten erschien.
G.Rudolph, der in der Tradition von Mehring die Schriften von Rodbertus

---

[33]   (F.Mehring), Einiges über Rodbertus II. DEMOKRATISCHE BLÄTTER Nr.20, 1885, S.155

[34]   s. z.B. verschiedene Aufsätze von G.W.Plechanow, Selected philosophical works. 5 vol.
         Moscow 1976ff.

[35]   H.J.Steinberg, Sozialismus und deutsche Sozialdemokratie, Berlin/Bonn [5]1979,, S.32ff.;
         V.Lidtke, German Social Democracy and German State Socialism, INTERNATIONAL REVIEW OF
         SOCIAL HISTORY, S.202-225; s. auch W.Saerbeck, Die Presse der deutschen
         Sozialdemokratie unter dem Sozialistengesetz, Pfaffenweiler 1986, S.109, S.167f., der
         allerdings auf die Vorstellungen von Rodbertus selbst nicht eingeht.

[36]   Engels, Vorwort (zur ersten deutschen Ausgabe von Marx Schrift "Das Elend der
         Philosophie"), MEW Bd.21, S.175-187; Kautsky, Das Kapital von Rodbertus DIE NEUE ZEIT
         2.Jg. 1884, S.337-350 u. S.385-402; ders., Replik. DIE NEUE ZEIT 2.Jg. 1884, S.495-
         505; ders., Schlusswort. DIE NEUE ZEIT 3.Jg. 1885, S.224-231

[37]   C.A.Schramm, K.Kautsky und Rodbertus. DIE NEUE ZEIT 2.Jg. 1884, S.481-493; ders.,
         Antwort an Herrn K.Kautsky, DIE NEUE ZEIT 3.Jg. 1885, S.218-224; ders., Rodbertus -
         Marx - Lassalle. Socialwissenschaftliche Studie. München (1886); s. auch die von
         H.J.Steinberg, Sozialismus und deutsche Sozialdemokratie, S.33ff. zitierten Briefe von
         Bebel, Bernstein, Schramm, Kautsky etc.

interpretiert, muß zugestehen, daß die Polemiken auch für die Verdrängung von Rodbertus aus der Tradition der Arbeiterbewegung sorgten, verständlich - so Rudolph - aus der besonderen Lage, in der sich die deutsche Sozialdemokratie während des Sozialistengesetzes befand, als es gegolten habe, die Einheit in Theorie und Praxis zu bewahren.[38] Marx selbst hatte die Schriften von Rodbertus seit Mitte 1862 rezipiert und kritisiert. Er maß dem "Dritten Sozialen Brief an von Kirchmann" wegen seiner Kritik der Ricardoschen Grundrententheorie große Bedeutung bei, ohne ihr allerdings zuzustimmen. Marx' Aufzeichnungen wurden aber erst viele Jahre nach dem Tode von Rodbertus und Marx in den "Theorien über den Mehrwert" veröffentlicht.[39]

Mit der Verdrängung von Rodbertus als einer der möglichen Alternativen zu Marx aus den Reihen der Sozialdemokratie und der Herausgabe einiger Nachlaßteile in den Jahren 1884 bis 1886 hatte das Interesse an Rodbertus sowohl im sozialistischen Lager wie auch in der bürgerlichen Fachwissenschaft seinen Höhepunkt überschritten. Zwar blieb das Werk durchaus noch Objekt akademischer Forschung; seine Konzeptionen hatten aber im Grunde jegliche politische bzw. sozial- und wirtschaftspolitische Brisanz verloren. Auf der einen Seite konzentrierte sich die deutsche Nationalökonomie auf die Wirtschaftsgeschichte, auf der anderen Seite wurden Theorien, die sich im weitesten Sinne auf die Ricardosche Arbeitswerttheorie stützten, als wissenschaftlich widerlegt abgelehnt.[40]

In den Handbüchern zur Nationalökonomie ging man unvoreingenommener an Rodbertus und an Marx heran, ohne allerdings die prinzipielle Ablehnung sozialistischen Gedankenguts zu verleugnen. So schrieb H.v.Scheel im Jahre 1896: "Rodbertus hat keine praktischen Vorschläge gemacht und ist in seiner ganzen schwerfälligen Gedankenentwicklung dem größeren Publikum überhaupt fremd geblieben, jedoch ist seine philosophische Auffassung der wirtschaftlichen Probleme und sein Einfluß auf bedeutende Socialisten, wie Marx und Lassalle, bemerkenswert."[41] Kleinwächter bezeichnete im selben Jahre Rodbertus als "Begründer" des wissenschaftlichen Sozialismus" und unterschied ihn aber deutlich als Vertreter des "halben Kommunismus" von dem Kommunisten Marx.[42] Auffällig ist, daß lange noch Rodbertus als der bedeutendere gegenüber Marx angesehen wurde. Auch Mithoff/Schönberg sahen in Rodbertus einen Wegbereiter für das "Lehrgebäude des heutigen

---

[38] G.Rudolph, Karl Rodbertus (1805-1875) und die Grundrententheorie, S.258

[39] K.Marx, Theorien über den Mehrwert. hier: 8. Kapitel. Herr Rodbertus. Abschweifung. Neue Theorie der Grundrente. MEW Bd.26.2, S.7-122

[40] H.Winkel, Die Volkswirtschaftslehre der neueren Zeit. Darmstadt 1973, S.1ff., S.8ff.

[41] H.v.Scheel, Socialismus und Kommunismus. in: G.v.Schönberg (Hg.), Handbuch der Politischen Ökonomie. Volkswirtschaftslehre 1.Bd., Tübingen [4]1896, S.132

[42] Fr.Kleinwächter, Die volkswirtschaftliche Produktion. in: ebd. S.248f.

wissenschaftlichen Sozialismus", dessen Theorien sie zwar als geistreich, aber als falsch betrachteten.[43] Eine ähnliche Position läßt sich auch in den verschiedenen Beiträgen in der mehrbändigen Schmoller-Festschrift von 1908 nachweisen.[44]

Weit höhere Bedeutung als die genannten Autoren maß J.Schumpeter 1914 Rodbertus zu, wenn er nicht nur sein Gewicht für die sozialistische Ökonomie hervorhob, sondern für die theoretische Nationalökonomie im allgemeinen: "Die Bedeutung Rodbertus' für die deutsche Nationalökonomie ist groß. Denn obgleich kaum eines seiner konkreten Resultate sich auf die Dauer bewährte oder überhaupt auch nur irgendwie erheblichen Erfolg bei den Zeitgenossen hatte, so hat er um so mehr durch seine Gesamtauffassung und manche Grundbegriffe (wie z.B. seinen Rentenbegriff) gewirkt." Positiv hebe sich Rodbertus von der "Unfruchtbarkeit und Lethargie der damaligen deutschen Wissenschaft ab."[45] Eine ähnliche Hochschätzung erfuhr Rodbertus auch in dem umfangreichen Werk von Gide/Rist – hier in der dritten deutschen Auflage von 1919 – , wo dem "Staatssozialismus" von Rodbertus rund 25 Seiten gewidmet sind. Durch Rodbertus sehen die beiden Autoren saint-simonistisches Gedankengut in das letzte Viertel des 19. Jahrhunderts tradiert.[46] Auf die große Bedeutung des Saint-Simonismus für Rodbertus wies auch F.Muckle im Jahre 1911 hin, als er schrieb: "und als einer der bedeutendsten Fortsetzer des mächtigen, aber nur halb errichteten Gedankenbaues Saint-Simons wird Rodbertus in der Geschichte des Sozialismus immerfort eine hervorragende Stelle einnehmen."[47]

Größeres Interesse erlebte das Werk von Rodbertus wieder nach dem Zusammenbruch des Kaiserreichs 1918: hatten bis dato vor allem die Grundrententheorie, die Kapitalismuskritik und die Arbeitswertlehre Beachtung gefunden,

[43] Th.Mithoff/G.v.Schönberg, Die volkswirtschaftliche Verteilung. in: ebd. S.657, S.661, S.690f.

[44] Die Entwicklung der deutschen Volkswirtschaftslehre im neunzehnten Jahrhundert. G.Schmoller zur siebenzigsten Wiederkehr seines Geburtstages. Leipzig 1908. s. v.a. die Beiträge von W.Lexis, Systematisierung, Richtungen und Methoden der Volkswirtschaftslehre. Bd.1, H.1, S.24; A.Spiethoff, Die Lehre vom Kapital, Bd.1, H.4, S.69; Th.v.Inama-Sternegg, Theorie des Grundbesitzes und der Grundrente in der deutschen Literatur des 19. Jahrhunderts, Bd.1, H.5, S.41-50

[45] J.A.Schumpeter, Epochen der Dogmen- und Methodengeschichte. in: Grundriss der Sozialökonomik. I.Abteilung, Wirtschaft und Wirtschaftswissenschaft. Tübingen 1914, S.55; s. auch wesentlich kritischer J.A.Schumpeter, Geschichte der ökonomischen Analyse, Göttingen 1965, Bd.1, S.620-622. Hier weist Schumpeter Rodbertus' Grundrententheorie, das Gesetz der sinkenden Lohnquote und die Krisenerklärung durch die Unterkonsumtionstheorie als "unhaltbar" zurück.

[46] Ch.Gide/Ch.Rist, Geschichte der volkswirtschaftlichen Lehrmeinungen, Berlin [3]1923, S.455-479

[47] F.Muckle, Geschichte der sozialistischen Ideen, II.Bd., Leipzig/Berlin 1911, S.99

14

so rückten nun die Probleme des "Staatssozialismus" in den Vordergrund.
So beschrieb R.Liefmann Anfang der 1920er Jahre als Kritiker jeglicher Art
von Sozialismus und Kommunismus Rodbertus als Hauptvertreter des "ty-
pisch deutschen Staatssozialismus", ohne daß seine Theorien wie auch die
Marxens der Nationalökonomie als Wissenschaft irgendetwas Neues gebracht
hätten.[48] Rodbertus wurde in dieser Zeit der politischen Rechten zu-
geordnet, zu einem aufgeklärten Konservatismus, wie er etwa von Adolph
Wagner im kaiserlichen Deutschland vertreten wurde. In den Lehrbüchern
der Nationalökonomie nach 1918 wurde jetzt stärker der Unterschied zu
Marx hervorgehoben, Rodbertus eher in eine Reihe mit Wagner gestellt. Ein
Außenseiter in der Nationalökonomie wie O.Spann stellte Rodbertus als den
gegenüber Marx weit überlegeneren und schöpferischeren Forscher dar[49],
während der Sozialwissenschaftler R.Michels eindeutig in Marx den größeren
Ökonomen erkannte.[50] Eine interessante Interpretation vertrat 1927 H.Sultan,
dessen Grundthese lautete, daß der "konservative Sozialismus von Rodbertus
... liberaler Natur" sei, womit er auf die verschiedenen Aspekte der
wirtschaftspolitischen Konzeptionen von Rodbertus und deren Widersprüche
und Widersprüchlichkeiten aufmerksam machte.[51] Schon vorher hatte Herkner in seiner weit verbreiteten Studie über die Arbeiterfrage Rodbertus
zwar als Sozialisten bezeichnet, aber hinsichtlich der praktischen Politik als
Vorläufer der "Nationalsozialen Partei" Friedrich Naumanns, also des
Sozialliberalismus angesehen.[52] In den 20er und 30er Jahren wurden ansonsten in einigen Dissertationen Einzelaspekte im Werk von Rodbertus untersucht, so z.B. das Verhältnis zu Fichte, zu Plato, Thünen etc.[53] Größere
Bedeutung erlangte bei allen Untersuchungen die Arbeit von R.Muziol, der
Rodbertus als den Begründer der "sozialrechtlichen Schule" der Na-
tionalökonomie bezeichnete[54], eine Interpretation, die sich noch nach 1970 in

[48] R.Liefmann, Geschichte und Kritik des Sozialismus, Leipzig 1922, S.82ff., hier v.a. S.86f.

[49] O.Spann, Die Haupttheorien der Volkswirtschaftslehre, Leipzig 1923, S.130f.

[50] R.Michels, Rodbertus und sein Kreis, in: Rodbertus, Neue Briefe über Grundrente, Rentenprinzip und soziale Frage, Karlsruhe 1926, S.47

[51] H.Sultan, Rodbertus und der agrarische Sozialkonservativismus, ZEITSCHRIFT FÜR DIE GESAMTE STAATSWISSENSCHAFT Bd.82, 1927, S.105-107

[52] H.Herkner, Die Arbeiterfrage, Berlin/Leipzig 1922, S.227f. betont besonders die nichtemanzipatorischen Aspekte und den Expansionsgedanken nach Südosteuropa im Werk von Rodbertus.

[53] s. u.a. die Arbeiten von Ringleb, Das Verhältnis von Rodbertus zu Fichte. Diss. Frankurt 1931; K.Herberg, Die Einkommenslehre bei Thünen und bei Rodbertus, Diss. Köln 1929; E.Thier, Rodbertus, Lassalle. Adolph Wagner. Diss. Leipzig 1930; W.Teutloff, Die Methoden bei Rodbertus unter besonderer Berücksichtigung der Fiktionen. Diss. Halle-Wittenberg 1926 (MS)

[54] R.Muziol, Karl Rodbertus als Begründer der sozialrechtlichen Anschauungsweise, Jena 1927; der Auffassung, daß Rodbertus Begründer der sozialrechtlichen Schule sei,

den Lehrbüchern der Ökonomie in der DDR wiederfindet.[55] Muziol nahm damit die Interpretation seines akademischen Lehrers Mombert auf, der Rodbertus und sein Werk sehr hoch schätzte und ihn als Vertreter des "voluntaristischen Sozialismus", d.h. einer Theorie die aus der Aufklärung stammend, den "zielbewußten Willen als bildende und schaffende Kraft für die neue Ordnung" in den Mittelpunkt des Denkens stellte, bezeichnete.[56] Für die Forschung von größter Bedeutung waren zudem die weiteren Veröffentlichungen von Nachlaßteilen wie von Briefen, wobei den Briefen an Lassalle, die G.Mayer im Jahre 1926 publizierte[57], ein besonders hoher Stellenwert zukommt, zeigen sie doch, wie Rodbertus versuchte, auf die sich als Partei konstituierende Arbeiterbewegung Einfluß zu nehmen. Die Briefe von Rodbertus an Schumacher-Zarchlin, die R.Michels im gleichen Jahr der Öffentlichkeit vorstellte[58], und der Briefwechsel zwischen dem Demokraten Franz Ziegler und Rodbertus, den Dehio im Jahre 1927 teilweise veröffentlichte[59], verbreiterten die Basis, auf Grund derer das Werk von Rodbertus hätte untersucht oder biographisch dargestellt werden können. Außerdem war der wissenschaftliche Nachlaß von Rodbertus 1924 von seinem Enkel, dem deutschnationalen Politiker Oskar von der Osten, dem Geheimen Preußischen Staatsarchiv übergeben worden. Arthur Rosenberg und Gustav Mayer nahmen als Historiker der deutschen Arbeiterbewegung entsprechende Arbeiten auch wohl in den frühen 1930er Jahren auf, mußten aber als Juden nach der nationalsozialistischen Machtübernahme Deutschland verlassen.[60]

---

widersprach einige Jahre später einer ihrer Hauptvertreter Karl Diehl, Die sozialrechtliche Richtung, Jena 1941, S.92ff., v.a. S.94: Rodbertus habe zwar einige sozialrechtliche Ansätze vertreten, aber aufgrund seiner Theorie der Arbeitsteilung, seiner Arbeitswertlehre und seiner Kapitaltheorie sei er doch im wesentlichen der klassischen Theorie verhaftet geblieben. s. auch H.Winkel, Die deutsche Nationalökonomie im 19. Jahrhundert, Darmstadt 1977, S.183

[55] z.B. F.Behrens, Grundriß der Geschichte der politischen Ökonomie, Bd.III, Berlin 1979, S.96

[56] P.Mombert, Geschichte der Nationalökonomie, Jena 1927, S.390. Diese Hochschätzung zeigt sich auch darin, daß sich viele Texte und Textauszüge von Rodbertus ind den "Ausgewählten Lesestücken der politischen Ökonomie", die von K.Diehl und P.Mombert seit den 1910er Jahren herausgegeben wurden, abgedruck sind.

[57] Briefwechsel zwischen Rodbertus und Lassalle. RW 6, S.23-109; die Briefe von Lassalle an Rodbertus waren schon 1878 veröffentlicht worden.

[58] Rodbertus, Neue Briefe über Grundrente, Rentenprinzip und Soziale Frage an Schumacher, nebst einem Brief an Wagner, jetzt: RW 2, S.395-541

[59] Briefwechsel zwischen Rodbertus und Ziegler, RW 6, S.119-143

[60] Benutzerblätter im ZSTA Merseburg Rep.92 Nachlaß Rodbertus-Jagetzow

Historiker wie A.Hahn, der die Rolle der BERLINER REVUE in der sozialkonservativen Bewegung untersuchte[61], und Wittrock, der 1939 über die sogenannten Kathedersozialisten schrieb[62], werteten die bzgl. Rodbertus unveröffentlichten Briefe aus. Sie betrieben bei ihren Untersuchungen aber
eher nationalsozialistische Traditionssuche als Wissenschaft, wobei Rodbertus
oder sein Werk nicht im Mittelpunkt ihrer Darstellungen stand. Ihre Arbeiten sind aber heute selbst Quellen zu Leben und Werk von Rodbertus
geworden, da die von ihnen ausführlich zitierten Briefe nicht mehr auffindbar sind. Die Versuche, Rodbertus als Sozialkonservativen oder gar im
weitesten Sinne als Vorläufer nationalsozialistischen Gedankenguts zu interpretieren oder ihn im Rahmen der faschistischen Gemeinschaftsideologie zu
vereinnahmen, mußten aber von vornherein scheitern.[63] Dieser Auffassung
und Interpretation hatte Werner Sombart, teilweise O.Spann folgend, in
seiner Schrift "Deutscher Sozialismus" aus dem Jahre 1934 vorgearbeitet, als
er Rodbertus in die Vertreter des "nationalen Sozialismus" einordnete.
"Nationaler Sozialismus" beinhaltete für Sombart die Verbindung von
Nationalismus und Sozialismus, d.h. daß es keine allgemeingültige Wirtschaftsordnung gebe, sondern nur eine den einzelnen Völkern angepaßte
Orndung.[64] Rodbertus wurde so in eine Reihe gestellt, die mit Plato beginnt,
sich mit Morus, Campanella, Fichte, Goethe fortsetzt, im 19. Jahrhundert
durch Lorenz von Stein, Marlo, Lassalle und einen Teil der sogenannten
Kathedersozialisten repräsentiert wird, schließlich mit Vertretern der italienischen und deutschen Faschisten wie z.B. Otto Strasser und mit Vertretern
der "Konservativen Revolution" in Deutschland endet.[65] Allerdings sah Sombart in diesen nicht die Vertreter des "Deutschen Sozialismus" oder des
Nationalsozialismus.[66] H. Wagenführ versuchte Rodbertus zwischen 1935 und
1937 für eine nationalsozialistische Wirtschaftstheorie zu vereinnahmen, so
daß auch Rodbertus einen Platz in der Ahnenreihe der Vorläufer des "Deutschen Sozialismus" finden sollte und in dem von E.Wiskemann/H.Lütke herausgegebenen Sammelband "Der Weg der deutschen Volkswirtschaftslehre" in
einem Aufsatz gewürdigt wurde. Wagenführ schrieb, daß die nationalsozialistischen Ökonomen "mit Rodbertus weitgehend weltanschaulich und politisch, aber auch wirtschaftlich-sozial" übereinstimmten.[67] Auch in der

---

61   A.Hahn, Die Berliner Revue, Berlin 1934

62   G.Wittrock, Die Kathedersozialisten bis zur Eisenacher Versammlung 1872, Berlin 1939

63   s. z.B. W.Halbach, Carl Rodbertus. Künder der Gemeinwirtschaft. Nürnberg 1938

64   W.Sombart, Deutscher Sozialismus, Berlin 1934, S.120

65   ebd. S.121

66   ebd.

67   H.Wagenführ, Carl Rodbertus-Jagetzow. HOCHSCHULE UND AUSLAND 14.Jg. H.1, 1936, S.26ff.
      s. auch H.Wagenführ, Thünen - Bernhardi - Rodbertus - Schäffle. in:
      E.Wiskemann/H.Lütke (Hg.): Der Weg der deutschen Volkswirtschaftslehre im 19.
      Jahrhundert, Berlin 1937, S.78

"Verordnung des Gemeinnutzes", dem "Sozialismus der Gesinnung", der "Ablehnung des Harmoniegedankens" usw. sah Wagenführ Ähnlichkeiten.[68] Auf die wohl gravierenderen Unterschiede, wie die Nähe zur Demokratie, den Sozialismus als Ziel der Geschichte etc. ging Wagenführ nicht ein; die geistige Nähe zwischen Marx und Rodbertus, und auch die Sympathie für die Sozialdemokratie und für Lassalle stellte er völlig entstellt dar.[69] Aber nach 1933 wurden die Schriften von Rodbertus im Gegensatz zu anderen sozialistischen Autoren nicht verboten[70], sondern sogar - wenn auch nur auszugsweise und der NS-Ideologie entsprechend gekürzt - neuaufgelegt.[71]

Nach 1945 gab es nur wenige Autoren, die das Rodbertussche Werk für diskussionswürdig befanden, denn nach 1950 stand sozialistische Theorie in der Bundesrepublik Deutschland nicht mehr im Mittelpunkt des Interesses. In Systemkonkurrenz zur DDR wurde allein der Sozialismus, der sich auf Marx bezog, untersucht und kritisiert. Beinahe allein setzte Th.Ramm sich im Rahmen seiner Arbeiten über Lassalle und die "Großen Sozialisten" in den frühen 1950er Jahren näher mit Rodbertus auseinander: für ihn ist Rodbertus ein "hervorragender sozialistischer Theoretiker".[72] A.Skalweits Bemerkung anläßlich der erneuten Herausgabe der "Forderungen der arbeitenden Klassen" im Jahre 1947, daß die deutsche Nationalökonomie nicht so reich an großen Denkern sei, als daß sie auf einen umfassenden Einblick in das Schaffen von Rodbertus verzichten könne, blieb im Grunde ungehört.[73] Zwar wurde in den Dogmengeschichten nach dem Zweiten Weltkrieg die Bedeutung von Rodbertus für die Entwicklung der Volks-

---

[68]   ebd. u. f.

[69]   ebd. S.79: "Den marxistischen Sozialismus hat Rodbertus verworfen. Auch mit Lassalles Plänen wollte er nichts zu tun haben."

[70]   Die Feindschaft von Nationalsozialisten zum Sozialismus eines F.Lassalle und Rodbertus zeigt sich zum Beispiel darin, daß einige Briefe von Lassalle und Rodbertus im Stadtarchiv Düsseldorf "seinerzeit von eienm fanatischen Nationalsozialisten zerrissen worden sind". Brief Dr. Weidenhaupt, Stadtarchiv Düsseldorf, an mich, 14.4.1982

[71]   1935 veranstaltete Wagenführ eine Ausgabe, und 1940 gab E.Thier eine Sammelausgabe mit Texten und Textauszügen der "Wegbereiter des deutschen Sozialismus" heraus, in der auch Rodbertus-Texte aufgenommen wurden. Als weitere "Wegbereiter" betrachtete Thier Pestalozzi, Goethe, Hegel, Fr.v.Baader, V.A.Huber, L.v.Stein, Riehl, Thünen, Schmoller, Treitschke und A.Wagner. Anders als in seiner Dissertation von 1930 konnte Thier Ferdinand Lassalle als Juden nicht mehr in die Reihe aufnehmen. s. E.Thier, Rodbertus, Lassalle, Wagner. Ein Beitrag zur Theorie und Geschichte des Staatssozialismus. Diss. Leipzig 1930

[72]   Th.Ramm, Lassalle als Rechts- und Staatsphilosoph, Meisenheim/Wien 1953, hier S.176, und Th.Ramm, Die großen Sozialisten als Rechts- und Sozialphilosophen, 1.Bd. Die Vorläufer. Die Theoretiker des Endstadiums, Stuttgart 1955

[73]   A.Skalweit, Einleitung in: Rodbertus, Forderungen der arbeitenden Klassen, Frankfurt 1946, S.8

wirtslehre im 19. Jahrhundert und den Sozialismus anerkannt, aber nicht
weiter untersucht. G.Stavenhagen schreibt zum Beispiel: "Rodbertus' Bedeutung für die Entwicklung der Theorie hat man lange unterschätzt und
seinen theoretischen Untersuchungen nicht die ihnen gebührende
Beachtung geschenkt. Das ist um so unverständlicher, als sie eine Reihe
origineller Gesichtspunkte enthalten, die auch für die Entwicklung des
theoretischen Denkens von Belang geworden sind. So war Rodbertus nicht
nur der erste Vertreter des staatssozialistischen Gedankens, er hat nicht
nur den Versuch unternommen, sozialistische Gedankengänge
wissenschaftlich zu begründen, sondern er war auch einer der ersten
Theoretiker, der auf die Relativität der wirtschaftlichen Erscheinungen in-
folge des rechtlich-historischen Charakters aufmerksam gemacht hat."[74] Die
Wertungen, die wir bei A.Kruse[75], und A.Ott/H.Winkel[76] finden, entsprechen
im großen und ganzen der von Stavenhagen. S.Wendt hob Rodbertus Bedeutung für die Grundlagen der modernen Sozialpolitik hervor, "die auf dem
Gedanken der Verantwortung des Staates für die Ordnung der Beziehungen
zwischen sozialen Gruppen" beruhen.[77] W.Hofmann bezeichnete bei aller
Betonung der Bedeutung der theoretischen Leistungen von Rodbertus diesen
nicht als "Sozialisten", sondern als "Sozialreformer".[78] H.Winkel stellte
dagegen in seinem Buch "Die deutsche Nationalökonomie im 19. Jahrhundert"
aus dem Jahre 1977 gerade die sozialistische Position von Rodbertus heraus
und betonte auch dessen große Bedeutung für die Wirtschaftsgeschichts-
schreibung.[79]

Auch in den verschiedenen Ideengeschichten des Sozialismus bzw. Geschichten des Sozialismus und der sozialen Ideen fand und findet Rodbertus
die unterschiedlichsten Bewertungen. Adler zum Ende des 19. Jahrhunderts
und Muckle zu Beginn des 20. Jahrhunderts hatten das Werk von Rodbertus
eindeutig als ein sozialistisches gedeutet. Im 20. Jahrhundert war dieses
Bild nicht mehr so eindeutig: Max Beer zum Beispiel widmete in seiner
breitangelegten "Allgemeinen Geschichte des Sozialismus und der sozialen
Kämpfe" aus dem ersten Drittel unseres Jahrhunderts Rodbertus relativ viel
Raum, bezeichnete ihn als "abgesehen von Marx, den bedeutendsten nationalökonomischen Theoretiker Deutschlands"[80], ordnete ihn aber unter die

---

[74]   G.Stavenhagen, Geschichte der Wirtschaftstheorie, Göttingen [4]1969, S.142

[75]   A.Kruse, Geschichte der volkswirtschaftlichen Theorien, Berlin [4]1959, S.133-136

[76]   A.Ott/H.Winkel, Geschichte der nationalökonomischen Analyse, Göttingen 1984, S.170f.

[77]   S.Wendt, Rodbertus, in: HdSW Bd.9, 1956, S.24

[78]   W.Hofmann, Sozialökonomische Studientexte, Bd.2, Berlin 1965, S.110ff.

[79]   H.Winkel, Die deutsche Nationalökonomie im 19. Jahrhundert, S.177f.

[80]   M.Beer, Allgemeine Geschichte des Sozialismus und der sozialen Kämpfe. Mit Ergänzungen
von Dr.Hermann Duncker, Erlangen 1971, S.549

Theoretiker der "konservativen Sozialreform" ein neben Karl Marlo/Winkelblech[81], hob aber beide von den sozialkonservativen Schriftstellern und Sozialpolitikern wie Rudolf Meyer und Hermann Wagener, von den Kathedersozialisten, den Katholisch-Sozialen und Christlich-Sozialen positiv ab.[82] Ähnlich hatte sich etwa 30 Jahre später W.Hofmann in seiner "Ideengeschichte der sozialen Bewegung" sogar gegen die Betrachtung der Sozialreformer im Rahmen der emanzipatorischen Sozialbewegungen ausgesprochen.[83] In der vielbändigen in den 50er Jahren verfaßten "History of socialist thought" ordnete G.D.H.Cole Rodbertus neben Marlo als Vertreter des Sozialismus im Deutschland der 1850er Jahre ein, nicht ohne auf den Einfluß den Rodbertus auf Lassalle ausgeübt hat und den Rodbertus auf Marx gehabt haben soll, hinzuweisen.[84] Vor allem sieht Cole sowohl in Marlo als auch in Rodbertus die Verbindungsglieder vom ethischen Sozialismus zur modernen Sozialdemokratie.[85] Auch im Zuge der Marxismus-Renaissance seit den 1960er Jahren wurden die Zeitgenossen von Marx und Engels nicht weiter beachtet; nur beiläufig wurde Rodbertus wahrgenommen, zumeist als bürgerlicher Politiker des 19. Jahrhunderts. Seine Leistungen auf dem Gebiete der Nationalökonomie und der sozialistischen Theorie standen dabei nicht im Vordergrund, sieht man von Gottschalchs Beitrag in der von H.Grebing herausgegebenen "Geschichte der sozialen Ideen" aus dem Jahre 1969 ab, der Rodbertus als einen "konservativen Vorläufer des wissenschaftlichen Sozialismus" bezeichnete.[86] J.Droz klammerte in der von ihm herausgegebenen "Geschichte des Sozialismus" Rodbertus ausdrücklich aus, wenn er schrieb: "Julius (!) Karl Rodbertus kann nicht als sozialistischer Schriftsteller angesehen werden, aber seine theoretische Arbeit «Zur Erkenntnis unserer staatswirtschaftlichen Zustände» (1842) und seine «Socialen Briefe»" (1850-1851) enthalten sozialistische Gedanken. Rodbertus ist jedoch nur mit der Entwicklung der Schule der Kathedersozialisten bekannt geworden."[87] Die von Th.Ramm veranstaltete Ausgabe der gesammelten Schriften in den Jahren 1971/72 hatten kaum ein Echo, und die volkswirtschaftliche Dissertation von H.Phan-huy-Klein, die 1976 abgeschlossen wurde und den Vergleich der Theorien von Marx und Rodbertus

---

[81]   ebd. S.544ff.

[82]   ebd. S.546 u. S.554

[83]   W.Hofmann, Ideengeschichte der sozialen Bewegung des 19. und 20. Jahrhunderts, Berlin/New York [4]1971, S.85, S.188

[84]   G.D.H.Cole, A History of Socialist Thought, Bd.2, London 1955, S.21

[85]   ebd. S.31

[86]   W.Gottschalch, Sozialismus, in: H.Grebing (Hg.), Geschichte der sozialen Ideen in Deutschland. München/Wien 1969, S.57

[87]   J.Droz, Die Ursprünge der Sozialdemokratie in Deutschland. in: J.Droz, Geschichte des Sozialismus Bd.III, Frankfurt/Berlin/Wien 1975, S.40

zum Inhalt hatte, faßte bestenfalls einige der Ergebnisse früherer Arbeiten zusammen und übernahm zum Teil auch deren Fehler.[88] Die Polemik H.v.Bergs über den Marxismus-Leninismus kann in diesem Zusammenhang übergangen werden, hat sie doch nur die Kritik Marxens zum Ziel und nicht eine Auseinandersetzung mit den Ideen von Rodbertus.[89]

Die interessantesten zu verschiedenen Anlässen erschienenen Abhandlungen zu Theoremen von Rodbertus in den letzten zehn Jahren stammen von G.Rudolph, der eine Revision der bisherig ablehnenden Haltung der marxistisch-leninistischen Ökonomiegeschichtsschreibung versucht.[90] Im Gegensatz zu der hohen Einschätzung der sogenannten sozialistischen Klassikern wie Marx, Engels, Luxemburg, Lenin, Mehring etc. galt Rodbertus lange als Vertreter des Staatskapitalismus. Im MEYERS LEXIKON der DDR von 1964 lesen wir so zum Beispiel: "bürgerlicher Ökonom ... pommerscher Gutsbesitzer; R. ist ein Vorläufer der sozialrechtlichen Schule und vertrat als Gegner des revolutionären Marxismus staatskapitalistische Ideen."[91] Im Personenregister der Marx-Engels-Werke finden wir folgende Charakterisierung: "preußischer Grundbesitzer, Ökonom, Ideologe des verbürgerlichten Junkertums; Theoretiker des preußisch-junkerlichen «Staatssozialismus»".[92] Ähnlich ordnete auch Fritz Behrens in seinem mehrbändigen "Grundriß der politischen Ökonomie" aus dem Jahre 1979 Rodbertus zu den Vorläufern der "sozialrechtlichen Schule" ein. Einerseits hebt Behrens die Zugehörigkeit zur "bürgerlichen Nationalökonomie" hervor[93], nicht ohne auf die Unterscheidung von der historischen Schule hinzuweisen; andererseits verweist er einige Seiten weiter auf die "kommunistisch-sozialistischen Theorieelemente" im Denken von Rodbertus.[94] Dem gegenüber stellt Rudolph weit stärker die "progressiven" Elemente der Theorien von Rodbertus heraus, indem er ihn als "tapferen bürgerlich-demokratischen Vorkämpfer für die Volkssouveränität und nationale Einigung" und als "kleinbürgerlichen Sozialisten" bezeichnet, womit er - gestützt auf die Kenntnis und teilweisen Auswertung des wissenschaftlichen Nachlasses und im Anspruch auf die Aneignung des sogenannten kulturellen Erbes in der DDR - die Bedeutung Rodbertus als Nationalökonom des deutschen Vormärz betont.[95] Allerdings

[88]   H.Phan-huy-Klein, Die Theorien von Rodbertus und Marx, Diss. Zürich 1976

[89]   H.v.Berg, Marxismus-Leninismus, Köln 1986, S.209ff.

[90]   G.Rudolph, Karl Rodbertus (1805-1875) und die Grundrententheorie. Politische Ökonomie aus dem Vormärz, Berlin 1984, S.8ff.

[91]   Meyers Neues Lexikon Bd.7, Leipzig 1964, S.33

[92]   MEW Bd.26,2, S.693

[93]   Fr.Behrens, Grundriß der politischen Ökonomie. Bd.3, S.96

[94]   ebd. S.100f.

[95]   G.Rudolph, Karl Rodbertus (1805-1875) und die Grundrententheorie, S.12 u.78

stand Rudolph lange Zeit allein, denn z.B. in den bisherigen Dogmengeschichten resp. Geschichten der Politischen Ökonomie, die in der DDR veröffentlicht worden sind, wurde und wird Rodbertus kaum, allenfalls beiläufig oder gar nicht erwähnt; entsprechendes gilt für die Abhandlungen zur sozialistischen Theorie. Der Wandel, der sich aber bei der Bewertung von Rodbertus vollzieht, läßt sich daran ablesen, daß Rodbertus wie auch Lassalle wieder als "Sozialisten" bezeichnet werden.[96]

Das Bild, das so in den letzten einhundert Jahren von Rodbertus geschaffen worden ist, bleibt also uneinheitlich. Viele Facetten des Werks wurden bisher dargestellt, aber aus ihrem Zusammenhang gerissen, so daß die deutlichen Widersprüchlichkeiten im Leben und im Werk von Rodbertus oft übersehen wurden.

---

96   s. z.B. Th.Marxhausen, Bürgerliche Deutungen der Beziehungen zwischen den ökonomischen Theorien von Karl Marx und David Ricardo, MARX-ENGELS-JAHRBUCH 8, 1985, S.134

2. Leben und Werk bis 1844

Johann Karl Rodbertus[1] hat es zeitlebens verstanden, sein Privatleben für sich zu behalten, so daß darüber der Nachwelt kaum Informationen von Rodbertus selbst vorliegen.

Der Name Rodbertus leitet sich wahrscheinlich von der ursprünglich westfälischen Herkunft seiner Vorfahren ab, vom Flecken Rothberg bei Lippstadt; von hier breitete sich die Familie seit dem 16. Jahrhundert unter den Namen Rothberg, Rodeberts und Rodbertus nach Schleswig, Mecklenburg und Dänemark aus, wo auch noch heute Nachfahren leben.[2]

Rodbertus stammte aus einer Familie, die durch Geistliche und Kaufleute geprägt war. Um nicht allzu weit in der Ahnenreihe zurückzugehen, sei hier als erster Karl Rodbertus Großvater väterlicherseits Johann Nikolaus Rodbertus (1752-1828) erwähnt, der durch seine Frau, die Witwe des mit ihm verwandten Johann Carl Rodbertus (1733-1776), in den Besitz der Firma J.C.Rodbertus gelangte, die er in J.N.Rodbertus umbenannte und die er zu einer der bedeutendsten Handelsfirmen (Reederei) in Barth vergrößern konnte. Johann Nikolaus Stiefsohn Johann Jacob Rodbertus (1764-1842) und noch mehr wiederum sein Sohn Heinrich Rodbertus (1813-1877), gleichzeitig Karl Rodbertus Vetter, erweiterten das Unternehmen so stark, daß Heinrich Rodbertus im Jahre 1875 als größter oder zumindest zweitgrößter privater Reeder Preußens bezeichnet wurde.[3] Waren so die direkten Vorfahren von Karl Rodbertus einerseits Kaufleute, und damit auch gleichzeitig Honoratioren in Barth, so vertreten der Großvater mütterlicherseits Johann August Schlettwein (1731-1802) und sein Vater Johann Christoph Rodbertus (1779-1827) das intellektuelle Element in seiner Ahnenreihe: beide waren Universi-

---

[1] Im folgenden werde ich immer nur Karl Rodbertus schreiben. Auf den Namen Johann legte Rodbertus selbst keinen Wert, wie aus einem Brief an A.Bloem aus dem Jahre 1854 hervorgeht anläßlich der Taufe von Bloems Sohn, der Rodbertus zu Ehren den Namen Karl erhalten sollte. s. Brief Rodbertus an N.N. (=Anton Bloem), 22.6.1854, Heinrich-Heine-Institut. Falsch ist "Karl Heinrich", wie G.Rudolph, Karl Rodbertus (1805-1875) und die Grundrententheorie, S.15 schreibt. Auch auf das "Jagetzow" werde ich verzichten. Aber es ist nicht korrekt, wenn Rudolph S.73, Anm.208, schreibt, daß Rodbertus selbst den Namen seines Gutes seinem Namen nicht hinzufügte und daß es vor allem seine junkerliche Umwelt war, die ihn so "zu assimilieren" trachtete. Seine Briefe unterschrieb er in der Regel mit "Rodbertus"; einige seiner Schriften führten aber den Namen "Rodbertus-Jagetzow". s. hierzu auch die Hinweise von Robert Michels zu den Briefen von Rodbertus an Schumacher. RW 2, S.399

[2] Im Nachlaß Rodbertus im Zentralen Staatsarchiv Merseburg befinden sich keine persönlichen Dokumente. Über die Herkunft der Familie Rodbertus liegen einige genealogische Arbeiten vor: A.Barthmeyer/P.Rodbertus, Rodbertus - Rothberg - Rodeberts aus Angeln (Schleswig) DEUTSCHES FAMILIENARCHIV Bd.36, 1968, S.125-171; O.Rodbertus, Zur Herkunft des Nationalökonomen Karl Rodbertus. BALTISCHE STUDIEN N.F.Bd.61, 1975, S.62-74; ders., Das Handelshaus Rodbertus in Barth in familiengeschichtlicher Sicht. GENEALOGIE Jg. 28, Bd.14, 1979, S.465-481; S.507-524

[3] Barthmeyer/Rodbertus, Rodbertus, Rothberg, Rodeberts, S.147

23

tätsprofessoren und durch ihre Ehefrauen auch Gutsbesitzer.

J.A.Schlettwein gilt als einer der bedeutendsten deutschen Physiokraten und hatte in Basel und Gießen gelehrt; bekannt geworden war er vor allem durch seine Freundschaft mit dem Markgrafen Karl Friedrich von Baden, der den Versuch unternommen hatte, die physiokratische Lehre in die Praxis umzusetzen, wenn auch ohne Erfolg.[4] Johann Christoph Rodbertus, 1779 in Barth als jüngster Sohn der Familie geboren, hatte in Jena und Göttingen Jura studiert und war dort mit der Dissertation "Commentatio historico-dogmatico de inofficiose testamenti querela" promoviert worden.[5] Zunächst Adjunkt, wurde er wenig später zum königlich schwedischen Justizrat ernannt, schließlich Professor des römischen Rechts an der damals noch schwedischen Universität zu Greifswald.[6] 1803 heiratete er Ernestine Eleonore Schlettwein, die nach dem Tode ihrer Eltern 1802 das Gut Beseritz in Mecklenburg-Strelitz geerbt hatte, auf dem später auch Karl Rodbertus aufwuchs und das er einige Jahre für seine Mutter bewirtschaftete.

Am 12. August 1805 wurde Johann Carl Rodbertus im damals noch schwedischen Greifswald als zweites Kind der Familie geboren. Über die Anzahl der Geschwister liegen uns keine genaueren Angaben vor, außer über seine Schwester Johanna Mathilda, verheiratete von Lepel, geboren 1804, die ihn um einige Jahre überlebte und über einen Bruder Hermann, der ihm als Student nach Göttingen folgte. Dessen nähere Lebensdaten sind aber unbekannt.[7] Zu diesen Geschwistern hatte Rodbertus während seines weiteren Lebens aber keinen engeren Kontakt.[8] Auf dem schon erwähnten Gut Beseritz wuchs Rodbertus auf, nachdem sein Vater 1808 oder 1809 während der napoleonischen Besatzung den Universitätsdienst quittiert hatte. Bis zur Aufnahme auf das Gymnasium in Friedland/Mecklenburg 1818/19 wurde er von seinem Vater und von Hauslehrern unterrichtet. In einer autobiographischen Skizze aus dem Jahre 1866 sprach sich Rodbertus sehr lobend über den nationalen Geist, der in dieser Anstalt geherrscht hatte, aus, während er deren pädagogischen Leistungen doch eher kritisierte. Diese Schule bzw. seine ehemals burschenschaftlichen Lehrer sollen auch, so Rodbertus 1866, seine national-deutsche Grundhaltung geprägt haben, obwohl es na-

---

4   s. z.B. A.H.Specht, Das Leben und die volkswirtschaftlichen Theorien Johann August
     Schlettweins. Diss. Gießen o.J.; zu Schlettwein und den Reformen in Baden:
     C.Zimmermann, Reformen in der bäuerlichen Gesellschaft, Ostfildern 1983, S.58ff.;
     S.78ff.

5   Göttingen 1802

6   Rodbertus, Autobiographische Skizze, RW1, S.XVII

7   O.Rodbertus, Das Handelshaus Rodbertus, S.520 erwähnt allein die Schwester Johanna
     Mathilda; s. auch derselbe, Herkunft des Nationalökonomen Karl Rodbertus, S.62-64;
     dagegen Matrikel der Universität Göttingen, S.796, Nr.33869 und Brief Rodbertus an
     N.N. (=Anton Bloem) vom 22.6.1854, H.Heine Institut, Düsseldorf

8   ebd.

24

türlich zu berücksichtigen gilt, daß er dies 1866, im Jahre seiner Hinwendung zur preußisch-kleindeutschen Politik geschrieben hat. Kindheit und Jugend waren durchaus bildungsbürgerlich; seine enge Verbindung zum Grundbesitz konnte und wollte Rodbertus niemals leugnen. Man kann sogar mit einigem Recht behaupten, daß das gesamte Werk von einem Spannungsverhältnis zwischen Wissenschaft und Grundbesitz durchzogen ist.[9] Die eher bürgerliche Herkunft mag auch erklären, warum Rodbertus aus den Reihen seiner Standesgenossen herausragte, sowohl was seine Leistungen als Landwirt angeht als auch bezüglich seiner politischen und sozialpolitischen Einstellungen.

Nach Beendigung seiner Schullaufbahn folgte er zunächst den Spuren seines Vaters, indem er sich in der juristischen Fakultät der Universität in Göttingen einschrieb.[10] Hier studierte Rodbertus zunächst anscheinend recht unauffällig, obwohl er nach eigenem Bekunden der bald wieder aufgelösten Burschenschaft "Teutonia" angehört haben will, wofür es allerdings - außer Rodbertus Aussage - keine weiteren Belege gibt. Im vierten Semester wurde der Student schließlich aktenkundig erwähnt: innerhalb von nur wenigen Wochen erhielt er mehrere Strafen wegen Beteiligung an zwei Duellen und wegen nicht beglichener Rechnungen.[11] Ein größerer Schuldenberg und nicht die Mitgliedschaft in einer Burschenschaft veranlaßten Rodbertus, Göttingen beinahe fluchtartig zu verlassen. Sein Abgangszeugnis enthielt so auch die Bemerkung: "Während seines Hierseyns hat derselbe zu mehreren Beschwerden Veranlassung gegeben."[12] Seine Studien setzte er - anscheinend nach einer halbjährigen Pause - in Berlin fort, wo er sich am 10. Mai 1826 immatrikulierte.[13] Hier bestand er sein erstes juristisches Examen; anschließend arbeitete er beim Land- und Stadtgericht in Alt-Brandenburg. Seine juristische Karriere verlief zunächst in den üblichen Bahnen. Im Winter 1828/1829 bestand er in Berlin das Referendarexamen und war beim Breslauer Oberlandesgericht als Referendar beschäftigt. Nach Ablegung des Examens blieb er in Schlesien und trat Ende 1830 als Beamter in die Dienste der königlichen Regierung in Oppeln.[14] In Schlesien erlebte Rodbertus die

---

[9] F.Mehring, Geschichte der Sozialdemokratie, Bd.1, Berlin ³1980, S.445

[10] Rodbertus, Autobiographische Skizze, RW 1, S.XVII; Verzeichnis der Studirenden, Universitätsarchiv Göttingen, WS 1823/24, S.18; SS 1824, S.18; SS 1825, S.18.

[11] zu den Duellen: Universitätsarchiv Göttingen, Akten der Universitätsgerichte C CXXXIV, 15. Die Schulden, die Rodbertus hinterließ, beglich der Vater. s. Brief der Universität an den Vater, Antwort Johann Christoph Rodbertus an die Universität vom 22.7.1826, Universitätsarchiv Göttingen, Akten der Universitätgerichte B LXXXII,14. Zur Mitgliedschaft in der Burschenschaft "Teutonia": Rodbertus, Autobiographie, S.266. In den Akten der Universitätsgerichte Göttingen fanden sich keine Hinweise auf eine politische Tätigkeit Rodbertus.

[12] Universitätsarchiv Göttingen, Nr.689, Abgangszeugnisse

[13] Schreiben von Dr. Kossack, Universitätsarchiv der Humboldt-Universität Berlin, vom 8.6.1984

Auswirkungen der Julirevolution mit den polnischen Aufständen. Die revolutionären Ereignisse in Frankreich und die nationale Erhebung der Polen hatten Einfluß auf sein weiteres Leben. Sie waren Anlaß für ihn, nach Lösungsmöglichkeiten für die nationale und soziale Frage zu suchen, ohne den Weg der Revolution einzuschlagen. Außerdem veranlaßten ihn diese Ereignisse, einen zunächst auf zwei Jahre befristeten Urlaub zu nehmen. Im Entwurf zur bereits erwähnten autobiographischen Skizze heißt es auch, daß er während seiner Zeit in Oppeln begonnen habe, "NO zu studiren", das heißt, sich mit der Nationalökonomie auseinanderzusetzen.[15]

In den nächsten Jahren bereiste der Mittzwanziger Rodbertus Westeuropa; er besuchte neben der Schweiz Frankreich und die Niederlande. Für längere Zeit lebte er in Dresden und in Heidelberg, wo er Nationalökonomie bei Rau und Altertumswissenschaften studiert haben soll, wofür es allerdings keine eindeutigen Beweise gibt.[16] Diese Wander- und Studienjahre, die für einen jungen Mann seiner Herkunft nicht ungewöhnlich waren, prägten ihn für sein weiteres Leben. Er hatte sich nicht nur "jene echt weltmännische Politur angeeignet, die ihn zum Staatsmann und Diplomaten im besten Sinne des Wortes qualificirt hatte", wie es Karl Grün, der ihn während der 48er Revolution persönlich kennengelernt hatte, ausdrückte[17], sondern auch in Westeuropa Arbeiterelend, Arbeiterunruhen und auch die weiter fortgeschrittene industrielle Entwicklung erlebt. Dies veranlaßte ihn, sich mit der sozialen Frage verstärkt auseinanderzusetzen. Den Dienst bei der königlichen Regierung in Oppeln nahm er nicht wieder auf. Im Laufe des Jahres 1832 hatte er die geschiedene Baronin Wilhelmine Ernestine (Minette) von Reiswitz, geborene von Prittwitz und Gaffron geheiratet und 1834 das Gut Jagetzow in Pommern, das oft mit seinem Namen verbunden wird, gekauft. Von 1834 bis 1836 bewirtschaftete er noch für seine Mutter das Gut Beseritz, um dann von 1836 bis zu seinem Tode seinen Wohnsitz auf Jagetzow zu nehmen. Nur während der Jahre 1848/49 verließ er für längere Zeit das Gut, um in Berlin zu wohnen.[18]

In den Jahren nach der Rückkehr nach Beseritz unterbrach Rodbertus auch allem Anschein nach seine bisherigen Studien; man kann annehmen, daß die Bewirtschaftung seines Gutes zunächst seine Arbeitskraft völlig absorbierte.

---

14   Rodbertus, Autobiographische Skizze, RW 1, S.XVIII

15   Rodbertus, Entwurf der autobiographischen Skizze (1866) ZSTA Merseburg Rep.92 Nachlaß
      Rodbertus-Jagetzow, M 3, Bl.127

16   so z.B. M.Beer, Allgemeine Geschichte des Sozialismus und der sozialen Kämpfe,
      Erlangen 1971, S.549-554, hier S.550

17   K.Grün, Zur Erinnerung an Karl Rodbertus, ALLGEMEINE ZEITUNG Nr.47, 16.2.1876 (Bei-
      lage): "Die norddeutschen Ecken waren abgeschliffen, eine bequeme und gefällige
      Erscheinung war herausgebildet, ein liebenswürdiger Gesellschafter mit Geist und Herz
      in ansprechenden Formen."

18   ebd.; Barthmeyer/Rodbertus, Rodbertus, Rothberg, Rodeberg, S.158

26

Bis zu diesem Zeitpunkt hatte er auch noch keine seiner Arbeiten veröffentlicht. Ergebnisse seiner Studien lassen sich dennoch nachweisen. Wesentlich sind dabei ein "Ideen- und Meinungsjournal" aus den Jahren
1831/1832 und ein leider nicht vollständiges, beinahe druckfertiges Manuskript "Neue Grundsätze der Staatswirthschaft" mit der Angabe "Heidelberg
Mai 1834", in denen er sich vom saint-simonistischem Standpunkt der Analyse der gesellschaftlichen Realität näherte.[19] Das "Ideen- und Meinungsjournal" hat den Charakter eines Aphorismenheftes, das anscheinend nur
der Selbstverständigung dienen sollte. Fragen der Philosophie, der Geschichte, der Politik und der Wirtschaft riß Rodbertus hier an, mal von einem saint-simonistischen, mal von einem eher liberalen Standpunkt. Das
Manuskript über "Neue Grundsätze der Staatswirthschaft" aus dem Jahre
1834 läßt dagegen schon den nationalökonomischen Autor erkennen, der der
Staatswirthschaft als Grundlage der Wirtschaftswissenschaften einen hervor-
ragenden Platz unter den Wissenschaften überhaupt zuwies.[20] Wiederum an
der saint-simonistischen Kritik an der gesellschaftlichen Entwicklung orientiert, erörterte er Fragen nach der bestmöglichen Wirtschaftsordnung, wobei
er dem Aspekt der Eigentumsordnung besondere Aufmerksamkeit entgegen-
brachte. Bei seiner Auseinandersetzung mit der sozialen Frage orientierte er
sich nicht wie ein großer Teil der Sozialkritiker in Deutschland an der ver-
gangenen bzw. sich auflösenden feudalen Ordnung, sondern er bejahte die
industriell-kapitalistische Entwicklung, die er als eine historische, damit
auch vergängliche, Phase der Menschheit betrachtete.[21] Diese erste
ausgearbeitete Studie hat Rodbertus allerdings nicht veröffentlicht, obwohl
sie in Reinschrift vorliegt, wenn auch heute nicht mehr vollständig. Es ist
müßig, über die Gründe zu spekulieren, weil sich keinerlei Hinweise auf
diese Arbeit in seinen späteren Werken finden.

Ende 1830er Jahren verfaßte Rodbertus ebenfalls einen Essay "Die Forderungen der arbeitenden Klassen", der an die "Neuen Grundsätze" anknüpfte,
der allerdings erst nach 1870 publiziert wurde. In der Rodbertus-Literatur
wurde diesem Aufsatz größte Aufmerksamkeit geschenkt, weil sich in ihm
der Ausgangspunkt aller weiteren Überlegungen von Rodbertus finden ließe.
Dabei wird der Essay oft auf das Jahr 1837 datiert, obgleich er wegen der

---

19 Rodbertus, "Ideen- und Meinungsjournal", ZSTA Merseburg Rep.92 Nachlaß Rodbertus-Jagetzow A 1; "Neue Grundsätze der Staatswirthschaft", ebd. M 7, Bl.27-28v, Bl.120-121v,
Bl.129-171v

20 ebd. Bl.158ff.

21 Hier ist vor allem Adam Heinrich Müller zu nennen, aber auch Franz von Baader. s.
hierzu z.B. J.Baxa, Einführung in die romantische Staatswissenschaft, Jena 1931, v.a.
S.116ff.; S.164ff.; S.249; s. auch Stegmann, Geschichte der sozialen Ideen im deut-
schen Katholizismus. in: H.Grebing (Hg.), Geschichte der sozialen Ideen; S.337ff.;
Hanisch, Konservatives und revolutionäres Denken, Wien/Salzburg, S.25ff.; S.36ff.;
S.42ff.; zu Baader und F.J.v.Buß s. auch K.Spreng, Studien zur Entstehung
sozialpolitischer Ideen in Deutschland auf Grund der Schriften Franz von Baader's und
Franz Josef von Buß. Diss. Gießen 1932

Erwähnung der Birminghamszenen erst 1838/1839 geschrieben sein kann. Nach Rodbertus eigenen Angaben hatte er die "Forderungen" der ALLGE-MEINEn ZEITUNG gesandt, die sich allerdings gegen eine Veröffentlichung wandte. Obwohl den "Forderungen" nicht mehr die Bedeutung des Erstlingswerks zukommen sollte, angesichts des Fundes der "Neuen Grundsätze", so verdient er dennoch größte Aufmerksamkeit, weil Rodbertus sich hier auf die Arbeitswertlehre berufend prägnant formuliert für eine Änderung der wirtschaftlichen Ordnung ausprach, um so vor allem die Arbeiter vor den negativen Folgen der Konjunkturschwankungen zu bewahren.[22]

Neben Studien zur politischen Ökonomie widmete sich Rodbertus aber auch tagespolitischen Fragen, die er in einigen kleineren Artikeln in der Augsburger ALLGEMEINEN ZEITUNG und in den Stettiner BÖRSENNACHRICHTEN DER OSTSEE publizierte. Er äußerte sich so zum Erbrecht[23], zu den sogenannten "Matzdorfer Verbrechen", als sich beinahe ein ganzes Dorf an einem Mord beteiligt hatte, für Rodbertus ein besonderer Fall von kollektiver Kriminalität[24], und zu den Streitigkeiten zwischen den bürgerlichen und adligen Mitgliedern der mecklenburgischen Ritterschaft.[25] Außer diesen nachzuweisendenden Artikeln veröffentlichte Rodbertus seit 1839 in den BÖRSEN-NACHRICHTEN DER OSTSEE - nach eigenen Angaben - einige "merkantilistische Artikel", die sich nicht verifizieren lassen.[26] Nicht alle Artikel, die Rodbertus verfaßt hatte, wurden veröffentlicht; eine Anzahl scheint der Zensur anheimgefallen zu sein, wie dem Briefwechsel mit dem verantwortlichen Redakteur, Altvater, zu entnehmen ist.[27]

Als Rittergutsbesitzer wurde Rodbertus im Jahre 1841 zum Kreis- und Landwirtschaftshilfsdeputierten für den Kreis Demmin gewählt; als solcher wurde er Mitglied der Kommission, die sich mit dem Entwurf neuer landwirt-

---

[22] Rodbertus, Foderungen der arbeitenden Klassen, RW 1, S.27; Rodbertus hatte R.Meyer diesen Artikel Anfang der 1870er Jahre angeboten, s. Rodbertus an R.Meyer, 1.4.1872 und 14.4.1872, RW 6, S.344 u. S.347ff. Dietzel, Karl Rodbertus, Bd.1, S.1f. verbreitete die falsche Jahreszahl 1837; die Richtigstellung findet sich zuerst bei F.Mehring, Zur neueren Rodbertusliteratur, DIE NEUE ZEIT Bd.13,1, 1895, S.525f.

[23] ALLGEMEINE ZEITUNG Nr.49, 12.2.1839, S.370. Alle Angaben zur ALLGEMEINEn ZEITUNG sind dem Honorarbuch und dem Redaktionsexemplar im Deutschen Literaturarchiv/Cotta Archiv Marbach entnommen.

[24] ALLGEMEINE ZEITUNG Nr.208, 27.7.1839, S.1661-1662

[25] ALLGEMEINE ZEITUNG Nr.187, 24.6.1840, S.1346-1347

[26] Rodbertus, Autobiographische Skizze, RW 1, S.XVIII

[27] Briefe Altvater an Rodbertus, 31.10.1842, 22.1.1843, 14.3.1845 und 7.4.1845. ZSTA Merseburg Rep.92 Nachlaß Rodbertus-Jagetzow B 1, Bl.15, Bl.17, Bl.23 und Bl.25

schaftlicher Taxen und eines neuen landwirtschaftlichen Reglements für die Provinz Pommern beschäftigte.[28]

1842 veröffentlichte Rodbertus schließlich sein erstes Buch mit dem Titel "Zur Erkenntniß unsrer staatswirthschaftlichen Zustände". Fußend auf der ricardianischen Arbeitswertlehre wies er auf gesellschaftliche Fehlentwicklungen hin und lieferte daneben vor allem eine Kritik der Grundrententheorie Ricardos, der Rodbertus seine Theorie der absoluten Rente gegenüberstellte. Nicht zuletzt weil er für diese Studie keinen bekannten und einflußreichen Verleger gefunden hatte, - so lehnte z.B. der bekannte Leipziger Verleger Otto Wigand wegen Arbeitsüberlastung ab[29] -, so daß er sie bei Barnewitz in Neubrandenburg in einer Auflage von 750 Exemplaren drucken lassen mußte, wurde die Schrift zu einem völligen Mißerfolg, so daß er die ursprünglich geplanten Fortsetzungshefte nicht mehr fertigstellte und sich in den nächsten Jahren mehr der praktischen Wirtschafts- und Sozialpolitik zuwandte.[30] Dabei hätte vom Zeitpunkt der Veröffentlichung diese Abhandlung durchaus weiter Verbreitung oder zumindest eine gewisse Rezeption finden können, zeigte sich doch das deutsche oder preußische bürgerlich-intellektuelle Publikum aufnahmebereit für den "Sozialismus" oder für Darstellungen des Sozialismus, wie der Erfolg von Lorenz Steins Buch "Der Sozialismus und Kommunismus des heutigen Frankreichs" im Jahre 1842 eindeutig belegt.[31]

In den Jahren 1843 und 1844 nahm Rodbertus noch einmal seine Studien zur sozialen Frage auf, um sich an der Preisaufgabe der Königlichen Akademie der Wissenschaften zu Trondheim zum Thema der Überwindung der Armut der "niederen Volksklassen" zu beteiligen. Die entsprechende Frage war in der ALLGEMEINEN ZEITUNG im Jahre 1843 veröffentlicht worden. Wie der Nachlaß zeigt, setzte sich Rodbertus recht intensiv mit dieser Frage auseinander, allerdings auf einem weit abstrakteren Niveau als in der Aufgabe, wonach eher praktische Lösungen gefordert worden waren, angezeigt war. Ob Rodbertus seine Studie letztlich aber der Akademie eingereicht hat, ist den vorhandenen Unterlagen nicht zu entnehmen.[32]

---

28   Rodbertus, Autobiographische Skizze, RW 1, S.XVIIIf.; Dietzel, Karl Rodbertus, Bd.1, S.23

29   Brief Wigand an Rodbertus, 2.4.1842, ZSTA Merseburg Rep.92 Nachlaß Rodbertus-Jagetzow, M 10, Bl.82: "Auf Ew. Wohlgeboren mir gütigst gemachtes Vertragsanerbieten bedaure sehr nicht eingehen zu können, da mich vor der Hand mehrere Unternehmungen gänzlich in Anspruch nehmen."

30   s. den Verlagsvertrag mit Barnewitz vom 6.5.1842, ebd. Bl.111 und 111v.

31   vor diesem Werk erschienen nur wenige Schriften in Deutschland, die sich mit dem Sozialismus auseinandersetzten bzw. ihn propagierten. s. (L.Stein), Socialismus in Deutschland, DIE GEGENWART, 1852, S.521-528

32   Rodbertus, Studien zur Frage "Welches sind die wesentlichen Ursachen für die Armut der niederen Volksklassen", ZSTA Merseburg Rep.92 Nachlaß Rodbertus-Jagetzow M 5, Bl.464-587. Die Blätter sind relativ ungeordnet und zeigen den unfertigen Charakter des

3. Geschichtsphilosophie und Methode

3.1 Ideengeschichtlicher Hintergrund: Fortschrittsidee

In einem Aphorismenheft "Ideen- und Meinungsjournal" aus den Jahren 1831 und 1832 äußerte Rodbertus Gedanken, die auch in der Wortwahl an den Saint-Simonismus erinnern. Zur Geschichte schreibt er:

> *"Die Geschichte ist der Weg der bis in Gott hinaufreichenden Perfektibilität des Menschengeschlechts."*[1]

Hierin offenbart sich Rodbertus als Anhänger der Fortschrittsidee und einer Geschichtsphilosophie, die sich seit dem 18. Jahrhundert in Europa verbreitete.

Kaum ein Denker, der sich kritisch mit den gesellschaftlichen Zuständen seiner Zeit beschäftigte, vermochte sich im 19. Jahrhundert dem Zeitgeist eines "Historizismus" im weitesten Sinne des Wortes entziehen; denn gesellschaftliche Zustände wurden auf ihre Entstehung, zum Teil auf ihren allgemeinen historischen Charakter untersucht, um so eine Prognose für eine bessere Zukunft zu gewinnen. Konstitutiv für ein solches Denken war, daß sich die Geschichte auf ein Ziel hinbewege oder daß sich der Fortschritt in der Geschichte mit oder ohne bewußte menschliche Aktion durchsetzen werde. Das Axiom, daß die Menschen ihre Geschichte zwar selbst machen, daß aber das Ergebnis ihres Tuns nicht unbedingt mit ihren Intentionen übereinstimme, leitete über zu einer Geschichtsbetrachtung und Gesellschaftsanalyse, die nicht allein Ereignisse und Fakten konstatierte, sondern versuchte, Strukturzusammenhänge zu ergründen.

Beginnend mit der Schrift "Die neue Wissenschaft von der gemeinschaftlichen Natur der Nationen", dessen Autor Giambattista Vico noch innerhalb einer Zyklentheorie die Auffassung vertrat, daß der Mensch seine Geschichte mache, obwohl er sie nicht bestimme, nimmt die Geschichtsphilosophie ihren Weg zu linear progressiven Auffassungen von Geschichte.[2] Vicos explizites Ziel war es, die historische Entwicklung in ihrem typischen Ablauf, d.h. die wesentlichen Gesetzmäßigkeiten, aufzudecken. Dabei konstatierte er drei Stufen, die sich in einem Kreislauf immer wiederholen, die

---

[1] Rodbertus, Ideen- und Meinungsjournal, ZSTA Merseburg Rep.92 Nachlaß Rodbertus-Jagetzow, A 1, Bl.5. Auf dieses Manuskript hat zuerst G.Rudolph, Karl Rodbertus (1805-1875) und die Grundrententheorie, S.44, aufmerksam gemacht.

[2] J.Meran, Theorien der Geschichtswissenschaften, Göttingen 1985, S.43, sieht in Vico den ersten Autor, "der den Versuch unternahm, Historie und Philosophie systematisch zu verbinden." s. hierzu auch die Einführung von Fellmann in: Vico, Die neue Wissenschaft, S.1ff.; H.-D.Kittsteiner, Naturabsicht und Unsichtbare Hand, Frankfurt/Berlin/Wien 1980, S.42 u. S.142f;

Nur kurze Zeit nach Vicos Tod verband Anne Robert Jacques Turgot ökonomisches Denken mit Geschichtsphilosophie, wenn er festzustellen glaubte, daß sich Kultur erst dann entwickeln könne, wenn die Produktivität der Arbeit so hoch sei, daß nicht mehr alle Menschen nur für ihre unmittelbare Reproduktion arbeiten müßten. Für ihn war die Geschichte der menschlichen Gesellschaft schon eine Geschichte des menschlichen Fortschritts.[3] Dabei benutzte er schon um die Mitte des 18. Jahrhunderts den Begriff der "perfectibilité", der vor allem später bei den Saint-Simonisten größte Bedeutung erhielt.[4] In der von ihm dargelegten Stufenfolge der menschlichen Entwicklung kennzeichnete Turgot diese durch ökonomische Merkmale; seiner Auffassung nach nahm die Geschichte ihren Weg von der «barbarie» zur «politesse». Mit der wirtschaftlichen Entwicklung ginge eine Beschleunigung des Fortschritts einher; dabei obliege es den Menschen jedoch nicht, den Verlauf des Fortschritts zu bestimmen. Die historische Gesetzmäßigkeit, die Turgot hinsichtlich der Fortschritte in der menschlichen Gesellschaft konstatierte, beinhalteten Resultate, die von den unmittelbaren Akteuren nicht intendiert waren. Über die Menschen stellte Turgot aber noch Gott, dessen Hand die Geschichte letztlich lenkte.

Der wohl bekannteste Vertreter einer linear-progressiven Geschichtsentwicklung war Condorcet, der in seinem "Entwurf einer historischen Darstellung der Fortschritte des menschlichen Geistes" den Fortschritt der Menschheit in äußerst optimistischer Weise beschrieb. Fortschritte werden sich Condorcet zufolge bei den den Erkenntnissen der Wissenschaften, in der Gesellschaft, in deren Demokratisierung, in einer zunehmenden sozialen Gleichheit, auch in der Gleichberechtigung der Frau und der Anwendung wissenschaftlicher Methoden auf die materielle Produktion notwendig durchsetzen. Damit wollte Condorcet nicht ein zu erreichendes "goldenes Zeitalter" konstruieren, sondern allein die Gesetzmäßigkeiten in der historischen Entwicklung beschreiben.[5] Mittels einer grundlegenden Reform des Erziehungs- und Bildungswesens wie durch institutionelle Reformen glaubte er die nicht übersehbaren Unterschiede der Menschen hinsichtlich von Besitz, Talent etc. ausgleichen zu können.[6]

---

[3]   M.Kuczynski, Vorbemerkung in: A.R.J.Turgot, Betrachtungen über die Bildung und Verteilung der Reichtümer, Berlin 1981, S.20ff.; s. auch H.-D.Kittsteiner, Naturabsicht und Unsichtbare Hand. S.151

[4]   Der Begriff wurde laut Koselleck, Fortschritt. in: Geschichtliche Grundbegriffe, Bd.2, Stuttgart 1975, S.377, von Rousseau zur Kennzeichnung des Menschen in Unterscheidung vom Tier geprägt, als "faculté de se perfectionner", wobei Rousseau den Fortschritt mit seinem Verlust an Unschuld bekanntermaßen als ambivalenten Begriff betrachtete.

[5]   W.Alff, Condorcet und die bewußt gewordene Geschichte, in: Condorcet, Entwurf einer historischen Darstellung der Fortschritte des menschlichen Geistes, Frankfurt 1976, S.19

[6]   Condorcet, Fortschritte des menschlichen Geistes, S.193ff.

Das geschichtsphilosophische Denken Condorcets beinhaltete aber nicht die retardierenden Elemente, die sich dem Fortschritt entgegenstellen konnten, denn für ihn setzte sich der Fortschritt auf jeden Fall durch, unabhängig von denen, die ihn aufzuhalten trachteten.[7] Die Französische Revolution nach 1789 offenbarte allerdings, daß sich der Fortschritt, so wie er sich durchsetzte, nicht immer – wie Condorcet annahm – vernünftig oder ohne Repressionen durchsetzte: als Girondist fiel er selbst dem Terror im Jahre 1794 zum Opfer.[8] Immanuel Kant als Zeitgenosse der Revolution, der auch im Grunde eine ähnliche Position wie Condorcet vertrat, wenn er die Menschheit sich zu Höherem entwickeln sah, interpretierte die Geschichte um, indem er – um die Ergebnisse der Revolution zu rechtfertigen – diese als vom König eingeleitete Reform bewertete. Grundlegender im Zusammenhang mit der Konzeption von historischer Entwicklung ist, daß Kant die Geschichte als menschliche Gedankenleistung, als eine (Re)Konstruktion apriori, auffaßte, die allerdings die eigentliche Geschichtsschreibung nicht überflüssig mache.[9] Fortschritt müsse sich immer von oben, vom Staat durchsetzen, wie er es am französischen Beispiel erläuterte, womit Kant ein wesentliches Element des geschichtsphilosophischen Denkens ansprach, die Frage nach den Trägern des Fortschritts. Die real vorhandene Menschheit als Gesamtheit bot sich für ihn nicht an. Bei Kant ist dies der Staat, bei Fichte später sind es die Gelehrten. Über Kant und Fichte hinaus formulierte G.W.F.Hegel eine Geschichtsauffassung, die sich weit stärker mit der Realität auseinandersetzte. Hegel nahm das, was geworden war, sowohl die Französische Revolution und ihre Folgen wie z.B. den Preußischen Staat, als vernünftiges Ergebnis der historisch-notwendigen Entwicklung an, obwohl er die Geschichte sich in Widersprüchen entwickeln sah.[10]

Etwa zeitlich gleich mit Hegel entwickelten sich auch die geschichtsphilosophischen Systeme Saint-Simons und der Saint-Simonisten, auf die wegen der großen Bedeutung für Rodbertus näher eingegangen werden soll.

Die theoretischen Konzeptionen Saint-Simons und der Saint-Simonisten erhoben den Anspruch, die soziale Wirklichkeit wissenschaftlich zu erfassen. Dabei ist die Geschichtsphilosophie, wie sie Saint-Simon selbst vertrat, noch als eine Konzeption des "Übergangs von der agrarisch-feudalen zur

---

[7]   ebd. S.77: "Der Fortschritt (ist) vom Willen derer, die ihn aufhalten möchten, unabhängig."

[8]   Condorcet, Fortschritte des menschlichen Geistes, Anhang, S.231: er wurde verfolgt und starb in Gefangenschaft.

[9]   I.Kant, Streit der Fakultäten 2, § 10

[10]   G.W.F.Hegel, Grundlinien der Philosophie des Rechts, Vorrede, Frankfurt 1970, S.26; s.auch Hegel, Vorlesungen über die Philosophie der Geschichte, Frankfurt 1970, S.20: "..., daß Vernunft die Welt beherrscht, daß es also auch in der Weltgeschichte vernünftig zugegangen ist."

industriekapitalistischen Gesellschaft" zu betrachten, eine Theorie der sozialen Bewegung, die mehr antizipierte als analysierte.[11] Im Gegensatz dazu mußten sich seine Schüler schon mit den entwickelten Klassengegensätzen auseinandersetzen. Die Saint-Simonisten - und auch etwa der frühere Sekretär Saint-Simons Auguste Comte - hatten die Anregungen Saint-Simons aufgenommen und versucht, diese den veränderten sozioökonomischen Bedingungen anzupassen. Gemeinsam blieb der Anspruch, die Gesellschaft wissenschaftlich objektiv in Vergangenheit und Gegenwart analysieren zu können, um so die gesellschaftliche Entwicklung zu prognostizieren.

Dabei war das Denken Saint-Simons, um diesem gestellten Anspruch zu genügen, seiner Zeit entsprechend an den Methoden und Erkenntnissen der Naturwissenschaften orientiert. Die Gesellschaft zur erkennen, hieß für ihn, ihren Entwicklungsprozeß, d.h. ihre Geschichte, zu verstehen, analog zu den Naturwissenschaften die Gesetzmäßigkeiten gesellschaftlichen Wandels herauszuarbeiten, um somit die Möglichkeit des aktiven Eingreifens in den Geschichtsprozeß zu gewinnen.

Aus der Kritik der bisherigen Geschichtsbetrachtung, die sich zumeist mit dem Sammeln von Fakten aus der Vergangenheit begnügt habe bzw. Hofgeschichtsschreibung bleibe, deren Erkenntniswert, für die Bewältigung aktueller Probleme der Wirtschaft und Gesellschaft sehr gering sei, forderte Saint-Simon eine Geschichtswissenschaft, die es ermögliche, die Vergangenheit prognostisch für die Zukunft zu benutzen.[12] Neben der Erkenntnis von historischen Entwicklungsgesetzen, kam dem Fortschrittsgedanken eine hohe Bedeutung zu. Im Gegensatz zu Condorcet, an den er ansonsten durchaus anknüpfte, formulierte Saint-Simon eine weniger optimistische als vielmehr realistische Geschichtsphilosphie. Saint-Simon konstatierte Zwangsläufigkeiten über die Abfolge der Gesellschaftsformationen und gleichzeitig die jeweiligen Verbesserungen gegenüber der vorherigen Formation. Mit dieser Betrachtungsweise vermied es Saint-Simon, gesellschaftliche Institutionen, wie sie sich im Verlauf des historischen Prozesses entwickelten, moralisierend zu verwerfen. Durchaus im Sinne des späteren historischen Materialismus gestand er der Sklaverei beispielsweise ihre historisch progressive Rolle für die Entwicklung der menschlichen Kultur in der Antike zu. Die Sklaverei war nach dieser Auffassung historisch notwendig und damit auch vernünftig gewesen.[13]

---

[11]   A.Meyer, Frühsozialismus, München 1977, S.95

[12]   vgl. hierzu zusammenfassend Th.Ramm, Die großen Sozialisten als Rechts- und Staatsphilosophen. Band 1: Die Vorläufer. Die Theoretiker des Endstadiums, Stuttgart 1955, S.245; s. auch Th.Petermann, Claude Henri de Saint-Simon: Die Gesellschaft als Werkstatt, Berlin 1979, S.195ff.

[13]   L.Zahn, Utopischer Sozialismus und Ökonomiekritik, Berlin 1984, S.171; vgl. auch Höppner/Seidel-Höppner, Babeuf bis Blanqui, Bd.1, Leipzig 1975, S.111, die den Bruch Saint-Simons mit der linear-progressiven Geschichtsphilosophie betonen.

Von dieser Position aus entwickelte Saint-Simon auch seine Stufentheorie
der menschlichen resp. sozialen Entwicklung. Wie viele Denker vor und nach
ihm teilte er die Geschichte der Menschen in drei Stufen ein, diese wiederum jeweils in eine organische und eine kritische Phase, womit er wie
auch Hegel einer dialektischen Betrachtung des welthistorischen Prozesses
anhing. Das Altertum, so Saint-Simon, war gekennzeichnet durch Militär-
herrschaft und Sklaverei; ihren ideellen Ausdruck fand diese Epoche im
Polytheismus. Als zweite Stufe nannte er das (europäische) Mittelalter, das
nach seiner Auffassung bis zur Französischen Revolution reichte. Die wesentlichen ideellen und institutionellen Merkmale dieser zweiten Stufe seien
die Leibeigenschaft, die Monarchie und der katholische Monotheismus gewesen. Mit der Reformation, mit dem Aufkommen des Protestantismus setzte die
kritische Phase ein, die in der Französischen Revolution mündete und die
Industrie mit ihren freien Produzenten inaugurierte. Die Wissenschaften
sollten nun die Funktion der Religion übernehmen. Ein wesentliches Moment
dieser Geschichtsauffassung liegt in der Zunahme der menschlichen Freiheit
und der Reduzierung der Gewaltverhältnisse. Tendenziell setzte sich - so
Saint-Simon - im historischen Prozeß statt der Ausbeutung der Menschen
durch den Menschen die Ausbeutung der Natur durch die Menschen durch.
Eine kritische Phase setze immer dann ein, wenn die Organisation einer Gesellschaft nicht mehr der allgemeinen Entwicklung adäquat sei. Ihren Abschluß fände dieser Prozeß in einer "Endgesellschaft", in der die "eigentliche Geschichte" der Menschheit beginne; die drei Stufen beinhalteten allein
die Vorgeschichte der Menschheit.[14] Als ein weiteres wichtiges Grundprinzip
der Geschichtsphilosophie Saint-Simons ist die Lehre von der Identität von
Theorie und Realität anzusehen.[15] Von hier ausgehend gewinnt seine Forderung nach der positiven, nach einer aufbauenden Wissenschaft ihre eigentliche Bedeutung: aus der Erkenntnis der Vergangenheit, den historischen Gesetzmäßigkeiten eine Politik abzuleiten, die die neue Phase in der Geschichte
einleiten kann. Denn obwohl der Verlauf der Geschichte Saint-Simon zufolge
determiniert war, so doch nicht die Geschwindigkeit dieses Prozesses. Einer
Elite der Menschheit stehe die Möglichkeit offen, die Entwicklung ob ihrer
Kenntnisse und Erkenntnisse zu beschleunigen oder zu bremsen.

Das Bild des Saint-Simonismus wird aber weit stärker durch die Lehren seiner Schüler geprägt als durch Saint-Simon selber. In einer Vortragsreihe
"Exposition de la doctrine de Saint-Simon" in den Jahren 1828 und 1829
hatten vor allem Bazard und Enfantin versucht, das Werk ihres Lehres zu
systematisieren und der veränderten Realität anzupassen. Damit gelang ih-

---

14   Die Gedankenfigur der "eigentlichen Geschichte" wird auch von Marx später wieder
         aufgenommen. s. z.B. Marx, Ökonomisch-philosophische Manuskripte, MEW Ergänzungsband
         1, S.546, auch S.553

15   Th.Ramm, Die großen Sozialisten als Rechts- und Staatsphilosophen, S.270

nen die, wenn auch wohl zu Recht als einseitig bezeichnete, Vollendung der Gedanken Saint-Simons.[16]

Viel stärker als bei Saint-Simon selbst erhielt die Religion innerhalb dieser Geschichtsauffassung eine zentrale Bedeutung. Nur in der sogenannten organischen Phase einer jeden Stufe seien die Menschen religiös.[17] Eine kritische Phase beginne, wenn die Menschen den Glauben verlören und die politischen und sozialen Institutionen neue Entwicklungen nicht mehr integrieren könnten. Wenn eine Gesellschaft somit ihre Bestimmung oder ihr Ziel verloren habe, seien Erziehung und Gesetzgebung desorientiert, womit auch die Autorität des Staates untergraben sei. Die Religion als festigendes Band der Gesellschaft verliere ihre eigentliche stabilisierende Funktion.[18]

Weit mehr noch als Saint-Simon unterteilten die Saint-Simonisten die Geschichte der Menschheit in Epochen und Phasen; bei den "kritischen Phasen" unterschieden sie zwischen Zeiten der Revolution, bei eine Mehrzahl der Menschen sich an der Zerstörung einer bestehenden, aber überkommenen Gesellschaftsordnung beteiligte, und Zeiten des Egoismus, der Kritik aller an der Autorität und der Beseitigung der sozialen Verpflichtungen des Individuums.[19] Ähnlich wie Saint-Simon teilten sie die Geschichte in drei Hauptepochen ein.[20] Die erste Epoche war die Antike mit ihrer organischen Phase bis zum 5. Jahrhundert vor unserer Zeitrechnung, gekennzeichnet durch den Polytheismus, geprägt durch das "Materielle", was von Philosophen seit dem 5. Jahrhundert kritisiert wurde, womit die kritische Phase eingeleitet wurde, ohne daß sie die Fortschritte, die Moral und Sitte im Laufe der Geschichte genommen hatten, zu erkennen. Die zweite Hauptepoche wurde - so die Saint-Simonisten - durch das Christentum symbolisiert. Der Zeitraum von der Zeitenwende bis zum 15. Jahrhundert wurde als die organische Phase in der zweiten Hauptepoche angesehen. Das Christentum hob im Gegensatz zu der materiellen Orientierung des Polytheismus der Antike das "Geistige" hervor, weshalb der Katholizismus Fortschritte in Wissenschaft und Produktion nicht erkennen konnte. Die Glaubenspaltung der Reformation leitete die kritische Phase ein, die die Saint-Simonisten im Gegensatz zu Saint-Simon selbst als noch nicht abgeschlossen ansahen. Ihr

---

[16]   A.Meyer, Frühsozialismus. Theorien der sozialen Bewegung 1789-1848. Freiburg/München 1977, S.110ff.; Th.Ramm, Die großen Sozialisten als Rechts- und Staatsphilosophen, S.288ff.; R.Fehlbaum, Saint-Simon und die Saint-Simonisten. Vom Laissez-Faire zur Wirtschaftsplanung, Basel/Tübingen 1970, S.93

[17]   Höppner/Seidel-Höppner, Von Babeuf bis Blanqui, Bd.1, S.135ff.

[18]   Oeuvres der Saint-Simon et Enfantin. vol. 19, S.159 zit. nach R.Fehlbaum, Saint-Simon und die Saint-Simonisten, S.94

[19]   Doctrine de Saint-Simon. Exposition. Edité par C.Bouglé et E.Halévy. Paris 1924, S.129f.

[20]   ebd. S.179ff.

sollte die organische Phase der "universellen Assoziation" folgen, eine harmonische Gesellschaft, die zwar leistungsorientiert, aber ohne Armut sein sollte. In ihr sollten alle menschlichen Kräfte harmonisch miteinander verbunden sein; die Ausbeutung der Menschen durch die Mitmenschen sollte durch die Ausbeutung der Erde durch die Menschen allmählich beseitigt werde, so daß auch die unteren Klassen der Gesellschaft eine physische, geistige und sittliche Verbesserung ihrer Situation erführen. Conditio sine qua non der "universellen Assoziation" sei die Beseitigung der bestehenden Eigentumsordnung, vor allem die Abschaffung des Erbrechts. Für die Saint-Simonisten bedeutete das Zeitalter der "universellen Assoziation" im Gegensatz zu Saint-Simon das bevorstehende letzte Stadium der Geschichte, den "état définitif", auf den sich die Menschheit hinbewege.[21]

3.2. Zwischen materialistischer und idealistischer Geschichtsauffassung

Mit den Saint-Simonisten und deren Konzeptionen zu Geschichte, Wirtschaft und Gesellschaft haben wir den Anknüpfungspunkt zur Geschichtsphilosophie von Rodbertus, obwohl sich dieser erst relativ spät, nämlich Mitte der 1860er Jahre öffentlich zu seiner Geschichtsauffassung als Leitfaden seiner Studien geäußert hat. Es war vor allem H.Dietzel, der diese einer genauere Darstellung und Untersuchung widmete und dabei frappierende Ähnlichkeiten mit der Philosophie Schellings und noch mehr mit der historischen Gesellschaftsphilosophie des Saint-Simonismus festzustellen glaubte. Demnach sollte sich Rodbertus in den 1850er Jahren dem Saint-Simonismus angenähert haben, um aus dessen Theorieelementen seine damit nur scheinbar originäre Theorie gesellschaftlich-historischer Entwicklung zu schaffen.[22] Diese Aussage von Dietzel ist so nicht haltbar, zumal er selbst darauf hinwies, daß von Beginn seiner literarischen Laufbahn Rodbertus seine Geschichtsauffassung kaum verändert, stets nur ergänzt habe.[23] Das heißt also, daß Rodbertus schon bei seiner ersten Schrift, die er zwar nicht veröffentlichte, wohl dieser Geschichts- und Gesellschaftsphilosophie anhing, was schon aus dem Grund wahrscheinlich ist, weil er bei seinen Aufenthalten in Frankreich zu Beginn der 1830er Jahre den Saint-Simonismus kennengelernt hatte.

In dem schon erwähnten Aphorismenheft "Ideen- und Meinungsjournal" aus den Jahren 1831 und 1832 hatte Rodbertus geschrieben:

---

21   ebd. S.200

22   H.Dietzel, Karl Rodbertus, Bd.2, S.190

23   ebd. S.180

"Die Geschichte ist der Weg der bis in Gott hinaufreichenden Perfektibilität des Menschengeschlechts."[24]

Damit bekannte sich Rodbertus zum Fortschrittsgedanken in der historischen Entwicklung. Er sah die Geschichte als einen Vereinigungsprozeß von Natur, Mensch und Geist hin zu Gott und Ewigkeit.[25]

"Da wo Geist u<nd> Natur und Mensch zusammenfallen, fängt Gott an."[26]

Rodbertus betrachtete sich durch die Erwähnung Gottes allerdings nicht als Christ resp. philosophischen Idealisten, wie auch nicht als Materialisten, wie er noch 1875 in einem Brief an J.Zeller betonte.[27] Der Begriff der Geschichte wurde von Rodbertus nun in zwei Funktionen behandelt, einmal als stattfindenden Prozeß, zum zweiten als Wissenschaft, als Erkenntnis dieses realen Prozesses und Darstellung desselben. Wissenschaft bezeichnete für ihn das geistige Abbild des Lebens als Postulat wie als Definition, wie er es in einem Fragment über "Wissenschaft" anriß.[28]

In Teilen der Literatur, so bei Dietzel, Bradke und Teutloff wird Rodbertus als ein Vertreter eines sich auf Fichte, Plato, Schelling, Hegel etc. stützenden philosophischen Idealisten dargestellt. Auch Rudolph betont in seiner Untersuchung die "Verhaftung in einer idealistischen-juristischen Betrachtungsweise."[29] Rodbertus vertrete demnach eine evolutionistische, idealistische, sozialistische, dreieinige Auffassung von Geschichte und Gesellschaft im Gegensatz zu der naturalistischen, unevolutionistischen, individualistischen und materialistischen Auffassung der klassischen britischen Ökonomie.[30] Rodbertus vermied es aber, sich auf Materialismus oder Idealismus festzulegen. Eine Äußerung wie die folgende, daß auf der Stufe der wirtschaftlich-technologischen Entwicklung, auf der man nur Handmühlen kenne, Sklaverei existieren müsse oder die verschiedenen Gesellschaftsformationen mit ihren Rechtsinstitutionen ihre historische Notwendig-

---

24   Rodbertus, Ideen- und Meinungsjournal, ZSTA Merseburg Rep.92 Nachlaß Rodbertus-Jagetzow, A 1, Bl.5.

25   ebd. Bl.1

26   ebd. Bl.1v

27   Rodbertus an J.Z(eller), 15.7.1875, RW 6 S.224

28   Rodbertus, Wissenschaft (Fragment), ZSTA Merseburg Rep.92 Nachlaß Rodbertus-Jagetzow M 6, Bl.128

29   G.Rudolph, Karl Rodbertus (1805-1875) und die Grundrententheorie, S.37ff.

30   W.Teutloff, Die Methoden bei Rodbertus unter besonderer Berücksichtigung der Fiktionen, Diss. Halle-Wittenberg 1925, S.5ff.; E.v.Bradke, Die Gesellschaftslehre von Karl Rodbertus-Jagetzow. ARCHIV FÜR SOZIALWISSENSCHAFT UND SOZIALPOLITIK Bd.50, 1923, S.45ff.

keit haben, erinnern durchaus in Ansätzen an eine materialistische
Geschichtsauffassung, jedoch werden auch im folgenden Elemente einer
idealistischen Grundhaltung deutlich, wenn er die gesellschaftliche
Entwicklung doch aus der Idee erklärt.[31]

> *"Die Stunde des Kampfes ist da, der Kampfplatz ist abgesteckt. Wenn
> sich auch die zwischen heute u<nd> morgen liegende Nacht nicht
> nach der Dauer einer solchen die zwei Wochentage trennt, messen
> läßt, so hängt es doch von den Kämpfern ab, die Morgenröthe zu be-
> schleunigen."[32]*

Mit diesen pathetischen Worten setzte Rodbertus Hoffnung auf die Einsicht
der Menschen in die historische Notwendigkeit eines gesellschaftlichen Wandels. Positiv nahm er saint-simonistisches Gedankengut zur Befürwortung
der industriellen Entwicklung auf, nicht ohne allerdings ihr *"lächerliche(s)
Gepränge"*, d.h. ihr Auftreten als religiöse Sekte, zu kritisieren. Schon in
diesem frühen Text offenbarte Rodbertus seine Grundhaltung, daß er zwar
optimistisch die Entwicklung der Menschheit betrachtete, daß er aber an
einen schnellen Wandel glaubte. In seinem "Ideen- und Meinungsjournal"
schrieb er, daß noch etwa 200 Jahre vergehen müßten, bis die Menschheit
auf Institutionen wie Ehe oder Eigentum verzichten könnten.[33] Ein längeres
Zitat aus einem Fragment aus den 1830er Jahren vermag die Auffassung von
Rodbertus verdeutlichen:

> *"Jedem, der über die Principien des Rechts u<nd> der Völkerwohl-
> fahrt unbefangen nachzudenken im Stande ist, muß die völlige
> Grundlosigkeit des Eigenthums, von dem Standpunkt der Philosophie
> einleuchten. Allein die Menschheit ist ein Ganzes, erhebt erst im Ver-
> lauf langer Zeiten, ihre Wirklichkeit bis zu solchem Standpunkt hin-
> auf. Erst sehen wenige, dann mehrere, bald die Mehrzahl, u<nd>
> dann gestaltet sich unter Kämpfen das Geschehen zur Wirklichkeit.
> Erst dann ist die Einführung oder Abschaffung eines Rechts (man
> kann von desselben beides sagen nur von verschiedenen Standpunk-
> ten, vom philosophischen u<nd> historischen) rathsam u<nd> heilsam,
> wenn sich von diesem Recht die Mehrzahl überzeugt hat. Was wäre
> im Altherthum, wo die tiefsten Denker desselben, ein Aristoteles, das
> Recht der Sklaverei, vertheidigten, das Resultat eines Sklavenauf-
> standes gewesen? Daß die Sklaven ihre Herren zu Sklaven gemacht
> hätten. So heute mit dem Eigenthum. Heute schon daran arbeiten,
> diese Institution aufzuheben, hieße ebenfalls nur die einen ihres
> Eigenthums berauben, um es anderen zu geben. <...> Derjenige da-*

31   Rodbertus, Forderungen der arbeitenden Klassen, RW 1, S.15; auch S.14f.: "Es giebt
      allerdings einen Zustand, in welchem der Unterhalt der arbeitenden Klassen durchaus
      auf das nothwendige Maass beschränkt sein muss. Er hat dann statt, wenn die Producti-
      vität noch nicht hinreichend gross ist, allen Klassen mehr zu geben."

32   Rodbertus, Wissenschaft, ZSTA Merseburg Rep.92 Nachlaß Rodbertus-Jagetzow M 6, Bl.221;
      s. auch ebd.: "Beim Grauen einer neuen Zeit glaube ich dies Buch geschrieben zu haben.
      Möchte es in etwa die fast noch dem Dunkel gleiche Dämmerung vertilgen helfen."

33   Rodbertus, Ideen- und Meinungsjournal, ZSTA Merseburg Rep.92 Nachlaß Rodbertus-
      Jagetzow A 1, Bl.2;

her, der heute noch über die Nationalwohlfahrt nachdenkt, muß das Eigenthum respectiren. "[34]

Damit hatte Rodbertus noch einmal die historische Berechtigung wie auch die historische Bedeutung gesellschaftlicher Institutionen, vor allem der des Eigentums, betont. Im gleichen Zusammenhang wies er auch darauf hin, daß sich die historischen Notwendigkeiten nicht ohne Widerstände würden durchsetzen lassen. In einem Entwurf für seine nie veröffentlichte Studie "Neue Grundsätze der Staatswirthschaft" erörterte Rodbertus das Problem des Umbruch, der Notwendigkeit des Wandels und der Möglichkeit der Vermeidung von Revolutionen. Als Beispiel aus der Geschichte dienten ihm die Reformation, die Französische Revolution und die Arbeiterunruhen seiner Zeit. Alle Beispiele dokumentierten für ihn Fortschritte in der gesellschaftlichen Organisation. Der Protestantismus z.B. habe bewirkt, daß überall die "freie Forschung" sich habe durchsetzen können, auch wenn der Protestantismus nicht in allen Ländern siegreich gewesen sei. Der Protest oder die Revolution sind in der Auffassung von Rodbertus kein Selbstzweck, sondern Mittel oder Drohmittel, eine notwendige Entwicklung einzuleiten. So heißt es zur Französischen Revolution:

"Es war nicht nöthig, daß die französische Revolution sich in allen Staaten wiederholte. Es ist dennoch die ganze neuere Gesetzgebung der aufgeklärten Monarchie ein fortgesetzter vierter August, u<nd> Mirabeaus berühmtes Wort gilt nun von der wesentlichen Tendenz jeder Revolution. "[35]

Anders ausgedrückt, ohne den Druck oder die Drohung der Revolution wäre es wohl kaum zu positiven Veränderungen in den meisten Staaten gekommen. Das Hauptgewicht legte Rodbertus dabei nicht auf die materielle Gewalt, sondern auf den Druck der öffentlichen Meinung:

"Die Autorität u<nd> Heiligkeit der öffentlichen Meinung, dieser reine Gewinn jener mangelhaften Form, wird sich auch in den absoluten Staaten die gebührende Achtung verschaffen. "[36]

Der Revolution wird hier anders als etwa bei Marx die Rolle eines notwendigen Übels zugeteilt. (s. auch unten Kap. 7.5.)

Als wichtige Vorbedingung für die Erreichung eines höheren Stadiums in der Menschheitsgeschichte betrachtete Rodbertus die Steigerung des materiellen Reichtums innerhalb der Gesellschaft, der es wiederum ermögliche, die Wissenschaft im allgemeinen und die Naturwissenschaften im besonderen zu

---

[34]   Rodbertus, Wissenschaft, ZSTA Merseburg Rep.92 Nachlaß Rodbertus-Jagetzow M 6, Bl.221v

[35]   Rodbertus, Neue Grundsätze der Staatswirthschaft, ZSTA Merseburg Rep.92 Nachlaß Rodbertus-Jagetzow M 4, Bl.328; s. auch ebd. M 7, BL.129v/130

[36]   ebd. M 4, Bl.328

fördern, um so wieder den Fortschritt voranzutreiben.[37] Aber nicht nur das Wechselverhältnis von Wissenschaft und materiellen Reichtum stellte Rodbertus heraus, sondern auch das positive Verhältnis von materiellem und moralischem Fortschritt. So schrieb er:

> *"..., daß es nur der Fortschritt des Reichthums in der Gesellschaft bewirkt, daß der Mensch überall in ihr zu seiner Würde komt, daß Freiheit u<nd> Recht ihn begleiten dürfen. Aber man darf wohl, mit voller Gewißheit über die Antwort, die Frage stellen, ob die volle Befriedigung materieller Bedürfnisse mehr durch die Möglichkeit des Uebermaaßes des Genusses u<nd> seinen Folgen schadet, oder durch Hinwegräumen jener Veranlassung u<nd> Versuchungen, in denen so das moral<ische> Princip der Noth unterliegt, der ethischen Ordnung dient. Aber auch hier ist der Zusammenhang ein gegenseitiger. Denn die wirthschaft<lichen> Tugenden sind Tugenden."[38]*

Rodbertus offenbarte in diesem Manuskript nicht nur einen noch ungebrochenen Fortschrittsglauben, der sich in materiellem Reichtum niederschlägt, sondern er versuchte dies auch mit seiner Theorie der Trinität zu verdeutlichen.

3.3. Trinität als erkenntnisleitende Grundkategorie

In der Anerkennung der Trinität alles Seins sah er die conditio sine qua non aller Erkenntnis in den Gesellschaftswissenschaften.[39] Dieser Gedanke taucht bei Rodbertus im Grunde schon in den 1830er Jahren auf, wenn er in seinem Aphorismenheft "Ideen- und Meinungsjournal" schrieb:

> *"Da wo Geist u<nd> Natur und Menschen zusammenfallen fängt, Gott an."[40]*

---

[37]   Rodbertus, Vom Begriff der Wirthschaft u<nd> den Wirthschaftswissenschaften überhaupt (Fragment). ZSTA Merseburg Rep.92 Nachlaß Rodbertus-Jagetzow M 6, Bl.197; s. auch Bl.197v

[38]   ebd.; etwa vorher im Manuskript heißt es, Bl.196v: *"Ein armes Volk ist nicht blos ein unwissendes Volk, sondern auch ein lasterhaftes, das oft nur tugendhaft scheint, weil ihm die Laufbahn des Lasters fehlt: Die Germanen, denen man am meisten den Anspruch auf Tugend vindiciren möchte, wurden die Grausamsten u<nd> Ausschweifendsten, als ihnen die römische Verlassenschaft zufiel."* (Unterstreichung im Original, UER)

[39]   Rodbertus, Neue Grundsätze der Staatswirthschaft, ZSTA Merseburg Rep.92 Nachlaß Rodbertus-Jagetzow M 4, Bl.328; s. auch ebd. M 7, BL.129v/130

[40]   Rodbertus, Ideen- und Meinungsjournal, ZSTA Merseburg Rep.92 Nachlaß Rodbertus-Jagetzow A 1, Bl.1v

oder wie er es graphisch darstellte, um den Vereinigungsprozeß in der Geschichte zu verdeutlichen:

"Natur

Mensch

Geist" [41]   *Gott, Ewigkeit*

Erst in den 1850er und 1860er Jahren führte Rodbertus diesen Gedanken
der Trinität weiter aus. Aber schon in den 1830er Jahren hatte Rodbertus
versucht, "Grundlinien der Gesellschaftswissenschaften" zu konzipieren; so
heißt es in dem schon zitierten - nur teilweise erhaltenen - Manuskript mit
dem Titel "Vom Begriff der Wirthschaft und der Wirthschaftswissenschaften
überhaupt":

*"Die wirthschaftlichen Thätigkeiten füllen eine jener drei Sphären, in
denen sich die Totalität practischen Daseins des Individuums wie der
Gesellschaft auflöst. Nach drei Seiten nämlich knüpft sich die Person,
wie die Gesellschaft an das All. Diese sind die materielle, die ethische
und geistige Seite. Die erste u<nd> die letzte entsprechen den beiden
Urprincipien alles Seins, der Kraft u<nd> dem Geist, die zweite der
zeitl<ichen> Einheit beider, der Creatur. Allein dies ist nicht so zu
verstehen, als wenn in jeder dieser Sphären auf ein besondres
Wohlsein des Individuums hingearbeitet würde, als wenn z.B. die
wirthschaftlichen Thätigkeiten nur sein physisches Glück bezweckten
u.s.w. Das Individuum ist schlechthin Eins, wie sein Wohl ein Ganzes,
in dem kein besondres physisches oder moralisches oder geistiges
Wohl so zu trennen ist, daß getrennt auf dasselbe hin zu wirken
wäre. Nur die verschiednen Seiten nach der der Mensch mit seinen
Handl<ungen> u<nd> seinem Wohl sich kehrt, denen er in seiner
Einheit entspricht, sind zu trennen, weil ihre Natur verschieden
ist."* [42]

Rodbertus sprach sich gegen die Trennung der einzelnen "Sphären" der
Menschen und auch der Gesellschaft aus. Materielle Güter seien nicht nur
Grundlage des physischen Genusses, sondern auch Grundlage der Kultur im
weitesten Sinne.[43] Damit wies Rodbertus der Wirtschaft und auch den Wirtschaftswissenschaften eine gleichrangige Bedeutung wie etwa der Ethik
zu.[44] Seiner Auffassung nach würden sich alle drei Bereiche gegenseitig

---

[41] ebd. Bl.1

[42] Rodbertus, Vom Begriff der Wirthschaft u<nd> den Wirthschaftswissenschaften überhaupt
      (Fragment). ZSTA Merseburg Rep.92 Nachlaß Rodbertus-Jagetzow M 6, Bl.196 und 196v

[43] ebd.

[44] ebd. S.196v

durchdringen und der Fortschritt sich somit in allen Sphären durchsetzen. Materiellen Reichtum betrachtete Rodbertus als Grundlage der Zivilisation; denn Basis jeder Wissenschaft sei es, daß eine Gesellschaft mehr als ihren eigenen unmittelbaren Bedarf produziere, daß es einigen Menschen möglich sei, sich ganz der Wissenschaft zu widmen, ohne an der Produktion selbst teilzunehmen.

Ein wichtiges Moment für die Analysen von Rodbertus machen seine "Fiktionen", wie es Teutloff nennt[45], oder die Spekulationen. Aus seiner Geschichtsphilosophie folgernd, daß die Geschichte ein Vereinigungsprozeß sei und daß alle Rechtsinstitutionen, so auch die private Verfügungsgewalt über Produktionsmittel historisch bedingt, also veränderbar sind, stellte Rodbertus den historischen Zuständen, den wirtschaftlichen Ordnungssystemen mit diesem Privateigentum, solche ohne Privateigentum an Produktionsmitteln gegenüber. Er wollte damit zeigen, daß die rein logischen Kategorien der Wirtschaft wie Kapital, Arbeit etc. in jeder Wirtschaftsordnung ihre Gültigkeit behalten, daß sich ihre historisch-konkrete Rechtsform ändern lasse, ohne daß die Wirtschaft in sich zusammenbreche, ja er meinte zu zeigen, - wie später ausgeführt wird - daß ein solches Wirtschaftssystem ohne Privateigentum an Kapital und Boden demjenigen mit Privateigentum überlegen sei.

---

[45]   Teutloff, Die Methoden bei Rodbertus unter besonderer Berücksichtigung der Fiktionen, S.76ff.

4. Wirtschaftstheorie und Sozialismus im deutschen Vormärz

4.1. Zeitgenössische Wirtschafts- und Sozialtheorien

Es gilt als Allgemeingut in der Geschichte der ökonomischen Theorie, daß die deutschen Vertreter nur wenig zu der Entwicklung der ökonomischen Analyse beigetragen haben.[1] Positiv werden Johann Heinrich von Thünen, Friedrich Benedikt Wilhelm von Hermann und Hans von Mangoldt davon ausgenommen.[2] Wie immer man zu dieser Einschätzung steht, so bleibt sie doch unvollständig, weil sie mit Rodbertus und Marx zwei Nichtökonomen von der Betrachtung zunächst ausschließt. Friedrich List könnte die Reihe schließlich vervollständigen.[3]

Rodbertus hat bei seinen Studien zu gesellschafts- und wirtschaftstheoretischen Fragen deutsche Ökonomen durchaus - wenn auch kritisch-kritisierend - wahrgenommen. In seinen frühen Arbeiten erwähnte er vor allem Karl Heinrich Rau (1792-1870), Friedrich Heinrich von Soden (1754-1831), Heinrich Luden (1780-1847), Johann Friedrich Eusebius Lotz (1771-1838), Johannes Schön (1802-1839), Karl Salomo Zachariae (1769-1843) und J.H.v.Thünen (1782-1850).[4]

In Deutschland hatte sich das Werk Adam Smith', das in Westeuropa sehr schnell die physiokratische Lehre in Vergessenheit geraten ließ, wesentlich langsamer durchsetzen können, weil hier in Theorie und Praxis lange noch Merkantilismus und Kameralismus prägenden Einfluß hatten; Smithianismus war zunächst noch auf die Rolle einer "Oppositionswissenschaft" reduziert. Sartorius erhob, ohne den "Wealth of Nation" vollständig abzulehnen, Bedenken gegen die naturrechtliche Begründung des Eigentums; Soden erhob Vorbehalte gegen das Laisser-Faire-Prinzip in der Wirtschaftspolitik und stellte statt dessen die positiven Staatsfunktionen im Wirtschaftsprozeß heraus, und Luden kritisierte die individualistische und individualisierende Betrachtungsweise des Wirtschaftsprozesses und erhob, sich auf Fichte

---

[1]   s. z.B. G.Stavenhagen, Geschichte der Wirtschaftstheorie, S.105

[2]   H.Winkel, A.Smith und die Nationalökonomie 1776-1820. Zur Rezeption der englischen Klassik. in: H.Scherf (Hg.): Studien zur Entwicklung der ökonomischen Theorie V. Berlin 1986, S.82 u. S.106 bezeichnet diese drei als eine "vergleichsweise schwache Gruppe «klassischer» Nationalökonomen."

[3]   J.A.Schumpeter, Geschichte der ökonomischen Analyse, Bd.1, S.619, der die Bedeutung eben dieser sechs Männer hervorhebt, schreibt: "seltsamerweise waren Thünen, Marx, List und Rodbertus keine professionellen Wirtschaftswissenschaftler".

[4]   Rodbertus hatte Thünen persönlich 1846 in Marienbad kennengelernt, nicht 1840 wie es im Druck eines Briefes heißt und wie es auch in der Ausgabe von Th.Ramm übernommen wird, denn das hier angesprochene Werk über die Taxprinzipien erschien erst 1846. Rodbertus an Thünen. 29.9.1846, RW 6, S.3f.

stützend, die Forderung nach einer gesellschaftlichen Betrachtungsweise.[5]
Mit F.G.Fichtes "Der Geschlossene Handelsstaat" wurde schon früh eine des
öfteren ansatzweise als "staatssozialistisch" bezeichnete Kritik am
Wirtschaftsliberalismus laut, während mit Adam Müller die konservativ-
reaktionäre Kritik der romantischen Schule auftrat, die gemäß ihrem or-
ganologischen Verständnis von Wirtschaft, Staat und Gesellschaft die
Vorstellungen von A.Smith für Deutschland ablehnte.

Gemeinsam war allen diesen sehr unterschiedlichen Strömungen, daß in der
Wirtschaftstheorie der Wirtschaftsprozeß auch unter ethischen Gesichtspunkten betrachtet wurde; so versuchte man den Begriff des Gebrauchs-
werts nun als "volkswirtschaftlich objektiven Gebrauchswert" zu definieren.
Zum zweiten wurde allgemein, das galt auch für Smith-Anhänger wie Chri-
stian Jakob Kraus, dem Staat in der Wirtschaft eine bedeutendere Funktion
zugewiesen als bei Smith selbst.[6] Selbst Rau, der bis weit über die Mitte
des 19. Jahrhunderts hinaus die Systematisierung und Verbreitung der Lehren von Smith, Ricardo und Malthus durch sein "Lehrbuch der politischen
Ökonomie" (1. Auflage 1826) leistete, trat noch 1816 in seiner Schrift über
das Zunftwesen eher gegen die Gewerbefreiheit auf, wenn er auf die Gefahren der Verelendung und des Pauperismus bei den nichtzünftigen Handwer-
kern hinwies. Statt dessen trat er für eine zurückhaltende aber wirksame
staatliche Leitung des Gewerbewesens ein. Erst nach 1820 neigte sich Rau
dem Liberalismus und Individualismus zu und erwarb sich durch seine
Lehrtätigkeit als Professor an der Heidelberger Universität und durch die
vielen Auflagen seines Lehrbuches große Verdienste für die Verbreitung des
Wirtschaftsliberalismus in Deutschland. Aber wie die meisten seiner deutschen Kollegen unterschied er sich von den britischen Klassikern durch die
Kritik der Arbeitswertlehre, indem auch er den Gebrauchswert in den Mittelpunkt seiner Darlegungen stellte, wobei er die individuelle Wertschät-
zung und Tauglichkeit hervorhob.[7] Staatsinterventionen in die Wirtschaft
lehnte Rau auch jetzt nicht als solche ab, wie überhaupt für die deutsche
Nationalökonomie im Vormärz die Notwendigkeit dieser Interventionen selten
umstritten war. Rau betrachtete auch die Entwicklung des Fabrikwesens
nicht nur positiv, hielt sie aber für unumgänglich, hoffte darauf, daß
mittels einsichtiger Fabrikanten und durch "Vereine" die Lage der Arbeiter
verbessert werden könnte.[8]

---

5   ebd. S.102-104; R.Koch, "Industriesystem" oder "bürgerliche Gesellschaft". Der frühe
     deutsche Liberalismus und das Laisser-faire-Prinzip, GESCHICHTE IN WISSENSCHAFT UND
     UNTERRICHT 10, 1978, S.611f.

6   M.-E.Vopelius, Die altliberalen Ökonomen und die Reformzeit, Stuttgart 1968, S.120, ver-
     weist hier auf Schüz, Schön, Eisenhart und Schmitthenner.

7   K.H.Rau, Lehrbuch der politischen Ökonomie, Erster Band: Grundsätze der Volkswirth-
     schaftslehre, Heidelberg [2]1833, s. auch die Theorien zusammenfassend: K.Neumann, Die
     Lehren K.H.Rau's. Diss. Gießen 1927, S.33-71; zur Ablehnung der Arbeitswertlehre durch
     Rau, S.40 u. S.50

8   M.-E.Vopelius, Die altliberalen Ökonomen und die Reformzeit, S.124

Die "soziale Frage" rückte aber zunächst nur bei wenigen Sozial-
wissenschaftlern in den Mittelpunkt ihres Interesses. Weit früher als viele
seiner Zeitgenossen hatte zum Beispiel der politisch liberale
Staatswissenschaftler Robert Mohl (1799-1875) die "soziale Frage" schon als
Fabrikarbeiterfrage aufgefaßt, die ohne Staatseingriffe nicht zu lösen wäre.
Weniger der unmittelbar sichtbare Pauperismus stand im Zentrum seiner
Überlegungen, sondern die Auswirkungen der freien Konkurrenz auf die
Arbeitsverfassung. Obwohl Mohl den Saint-Simonismus ablehnte, nahm er
dessen Kritik der Wirtschafts- und Sozialordnung als Symptom einer Krise
ernst.[9] Mohl hielt die liberale Wirtschaftsordnung zwar für reformbedürftig,
sprach sich aber gegen jegliche Form des Sozialismus aus.[10] Seine Kritik an
der liberalen Wirtschaftsordnung stützte sich auch weniger auf sozialistische Autoren, sondern vielmehr auf Alban de Villeneuve-Bargemont und vor
allem auf Simonde de Sismondi. Ähnlich wie Sismondi betrachtete Mohl die
gesellschaftliche Zustände nicht allein als Ergebnis einer quasi zwangsläufigen Entwicklung, sondern mehr als eine gesellschaftlich-institutionelle
Fehlentwicklung.[11] Die strukturellen Veränderungen und die negativen
Auswirkungen des Industriesystems auf die Arbeiter bestritt Mohl nicht;
seine Sozialkritik blieb aber nicht bei der Beschreibung des Elends stehen,
die bei anderen Zeitgenossen die Forderung nach karitativen Maßnahmen
hervorrief, sondern er forderte in erster Linie eine materielle Besserstellung der Arbeiter als conditio sine qua non der Verbesserung der Lage der
Arbeiter.[12] Ziel aller Reformen war es, eine soziale Revolution zu verhindern
und die Arbeiter mittels "massiver Staatseingriffe" in die bürgerliche
Gesellschaft zu integrieren.[13] R.Koch verweist in diesem Zusammenhang auch
auf andere Liberale, die wie z.B. Carl von Rotteck um 1835 staatsinterven-
tionistische Maßnahmen in die Wirtschaft forderten; Rotteck forderte ausdrücklich eine "Politische Ökonomie", die die Nationalökonomie unter die
Staatsgewalt stellte, dem Staat und der Gesellschaft somit einen höheren
Stellenwert zumaß als der Wirtschaft und sich somit vom klassischen britischen Liberalismus unterschied.[14]

Wegen der großen Verbreitung seiner Schriften über den Sozialismus und
Kommunismus verdient hier auch Lorenz Stein (1815-1890) Beachtung, der
von liberal-konservativer Position Kritik an der die Probleme der Gesell-

---

9   R.Mohl an J.Mohl, 30.7.1832, VSWG, Bd.49, 1962, S.95. R.Mohl bezeichnete hier den
    Saint-Simonismus als "unsinniges Geschwätz".

10 E.Angermann, Robert von Mohl 1799-1875. Leben und Werk eines altliberalen
    Staatsgelehrten, Neuwied 1962, S.222

11 ebd. S.241, S.247ff., S.250-255; s. auch R.Koch, "Industriesystem" oder "bürgerliche
    Gesellschaft", S.607

12 ebd. S.608; E.Angermann, Robert von Mohl 1799-1875, S.233f.; Winkel, Die deutsche Na-
    tionalökonomie im 19. Jahrhundert, S.44

13 R.Koch, "Industriesystem" oder "bürgerliche Gesellschaft", S.607

14 ebd.

schaft nicht lösenden liberalen Wirtschaftstheorie übte. Stein ging von der Tatsache einer Klassengesellschaft aus mit dem entsprechenden Konfliktpotential. Soziologisch konstatierte Stein eine Zweiklassengesellschaft, in der Arbeit und Kapital in scheinbar unversöhnlicher Feindschaft sich gegenüberstünden in einem Kampf um Rechte und Teilhabe an der Macht, was beinahe notwendig zu einer politischen Revolution führen müsse.[15] Sein Ziel war es - wie auch Mohls - , diesen Konflikt zu entschärfen und eine Gesellschaft des Ausgleichs zu schaffen. Sozialistische und kommunistische Lösungsversuche für den innergesellschaftlichen Konflikt lehnte Stein aber ebenso ab, wie eine demokratische Staatsform, weil in dieser die Mehrheit, das Proletariat, die anderen Klassen unterdrücken können.[16] Sein Lösungsvorschlag gipfelte in einem über den Klassenauseinandersetzungen stehenden Königtum der sozialen Reform, das für die Errichtung eines "Sozialstaates" eintreten sollte, gegebenenfalls Kapitalisten wie Proletariat in die Schranken weisen sollte.[17]

Vor Stein, etwa gleichzeitig mit Rodbertus unveröffentlichten Versuchen zur Sozial- und Wirtschaftstheorie, äußerte sich in den 1830er Jahren mit Franz von Baader auch ein Vertreter der romantischen Sozialkritik zur gesellschaftlichen Umwälzung. Baader, ein Konservativer, jede Revolution strikt ablehnend, vertrat hinsichtlich der Lösung der sozialen Frage das Prinzip der Sozialreform, und zwar mit dem Hinweis, daß dies mit dem "wahren Princip der Conservation" identisch sei. In seiner im Jahre 1834 verfaßten bekannten Schrift "Ueber das dermalige Mißverhältnis der Vermögenslosen oder Proletairs zu den Vermögen besitzenden Classen der Societät in Betreff ihres Auskommens sowohl in materieller als intellectueller Hinsicht aus dem Standpunct des Rechts betrachtet" erörterte er die Fragen einer Sozialreform. Der Titel des Aufsatzes war Programm; in seiner Kritik des Kapitalismus, die eher eine Kritik des Liberalismus war, durchaus sozialistischen Positionen nahestehend, war er dennoch kein Sozialist. Weit eher folgte er den Argumentationen eines Adam Müllers, der die Auflösung der ständischen Bindungen als Ursache für das menschliche Elend der Industrialisierung ansah. Die Arbeiter wollte Baader wieder in den "Organismus" der Gesellschaft integrieren; allerdings wollte er dem Proletariat als Stand nicht das Recht auf eine selbständige Interessenvertretung zugestehen; die Vertretung der Interessen der Proletarier sollten vielmehr die Priester übernehmen.[18] Auch andere sozialkritische Stimmen fanden sich im konservativen Lager; die Konservativen stellten dem Industrialismus oft ein

---

15   L.Stein, Proletariat und Gesellschaft (1848), München 1971, S.49ff.

16   ebd. S.77

17   ebd. S.79, S.81f.

18   F.v.Baader, Ueber das dermalige Mißverhältnis der Vermögenslosen oder Proletairs zu den Vermögen besitzenden Classen der Societät in Betreff ihres Auskommens sowohl in materieller als intellectueller Hinsicht aus dem Standpunct des Rechts betrachtet, in: Franz von Baaders Schriften zur Gesellschaftsphilosophie. Hrgg. v. J.Sauter, Jena 1925, S.319ff., hier S.333

46

reaktionär agrarisches Gesellschaftsmodell gegenüber, erkannten aber die offensichtlichen Mißstände eher als die liberalen Anhänger des industriellen Fortschritts. Der Wirtschaftsliberalismus eines Adam Smith erschien diesen Konservativen, wie sie sich etwa um das BERLINER POLITISCHE WOCHEN-BLATT sammelten, als Ausdruck des "reinen Materialismus".[19] Überhaupt war die frühe sozialwissenschaftlich im weitesten Sinne orientierte Sozialkritik zunächst in den 30er und 40er Jahren von konservativ gesinnten Männern formuliert worden. In ihren Lösungsvorschlägen für die gesellschaftliche Krise bauten sie auf einen starken Bauernstand als Palliativ gegen die befürchtete Revolutionierbarkeit der städtischen Massen, auf die alte Aristokratie und auf den christlichen Staat.[20] Es wurde ein Zusammenhang zwischen der "Bewegung der Produktion" und der Krise der mobilisierten Gesellschaft konstatiert.

Pankoke verweist in seiner Untersuchung darauf, daß sich gerade bei der durch die Mobilisierung stark betroffenen ostelbischen Gutswirtschaft die Bewegung und ihre negativen Auswirkungen nachzeichnen lassen.[21] Den Notstand in der Gesellschaft führte Moritz von Lavergne-Peguilhen in seinen im Jahre 1838 bzw. 1841 erschienenen Büchern "Grundzüge der Gesellschaftswissenschaft" auf die Geldwirtschaft zurück, die er aber in ihren Konsequenzen und Möglichkeiten nicht nur negativ beurteilte. Zwar bedauerte er - wie viele Konservative - die Auflösung der ständischen Ordnung, aber er erkannte, daß durch das Geld auch die Stellung des Staates gestärkt werden könnte, so daß dieser in die Wirtschaft im Sinne des "gesamtgesellschaftlichen Fortschritts" eingreifen könnte.[22] Die eigentliche Bedeutung Lavergne-Peguilhens liegt aber nicht in der Schärfe seiner Kritik des Liberalismus, sondern daß er die Wirtschaft als ein "Ganzes" betrachtete gemäß seinem "organisch-physiologischen" Ansatz.[23]

Mit der Thronbesteigung Friedrich Wilhelms IV. in Preußen setzte das Bürgertum große Hoffnungen auf eine allgemeine Liberalisierung des politischen Lebens, und das neue Pressegesetz erlaubte auch, soziale und politische Themen und Fragestellungen offener zu diskutieren. Die sozialen Problemfelder wurden aber zum Teil schon durch die radikale Diktion der sogenannten Junghegelianer vermittelt. Die alsbald wieder einsetzende ver-

---

[19]   W.Scheel, Das "Berliner Politisches Wochenblatt" und die politische und soziale Revolution in Frankreich und England, Göttingen/Berlin/Frankfurt 1964, S.153f.

[20]   ebd. S.145, S.153, S.158, S.163

[21]   E.Pankoke, Sociale Bewegung - Sociale Frage - Sociale Politik. Grundfragen der deutschen "Socialwissenschaft" im 19. Jahrhundert. Stuttgart 1970, S.24

[22]   ebd. S.26

[23]   ebd. S.67; H.v.Berg, Marxismus-Leninismus, S.67f. erkennt in Lavergne-Peguilhen wegen der Betonung der Totalität der Betrachtungsweise einen Vorläufer des Marxismus, was in dieser Vereinfachung wohl nicht haltbar ist. Zur Rezeption vorwiegend konservativer Autoren zur sozialen Frage bei Marx, s. G. Herre, Verelendung und Proletariat bei Karl Marx, Düsseldorf 1973

schärfte Zensur vermochte jedoch den einmal in Gang gesetzten Prozeß politischer, sozial- und wirtschaftspolitischer Diskussion nicht mehr zu stoppen, eher verstärkte sich durch die Repression die allgemeine Oppositionshaltung gegen die Regierung.[24]

In der Diskussion um die "soziale Frage" als sozialpolitische Aufgabe zeigten sich auch in den 1840er Jahren in der Regel konservative und sozialistische Kritiker der sozialen und wirtschaftlichen Entwicklung sensibler für das soziale Elend wie für die Dimension dieses Problems als die Anhänger des Liberalismus. In ihrer Kritik der sozialen Zustände waren sich Konservative und Sozialisten partiell sehr nahe, differierten aber in ihren Lösungsvorschlägen; strebten Konservative oft eine Lösung der sozialen Frage mit ständestaatlichen Mitteln an, so forderten Sozialisten - das sind zumeist Junghegelianer, die später oft mit den Vertretern des "wahren Sozialismus" identisch sind - eine radikale Umwälzung der Gesellschaft und ihrer Eigentumsordnung. Kommunistische Kritik, wie sie durch den Handwerkerkommunismus etwa durch Wilhelm Weitling formuliert wurde, blieb zunächst noch auf relativ kleine Zirkel beschränkt.[25]

In die seit dem Beginn der vierziger Jahre einsetzende "Publikationsflut"[26] zur sozialen Frage und zum Pauperismus war die erste Schrift von Rodbertus nicht einzuordnen. Ihr Titel "Zur Erkenntniß unsrer staatswirthschaftlichen Zustände" deutete auf eine wissenschaftliche Untersuchung im weitesten Sinne hin, doch da Rodbertus nicht der akademisch-staatswissenschaftlichen Zunft angehörte, fand seine Arbeit weder in der wissenschaftlichen noch in der sozialpolitischen Diskussion Resonanz.[27] In den meisten Broschüren wurde die soziale Frage vor allem unter zwei Aspekten behan-

---

[24]   s. z.B. Th.Nipperdey, Deutsche Geschichte 1800-1866, München 1985, S.396ff.

[25]   zu Weitling s. z.B. die zeitgenössische bürgerliche Einschätzung bei L.Stein, Socialismus in Deutschland, S.530; verglichen mit Rodbertus' "Zur Erkenntniß unsrer staatswirthschaftlichen Zustände" hatte Weitlings Schrift "Die Menschheit, wie sie ist und wie sie sein sollte" schon 1838 eine hohe Auflage von 2000 Exemplaren, der 1845 und 1847 zwei weitere Auflagen folgten. s. W.Schäfer, Wilhelm Weitling im Spiegel der wissenschaftlichen Auseinandersetzung. in: W.Weitling, Das Evangelium des armen Sünders/Die Menschheit, wie sie ist und wie sie sein solte, Reinbek 1971, S.179

[26]   J.Kuczynski, Darstellung der Lage der Arbeiter in Deutschland von 1789 bis 1849, Berlin 1961, S.148 u. S.198, zählte für den Zeitraum 1840 und 1845 mehr als 70 Broschüren zum Pauperismusproblem; dabei schließt er aber alle rein theoretischen Abhandlungen wie auch Schriften, die sich ausschließlich mit der Armen- resp. Almosenfrage beschäftigten, von dieser Aufstellung aus. Eine Übersicht erhält man auch aus der Zusammenstellung von Texten bei C.Jantke/D.Hilger (Hg.), Die Eigentumslosen. Der deutsche Pauperismus und die Emanzipationskrise in Darstellungen und Deutungen der zeitgenössischen Literatur, Freiburg/München 1965

[27]   Rodbertus schrieb selbst bei der Suche einem Verleger, daß er nicht auf ein "großes Publikum" spekuliere, sondern sich eher an die wissenschaftliche Öffentlichkeit wende. Rodbertus, Brieffragment an einen Verleger?, etwa 1842, ZSTA Merseburg Rep.92 Nachlaß Rodbertus-Jagetzow M 7, Bl.681

delt, einmal als Frage des Pauperismus und der "Entsittlichung" der Arbeiter, zum anderen unter dem Blickwinkel möglicher Arbeiterunruhen.

Wie die deutsche Wirtschaftstheorie wird auch der deutsche Sozialismus vor
1848 oder vor Marx recht gering geachtet.[28] Eine gewisse Ausnahmestellung
nimmt hierbei allein Moses Heß ein, der auch nach 1848 dem Sozialismus und
der Sozialdemokratie verbunden blieb. Obwohl es sicher nicht ganz falsch
ist, den vormärzlichen deutschen Sozialismus als wenig originell, als "nicht-
wissenschaftlich" anzusehen, so zeigt er doch, welche theoretischen und
praktischen Forderungen hinsichtlich einer Umwandlung der gesellschaftlichen Ordnung in Deutschland möglich waren, denn hier bestimmten
auch die staatlichen Behörden mittels der Zensur die Diskussionen mit. Dieser Sozialismus, der seinen Ursprung mehr in der Philosophie als in einer
Analyse der wirtschaftlichen und gesellschaftlichen Gegebenheiten hatte,
wurde vor allem von jüngeren Literaten, Journalisten, Intellektuellen vertreten, an denen ein Mann wie Rodbertus sich nicht beteiligte, sie möglicherweise bis zur 1848er Revolution kaum wahrnahm.

Kapitalismuskritische Stimmen gab es in der deutschen Philosophie schon
seit Beginn des 19. Jahrhunderts. J.G.Fichte hatte sich um 1800 als Philo-
soph mit der sozialen Frage auseinandergesetzt und dabei antikapitalistische, tendenziell sozialistische Gedanken entwickelt. Er formuierte dabei
zum Beispiel einen Eigentumsbegriff, der das Eigentum von seiner Funktion
her definierte: "Ich habe das Eigentumsrecht beschrieben als das aus-
schließende Recht auf **Handlungen**, keineswegs auf **Sachen**. ... Der Zweck aller menschlichen Tätigkeit ist der, leben zu können; und auf diese Möglichkeit zu leben haben alle, die von Natur in das Leben gestellt wurden,
den gleichen Rechtsanspruch."[29] (Hervorhebungen im Original, UER)

Zu diesem Rechtsanspruch des einzelnen auf Existenz mit dem Recht auf Arbeit kam dem Staat die Aufgabe zu, jedem sein Eigentum zu geben, d.h. der
Staat mit seinen starken Interventionsmöglichkeiten hatte als "Wohlfahrts-
staat" für die gerechte Verteilung des Eigentums zu sorgen, bei gleichzeitiger Abschließung gegenüber dem Ausland. Fichtes Konzeption des "Geschlos-
senen Handelsstaates" blieb aber zunächst ohne Nachfolger.[30]

Erst im Zuge der Scheidung der Hegelschen Schule in Links- und Rechtshe-
gelianer und der deutlicher erfahrbaren bürgerlich-kapitalistischen Gesellschaft fand die sozialistische Theorie nach 1840 neue Aufnahme. Elemente

---

28   M.Hahn, Das Interesse am Frühsozialismus. in: Buhr u.a., Theoretische Quellen des wis-
      senschaftlichen Sozialismus, Frankfurt 1975, S.98 u. S.101

29   J.G.Fichte, Der geschlossene Handelsstaat (1800) in: ders., Ausgewählte Politische
      Schriften, hrgg. v. Zwi Batscha u. R.Saage, Frankfurt 1977, S.73

30   W.Ringleb, Das Verhältnis von Rodbertus zu Fichte, Diss. Frankfurt 1931, S.58, erkennt
      zwar Ähnlichkeiten in den Theorien von Fichte und Rodbertus, aber ihm zufolge scheint
      es ausgeschlossen, daß Rodbertus in Beziehung auf die Oekonomie von Fichte beeinflußt
      wurde."

49

der Theorien Saint-Simons, der Saint-Simonisten und Fouriers wurden mit der Philosophie Hegels verbunden. Vor allem der "wahre Sozialismus" fand zeitweilig einigen Zuspruch. Obwohl zum Beispiel später von Marx und Engels des "Schwärmertums" geziehen, erhoben die Vertreter des "wahren Sozialismus", wie Moses Heß, Karl Grün oder H.Püttmann durchaus schon Anspruch auf die wissenschaftliche Begründung ihrer Sozialismuskonzeptionen bei aller Betonung von ästhetischen (Grün) oder ethischen (Heß) Elementen. Gemäß ihrer Geschichtsauffassung mußte sich der Sozialismus in der Menschheitsgeschichte durchsetzen, weil er in der Natur des menschlichen Wesens liege.[31] Es bedürfe allerdings zu seiner Durchsetzung der Tat, womit die Philosophie Fichte, der gerade das menschliche Wollen hervorgehoben hatte, Eingang in das Denken des vormärzlichen Sozialismus fand. Eine Zwangsläufigkeit zum Sozialismus, begründet in der ökonomischen Entwicklung der Gesellschaft, blieb den Vertreter des "wahren Sozialismus" fremd. Die meisten Vertreter des "wahren Sozialismus" kennzeichneten die positiven Veränderungen auch nicht durch die gesellschaftlichen Institutionen, sondern vor allem durch die Veränderung des menschlichen Bewußtseins bis hin zu seiner Selbstverwirklichung als "wahrer Mensch". Einer auch nur ansatzweisen materialistischen Geschichtsauffassung standen sie skeptisch gegenüber, so daß sie auch die soziale Frage nicht allein als materielles Problem auffaßten[32], sondern weit mehr als Bildungsfrage. Trotz ihres Eintretens für die Revolution als letztes Mittel nach dem Scheitern ihrer Aufklärungs- und Bildungsarbeit blieben die "wahren Sozialisten" eher Vertreter einer radikalen Sozialreform, die die Reorganisation des Armenwesens, die Gründung von Nationalwerkstätten und von landwirtschaftlichen Kolonien, den allgemeinen Zugang zu Bildung, Progressivsteuern etc. beinhalten sollte.[33] Erst nach der Mitte der 1840er Jahre radikalisierte sich die Gruppe, so daß sie eine Revolution zur Umgestaltung der Gesellschaft für unvermeidlich hielt.[34] Heß begründete diese Haltung mit der Zuspitzung der Widersprüche der kapitalistischen Wirtschaft und erhob gleichzeitig das Proletariat zum Träger der revolutionären Bewegung, womit die Nähe zur Marxschen Konzeption deutlich wird, der allerdings eine proletarisch-sozialistische Revolution in den 1840er Jahren für unmöglich

---

31   Mönke, Einleitung in: M.Heß, Philosophische und sozialistische Schriften 1837-1850. Eine Auswahl, Vaduz ²1980, S.LXXIV

32   so schrieb Moses Heß 1845: "Es ist ein von der Reaktion, namentlich von Stein, geschäftig verbreiteter Irrtum, daß der Sozialismus nur aus dem Proletariat und bei diesem aus der Not des Magens hervorgeht." Heß, Anekdotis (1845), S.220, zit. bei E. Hammacher, Zur Würdigung des "wahren Sozialismus". ARCHIV FÜR DIE GESCHICHTE DES SOZIALISMUS UND DER ARBEITERBEWEGUNG 1.Jg., 1911, S.70

33   ebd. S.80; s.auch M.Heß, Über die Not in unsrere Gesellschaft und deren Abhilfe (1845), in: Krause/Kool, Die frühen Sozialisten Bd.2, München 1972, S.549; s. auch Mönke, Einleitung, in: M.Heß, Philosophische und sozialistische Schriften 1837-1850, S.LVI

34   s. z.B. H.Püttmann, Après le déluge, in Krause/Kool, Die frühen Sozialisten Bd.2, S.566-579

hielt, da in Deutschland zunächst eine bürgerliche Revolution stattfinden müsse.[35]

4.2. Frühe ökonomische Studien

Oft wird die spätveröffentlichte Frühschrift von Rodbertus "Die Forderungen der arbeitenden Klassen" zur Grundlage der Interpretation des Gesamtwerkes genommen oder gar als Quintessenz seiner Theoreme betrachtet. Dadurch wird dem Werk von Rodbertus eine m.E. zu starke Einheitlichkeit zugesprochen und dem Betrachter entgehen die Veränderungen und Entwicklungen im Denken von Rodbertus. Außerdem lassen all diese bisherigen Ausführungen über Rodbertus dessen bislang unveröffentlichten Ausführungen vor 1839 - bis auf G.Rudolph - unberücksichtigt. Ich möchte in der vorliegenden Arbeit vor allem auf zwei Manuskripte aus den Jahren 1831/32 und 1834 eingehen.

Ein erstes heute noch sichtbares Ergebnis seiner in der autobiographischen Skizze von 1866 angesprochenen "no Studien"[36] aus der Zeit in Oppeln und der Reisen ins westeuropäische Ausland ist ein dünnes Aphorismenheft mit dem Titel "Ideen- und Meinungsjournal", datiert "December 1831", "Januar 1832" und "Februar 1832".[37] Den größten Raum darin nehmen Ausführungen zur Philosophie und zur Geschichtsphilosophie ein, dazu kurze Äußerungen zu Hegel, Schelling und den Saint-Simonisten.

Hier sollen uns zunächst nur die Äußerungen zur Wirtschaft, zur Wirtschaftstheorie und zur sozialen Frage interessieren. Die längsten Passagen widmete Rodbertus dem Problem der indirekten Steuern, indem er sich die Frage stellte, ob der Staat die *"nothwendigen Lebensbedürfnisse"* besteuern dürfe.[38] Aus dieser Fragestellung ergaben sich für Rodbertus einige Konsequenzen; denn ausgehend von der These, daß der Arbeitslohn stets um das Existenzminimum pendele, hielt Rodbertus die indirekten Steuern auf die notwendigen Lebensmittel für verfehlt. Selbst wenn der Arbeitslohn in Zeiten der Hochkonjunktur das Existenzminimum überschreite, so könne dies eine entsprechende Steuer nicht rechtfertigen, da in der Regel der Lohn auf dem Niveau des Existenzminimum liege und *"bei einem Steuerprinc ip (die Regel) beachtet werden muß"*.[39] Im Anschluß an von Soden lehnte Rodbertus

---

[35]   R.P.Sieferle, Die Revolution in der Theorie von Karl Marx, Frankfurt/Berlin/Wien 1979, S.73ff.

[36]   Rodbertus, Autobiographische Skizze, Entwurf, ZSTA Merseburg M 3, Bl.127. no = nationalökonomisch

[37]   Rodbertus, Ideen- und Meinungsjournal, ZSTA Merseburg Rep.92 Nachlaß Rodbertus-Jagetzow A 1

[38]   ebd. Bl.3v

[39]   ebd.

die indirekte Besteuerung der notwendigen Lebensmittel unter den Bedingungen des Lohnes auf Höhe des Existenzminimums ab, weil er darin eine
Bedrohung für den Bestand der Gesellschaft sah, wenn einmal die
"Unzufriedenheit der physisch stärksten Classe im Volk erregt" würde. Zum
zweiten erkannte er eine Gefahr für die wirtschaftliche Entwicklung durch
eine Unterkonsumtionskrise, da *"bei Abnahme der Bedürfnisse des Käufers
die Production verringert wird"*, womit letztlich nicht einmal der Staat sein
avisiertes Ziel der Erhöhung seiner Einnahmen realisieren könne.[40] In wenigen Sätzen riß Rodbertus hier einige Aspekte seiner später ausformulierten
Theoreme an, wobei er sich auf die Ausführungen vor allem deutscher
Nationalökonomen wie Soden, Jacob, Schmalz und Lotz stützte, obwohl er
schon hier durch den nicht zitierten Simonde de Sismondi beeinflußt
schien.[41]

Für Rodbertus barg die indirekte oder auch direkte Besteuerung der Arbeiter aber noch ein weiteres Problem mit sich:

> *"Es ist Manches Wahre in dem heutigen Ruf der niedern Klassen
> Englands, daß sie, weil sie steuerten, auch repraesentirt sein wol-
> len."*[42]

Daraus hätte Rodbertus die Schlußfolgerung ziehen können, daß es dann
richtig sei, den Arbeitern das Wahlrecht zu geben, wie es die Chartisten
auch forderten. Aber, da sie eigentlich angesichts ihrer materiellen Unfähig-
keit zur Steuerleistung nicht ein Bestandteil der Gesellschaft seien, sollten
sie nach Rodbertus auch vom Staate ausgeschlossen werden. Durchaus im
Sinne des damaligen Liberalismus, der allein dem Steuerpflichtigen und -fä-
higen, dem somit freien und selbständigen Bürger das Recht auf Beteiligung
am Staatsleben zugestand, plädierte Rodbertus für einen Ausschluß der Arbeiter und sonstigen "Armen", indem er diese von jeder Steuer ausnehmen
wollte.

> *"Allein sie sollten eigentlich nicht besteuert werden, u⟨nd⟩ darum
> auch nicht repraesentirt werden. Man müßte jenen Ruf umkehren und
> sagen, nur die welche repraesentirt werden (d.h. die Vermögenden)
> dürfen steuern."*[43]

Wie die Ausführungen zeigen, stand Rodbertus 1831/32 zumindest politisch
also durchaus auf dem Boden des Liberalismus, obwohl er wohl durch die
Kenntnis der sozialen und wirtschaftlichen Entwicklung, durch theoretische
Studien zum Beispiel von Sismondi und der Saint-Simonisten - deutlich vor
allem in der Geschichtsauffassung - und anderer nationalökonomischer Literatur weit stärker als viele seiner Zeitgenossen mögliche soziale und politi-

---

[40] ebd.

[41] ebd.

[42] ebd.

[43] ebd. Bl.3v

sche Konflikte wahrnahm. Seine Forderungen nach Pressefreiheit und Einschränkung der monarchischen Gewalt weisen ihn eher als einen Liberalen
aus, auch wenn er sich in bestimmten Fragen an saint-simonistischem
Gedankengut orientierte, wenn er Institutionen der bürgerlichen Gesellschaft
wie Ehe und Eigentum für die Zukunft, das hieß damals für ihn in zwei
Jahrhunderten, für "entbehrlich" hielt.[44]

Was Rodbertus 1831/32 noch recht unfertig niederschrieb, formulierte er
nach zwei weiteren Jahren der Reisen und Studien im Jahre 1834 zu einer
ersten nationalökonomischen Schrift mit dem nicht unbescheidenen Titel
"Neue Grundsätze der Staatswirthschaft", die er allerdings nie publizierte
und die heute nur noch fragmentarisch erhalten ist. Im folgenden werde ich
versuchen, den Inhalt dieser ersten Analyse der Wirtschaft aus der Feder
von Rodbertus zu rekonstruieren.[45] Das Werk hat aller Wahrscheinlichkeit
nach die folgende Gliederung gehabt:

I. Heft: Von dem Begriff der Staatswirtschaft –   Vorrede (M 7, Bl.129)

Erste Voruntersuchung:

Einleitung (M 7, Bl.155)

A. Von den Grenzen der Staatswirthschaft hinsichtlich ihres Objects
   (M 7, Bl.158)

Zweite Voruntersuchung:

B. Von den allgemeinen wirthschaftlichen Begriffen (M 7, Bl.165)
1. Von den Bedürfnissen (M 7, Bl.165)
2. Von den Befriedigungsmitteln der Bedürfnisse (M 7 Bl.166v)
a. Von der Brauchbarkeit derselben (M 7, Bl.166v)
b. Von dem Werthe derselben (M 7, Bl.167v)
3. Von den Gütern im engern Sinne, oder den Reichthümern (M 7
   Bl.170)

---

[44]   ebd. Bl.2 u. 5v; auf dieses Manuskript hat zuerst 1973/75 Rudolph in einem Aufsatz
         aufmerksam gemacht. s. G.Rudolph, Ökonomie und utopisch-sozialistische Aspekte im Werk
         von Karl Rodbertus-Jagetzow (1805-1875), in: Sitzungsberichte der Akademie der Wissen-
         schaften der DDR, 20, 1973, Beiträge zur Marx-Engels-Forschung. Dem Wirken Auguste
         Cornus gewidmet, Berlin 1975, S.103, wiederabgedruckt in: G.Rudolph, Karl Rodbertus
         (1805-1875) und die Grundrententheorie, S.43

[45]   Teile dieser Schrift liegen verstreut im ungeordneten Teil im ZSTA Merseburg Rep.92
         Nachlaß Rodbertus-Jagetzow. Die einzelnen Bestandteile meiner Rekonstruktion
         entstammen verschiedenen Fertigungsphasen; als druckfertig dürften gelten die Blätter
         M 7, Bl.27-28v; Bl.120-121v; Bl.129-171v, während M 3, Bl.579-587 und M 4, Bl.326-337
         noch wohl eher als Entwürfe gelten müssen, d.h. erhalten sind uns die Vorrede und
         beinahe das gesamte erste Heft. Die Vorrede kann durch M 4, Bl.326-337 ergänzt bzw.
         verdeutlicht werden, die anderen Blätter geben Hinweise zur Gesamtkonzeption des I.
         Heftes. Zur Verdeutlichung des damaligen Kenntnisstandes werden noch weitere Fragmente
         aus der Zeit um 1834/35 herangezogen.

4. Von der Entstehung der Güter (M 7, Bl.171v)
5. Von der Arbeit (M 7, Bl.143)
6. Von der Production (M 7, Bl.146v)
7. Von der Consumtion (M 7, Bl.128v)

Das zweite Heft und wohlmöglich ein drittes Heft hat Rodbertus anscheinend aber nicht mehr fertiggestellt. Leider entzieht es sich auch unserer Kenntnis, warum er seine ambitionierten "Neuen Grundsätze" nicht veröffentlichte, ja sie später nicht einmal erwähnte, aber dennoch aufgehoben hat. Da die Arbeit bislang unbekannt geblieben ist, soll sie im Rahmen der vorliegenden Arbeit ausführlich dargestellt werden.

In seiner Zeit sah er eine neue Frage für die Menschheit nahen, die *"dauernde Verbesserung des Zustandes der arbeitenden Classen"*.[46] In dieser Verbesserung der Lage der Arbeiter erkannte Rodbertus den *"nächste(n) wesentliche(n) Fortschritt, den die Menschheit zu machen"* habe.[47] Kritisch setzte sich Rodbertus mit Auffassungen auseinander, die eine wesentliche Besserstellung der Arbeiter durch die Industrialisierung schon eingetroffen sahen und daß eine weitere Verbesserung ihrer Stellung die *"Kultur"*, das hieß den Bestand der Gesellschaft, gefährde.[48] Obwohl Rodbertus durchaus den positiven Einfluß der Industrialisierung konzedierte, denn

> *"früher starben die arbeitenden Classen vor Hunger, u<nd> heute hungern sie nur; früher waren sie unwissend, ohne dies zu wissen, und heute wissen sie dies"*[49],

hieß dies für ihn nicht, diesen Zustand relativer Armut als solchen zu akzeptieren. In dem Bewußtsein der Arbeiter, in dem Wissen um die schlechte Lage erkannte Rodbertus den wesentlichen Unterschied zu der vorindustriellen Armut. Die Arbeiter hätten die Möglichkeit, die Gesellschaft in ihrem Bestand zu bedrohen angesichts ihrer großen Anzahl, provoziert durch die liberalen Freiheits- und Gleichheitspostulate bei ungleicher Güterverteilung. Die *"Proletarierhaufen"* mit Waffen zu bekämpfen, sie zu unterdrücken, hielt Rodbertus für ebenso absurd wie er die These der angeblichen Verbesserung der Lage der Arbeiter; denn es komme

> *"nicht auf eine geschehene Verbesserung eines noch schlechteren Zustandes an, die für die heute Empfindenen keine Verbesserung ist, sondern auf den Zustand dieser im Verhältniß zu den übrigen Ständen.'*[50]

---

[46]   ebd.

[47]   ebd.

[48]   ebd. Bl.131v

[49]   ebd.

[50]   ebd. Bl.132/132v

Auf traditionelle gesellschaftliche Muster zurückzugreifen oder - wie schon erwähnt - das Mittel der Gewalt gegen eine als historisch notwendig erkannte Entwicklung einzusetzen, kam Rodbertus nicht in den Sinn. Von einem eher als aufgeklärt-liberal denn als sozialistisch zu bezeichnenden Standpunkt[51] sah er die Möglichkeit zur Erhaltung von Kultur und Gesellschaft in dem Vorantreiben der als notwendig erkannten sozialen und wirtschaftlichen Entwicklung, und zwar mittels der Staatswirtschaft, d.h. mittels der Wissenschaft, die in der Lage sei, diese Entwicklung zu analysieren, dies aber bisher noch nicht leiste.[52] Den Hauptfehler in der gesellschaftlichen Entwicklung glaubte Rodbertus, soviel nahm er vorweg, im

"kalten Despotismus<,> den das Eigenthum ... übt"[53]

und in der Marktwirtschaft, die die wirtschaftlich Schwächeren unterdrücke, zu erkennen. Was nach Rodbertus Worten fehle, sei die *"organisirende Hand"*, die das *"herrschende System der Staatswirthschaft"* ablösen könne.[54] Obwohl er in dem System der Erwerbsfreiheit durchaus einen Fortschritt in der Geschichte der Menschheit erblickte, allerdings in rein negativer Hinsicht einer *"Befreiung"* gemäß der kritischen Phase in der saint-simonistischen Geschichtsauffassung, war es sein Ziel, über das vorhandene System hinauszugehen.[55]

In dieser frühen Schrift versuchte Rodbertus zum ersten Mal systematisch den Reichtum und die Verteilung des Reichtums innerhalb einer Gesellschaft genauer zu erklären. Erst durch die menschliche Arbeit könnten Bedürfnisse befriedigt werden. Arbeit definierte Rodbertus als menschliche Auseinandersetzung mit der Natur.

"Alle materiellen Dinge sind ursprünglich außerhalb des menschlichen Besitzes; der Mensch muß also dazu thätig sein, sie dergestalt in seine Gewalt zu bekommen, daß er sie zur Befriedigung seiner Bedürfnisse verwenden kann. Die Natur komt ihm hierbei keinen Schritt entgegen."[56]

51 ebd. Bl.133: "Das Christenthum und persönliche Freiheit, der emancipirte Geist und Presse sind Güter, die eine verjüngende Kraft über die Nationen üben."

52 ebd. Bl.133v

53 ebd.

54 ebd. Bl.134v

55 ebd. Bl.135

56 Rodbertus, Neue Grundsätze der Staatswirthschaft, ZSTA Merseburg Rep.92, Nachlaß Rodbertus-Jagetzow M 7, Bl.140

Für die Produktion eines Gutes seien aber nicht nur die Materie (=Natur) und die Arbeit (=Kraft) erforderlich, sondern auch der Geist, hier als Kenntnisse. Deutlich wird, wie Rodbertus seine Trinitätsvorstellung in die allgemeine Betrachtungsweise des Produktionsvorganges übertrug.[57] Der materielle Reichtum einer Gesellschaft bestehe also aus der Kombination der drei Elementen Natur, Kenntnisse und Arbeit die Rodbertus als die drei Quellen des Reichtums bezeichnete.

> *"Der Reichthum jeder Nation steht im genauen Verhältniß zum Grade der Fruchtbarkeit des Bodens, zum Grade der zur Anwendung geleisteten Arbeiten Arbeit, und dies Verhältniß ändert sich geanu nach der Veränderung, die in der Reichlichkeit jeder einzelnen dieser Quellen vor sich geht."[58]*

Arbeit könne so nicht die alleinige Quelle des Reichtums sein; es müßten immer alle drei Elemente zusammentreffen.[59] Damit bestritt er, daß das Kapital eine Quelle des Reichtums sein könne, daß es den Reichtum vermehren könne.[60] Rodbertus begründete seine Auffassung von der fehlenden Wertschöpfungsfähigkeit des Kapital naturrechtlich: der Mensch sei ursprünglich besitzlos gewesen. Kapital habe der Mensch sich erst mit der Herstellung eines Werkzeuges geschaffen.[61] Kapital sei dagegen eine Quelle von Einkommen.

> *"Dies geschieht aber nur, ..., in der Folge der heutigen Eigenthumsverhältnisse, und ist nicht damit zu verwechseln, daß es Quelle der Güter selbst, die durch es Einkommen werden, sein soll."[62]*

Schon Mitte der 1830 nahm Rodbertus so seine 1852 konzipierte und erst nach seinem Tode 1884 veröffentlichte Kapitaltheorie mit der Unterscheidung des Kapitals an sich und der historisch sich entwickelnden Kapitalform vorweg. Die Produktivitätssteigerung führte er vor allem auf die Erweiterung der Kenntnisse zurück.[63] Rein wirtschaftlich betrachtet, sei allerdings, so Rodbertus, nur die Arbeit von Bedeutung, weil sie meßbar sei. Damit definierte Rodbertus die Arbeit als die "wirthschaftliche Quelle des Reicht-

---

[57]   ebd. Bl.140v

[58]   ebd. Bl.141

[59]   ebd. Bl.141v. Auch Marx hatte den Satz, daß allein die Arbeit den Reichtum schaffe, wie er zum im ersten Satz des Vereinigungsprogramms der Sozialistischen Arbeiterpartei Deutschland 1875 formuliert worden war, strikt zurückgewiesen. K.Marx, Randglossen zum Programm der deutschen Arbeiterpartei, MEW Bd.19, S.15

[60]   Rodbertus, Neue Grundsätze der Staatswirtschaft, ZSTA Merseburg Rep.92, Nachlaß Rodbertus-Jagetzow M 7, Bl.142

[61]   ebd.

[62]   ebd. Bl.142v

[63]   ebd. Bl.143

hums"[64] und begründete damit seine Arbeitswertlehre, die er der als im
"höchsten Grade oberflächlichen" bezeichneten Dreifaktorentheorie J.B.Says,
die dazu diene, "den einzigen wahren wirthschaftlichen Standpunct, den der
Arbeit vollkommen zu verrücken", gegenüberstellte.[65] Rodbertus bekannte
sich ausdrücklich als Schüler Ricardos, der die Wissenschaft die *"seit Smith
wichtigsten Fortschritte"* verdanke.[66]

4.3. "Die Forderungen der arbeitenden Klassen"

Gegen Ende der 1830er Jahre nahm Rodbertus seine nationalökonomischen
Studien wieder auf, als er einen Essay über die "Forderungen der arbeitenden Klassen" verfaßte, der unmittelbar auf die in England sich zeigenden
sozialen Unruhen, auf die Chartistenbewegung und die sogenannten Birminghamszenen, rekurrierte. Wie schon erwähnt, wurde auch diese Frühschrift von Rodbertus erst 1871 in einer verstümmelten Fassung und erst
1885 vollständig veröffentlicht. In diesem Aufsatz befindet sich zwar nicht
"das ganze System", wie Rodbertus 1871 in einem Brief an R.Meyer behauptete, aber in der Ideengeschichte der Kapitalismuskritik ist er eine
bedeutende Schrift, auch wenn er zum Teil nur die in den "Grundsätzen"
entwickelten theoretischen Ansätze nur noch einmal zusammenfaßt. In den
"Forderungen" versuchte Rodbertus das eigentliche Anliegen der Arbeiter
herauszuarbeiten. Die politischen Aspekte, die sich in den Forderungen der
Arbeiter gezeigt hätten, interessierten Rodbertus von seinem wissenschaftlichen Standpunkt nicht. Aus seiner ablehnenden Position gegenüber der
geforderten Republik machte er keinen Hehl, interpretierte die erstrebte
Republik allerdings nur als ein Mittel der Politik: über die Teilnahme an der
politischen Macht suchten die Arbeiter

*"Theilnahme an der Bildungstufe der Zeit, mehr Theilnahme an den
Wohlthaten der heutigen Cultur!"*[67]

Diese Forderung hielt Rodbertus bei dem erreichten Niveau des gesellschaftlichen Reichtums für berechtigt; denn nach der gewährten persönlichen Freiheit und der formalen bürgerlichen Gleichheit, sei es nicht
mehr möglich, eine Klasse der Gesellschaft von dem steigenden Reichtum
auszuschließen, so daß das Mittel der Gewalt gegen die Arbeiter verfehlt sei,
eine Revolution, die Rodbertus um jeden Preis vermeiden wollte, zu verhindern.[68] Rodbertus beließ es aber nicht bei einer moralischen Rechtfertigung
der Forderungen der arbeitenden Klassen, sondern suchte diese "wissen-

---

[64]   ebd. Bl.145; s. auch Bl.144 und Bl.144v

[65]   ebd. Bl.144v

[66]   ebd. Bl.145v

[67]   Rodbertus, Die Forderungen der arbeitenden Klassen, RW 1, S.5

[68]   ebd. S.7f.

schaftlich" zu untermauern, indem er auf die Ricardosche Arbeitswertlehre zurückgriff. Allerdings führte er seine Argumentation diesbezüglich nicht weiter aus, sondern stellte sogleich Überlegungen an, wie eine gesellschaftliche Organisation der Produktionsmittel auszusehen habe, um die Beschränkung der Arbeiterlöhne auf das Existenzminimum aufzuheben.

Etwa zwanzig Jahre nach den ersten praktischen Versuchen von Robert Owen, aber vor P.J.Proudhon, legte Rodbertus seine Version einer Arbeitsgeldtheorie vor. Grundlage des Arbeitsgeldes, wie es Rodbertus etwa um 1839 antizipierte, war einmal die Arbeitswertlehre und zweitens die notwendige Veränderung des Eigentumsrechts. Sehr eindeutig und explizit bekannte sich Rodbertus zu dem saint-simonistischen Gedanken der Abschaffung des *"rentirenden Eigenthums"* und zu der Arbeit als *"distributives Princips des Eigenthums.* "[69] Innerhalb des bürgerlich-kapitalistischen Wirtschaftssystems sei aber das Grundproblem der Beschränkung der Arbeiter auf den notwendigen Unterhalt, damit einer sinkenden Lohnquote bezogen auf Gesamteinkommen nicht zu lösen. Das Problem der Unzufriedenheit und Unruhe in der Gesellschaft finde damit ebenfalls keine Lösung. Rodbertus brach so mit der liberalen Vorstellung einer Enthaltsamkeit der Staates gegenüber der Einmischung in den Wirtschaftsprozeß und plädierte für ein *"System der Staatsleitung"*, das heißt für staatliche Interventionen in die Wirtschaft.[70] Der Staat müsse in die Wirtschaft eingreifen und eine Lohnregulierung inaugurieren, die eine Anpassung der Lohnquote an die Steigerung der Arbeitsproduktivität zum Ziele habe.

"Wenn Mittel gefunden werden, dass den arbeitenden Klassen der Fortschritt der Productivität zu gut kommt, so ist ihr materieller Zustand dauer verbessert."[71]

Um dieses Ziel zu gewährleisten schlug Rodbertus 1839 drei wesentliche Maßnahmen vor, 1. die von staatlichen Institutionen geleitete Wertbestimmung aller Güter nach Arbeit, 2. die Schaffung eines Arbeitsgeldes und 3. ein Magazinierungssystem, damit die Nachfrage durch die das Arbeitsgeld besitzenden Arbeiter befriedigt werden könne.[72]

Dieser Aufsatz zeigte Rodbertus zwar als einen Sozialtheoretiker, der im Gegensatz zu vielen seiner Zeitgenossen wesentliche Aspekte des gesellschaftlichen Wandels besser wahrnahm, gleichzeitig aber auch die Unfertigkeit seiner Gedankengänge. Der unsystematische Charakter der Abhandlung offenbart sich in dem Nebeneinander von Revolutionsfurcht und Sozialismuserwartung für die ferne Zukunft. Dem eigenen Anspruch einer

---

69   ebd. S.17f.

70   ebd. S.24f.

71   ebd. S.28

72   ebd. S.30

58

wissenschaftlichen Deutung der Realität konnte Rodbertus in diesem Aufsatz
noch nicht genügen.

4.4.   "Zur Erkenntniß unsrer staatswirthschaftlichen Zustände"

Seine Schrift "Zur Erkenntnis unsrer staatswirthschaftlichen Zustände. Fünf
Theoreme" aus dem Jahre 1842 hielt Rodbertus zu Recht für eine seiner
grundlegenden theoretischen Arbeiten; so schrieb er im Januar 1864 an
Ferdinand Lassalle:

> *"Überall werden Sie dieselbe Grundanschauung wiederfinden, die sich
> bereits 1842 bei mir festgestellt hatte und im wesentlichen auch keine
> Änderung erlitten hat. Wenn ich dem ersten Hefte «Zur Erkenntnis
> unsrer staatswirthschaftlichen Zustände» kein weiteres folgen ließ, so
> geschah es, weil das Werk noch weniger Beachtung fand, als später
> meine Sozialen Briefe, ..."[73]*

Rodbertus Ziel in dieser Untersuchung war es, das Wesen der gesellschaftlichen Krisensituation herauszuarbeiten und Vorstellungen und
Theorien über die Wirtschaft und die Gesellschaft zu kritisieren. Die
eigentliche Analyse sollte dem geplanten zweiten Heft vorbehalten sein, und
in einem dritten Teil gedachte er die *"Heilmittel"* darzulegen.

Für Rodbertus war damit das Ziel einer wissenschaftlichen Begründung der
gesamtgesellschaftlichen Reform vorgezeichnet, wobei er von vornherein das
Mittel des Kompromisses zwischen den Interessen der einzelnen Klassen in
den Vordergrund stellte. Weder wollte er die Grund- und Kapitalbesitzer
verängstigen[74], noch wollte er die Arbeiter vom wirtschaftlichen Wachstum
ausschließen; denn das

> *"Hauptziel meiner Untersuchung wird sein, den Antheil der ar-
> beitenden Classen am National-Einkommen zu erhöhen, und zwar auf
> einer soliden, den Wirkungen der Wechselfälle des Verkehrs entzoge-
> nen Grundlage."[75]*

---

[73]   Rodbertus an Lassalle, 20.1.1864, RW 6, S.376

[74]   Rodbertus, Zur Erkenntniß unsrer staatswirthschaftlichen Zustände, RW 1, S.36

[75]   ebd. S.68 Anm.

4.4.1.   Arbeitswertlehre

Eine der wesentlichen Frage in der Wirtschaftstheorie war die Frage nach
der volkswirtschaftlichen Wertschöpfung als Grundlage der Verteilung des
Einkommens. Die Lehre der wertbildenden Arbeit war hier eine Theorie der
aufsteigenden tätigen Klasse, die sich von Beginn gegen den grundbesitzen-
den Adel richtete. Einer der ersten Theoretiker, der die wertbildende Arbeit
als Grundlage des Eigentums definierte, war John Locke im 18. Jahrhundert.[76] Locke entwickelte ein Eigentumsrecht, dem zufolge ein jeder so viel
Anrecht auf Eigentum habe, wie er erarbeiten kann; auch das Grundeigentum hatte Locke damit begründet, denn die Fleißigen hätten diesen Boden durch ihre Arbeit in Besitz genommen. Wert werde vor allem durch die
Arbeit geschaffen, auch in der Landwirtschaft.

Etwa gleichzeitig formulierte auch William Petty Ansätze zu einer Arbeits-
lehre, wenn er schrieb: "Die Arbeit ist der Vater und das aktive Prinzip
des Wohlstandes, so wie der Boden seine Mutter ist."[77]

Auf den Boden und die Arbeit führte Petty den Reichtum zurück. W.Hofmann
bewertet Pettys Bedeutung für die Theoriebildung der Arbeitswertlehre sehr
hoch ein, weil er einmal den materiellen Reichtum auf Natur und menschliche
Arbeitzurückführte, zum zweiten den Wert und das Einkommen dagegen nur
auf die Arbeit. Dabei stellte er fest, daß der Ertrag der Arbeit höher lag
als ihre Bezahlung.[78]

Erst in der klassischen Ökonomie wurden diese Gedanken wieder aufgenommen und weiterentwickelt. Bei A.Smith findet sich die doppelte Bedeutung des Begriffes "Wert".[79] Er unterschied zwischen dem Gebrauchswert
und dem Tauschwert, der für seine weitere Darstellung von Bedeutung war.
Weiter machte er die Unterscheidung zwischen dem Wert und dem Tauschwert: Arbeit schaffe einmal den Wert, zum anderen sei Arbeit Wertmaßstab
im Austausch. Aber: "Ist auch die Arbeit der wirkliche Maßstab des
Tauschwertes aller Waren, so wird deren Wert doch gemeinhin nicht nach
diesem Maßstab geschätzt."[80]

Die Arbeiter werden nach den für sie notwendigen und üblichen Lebensmittel bezahlt. Von größter Bedeutung für Rodbertus wie für sozialistische
Theoretiker vor und nach ihm war die Ableitung des Tauschwerts der Waren
oder Güter aus der Arbeit. Ricardo war es zwar noch nicht gelungen, eine

---

[76]   W.Hofmann, Sozialökonomische Studientexte, Bd.1., S.25ff.

[77]   W.Petty, Economic Writings, 1899, Bd.1, S.68 zitiert nach W.Hofmann,
Sozialökonomische Studientexte, Bd.1., S.30

[78]   W.Hofmann, Sozialökonomische Studientexte, Bd.1., S.32

[79]   A.Smith, Eine Untersuchung über Natur und Wesen des Volkswohlstandes, Jena 1923, I.
Buch, 5. Kap., S.35ff.

[80]   ebd. I. Buch, 5. Kap., S.38

in allen Punkten konsistente Theorie des Arbeitswerts zu entwickeln, aber er schuf dazu die Grundlagen. Bei ihm bezeichnete der Begriff "Wert" einmal die Wertschöpfung, zum zweiten den Tauschwert der Güter als ein Austausch von Arbeitsmengen. Entsprechend war Arbeit sowohl Wertursache wie auch Wertmaßstab. "Nicht die Nützlichkeit ist das Maß des Tauschwertes, obwohl sie ein notwendiges Element derselben ist. ... Die Dinge, sobald sie einmal als an sich nützlich anerkannt sind, beziehen ihren Tauschwert aus zwei Quellen: Aus ihrer Seltenheit und der zu ihrer Gewinnung nötigen Arbeitsmenge."[81]

Deutlich wird hier, daß Ricardo keine reine Arbeitswertlehre vertrat, wenn er zur Wertbestimmung den Aspekt der "Seltenheit" in die Wertbestimmung einbrachte. Auch die Wertbestimmung der einzelnen Arbeiten, die es auf ein gemeinsames Maß zu reduzieren galt, geschah bei Ricardo auf dem Markt.[82] Die Steigerung der Produktivität der Arbeit bewirke ein Sinken des Wertes der einzelnen Waren.[83]

Dabei hielt Ricardo im Gegensatz zu Smith nicht den Reallohn der Arbeiter für den Bestimmungsfaktor des Tauschwerts der Produkte, sondern die Arbeitsmenge. Entsprechendes gelte für die in der Produktion eingesetzten Arbeitsmittel, deren enthaltene Arbeit zur Tauschwertbestimmung mitberechnet werden müsse.[84] Edelmetalle könnten im Gegensatz zur Arbeit keine unabänderlichen Maßstäbe für die Wertbestimmung sein, da sie selbst den Bedingungen der Wirtschaft, also der Wertbestimmung durch Arbeit, unterlägen.[85]

Die theoretischen Ausführungen von Ricardo zur Betonung der Arbeit als einzig wertschaffenden Faktor fanden in der Politischen Ökonomie in den Jahren nach Ricardos Tod nur noch wenig positive Resonanz.[86] McCulloch war nahezu der einzige bedeutendere Ökonom, der nach 1826 Ricardos Werttheorie noch verteidigte.[87] Es zeigte sich aber auf der anderen Seite,

---

[81] D.Ricardo, Grundsätze der politischen Ökonomie, Berlin 1959, Kap.I, 1, S.9f.

[82] ebd. Kap.I, 2, S.19

[83] ebd. Kap. I, 1. S.12: "Wenn die in den Gegenständen enthaltene Arbeitsmenge ihren Tauschwert bestimmt, dann muß jede Vergrößerung des Arbeitsquantums den Wert des Gegenstandes, für den es verwendet wurde, erhöhen, ebenso wie jede Verminderung ihn senken muß." s. auch Rodbertus, Zur Erkenntniß unsrer staatswirthschaftlichen Zustände, RW 1, S.42

[84] D.Ricardo, Grundsätze der politischen Ökonomie, Kap. I, 3, S.21f.

[85] ebd. Kap. I, 6, S.43; Kap. XXVII, S.344

[86] R.L.Meek, Der Untergang der Ricardoschen Ökonomie in England, in ders., Ökonomie und Ideologie, Frankfurt 1973, S.94f.

[87] ebd. S.95f. John Stuart Mill übernahm zwar in seinem Hauptwerk "Grundsätze der politischen Ökonomie" aus dem Jahre 1848 zwar Elemente von Smith und Ricardo, leitete aber schon zur Produktionskostentheorie über. W.Hofmann, Sozialökonomische Studientexte, Bd.1, S.74ff.

daß die Werttheorie sich dazu eignete, die bestehende Gesellschaftsordnung in Frage zu stellen. Autoren wie Hodgskin oder William Thompson, die dem Sozialismus oder Radikalismus nahestanden, konnten sich auf Ricardo stützen, wenn sie das Recht auf den vollen Arbeitsertrag forderten. Die zeitgenössischen Ökonomen, die Ricardos Theorie als widersprüchlich oder falsch kritisierten, hatten als Vertreter bürgerlicher Interessen nicht nur eine Weiterentwicklung der ökonomischen Theorie vor Augen, sondern sie lehnten Ricardo auch deswegen ab, weil dessen Ausführungen "logisch zum Radikalismus führen" konnten.[88]

Rodbertus schloß sich der von A.Smith ansatzweise formulierten und von Ricardo bzw. McCulloch weiter entwickelten objektiven Wertlehre an. Er folgte der strengen Scheidung von Tauschwert und Gebrauchswert; den Gebrauchswert zur Bestimmung des Wertes eines Gutes schloß er damit aus der weiteren rein wirtschaftlichen Betrachtung aus. Den Wert bestimmte Rodbertus folgendermaßen:

"Der Werth ist nur das Quantitätsverhältniß, in dem ein Gut gegen viele andre gilt, als Maaß aufgefaßt."[89]

Eine Menge eines Gutes wird gegen eine andre Menge eines zweiten Gutes eingetauscht, das wiederum gegen die nochmals andere Quantität eines dritten Gutes usw. In der Arbeit fand Rodbertus der Tradition der britischen Klassik folgend, vor allem sich auf Ricardo stützend, die allen Gütern gemeinsame Einheit. Unter der Voraussetzung, daß es in der Wirtschaft nur um materielle Güter gehe, und daß Güter per definitionem Produkte mit einem Gebrauchswert seien, wollte Rodbertus den Satz

"Alle wirthschaftlichen Güter kosten Arbeit, und kosten nur Arbeit."[90]

beweisen. Wirtschaft ist in der Begriffsbestimmung von Rodbertus die Verwaltung von schon produzierten Gütern, wobei Bedürfnisse, die angesichts einer Mangelsituation befriedigt werden sollen, vorhanden sein müssen. Das Mittel, die Mangelsituation zu beheben, sei die Arbeit, die

"notwendig bei allen den materiellen Güter vor<kommt>, die ursprünglich nicht in jener natürlichen Unmittelbarkeit zum Bedürfenden stehen."[91]

Für Rodbertus war die Arbeit das Konstituens der Wirtschaft überhaupt, will man die Güter unter dem Gesichtspunkt ihrer Kosten auffassen, d.h.

---

[88]   R.L.Meek, Der Untergang der Ricardoschen Ökonomie in England, S.100. Meek zitiert hier Samuel Read.

[89]   Rodbertus, Zur Erkenntniß unsrer staatswirthschaftlichen Zustände, RW 1, S.74

[90]   ebd. S.41

[91]   ebd. S.45

jeder Bestandteil kann auf Arbeit zurückgeführt werden.[92] Der Begriff der
Kosten war damit definiert durch die menschliche Tätigkeit und den notwendigen Aufwand, um einen Gegenstand aus seinem Naturzustand so zu
verändern, daß er einen Nutzen habe. Material (= Natur) wie Ideen (= Geist)
seien ebenso notwendig für die Produktion von Gütern, gehörten aber nicht
in den Bereich der Wirtschaft.[93] Material bestimmte Rodbertus als Gut vor
irgendeiner Stufe seiner Vollendung, das zunächst nicht als Kostenanteil in
das Endprodukt eingehe, während Werkzeug auf Arbeit zurückgeführt werden könne. Auch die Abnutzung der Werkzeuge im Produktionsprozeß ließe
sich auf Arbeit wieder reduzieren. Das Gut (x) kostet somit die unmittelbare
Arbeit (= m) und die Arbeit, die im Werkzeug materialisiert sei (= n) geteilt
durch die Menge (= o) der Güter x. Rodbertus folgend lautet also die ver-
einfachte Formel für die Produktion eines Gutes:

$$x = m + n/o$$

Dies für ein Gut entwickelte Modell gelte sowohl für die individuelle wie
auch für die gesellschaftliche Produktion. Damit sprach sich Rodbertus von
seinem theoretischen Ansatz her schon dagegen aus, Profit und Grundrente
zu den Kosten eines Gutes zu rechnen. Hierin sah er eine Verquickung von
wirtschaftstheoretischem Denken mit betriebswirtschaftlichem Handeln, bei
dem die Kosten des Produktes mit den Auslagen des Betriebes gleichgesetzt
würden.[94] In der theoretischen Analyse spielte für Rodbertus die individuelle Betrachtungsweise keine Rolle. Kapital im engeren Sinn, d.h. im eigentlichen Sinn, war für Rodbertus das Nationalkapital, dem er das Kapital im
weiteren Sinne, das historisch gewordene Kapital mit seinen besonderen Eigentumsverhältnissen gegenüberstellte. Im letzteren Sinne bezeichnete hier
das Kapital den Vorrat an Zirkulationsmitteln, den Anteil an der zukünftigen
Produktion.[95] Wenn die Arbeit allein den Wert der Produkte schaffe, so
ließen sich alle Güter auf Arbeit reduzieren. Arbeit würde zum besten
"Maaßstab des Werths" werden.[96]

---

[92] ebd. S.46f. *"Es giebt aber nichts, was die Güter außer der Arbeit noch kosteten, ..."*

[93] ebd.

[94] ebd. S.54; s. auch S.66: *"Es handelt sich von den Kosten des Betriebs, in denen ein Theil nur unter den heutigen Verhältnissen erfordert wird. Dieser Theil enthält daher auch nur zufällige Kosten, die mit der Aufhebung jener Verhältnisse aufgehoben werden. Die Kosten des Guts sind aber die eigentlichen Kosten, die ihren Bestandtheilen nach ewig bleiben."*

[95] ebd. S.63-65

[96] ebd. S.71

4.4.2.   Einkommen und Einkommensverteilung

Die Arbeitswertlehre, wie sie Rodbertus im Anschluß an Ricardo entwickelt
hatte, hatte Konsequenzen für die Bewertung der Einkommensverteilung des
gesellschaftlichen Gesamtprodukts. A.Smith hatte eine naturrechtliche Begründung des Einkommens gegeben, wenn er schrieb: "Das Erzeugnis der
Arbeit bildet ihre natürliche Vergütung oder den Arbeitslohn. In jenem
ursprünglichen Zustande der Dinge, der sowohl der Bodenaneignung als
auch der Kapitalansammlung vorhergeht, gehört das ganze Arbeitserzeugnis
dem Arbeiter."[97]

Erst unter den Bedingungen des Privateigentums an den Produktionsmitteln
forderten Grundbesitzer und Kapitalisten ihren Anteil am Ergebnis der Produktion. In dem Verhältnis der freien Lohnarbeit, werde nach Smith die
Höhe des Lohnes auf dem Markt als Ergebnis des Konfliktes zwischen Arbeiter und Kapitalisten bestimmt.[98] Bei D.Ricardo galten dagegen bei der Bestimmung der Lohnhöhe die gleichen Gesetze der Wertbildung auch für die
Arbeit. Er schrieb: "Wie alle anderen Dinge, die gekauft und verkauft werden und deren Menge sich vergrößern und verringern kann, hat auch die
Arbeit ihren natürlichen und ihren Marktpreis. Der natürliche Preis der Arbeit ist jener, der notwendig ist, um den Arbeitern, einen wie den anderen,
zu ermöglichen, sich zu erhalten und die Existenz ihres Standes ohne
Vermehrung oder Verminderung weiterzuführen."[99]

Dabei sei die absolute Höhe des Lohnes gleichgültig. Um diesen "natürlichen
Preis" der Arbeit gravitiert der Marktpreis, der ähnlich wie bei A.Smith
durch Angebot und Nachfrage geregelt wurde.[100]

An dieser Bestimmung des Lohns setzte auch Rodbertus an, wenn er
schrieb:

> *"Der Arbeitslohn richtet sich im Ganzen immer nach dem realen Be-*
> *trage, der zu ihrem (der Arbeiter, UER) Unterhalt nöthig ist, mag*
> *die Produktivität der Arbeit auch noch so groß sein."[101]*

Rodbertus ging bei seiner Darstellung aber schon einen Schritt über Ricardo hinaus, wenn er die Lohnarbeit als ein gesellschaftliches Abhängig-
keitsverhältnis formulierte. Der Lohn sei ein Einkommen aus der Produktion.
Da Rodbertus gleichzeitig die Arbeitswertlehre weit konsequenter auf die
Betrachtung der Wirtschaft anwandte, sprach er sich auch gegen die

---

[97]   A.Smith, Eine Untersuchung über Natur und Wesen des Volkswohlstandes, Jena 1923,   I,
         8, S.82

[98]   ebd. I, 8, S.84

[99]   D.Ricardo, Grundsätze der politischen Ökonomie, Kap. I, 5, S.77

[100]   ebd. S.78

[101]   Rodbertus, Zur Erkenntniß unsrer staatswirthschaftlichen Zustände, RW 1, S.143 Anm.

64

seinerzeit in der Nationalökonomie vertretene Lohnfondstheorie aus, nach der der Lohn für die Arbeiter aus einem ersparten Vorrat der Unternehmer bezahlt würden. Die Verbesserung der Lage der Arbeiter hing danach von einer vermehrten Kapitalbildung ab; nur durch eine gesteigerte Produktivität und damit durch Wirtschaftswachstum sei so eine Lohnerhöhung möglich.[102] Dagegen schrieb Rodbertus:

> *"Arbeitslohn ist vielmehr Antheil am Product, also selbst Product der Periode, für welche gelohnt wird."*[103]

Eine Betrachtungsweise, die wie bei K.H.Rau und J.Schön, die Rodbertus zitierte, den Arbeitslohn zum Kapital zu rechnen, gehe vom Standpunkt des einzelnen Unternehmers aus, für den ein Gütervorrat oder ein monetärer Vorrat natürlich notwendig sei.

Entsprechend der Arbeitswertlehre betrachtete Rodbertus die Rente, das ist in seinen Worten das "arbeitslose Einkommen" als Teil des Nationaleinkommens, als das gemeinsame Resultat aller Arbeiten, die notwendig zur Herstellung des Gesamtproduktes waren.[104] Mit Rente meinte Rodbertus nicht den Geldwert, den Kapital- und Grundbesitzer erhielten, sondern zunächst den Wert in Gütern, die fertiggestellt wurden, den Anteil, den diesen Besitzern auf Grund ihrer Eigentumsrechte am Gesamtprodukt zukam. Die Einkommensverteilung finde, so Rodbertus, allerdings nicht schon in der Produktion statt, sondern erst nach der Produktion oder anders ausgedrückt auf der Ebene der Zirkulation.[105]

Notwendige Voraussetzung der *"Rente"* sei eine Produktivität, die es ermögliche, mehr herzustellen als den notwendigen Unterhalt der mit der Produktion Beschäftigten.

> *"Jede Rente, Grund- oder Capitalrente, ist nur möglich, wenn die Productivtät so groß ist, daß mehr Güter hergestellt werden, als die mit der Production beschäftigten Arbeiter zu ihrem nothwendigen Unterhalt bedürfen; mit anderen Worten, das Princip des Rentenobjects ist die hinreichende Productivität der Arbeit."*[106]

Nicht auf jeder Stufe der menschlichen Gesellschaften habe es somit *"Rente"* gegeben. Rodbertus machte auf den historischen Charakter dieser Art eines arbeitslosen Einkommens aufmerksam; ohne Rente lebten seiner Meinung nach zum Beispiel noch die Jägervölker.[107] Die historische Bedingung der

---

102   D.Ricardo, Grundsätze der politischen Ökonomie, Kap. I, 8, S.89

103   ebd. S.16

104   Rodbertus, Zur Erkenntnis unsrer staatswirthschaftlichen Zustände, RW 1, S.103

105   ebd. S.107

106   ebd.

107   ebd. S.108f.

65

Rente war nach Rodbertus erst mit dem Verlassen des Zustandes der "Okkupation" und dem Beginn der "Produktion" gegeben, als die Menschen seßhaft wurden und mit dem Ackerbau begannen.

"Ackerbau ist nicht die Ursache der Grundrente, sondern die Grundlage der Renten überhaupt ..."[108]

Mit dem Ackerbau war die Möglichkeit eines arbeitslosen Einkommens gegeben, so daß es einigen Menschen möglich war, einer "nichtproduktiven" Arbeit (im wirtschaftlichen Sinne) nachzugehen und sich der "Kultur" zu widmen.[109] Kulturelle Entwicklung war somit erst möglich auf der Grundlage der Trennung von nichtwirtschaftlichen Tätigkeiten und Werte schaffender Arbeit.

Für die Entstehung der Rente in der Auffassung von Rodbertus war erstens ein Überschuß über die existentiellen Lebensmittel notwendig, wie zweitens eine Institution, die bewirkte, daß dieser Überschuß den im wirtschaftlichen Sinne "Nichtarbeitenden" gehörte. In den Worten von Rodbertus:

"Wenn die Productivität der Arbeit so groß ist, daß sie außer dem nothwendigen Unterhalt der Arbeiter noch mehrere Einkommensgüter herstellen kann, so wird dieser Ueberschuß zu Rente werden, d.h. es werden ihn andre, ohne zu arbeiten, beziehen, wenn Privateigenthum an Boden und Capital gilt. Mit andern Worten: das Princip des Rentenbezugs ist das Privateigenthum an Boden und Capital."[110]

Mit der Existenz des Rechtsinstituts des Privateigentums an Produktionsmitteln erhalte der Arbeiter nun nicht mehr das volle Produkt seiner Arbeit, sondern nur den Teil der zu seinem Lebensunterhalt notwendig sei, den Lohn, während dem Kapital- und Grundbesitzer die Rente gehöre. Dem Kapital- und Bodeneigner gehöre aufgrund des Eigentumsrechts sogar das gesamte Produkt, von dem er dem Arbeiter den Lohn, zur Erhaltung seiner Arbeitskraft im weitesten Sinne, abgeben müsse. Obwohl sich Arbeit und Kapital/Grundbesitz, um es abstrakter auszudrücken, gegenseitig bedürften, sei die Position der Arbeit eindeutig die schlechtere.[111]

Die Grundrente betrachtete Rodbertus als einen Teil der *"Rente überhaupt"*. Die Existenz der Rente setze einmal eine hinreichende Produktivität voraus, zum anderen das Privateigentum an Produktionsmitteln. Historisch waren, so

---

[108] ebd. S.111; s. auch S.114: *"Ackerbau und Privateigenthum an Boden und Capital sind die Grundlagen der Renten."*

[109] Die Schlußfolgerung, die Rodbertus hieraus zog, ist bezogen auf die Kultur zu sehr vereinfachend: *"Je größer die Productivität, desto reicher kann das geistige und künstlerische Leben einer Nation sein; je geringer dieselbe, desto ärmer muß es sein."* ebd. S.110

[110] ebd. S.112

[111] ebd. S.114

Rodbertus, Grund- und Kapitalbesitzer identische Personen.[112] Die Trennung der Kapitalistenklasse von der Grundbesitzerklasse hat zur Folge, daß das Rohprodukt in den Besitz des verarbeitenden Kapitalisten übergeht. Da das Eigentumsrecht den Anteil an der Rente regelt, zerfalle nun

> "das ganze Nationalproduct einer bestimmten Productionsperiode in zwei Theile ..., von denen der eine den Grundeigenthümern, der andere den Capitalisten gehört."[113]

Die Besonderheit der Grundrente erkannte Rodbertus im Monopolcharakter des Grundeigentums, der auf der Nichtvermehrbarkeit des Bodens beruhte.[114] Für die weitere Argumentation bedeutete dies, daß die Rohprodukte langfristig teurer werden müßten, daß die Produktivitätssteigerungen in der landwirtschaftlichen Produktion nicht das Ausmaß derjenigen bei der industriellen Produktion annehmen könnten. Die These von der steigenden Unproduktivität der Landwirtschaft dagegen lehnte Rodbertus - auch als tätiger Landwirt - ab.[115] Gegenüber Ricardo, der die Grundrente als eine Differentialrente betrachtet hatte[116], betonte Rodbertus vor allem die Existenz einer absoluten Grundrente.[117]

---

[112] ebd. S.114ff.; v.a. S.117

[113] ebd. S.118

[114] s. auch D.Ricardo, Grundsätze der politischen Ökonomie, Kap. II, S.53: "Wenn der gesamte Boden die gleichen Eigenschaften besäße, wenn er in der Menge nicht begrenzt an und Qualität gleich wäre, könnte für seine Benutzung nichts gefordert werden, ..."

[115] Rodbertus, Zur Erkenntniß unserer staatswirthschaftlichen Zustände, RW 1, S.141f.

[116] D.Ricardo, Grundsätze der politischen Ökonomie, Kap. II, S.54: "Wenn im Laufe der Entwicklung der Gesellschaft Boden der zweiten Fruchtbarkeitsklasse bebaut wird, entsteht auf dem erstklassigen sofort eine Rente, deren Höhe von der Differenz der Qualität dieser beiden Bodenklassen abhängt." s. auch ebd. S.56f. Zur Kritik von Rodbertus an Ricardos Auffassung, s. Rodbertus, Zur Erkenntniß unserer staatswirthschaftlichen Zustände, RW 1, S.128f, wo es S.129 heißt: "Allein diese Theorie ist im Grunde gar keine Theorie der Grundrente. Denn sie erklärt nicht die Entstehung der Grundrente überhaupt, sondern (unter der Voraussetzung ungleichen Boden) ihre Vertheilung unter die einzelnen Grundbesitzer, die Differenz der einzelnen besondern Grundrenten."

[117] ebd. S.127f. Die Gemeinsamkeiten und Unterschiede der Grundrententheorien von Rodbertus und Marx sind in einer Reihe von Abhandlungen dargestellt worden; zuletzt bei G.Rudolph, Karl Rodbertus (1805-1875) und die Grundrententheorie, S.176-203, s. auch S.241-298, wo Rudolph sich in einer Polemik mit der bisherigen Literatur "gegen die Grundrententheorie von Rodbertus" auseinandersetzt. Hervorzuheben sind noch die Arbeiten von F.Oppenheimer, Rodbertus' Angriff auf Ricardos Renten-Theorie und der Lexis-Diehl'sche Rettungsversuch. Diss. Kiel 1908; L.Bortkiewicz, Die Rodbertussche Grundrententheorie und die Marxsche Lehre der absoluten Grundrente. I. u. II. ARCHIV FÜR DIE GESCHICHTE DES SOZIALISMUS UND DER ARBEITERBEWEGUNG 1.Bd., 1911, S.1-40, S.391-434; Ph.Spitz, Das Problem der Grundrente bei Ricardo, Rodbertus und Marx. JAHRBÜCHER FÜR NATIONALÖKONOMIE UND STATISTIK Bd.106, III. F. Bd.51, S.492-524, S.593-629;

Das Nationaleinkommen setzt sich nach Rodbertus aus dem Wert der landwirtschaftlichen Produktion (Rohprodukt) und der Fabrikation, wozu er noch das Transportwesen zählte, zusammen. Vom Kapitalanteil am Nationaleinkommen müsse einmal der Lohn und zum zweiten die Werkzeugabnutzung abgezogen werden, erst dann erhalte man die Kapitalrente. Die Kapitalrente müsse in der Realität oft noch weiter geteilt werden, wenn neben dem Eigentümer noch ein Unternehmer auftrete. Für die theoretisch-abstrakte Behandlung des Themas maß Rodbertus diesem Aspekt aber zunächst keine Bedeutung bei. Die Höhe der Rente werde durch die Produktivität der Arbeit bestimmt; die Rentenhöhe und die Produktivität stünden dabei umgekehrt proportional zueinander.[118]   Das Verhältnis zwischen Grundrente und Kapitalgewinn betrachtete Rodbertus immer als ein Verhältnis zwischen Anteilen am Nationaleinkommen, in Werten ausgedrückt. Steigt also die Grundrente, so muß der relative Anteil der Kapitalrente sinken.

Bekanntlich war es Rodbertus Ziel gewesen, den Einkommensanteil der Arbeit am Nationalprodukt zu erhöhen. Das setzte voraus, daß er annahm, daß die Quote des Lohns unter den beschriebenen Bedingungen gleichblieb oder sank. In den "Forderungen der arbeitenden Klassen" vom Jahre 1839 hatte er geschrieben, daß die Löhne der Arbeiter,

> *"der Stand der Productivität mag sein wie er wolle, nur immer auf das Maass des nothwendigen Unterhalts beschränkt bleiben."[119]*

Ähnlich äußerte er sich auch 1842. In den "Forderungen der arbeitenden Klassen" schrieb er allerdings eindeutig, daß die Quote des Lohns am Nationaleinkommen immer kleiner werde, während er in "Zur Erkenntniß unsrer staatswirthschaftlichen Zustände" davon sprach, daß die Arbeiter aufgrund der dem kapitalistischen Wirtschaftssystem inhärenten Lohnbestimmung nicht *"von den Fortschritten der Industrie"* profitierten.[120]   Rodbertus deutete damit in seinen frühen Schriften zwar eine Theorie der relativen Verelendung an, formulierte sie aber nicht aus, wie er es in seinen Schriften der 1850er Jahre machte.

4.5.   Die nichtkapitalistische Gesellschaftsformation als Denkmodell

Dem auf dem Privateigentum an Produktionsmitteln beruhenden Wirtschaftssystem stellte Rodbertus eine andere Wirtschaftsordnung spekulativ gegenüber, in der

118   Rodbertus, Zur Erkenntniß unserer staatswirthschaftlichen Zustände, RW 1, S.136

119   Rodbertus, Die Forderungen der arbeitenden Klassen, RW 1, S.21

120   Rodbertus, Zur Erkenntniß unserer staatswirthschaftlichen Zustände, RW 1, S.155 Anm.

68

"die Güter erst ins Privateigenthum treten, wenn sie Einkommen werden."[121]

Rodbertus interessierte dabei zunächst nur die Frage, ob ein solches Wirtschaftssystem funktionieren, nicht ob es möglicherweise sogar besser funktionieren könne. Sein Ziel war es, die in der bisherigen Darstellung abgeleiteten Kategorien in einer fiktiven wirtschaftlichen Ordnung zu überprüfen, ohne auf die historischen Besonderheiten, wie zum Beispiel die Eigentumsordnung Rücksicht nehmen zu müssen. Die einzelnen Tätigkeiten im wirtschaftlichen Prozeß reduzierte er auf deren Funktionen:

> *"Nur setze man in jede Productionswirthschaft statt des heutigen Privatunternehmers einen Beamten der Gesellschaft; man stelle sich ferner vor, daß der in jeder heutigen Unternehmung vorhandne Theil des National-Capitals, statt Eigenthum des Unternehmers zu sein, Eigenthum der Gesellschaft ist, und daß anstatt daß der Privatunternehmer nach der von ihm speciell gemachten Erforschung des gesellschaftlichen Bedürfnisses mit seinem Capital producirt, dies der Beamte nun nach einem vom Staat vorher entworfnen allgemeinen Bedürfnisetat thut."*[122]

Die Produktionsmittel wären in einer solchen Wirtschaftsordnung verstaatlicht, die Produktion wäre auf die zuvor vom Staat ermittelten Bedürfnissen ausgerichtet. Rodbertus setzte große Hoffnungen auf einen mit statistischen Methoden vom Staat entworfenen *"Bedürfnisetat"*, der letztlich einen Geldfond für Aufnahme und Erweiterung der Produktion überflüssig machen sollte.[123] Für eine solche Wirtschaftsordnung ohne Privateigentum an Produktionsmitteln setzte er eine weitgehende und organisierte Arbeitsteilung voraus. Um seine theoretischen Ausführungen weiter zu treiben, mußte Rodbertus von einigen Vereinfachungen ausgehen: für die verschiedenen Stufen der Produktion setzte er jeweils die gleiche Dauer der Produktion ein. Das Kapital der Endproduktion subsumiere alles Kapital der Zwischenproduktionsstufen, so daß der Wert des Nationaleinkommens nicht mit dem Wert des Nationalprodukts, das größer als das Nationaleinkommen ist, gleich wäre.[124] Das Nationaleinkommen entspreche

> *"sämmtlicher in einer Productionsperiode verwendeten **unmittelbaren Arbeit.**"*[125] (Hervorhebungen im Original, UER)

Das Einkommen aus der Produktion sollte nun nach der geleisteten Arbeit verteilt werden, womit die Arbeit die Funktion eines Rechtstitels annehme;

---

[121] ebd. S.161

[122] ebd.

[123] ebd. S.168f.

[124] ebd. S.163f.

[125] ebd. S.164

die Arbeit wäre Maß und Grundlage der Einkommensverteilung.[126] In einer entwickelten arbeitsteiligen Wirtschaft ist der unmittelbare Tausch eines Gutes gegen ein anderes nicht mehr möglich. Es müsse also ein Tauschmittel vorhanden sein, daß einen mittelbaren Tausch möglich mache, es muß - in den Worten von Rodbertus- die "Verständigung der Theilenden" ermöglichen.[127] Dazu sollte es technisch die Kommunikation der Tauschpartner erleichtern und möglichst auf einem einheitlichen Maßsystem beruhen.[128] In einer arbeitsteiligen Wirtschaft ohne Privateigentum an Produktionsmitteln müßte jeder den Teil am Produkt erhalten, den er durch seine Arbeit eingebracht hat.[129] Über diese Tätigkeit erhielte jeder eine Anweisung, die den Wert des Produktes, das jeder geschaffen hat, ausdrückt[130] und das

> "Liquidationsmittel muß Sicherheit gewähren, daß der Werth, auf den es lautet, wirklich im Verkehr vorhanden ist."[131]

In einer kapitalistischen Wirtschaftsordnung habe das Metallgeld wegen seiner Warenqualität und wegen seiner Teilbarkeit die Funktion des Liquidationsmittels übernehmen können. Geld sei also nicht bewußt eingeführt worden, sondern habe sich als notwendiges Tauschmittel im erweiterten Handel entwickeln müssen.[132] Mit der Einführung des Papiergeldes sei der Übergang zum Arbeitsgeld möglich: die Funktionen der Wertanzeige (Bescheinigung) und der Deckung (durch die produzierten Werte) seien gewährleistet unter der Voraussetzung, daß der Wert der produzierten Güter mit dem Arbeitsbetrag zusammenfalle. Auszugeben hätte der Staat diese Bescheinigungen, so daß der Mißbrauch, so Rodbertus, durch Falschmünzerei auszuschließen wäre.[133] Voraussetzung all dieser Entwicklungen wäre eine Verstaatlichung sämtlichen Bodens und Kapitals, so daß der Staat die vorhandenen Ressourcen und Produkte gemäß einem Bedürfnisetat verwalte. Die Individuen arbeiteten wie bisher, so Rodbertus, nur daß statt eines Unternehmers nun der Vorgesetzte dem Arbeiter eine Bescheinigung über die geleistete Arbeit ausstellte, womit dieser in den vom Staat verwalteten Magazinen und Läden Waren kaufen könne.[134] 1842 setzt Rodbertus für die Einführung eines Arbeitsgeldes eine nichtkapitalistische Wirtschaftsordnung voraus. Ein Jahr später, in den Manuskripten und Fragmenten zu "Welche

---

[126] ebd. S.165: *"So viel Arbeit jeder zur Herstellung des Nationalproducts beigetragen hat, so viel Einkommen erhält er auch."*

[127] ebd. S.187

[128] ebd. S.188

[129] ebd. S.189f.

[130] ebd. S.192

[131] ebd. S.193

[132] ebd. S.197f.

[133] ebd. S.209

[134] ebd. S.210f.

sind die wesentlichen Ursachen der Armuth der niedern Volksclassen"
modifizierte Rodbertus aber seine Auffassung, indem er schrieb:

> *"Auch in einem Zustande, in dem rentirendes Eigenthum gilt, lassen
> sich Vorkehrungen treffen, um den Werth der Güter auf der sie ko-
> stenden Arbeitsquantität festzuhalten."[135]*

Rodbertus schlug hierzu als erste Maßnahme eine *"allgemeine Taxation der
Güter nach der sie kostenden Arbeitsquantität"* vor, die er für durchführ-
bar hielt, ohne die grundsätzlichen Schwierigkeiten zu verkennen.[136] Diese
Arbeit sollte durch Sachverständige in den einzelnen Betrieben vorgenommen werden, und zwar nach der Durchschnittsarbeit. Diese Taxation sollte
bei den jeweiligen Änderungen der Produktivität revidiert werden.[137] Die
produzierten und taxierten Güter – nicht alle Produkte also – sollten, wie es
Rodbertus auch früher schon vorgeschlagen hatte, in staatliche Magazine
eingelagert werden, wohin die Unternehmer die Güter bringen sollten und
wo die Konsumenten die Produkte entsprechend ihrer Bescheinung erwerben
konnten.[138] Durch diese Maßnahme glaubte Rodbertus, die Arbeiter an der
steigenden Produktivität beteiligen zu können, ohne die Eigentumsverhältnisse zu ändern:

> *"Durch solches Arbeitsgeld wäre den Arbeitern immer ein verhältniß-
> mäßiger Antheil am Product festgehalten. Es kämen hier also alle zu-
> künftigen Vermehrungen der Productivität zu ihm. Grund- u⟨nd⟩ Ca-
> pitalrente würden nicht geringer wie sie heute sind."[139]*

Die hier von Rodbertus vorgeschlagenen Maßregeln haben große Ähnlichkeit
mit den Versuchen, die Robert Owen seit 1820 unternommen hatte wie überhaupt Teile der Argumentationen sich ähneln. Ausgangspunkt der Überlegungen Owens ist wie bei Sismondi eine Unterkonsumtionstheorie, die in der
zu geringen Kaufkraft und im damit fehlenden Nachfragepotential der Massen ihre Begründung fand. Seit 1820 propagierte Owen die Einführung von
«Labour Notes», von Arbeitsgeld; ähnlich befürwortete er 1832 die
Arbeitszeit als Standard oder Maß des Reichtums. Mit der Errichtung der
Arbeitsbörsen sollte die Einkommensverteilung umstrukturiert werden unter
Ausschaltung des Handels, was Rodbertus anscheinend auch vorhatte, ohne
dies explizit auszusprechen. "Owens Konzept der «Labour Notes» enthält
den weitergehenden Gedanken einer durch Waren gedeckten Währung,"
schreibt Elsässer in seiner Untersuchung über R.Owen.[140] Die «National

---

135   Rodbertus, Welche sind die wesentlichen Ursachen der Armuth der niedern Volksclassen,
      ZSTA Merseburg Rep.92 Nachlaß Rodbertus-Jagetzow M 5, Bl.496

136   ebd.

137   ebd.

138   ebd. Bl.496v

139   ebd. Bl.497

140   M. Elsässer, Soziale Intentionen und Reformen des Robert Owen in der Frühzeit der
      Industrialisierung, Berlin 1984, S.189ff., hier S.191

Equitable Labour Exchange» wurde unter Owens Leitung 1832 in London gegründet. Der Arbeiter erhielten für ihre Produkte neben dem Wert des verarbeiteten Materials eine Vergütung für die zur Herstellung des Erzeugnisses durchschnittlich notwendige Arbeitszeit. Der Erfolg, der der Arbeitsbörse zunächst unter den Arbeitern beschieden war, führte zu weiteren Gründungen in England. Aber schon 1833 kam es zu ersten Zahlungsschwierigkeiten der Londoner Börse: die Gründe lagen in der fehlerhaften Bewertung der Güter, der mangelhaften Qualität der Produkte, und im Mißverhältnis zwischen Angebot und Nachfrage.[141] 1834 brachen die Arbeitsbörsen zusammen, in der Regel mit finanziellen Verlusten der Geldgeber.

4.6.   Sozialpolitische Schlußfolgerungen vor der 1848er Revolution

Im Nachlaß Rodbertus sind noch die Dispositionen der anderen beiden Hefte von "Zur Erkenntnis unsrer staatswirthschaftlichen Zustände" vorhanden. Um eine genaue Übersicht über die weiteren Pläne von Rodbertus zu vermitteln, vor allem auch über seine sozialpolitischen Vorstellungen, wie sie schon im Vorwort zum ersten erschienenen Heft schon angesprochen worden waren, seien diese fragmentarisch erhaltenen Dispositionen ausführlich zitiert:

"1. Ursprünglich, von Natur u<nd> von Rechtswegen, steht das Einkommen jedes Producenten immer von selbst in gradem Verhältniß zur Productivität."

"2. Später, bei Entwicklung gesellschaftlicher Verhältnisse, namentlich mit der Entstehung des rentirenden Eigenthums, wird dies Verhältniß für die allergrößten Theil der Producenten, nämlich für den gesamten Arbeiterstand von Grund aus gestört. Das Einkommen der Arbeiter, der Lohn fängt an ganz andern Gesetzen zu gehorchen (Anm. Rodbertus: muß nach der gesellschaftlichen Organisation ganz andren Gesetzen gehorchen) als dem Verhältniß der Productivität."

"3. Diese naturwidrige Umkehr gar eines so natürlichen u<nd> gerechten Verhältnisses muß durch sociale Schmerzen rächen, diese Störung muß Handelskrisen u<nd> Pauperismus hervorbringen u<nd> zwar desto mehr

a) je productiver die Arbeit,

b) je freier die Person,

c) je dichter die Bevölkerung ist."

---

141   ebd. S.193 Fraglich ist, ob das Zusammenbrechen der Institutionen allein mit dem bürokratischen = planwirtschaftlichen Charakter der Börsen erklärt werden kann, wie ELSÄSSER dies einen Teil der Literatur zitierend macht.

"4. Bewahrheitung dieser Deduction durch die heutigen u<nd> jüngsten Gesellschaftszustände."

"5. Kritik andrer Ansichten über die Ursachen der heutigen staatswirtschaftlichen Leiden."

"6. Resumé u<nd> Schlußfolgerung"[142]

Aus dieser Disposition kann man für Rodbertus eine naturrechtliche Begründung seiner Theorien über die Notwendigkeit der Beteiligung der Arbeiter oder der unmittelbaren Produzenten am gesellschaftlichen und wirtschaftlichen Fortschritt ableiten. Die kapitalistische Wirtschaftsordnung, als bisher letzter erreichter Zustand von Wirtschaftsordnungen mit Privateigentum an Produktionsmitteln, erscheint damit als ein Unrechtsverhältnis, das sich im Verlauf der Geschichte gebildet hat. Krisen und Pauperismus sollten aber nicht von einem moralisierenden Standpunkt verurteilt, sondern aus den besonderen Bedingungen des bürgerlich-kapitalistischen Systems erklärt werden. Rodbertus erhob - wie auch im I. Heft von "Zur Erkenntniß unsrer staatswirthschaftlichen Zustände" - den Anspruch auf eine wissenschaftliche Erklärung der gesellschaftlichen Probleme.

Im dritten Heft wollte sich Rodbertus schließlich mit Vorschlägen zur Lösung der sozialen Frage auseinandersetzen, vor allem mit sozialistischen und kommunistischen Konzeptionen, und anschließend seine Vorstellungen darlegen. Auch hier sei seine Disposition wieder ausführlich zitiert:

"1. Das Heilmittel ist kein universal-sociales, das wie die drei socialistischen Theorien, der St.Simonismus, Owenismus u<nd>. Fourierismus, den Mensch in allen seinen inneren u<nd> äußern Beziehungen erfaßt, und um den Armen wohlhabend machen zu können, andre Menschen machen will"

"2. Dasselbe ist nicht mal ein reformatorisches, viel weniger ein revolutionäres, das wie einzelne französische Vorschläge z.B. L.Blanc's nur von der Regierung eingeleitete nöthig veränderte Gestaltung der Industrie oder wie der Communismus, eine Beraubung des Einen durch den Andern will. ..."

"3. Dasselbe ist ein rein gouvernementales, ein blos gewerbepolizeiliches Mittel, ..."[143]

Rodbertus erklärte sich hier Anfang der 1840er Jahre zum Gegner der bekannten sozialistischen Theorien wie auch des Kommunismus. Die drei damals bekanntesten Theorien und Bewegungen lehnte Rodbertus ab, weil sie andere Menschen voraussetzten, ein häufiger Vorwurf gegen den Sozialismus,

---

[142] Rodbertus, Disposition des zweiten Heftes "Zur Erkenntniß unsrer staatswirthschaftlichen Zustände", ZSTA Merseburg Rep.92 Nachlaß Rodbertus-Jagetzow M 5, Bl.602/602v, s. auch M 5, Bl.192

[143] Rodbertus, Fragment zum dritten Heft "Zur Erkenntniß unsrer staatswirthschaftlichen Zustände" ZSTA Merseburg Rep.92 Nachlaß Rodbertus-Jagetzow M 5, Bl.642

oder weil sie die real vorhandenen Bedingungen der Gesellschaft nicht genügend reflektierten. Daß sich Rodbertus gegen den *"Communismus"* als
"Beraubung des Einen durch den Andern" aussprach, ist nach den bisher
dargestellten Positionen konsequent. Bei der Beurteilung des *"Communismus"*, mit dem er möglicherweise Considerant oder auch Proudhon identifi-
zierte, ging Rodbertus nicht über das Niveau der bürgerlichen Öffentlichkeit, wie z.B. in der Augsburger ALLGEMEINEn ZEITUNG, hinaus.[144]
Aber selbst die sozialreformerischen Vorstellungen Louis Blancs, die seinen
eigenen späteren Konzeptionen sehr nahe liegen, verwarf Rodbertus in diesen unveröffentlichten Fragmenten wie auch im Vorwort von "Zur
Erkenntniß unsrer staatswirthschaftlichen Zustände".[145] Hier reduzierte
Rodbertus die Maßnahmen zur Lösung der sozialen Frage auf rein
wirtschaftspolitische Maßnahmen, die der Staat bzw. die Regierung
einzuleiten habe. Gerade in diesem Ansatz zur Lösung der sozialen Frage
zeigen sich doch m.E. deutliche Ähnlichkeiten mit den Ansichten Louis
Blancs, wie er sie in seiner Schrift "Organisation der Arbeit" entwickelt
hatte. Wie Rodbertus forderte L.Blanc eine gesamtgesellschaftliche Lösung
der sozialen Frage, denn von deren negativen Auswirkungen seien alle
Klassen betroffen, und Fortschritte könne es nur für alle Klassen geben.[146]
Auch in Einzelforderungen, die Blanc erhob, zeigen sich Ähnlichkeit mit den
Auffassungen von Rodbertus, so bei der Bewertung der Arbeit durch den
Staat.[147] Allerdings sollten auch die Unterschiede nicht übergangen werden,
denn Aufrufe an die Kapitaleigner, sich den Genossenschaften
(Assoziationen) anzuschließen, wie sie Blanc formulierte[148], waren Rodbertus
fremd, der weit stärker die vom Staat zentral gelenkte Wirtschafts- und
Sozialreform hervorhob.[149]

Wenn man die sozialtheoretischen überlegungen von Rodbertus in den
Schriften der 1830er und 1840er Jahren zusammenfaßt, so zeigt sich, daß
Rodbertus zwar Modelle, die über eine kapitalistische Wirtschaftsordnung
hinausreichten, formulierte, die sich sehr stark am Saint-Simonismus orientierten, aber diese wenige als historisch oder notwendig aus der bestehenden Ordnung ableitete, als vielmehr der bestehenden Ordnung spekulativ
gegenüberstellte als eine mögliche Alternative. Die Ansätze zur Formulierung

---

[144]   1842 sprach sich auch Marx noch gegen den Kommunismus aus: s. Marx, Der Kommunismus
und die Augsburger «Allgemeine Zeitung», MEW Bd.1, S.105-108

[145]   Rodbertus, Zur Erkenntniß unsrer staatswirthschaftlichen Zustände, RW 1, S.36. Der
Name Blanc wird zwar nicht erwähnt, aber mit dem Begriff "Organisation der Arbeit"
kann nur Blanc gemeint sein.

[146]   Louis Blanc, Organisation der Arbeit (1839), zit. nach der deutschen Übersetzung in
Höppner/Seidel-Höppner, Von Babeuf bis Blanqui. Bd.2, S.327-373, hier S.229f., S.331,
S.361

[147]   ebd. S.362f.

[148]   ebd. S.364

[149]   Ch.Gide/Ch.Rist, Geschichte der Volkswirtschaftslehre, S.456

74

einer zwangsläufigen gesellschaftlichen Entwicklung verfolgte Rodbertus zunächst in seinen theoretischen Schriften nicht weiter. Die Arbeiterklasse oder das Proletariat, das sich in Preußen zu Beginn der 1840er Jahre kaum konstiutiert hatte, nahm Rodbertus im Zusammenhang mit der Verwirklichung des gesellschaftlichen Fortschritts kaum wahr, wenn dann mehr als Objekt denn als Träger der sozialen Entwicklung. Auch als politisch selbständige Kraft konnte oder wollte er die Arbeiter noch nicht akzeptieren.

4.7. **Bürgerliche Sozialpolitik vor 1848**

4.7.1. **Die soziale Frage und die Lösungsvorsuche im "Zentralverein für das Wohl der arbeitenden Klassen"**

Im Jahr 1844 wurde schließlich auch für den unbedarften Beobachter die soziale Frage evident. Jürgen Reulecke betrachtet in seiner Untersuchung über den "Centralverein für das Wohl der arbeitenden Klassen" dieses Jahr als das "Umbruchjahr des Vormärz", in politischer, wirtschaftlicher und sozialer Hinsicht.[150] Ohne diese Aussage hier weiter hinterfragen zu wollen, ist zumindest hervorzuheben, daß im Bewußtsein der Zeitgenossen das Jahr 1844 eine besondere Bedeutung erhielt. Einerseits war es das Jahr des Aufstiegs der preußisch-deutschen Industrie, was sich in der ersten Industrieausstellung in Berlin manifestierte, andererseits entlud sich die soziale Spannung in Schlesien in einem Aufstand verarmter Weber, der in der gesamten deutschen Presse seinen Niederschlag fand und auf das heftigste diskutiert wurde.[151] Das wirtschaftlich aufstrebende Bürgertum konnte nun nicht mehr die Not und das Elend der unteren Volksschichten in der Industrialisierung übersehen, und führende Vertreter der Industrie und auch des höheren Beamtentums gründeten am 9. Oktober 1844 auf der erwähnten Industrieausstellung in Berlin den "Centralverein für das Wohl der arbeitenden Klassen", der es sich zum Ziel gesetzt hatte, die der Gesellschaft entfremdeten Arbeiter in die Gesellschaft zu integrieren.[152] Die Gründung des Centralvereins war nicht der erste Versuch, Vereine zur Linderung der Not der Arbeiter zu schaffen. So waren vor allem im Rheinland "Vereine zur Beförderung der Arbeitsamkeit und Sparsamkeit", "Vereine zur Beförderung der Sittlichkeit" etc. gegründet worden, die weniger eine materielle Besserstellung als eher eine Beseitigung der "Entsittlichung" der Ar-

150 J.Reulecke, Sozialer Friede durch soziale Reform. Der Centralverein für das Wohl der arbeitenden Klassen, Wuppertal 1984, S.45, Anm.3

151 vgl. z.B. den Quellenband von L.Kroneberg/R.Schloesser (Hg.), Weber-Revolte 1844. Der schlesische Weberaufstand im Spiegel der zeitgenössischen Publizistik und Literatur, Köln 1980

152 J.Reulecke, Sozialer Friede durch soziale Reform, S.76-81; S.137f.: "Die Zielsetzung des Centralvereins läßt sich somit als ein erster Schritt zu einer «sozialstaatlichen Transformation des liberalen Rechtsstaats» interpretieren."

beiter intendierten.[153] Mit der Gründung des "Centralvereins" erreichte, so Reulecke, die bürgerliche Sozialreform eine neue Qualität, denn schon allein durch den beabsichtigten zentralisierten Aufbau des Vereins konnte die bisherige lokale Borniertheit überwunden werden.[154]

Die Hauptanliegen wurden im Programm des "Centralvereins" in fünf Punkten formuliert; sie bezogen auf die "Errichtung von Spar- und Prämienkassen", "die Bildung von Kranken- und Sterbeladen, Unterstützungs- und Pensionskassen", "die Anlegung von Schulen für die Fortbildung der in den Fabriken beschäftigten Kinder und von Bewahranstalten für die Kinder der Fabrikarbeiter", Volksbildung "durch Schriften und mündlichen Vortrag insbesondere seitens der Fabrikmitglieder" und schließlich auch die Mitwirkung von Fabrik- und Handarbeitern, "welche nicht Mitglieder des Vereins sind, bei Verwaltung der Institute desselben."[155]

Ausdrücklich wurde darauf hingewiesen, daß alle projektierten Maßnahmen über die bisher geübte Praxis der Armen- und Wohlfahrtspflege hinausgehen sollten. Die Konkretisierung und Realisierung der fünf Programmpunkte sollte dem Statut nach den Lokalvereinen, denen noch Kreis, Bezirks- und Provinzialvereine übergeordnet sein sollten, obliegen. In der Öffentlichkeit fand die Gründung des "Centralvereins" eine positive Resonanz; selbst der preußische König Friedrich Wilhelm IV. stellte dem Verein eine Summe von 15.000 Talern zur - allerdings nicht völlig freien - Disposition.[156] Ausdrücklich schloß der König die Verwendung der Summe für die alleinige Errichtung von Spar- und Prämienkassen aus.[157] Im Gegensatz zu den feudal-patriarchalischen Intentionen Friedrich Wilhelms suchten die Initiatoren des "Centralvereins" nach moderneren Möglichkeiten, die offensichtliche Misere der Fabrikarbeiter zu beheben, um Unruhen, wie sie sich in den Weberaufständen gezeigt hatten, in Zukunft zu vermeiden. Die Arbeiter wurden nicht mehr nur als Objekte einer Sozialpolitik gesehen, sondern durchaus schon als - wenn auch unterlegene - "Partner" in der Gesellschaft. Dies war mithin auch ein Grund, daß sich der König schon sehr bald von den Bemühungen des "Centralvereins" distanzierte. In dem sich in den folgenden Jahren verschlechternden politischen Klima verzögerte der Innenminister immer wieder die Anerkennung der Statuten, und Friedrich Wilhelm IV. verweigerte die Auszahlung der zugesagten 15.000 Taler bis

---

153   ebd. S.45ff.; s. auch H.R.Schneider, Bürgerliche Vereinsbestrebungen für das «Wohl der arbeitenden Klassen» in der preußischen Rheinprovinz, Diss. Bonn 1967, S.7ff.

154   J.Reulecke, Sozialer Friede durch soziale Reform, S.132, weist zu Recht in diesem Zusammenhang auf den betont nationalen Charakter des "Centralvereins" hin. Ähnlich schon früher N.Stiebel, Der «Zentralverein für das Wohl der arbeitenden Klassen», Diss. Heidelberg 1922, S.86

155   (R.Gneist), Der Centralverein für das Wohl der arbeitenden Klassen, Berlin 1894, S.7

156   J.Reulecke, Sozialer Friede durch soziale Reform, S.77-79, S.84f.

157   ebd.

1848. Es waren wohl nicht zuletzt die Nachrichten über das Engagement von Demokraten uund Sozialisten in den Lokalvereinen, die die Regierung veranlaßten, die Bewilligung der Statuten hinauszuzögern. Teile der sozialistisch orientierten Intellektuellen und Arbeiter, so z.B. Vertreter des "wahren Sozialismus", hatten die Initiative des "Centralvereins für das Wohl der arbeitenden Klassen" durchaus zunächst begrüßt, obwohl etwa Moses Heß, Joseph Weydemeyer, recht bald auch Karl Marx und Friedrich Engels bezweifelten, daß es den Vereinsgründern allein um das Wohl der Arbeiter ging, sondern eher um ein Funktionalisieren der Arbeiter für bürgerliche Interessen.[158] Bei sozialpolitisch aufgeschlossenen, zumeist politisch liberal gesinnten Industriellen, Gutsbesitzern und auch Beamten stieß die Vereinsgründung auf positives Echo, obwohl auch unter diesen das Projekt und sein veröffentlichtes Programm nicht unumstritten waren, so daß sich ein sozialpolitisch engagierter Mann wie Friedrich Harkort zunächst vom "Centralverein" fernhielt, weil er die Beschränkung auf Fabrikarbeiter ablehnte und ihm auch insgesamt die vorgeschlagenen Maßnahmen als nicht ausreichend erschienen: er forderte neben Bildung für die unteren Volksschichten auch Arbeitszeitbeschränkungen, Krankenversicherungszwang und Konsumgenossenschaften.[159]

4.7.2. Rodbertus im "Baltischen Zweigverein für die Verbesserung des Zustandes der arbeitenden Klassen"

Auch wenn Rodbertus in späteren Jahren zumeist mit Spott oder Ironie über den "Centralverein für das Wohl der arbeitenden Klassen" sprach, so betrachtete er in den 1840er Jahren diesen wie auch die Zweigvereine als eine wichtige Möglichkeit, seine sozialpolitischen Vorstellungen zu verbreiten, zumal nach dem offenkundigen Scheitern seines ersten Buches.[160]   Schon vor der Konstituierung des "Centralvereins" im Oktober 1844 in Berlin war im Juli desselben Jahres ein "Baltischer Verein zum Wohl der arbeitenden Klassen" im Rahmen des "Baltischen Vereins zur Beförderung der Landwirtschaft" konzipiert worden.[161] Diese Gründung entsprach durchaus dem

---

[158]   N.Stiebel, Der «Zentralverein für das Wohl der arbeitenden Klassen» im vormärzlichen Preußen, S.87-89; M.Henkel/R.Taubert, Maschinenstürmer. Ein Kapitel aus der Sozialgeschichte des technischen Fortschritts, Frankfurt 1979, S.171; Brief Marx an Engels, 19.11.1844, in MEW Bd. 27, S.10ff.; s. auch die Ausführungen von J.Reulecke, Sozialer Friede durch soziale Reform, S.98f.

[159]   N.Stiebel, Der «Zentralverein für das Wohl der arbeitenden Klassen» , S.80, S.84ff.; J.Reulecke, Sozialer Friede durch soziale Reform, S.139

[160]   Die Tatsache, daß Rodbertus sich in späteren Jahren nur negativ über den "Centralverein" äußerte, mag erklären, daß die bisherigen Biographen Dietzel und Jentsch diese Episode übergehen, obwohl er sich einige Jahre an hervorragender Stelle im Centralverein im Baltischen Lokalverein engagierte. Th.Kozak, Rodbertus-Jagetzows sozialökonomische Ansichten, Jena 1882, S.5, wies vor Dietzel und Jentsch auf das Engagement hin.

[161]   BÖRSENNACHRICHTEN DER OSTSEE Nr.12, 1.Beilage, 10.2.1845

allgemeinen Trend bürgerlicher Vereinsbildung im Vormärz. Entsprechend der weitgehend agrarischen Struktur der Wirtschaft und der Gesellschaft Pommerns stellte sich die soziale Frage hier anders als in Industrieregionen. Auf der schon erwähnten Sitzung des "Baltischen Vereins zur Beförderung der Landwirtschaft" am 10. Juli 1844 wurde eine Kommission gewählt, die diese Frage angehen sollte. Neben den Landräten Graf Krassow, und Graf Schwerin-Putzar wurden Eduard Baumstark, Direktor der landwirtschaftlichen Akademie zu Eldena und Ricardo-Übersetzer, und der damalige Kreisdeputierte Karl Rodbertus in die Kommission gewählt. Die drei eher konservativen oder dem rechten Flügel des Liberalismus zuzuordnenden Männer und der politisch linksliberale Rodbertus bildeten auch den Vorstand des am 28. Januar 1845 konstituierten "Baltischen Zweigvereins für die Verbesserung des Zustandes der arbeitenden Klassen", der sich als Lokalverein des Berliner "Centralverein für das Wohl der arbeitenden Klassen" verstand.[162] Inwieweit N.Stiebel recht hat, daß Rodbertus den Vorsitz des "Baltischen Zweigvereins" übernahm, ist angesichts des noch vorhandenen Quellenmaterials nicht zu bestimmen. Sicher ist aber, daß Rodbertus großen Einfluß auf das Programm ausübte. Den leidigen Schriftverkehr mit dem Innenministerium um die Bestätigung der Statuten führte allerdings E. Baumstark.[163] Der starke Einfluß, den Rodbertus auf die Programmgestaltung des Vereins ausübte, läßt sich anhand eines Vergleichs einer Rede von Rodbertus mit den "Leitenden Grundsätzen" des Vereins, wie sie dem Ministerium bei der Eingabe vom 18. Oktober 1845 um die Genehmigung der Statuten vorlagen, nachweisen.[164] Grundsätzlich hielt Rodbertus gesamtgesellschaftliche Reformmaßnahmen für notwendig, um dem Pauperismus wirksam begegnen zu können, um "englische Zustände" zu vermeiden. Privat- und Einzelinitiativen - so Rodbertus - würden auf keinen Fall die Entwicklung zu diesen Zuständen aufhalten können.[165] Vor allem im theoretischen Teil der "Leitenden Grundsätze", so ist N.Stiebel zuzustimmen, lassen sich die Denkmuster von Rodbertus nachweisen, wie z.B., daß die Arbeiter mittels einer Verbesserung ihrer materiellen Reproduktion an den

---

162   ebd.

163   N.Stiebel, Der «Zentralverein für das Wohl der arbeitenden Klassen», S.146ff.; dazu die Akten ZSTA Merseburg Rep.120 DXXII 4 Nr.2, Bl.15v und 16

164   Rodbertus, (Rede über arbeitende Klassen) ZSTA Merseburg Rep.92 Nachlaß Rodbertus-Jagetzow A 16, Bl.76-85. Das Manuskript ist undatiert und ist eingeordnet unter A 16 "Arbeiterfrage am Kongreß Deutscher Landwirte, 1875"; aber die Hinweise auf den "Baltischen Verein" und auch die Handschrift von Rodbertus belegen eindeutig, daß das Manuskript 1844 oder 1845 geschrieben sein muß; ergänzend ebd. M 3, Bl.252-253v; zum Aktenvorgang der Genehmigung der Statuten ZSTA Merseburg Rep.120 DXXII 4 Nr.2, den Baltischen Verein betreffend, Bl.13-16: Innenminister an den den Oberpräsidenten Bonin, 24.11.1845; Bl.17-18v: Oberpräsident Bonin an den Innenminister, 27.11.1845; Bl.19-21: Statut des Baltischen Vereins; Bl.22-26v: Leitende Grundsätze des Baltischen Vereins; Bl.27-27v: Innenminister an den Oberpräsidenten Bonin, 7.9.1846.

165   Rodbertus, (Rede über arbeitende Klassen), ZSTA Merseburg Rep.92 Nachlaß Rodbertus-Jagetzow A.16, Bl.85

materiellen und kulturellen Fortschritten der Gesellschaft adäquat beteiligt werden müßten; entsprechend hatte sich Rodbertus schon in den "Forderungen der arbeitenden Klassen" Ende der 1830er Jahre geäußert.[166] Die materielle Lage der Arbeiter sei demnach so zu verbessern, daß sie im Einklang mit den Möglichkeiten von Bildung und Erziehung stehe. Denn um überhaupt an der Kultur der Gesellschaft teilnehmen zu können, bedürften die Arbeiter erst eines höheren Lohnes als zur Sicherung der Existenz und zur Reproduktion ihrerselbst und ihrer Familie notwendig sei. Die Aufgabe, derartige Reformen zu inaugurieren, falle - so Rodbertus - den Gebildeten oder den Intellektuellen zu, wobei er die Erfolgsaussichten angesichts der vorhandenen Wirtschaftspotentiale positiv beurteilte, zumal noch nicht alle Ressourcen optimal genutzt würden.[167] Im praktischen Teil der "Leitenden Grundsätze" wurden drei Hauptforderungen erhoben, die auch Eingang in das Programm des benachbarten "Franzburger Kreisvereins für das Wohl der arbeitenden Klassen", fanden: erstens sollte Volksunterricht eingeführt werden, zweitens sollte der Wohlstand der Arbeiter über den Lohn erhöht werden und drittens sollten die Arbeitgeber für die Not der Arbeiter erst einmal sensibilisiert werden.[168] Obwohl nicht radikal in der Konzeption einer sozialen Reform, so unterschied sich das Programm doch von konservativ-pietistischen Vorstellungen, die Sparsamkeit, Enthaltsamkeit etc. für die Arbeiter predigten. Der "Baltische Verein" forderte statt dessen so viel Wohlstand für alle, daß Diebstahl aus Not zu einer überflüssigen Erscheinung werde. Einhergehen mit der Verbesserung des Lebensstandards sollte die geistig-sittliche Erziehung der Arbeiterkinder durch regelmäßigen Schulbesuch, Vermehrung der Dorf- und Grundschulen, Verbreitung sogenannter Volksschriften und Einrichtung von Abendschulen für erwachsene Arbeiter vorangetrieben werden. Mit diesen Forderungen ging der "Baltische Zweigverein" über diejenigen des "Centralvereins" hinaus.

Bei der Ausformulierung des konkreten Programms zur Verbesserung der materiellen Lage der Arbeiter paßte sich der Verein notwendigerweise den agrarischen Strukturen Pommerns an. Nicht die Fabrikarbeiter standen im Mittelpunkt der Überlegungen, sondern die Landarbeiter, und bei diesen vor allem die Tagelöhner.[169] Ein Hauptanliegen der Reformer, somit auch von Rodbertus, war die Herbeiführung einer größeren Seßhaftigkeit dieser Arbeiterschicht durch die Erbpacht.[170] Diese Forderung im Programm war nicht so uneigennützig von seiten der Gutsbesitzer, wie es auf den ersten Blick scheinen möchte, denn durch die Landflucht verlor die Landwirtschaft immer wieder einen Teil ihrer notwendigen Arbeitskräfte. Um 1845 war die-

---

166   N.Stiebel, Der «Zentralverein für das Wohl der arbeitenden Klassen»,S.149; Rodbertus,
       Forderungen der arbeitenden Klassen, RW 1, S.27

167   N.Stiebel, Der «Zentralverein für das Wohl der arbeitenden Klassen», S.150f.

168   "Leitende Grundsätze", ZSTA Merseburg Rep.120 DXXII 4 Nr.2, Bl.24ff.

169   ebd. Bl.25

170   ebd.

ser Arbeitskräfteverlust zwar noch nicht besorgniserregend, aber doch schon spürbar für die landwirtschaftlichen Arbeitgeber. In seinem großen Spätwerk über die "Kreditnot des Grundbesitzes" aus den Jahren 1868 und 1869 erhob Rodbertus eben diese Forderung noch einmal mit größtem Nachdruck.[171] Auch die Einführung des Akkordlohnsystems, d.h. einer Bezahlung nach effektiv geleisteter Arbeit, entsprach einer des öfteren von Rodbertus erhobenen Forderung; denn im Akkordsystem erkannte er weniger eine verstärkte Ausbeutung der Arbeitskräfte als vielmehr Ansätze zur Verwirklichung seiner Arbeitswertlehre. Den Effekt der Steigerung der Produktivität der Arbeit übersah Rodbertus aus der Position des Arbeitgebers natürlich nicht.[172]

Die weiteren Themen, die in den "Leitenden Grundsätzen" angesprochen wurden, entsprachen den Vorstellungen des "Centralvereins für das Wohl der arbeitenden Klassen": so sollten die Landarbeiter in Obstbau und Bienenzucht angeleitet werden; Sparkassen sollten eingerichtet und den Arbeitern sollten hygienisch einwandfreie Wohnungen zur Verfügung gestellt werden.[173] Die Rede, die Rodbertus 1844 oder 1845 vor dem "Baltischen Verein" gehalten hat, kann diese Position noch verdeutlichen.[174] Unzweideutig sprach er sich hier dafür aus, die Arbeiter nicht nur rechtlich gleichzustellen, sondern ihre Lage materiell und sittlich zu verbessern:

"Mich dünkt, meine Herrn, wenn der Arbeiterstand erst aus freien und gleichberechtigten Bürgern besteht; wenn er das eigentliche Volk unsres Vaterlandes bildet, zu seiner Vertheidigung wehrhaft gemacht ist, dann springt vielmehr die Nothwendigkeit in die Augen, seinen materiellen u<nd> sittlichen Zustand auf das Minimum seines rechtlichen zu heben."[175]

Es ist vor allem der Widerspruch zwischen der rechtlichen Freiheit der Arbeiter, einen Arbeitsvertrag abzuschließen, und dem Zwang, die Arbeitskraft schnell einzusetzen, um nicht zu hungern, so daß die Verhandlungsposition von Arbeitern und Unternehmern resp. hier ländlichen Arbeitgebern sehr ungleich sind.[176] Von Maßnahmen, die allein auf die Hebung der "Sittlich-

171 Rodbertus, Zur Erklärung und Abhilfe der Kreditnoth des Grundbesitzes, RW 4

172 Rodbertus, (Rede über arbeitende Klassen) ZSTA Merseburg Rep.92 Nachlaß Rodbertus-Jagetzow A 16, Bl.83

173 Leitende Grundsätze, ZSTA Merseburg Rep.120 DXXII 4 Nr.2, Bl.25ff.

174 Rodbertus, (Rede über arbeitenden Klassen) ZSTA Merseburg Rep.92 Nachlaß Rodbertus-Jagetzow A 16, Bl.76-85

175 ebd. Bl.76v/Bl.77

176 ebd. Bl.79: "... unsre Tagelöhner wie die ganze arbeitende Classe können zwar dem Rechte nach frei über ihre Arbeitskraft verfügen, frei den Contract über ihren Lohn abschließen, allein der That nach sind sie gezwungen, ihn unter sehr ungünstigen Bedingungen abzuschließen. Sie sind dazu durch ihre Vermögenslosigkeit gezwungen, die ihnen nicht gestattet zu warten und ihrer Seits Bedingungen zu machen. Ihr Hunger macht für den andern Theil einen sehr wirksamen Makler."

keit" abzielten, hielt Rodbertus nichts, wenn sie nicht mit einer allgemeinen
Verbesserung der Lage der Arbeiter einhergingen. Auch in diesem Zusam-
menhang wies er auf die Notwendigkeit einer Lohnerhöhung und auch einer
Arbeitszeitverkürzung hin.[177]

> *"Ich wiederhole, m.H., die Verbesserung der materiellen Lage dieser
> Classe ist die nothwendige Basis ihrer größern sittlichen Erhe-
> bung."*[178]

Eine Lohnerhöhung, so argumentierte Rodbertus, käme nicht nur den Arbeitern zugute, sondern auch den Unternehmern bzw. Grundbesitzern, da die
Arbeiter einerseits höher motiviert ihre Arbeit verrichten würden, andererseits auch als Konsumenten die produzierten Güter nachfragen würden. Eine
Lohnerhöhung würde die Notwendigkeit der Mitarbeit der Kinder beseitigen,
so den Grundstein einer "Bildung" legen. Der nun mögliche Verzicht auf
Heimarbeit neben der Landarbeit gebe den Tagelöhnern, so Rodbertus ganz
konkret, endlich die Möglichkeit an einer Art von *"freiwilliger"* Er-
wachsenenbildung.[179]

Das Engagement im "Baltischen Verein" wie im "Centralverein" hatte für
Rodbertus auf Dauer keine größere Bedeutung, auch wenn er, nachdem der
"Baltische Zweigverein" keine Bestätigung der Statuten durch die
preußische Regierung erreichen konnte, noch einige Jahre als Auswärtiges
Mitglied, als Vertreter Pommerns, im "Centralverein für das Wohl der
arbeitenden Klassen" fungierte und auch im April oder Mai 1850 durch die
Zahlung von 100 Talern eine Mitgliedschaft auf Lebenszeit erwarb.[180]

4.8.   Wirtschaftspolitisches Engagement

Die vierziger Jahre zeigen Rodbertus auch noch in weiterer Hinsicht als so-
zial- und wirtschaftspolitisch engagierten Zeitgenossen. Neben seinen theoretischen Arbeiten und seinem Mitwirken in den "Vereinen zum Wohl der arbeitenden Klassen" wirkte er im Demminer Kreistag, wo er sich z.B. für bessere Verkehrswege als Grundlage einer steigenden Prosperität des Kreises

---

[177]   ebd. Bl.80v: Bildung verlange *"Mittel zu ihrer Erwerbung u<nd> Mittel zu ihrer Erhal-*
tung, sie verlangt zu Beidem Zeit u<nd> Geld."

[178]   ebd. Bl.81v/82; s. auch Bl.85

[179]   ebd. Bl.83v/84

[180]   MITTEILUNGEN DES CENTRALVEREINS FÜR DAS WOHL DER ARBEITENDEN KLASSEN Bd.2, 1850/51,
7.H., S.32 (=Reprint S.766); im Jahre 1854 schied Rodbertus aus dem auswärtigen
Ausschuß aus. s. ebd. Bd.5, 1855/58, 1.H., S.61 (=Reprint S.2533)

einsetzte.[181] Außerdem arbeitete er noch in einer Kommission zur Erstellung von neuen Taxprinzipien für Vorpommern, und gleichzeitig beteiligte er sich publizistisch an den zum Teil heftig geführten wirtschaftspolitischen Diskussionen seiner Zeit. 1845 veröffentlichte er "Die preußische Geldkrisis", 1846 "Entwurf neuer landwirtschaftlicher Taxprincipien" und die Artikel "Zum sechsten Artikel des Hrn. von Bülow-Cummerow über die Taxprincipien"[182] und zur gleichen Fragestellung "Vorbehalt und Erwiderung" in den BÖRSENNACHRICHTEN DER OSTSEE.[183] Auch die Broschüre aus dem Jahre 1847 "Für den Kredit der Grundbesitzer" erläuterte er in einigen Zeitungsartikeln, die ebenfalls in den BÖRSENNACHRICHTEN erschienen.[184]

Den Hintergrund für die "Preußische Geldkrisis" bildete das sich immer mehr als unzureichend erweisende altherkömmliche Banksystem, daß den erhöhten Bedarf an Geldkapitalien nicht zuletzt im Zuge des Eisenbahnbooms nicht decken konnte. In den rheinischen Industriellenkreisen gab es so auch Bemühungen um die Gründung einer Aktienbank mit dem Recht der Notenemission, ein Projekt, das durch die Konzessionsverweigerung der Preußischen Regierung vereitelt wurde, weil die Planungen des preußischen Finanzministers Rother auf die Schaffung einer Staatsbank zielten.[185] Das Problem der Geldknappheit war ein öffentliches Problem und wurde entsprechend in der Presse diskutiert. Nach Rodbertus Auffassung äußerten sich aber zumeist Männer mit einer "bedauerlichen nationalökonomischen Unkenntnis". Als Gutsbesitzer war er auch persönlich von Änderungen des Kreditwesen betroffen. In der Auseinandersetzung um die zu gründende Staatsbank trat Rodbertus, anders als vielleicht zu erwarten wäre, als Gegner dieser Institution auf, nicht aus prinzipieller Gegnerschaft, sondern aus verfassungspolitischen Gründen, denn vor der Zustimmung zu einer Staatsbank sollte dem preußischen Staat eine Verfassung abgerungen werden. Rodbertus war immer ein Anhänger einer Staatsbank, wie er auch 1875 in einem Brief an J.Zeller schrieb:

"... eine Bank ist ein Machtmittel, das nicht von Privaten ausgebeutet werden darf, sondern in den Händen des Staates bleiben und von diesem mit zur Lösung der Sozialen Frage benutzt werden muss."[186]

[181] Rodbertus, (Antrag zum Chausseenbau) ZSTA Merseburg Rep.92 Nachlaß Rodbertus-Jagetzow M 7, Bl.109; s. auch Rodbertus, Regulativ-Entwurf für Erhebung der Kreiskommunalbeiträge im Demminer Kreise, 10.3.1845, ZSTA Merseburg Rep.92 Nachlaß Rodbertus-Jagetzow A 2, Bl.9-12v

[182] BÖRSENNACHRICHTEN DER OSTSEE Nr.83, 16.10.1846 u. Nr.84, 19.10.1846

[183] BÖRSENNACHRICHTEN DER OSTSEE Nr.91, 13.11.1846 u. Nr.92, 16.11.1846

[184] BÖRSENNACHRICHTEN DER OSTSEE vom 14.6.1847, 18.6.1847 und 21.6.1847

[185] H.Mottek, Wirtschaftsgeschichte Deutschlands, Bd.II, Berlin 1973, S.133; auch H.Dietzel, Karl Rodbertus, Bd.1, S.21.

[186] Rodbertus an J.Zeller, 14.3.1875, RW 6, S.695f.

Aber trotz dieser prinzipiellen Zustimmung zu einer Staatsbank sah Rodbertus 1844/45 die Bedingungen für die Gründung einer Staatsbank nicht erfüllt, wollte doch der Staat oder die Regierung allein ihre Finanznot beseitigen.[187] Die Finanzkrise war für Rodbertus auch im Grunde nur Anlaß und Ausgangspunkt weitläufiger Erörterungen über die Funktion des Kredits in der kapitalistischen Gesellschaft. Die Tatsache, daß Geld an sich noch kein Kapital sei, daß die Produktionsmittel an sich ebenso kein Kapital seien, betrachtete Rodbertus als eine Erscheinung der historisch entwickelten kapitalistischen Produktionsweise, in der zunächst, um die Produktion in Gang zu setzen, Geld gespart werden müsse. Erst dann beginne die besondere Funktion des Kredits, der dann die Möglichkeit wirtschaftlichen Fortschritts schaffe.[188] Neben dem Vertrauen in die Währung erachtete Rodbertus die Bekämpfung des Pauperismus durch eine Erhöhung der Arbeiterlöhne als wichtige Basis wirtschaftlichen Wachstums, denn es gebe - so Rodbertus - :

"... keine sichere Grundlage einer grossartigen und blühenden Production als ein gut bezahlter Arbeiterstand."[189]

Die Überlegungen von Rodbertus gipfelten in dem Vorschlag einer Art Provinzialbanksystem mit halbstaatlichem Charakter, der jedoch nicht weiter in der Öffentlichkeit diskutiert wurde.[190]

Bekannter wurde Rodbertus durch den "Entwurf der Taxprincipien", den er gemeinsam mit den Herren von Zitzewitz, von Koller und von Hagen vorgelegt hatte. Der konservative Publizist von Bülow-Cummerow griff diese Arbeit sehr bald an. Rodbertus hatte sich auch mit seiner Ausarbeitung der Taxprinzipien wie auch durch sein persönliches Auftreten bei Teilen des pommerschen Adels unbeliebt gemacht, während es ihm gelang - wie später in der Fraktion des linken Zentrums - andere von seinen Ansichten zu überzeugen. Das persönliche Verhältnis zueinander war möglicherweise aber noch mehr getrübt durch die politisch gegensätzlichen Rollen, die Rodbertus und von Selchow in der 1848er Revolution spielten. Von Selchow schrieb zum Auftritt von Rodbertus auf dem Landwirtschaftlichen Generallandtag im Jahre 1846: "Die meisten der dort versammelten Männer standen der Neigung einer Radikal-Reform wohl sehr fern und ahnten kaum, was ihre Gegner wollten, die s.g. Streber, welche in der absoluten Umwandlung unserer sozialen und Staatsverfassung die Basis für ihr eigenes Prosperieren suchten. Ich nenne als solchen Streber, den bekannten Rodbertus, vielleicht den begabtesten in dieser Gesellschaft. Er hatte namentlich die älteren Her-

---

187   ebd.

188   Rodbertus, Die preußische Geldkrisis, RW 3, S.20

189   ebd. S.48; s. auch ebd. S.38

190   Der Rezensent in den BÖRSENNACHRICHTEN DER OSTSEE z.B. hielt die Ausführungen von Rodbertus für zu weitschweifig und zu wenig konkret. s. Nrn.93 u.94, vom 21.11. u.24.11.1845.

ren, welche das Endziel seiner Bestrebungen nicht erkannten, so sehr gewonnen, dass sie den Widerstand gegen seine idealen Vorschläge für eine politisch tadelnswerte Opposition hielten."[191] Diese Auffassung konnte von Selchow wohl weniger aus den "Taxprincipien"[192], die ein mühsam zu lesendes Tabellenwerk zur Berechnung von Ertragswerten oder der Kosten der Arbeitskräfte waren, gewonnen haben, als vielmehr aus der Haltung, die Rodbertus in der Revolution einnahm.

---

[191] Bundesarchiv Frankfurt FSg 1/169 von Selchow, Autobiographie Bl.XXXVII.

[192] von Zitzewitz/A.v.Hagen/v.Köller/Rodbertus-Jagetzow, Entwurf zu den neuen landschaftlichen Tax-Prinzipien für die Provinz Alt-Pommern, RW 3, S.57-315

84

5. Die Revolution 1848/49

5.1. Tätigkeit als linksliberaler Politiker

Für Rodbertus waren die Jahre der Revolution 1848/49 [1] die Zeit einer größeren Wirksamkeit in der politischen Öffentlichkeit. Zwar war Rodbertus schon vor 1848 ein durchaus bekannter Lokal- und Provinzialpolitiker gewesen; aber erst während der Revolution erreichte Rodbertus eine größere Bekanntheit. Für nicht wenige seiner Zeitgenossen verkörperte er die großdeutsche, monarchisch-parlamentarische Richtung in Preußen.[2]

Daneben hatte er einen gewissen Bekanntsheitsgrad als Wirtschaftsexperte erworben. Er war Deputierter des Landschaftsdepartements für den Kreis Demmin[3] und war am 7. Februar 1848 zum Mitglied des Landes-Ökonomie-Kollegiums ernannt worden, an dessen Sitzungen er allerdings wegen seiner kurze Zeit später begonnenen Tätigkeit als Abgeordneter in der preußischen Nationalversammlung nur einmal teilnahm oder hatte teilnehmen wollen.[4]

Im April 1848 wurde er zunächst von der Ritterschaft des Kreises Usedom-Wollin zum Abgeordneten des 2. Vereinigten Landtages gewählt, in dem er nicht besonders hervortrat und sich zu der gemäßigten, liberalen Opposition bekannte.[5] Damals trat Rodbertus in der Abteilung für die Beratungen des Wahlgesetzes, in die er am 2.4.1848 gewählt worden war[6], noch als Gegner des allgemeinen und gleichen Wahlrechts auf, weil er befürchtete, daß nicht alle Klassen und Schichten in einer entsprechend gewählten Institution vertreten sein würden. Seinen Standpunkt revidierte er aber recht bald, zumal er ihn nicht durchsetzen konnte, und die Mehrheit sich für das allgemeine,

---

1   Zum Verlauf der Revolution in Deutschland s. vor allem V.Valentin, Geschichte der deutschen Revolution von 1848/49, Berlin 1931; W.Siemann, Die deutsche Revolution von 1848/49, Frankfurt 1985; D.Langewiesche, Europa zwischen Restauration und Revolution 1815-1849, München 1985

2   G.Rudolph, Karl Rodbertus (1805-1875) und die Grundrententheorie, S.19, schreibt zu recht, daß Rodbertus zu den "markantesten Persönlichkeiten der bürgerlich-demokratischen Linken" zählte.

3   Handbuch über den königlich preußischen Hof und Staat für das Jahr 1848, Berlin (1848), S.169

4   ZSTA Merseburg Rep.87 B Landwirtschaftsministerium Nr.10675, Bl.200, Bl.201f.; s. auch ZSTA Merseburg Rep.164a Landes-Ökonomie-Kollegium, Nr.15, Bd.5, Protokolle, Bl.221, Bl.222, Bl.236, Bl.250, Bl.261, Bl.264, hier: Bl.221 u. 222, 63.Sitzung am 26.3.1848.

5   so z.B. die Einschätzung durch P.Reichensperger, Erlebnisse eines alten Parlamentariers im Revolutionsjahr 1848, Berlin 1882, S.65;

6   ZSTA Merseburg, Rep.169 2. Vereinigter Landtag B 3, Nr.1, Sitzungsprotokolle, Bl.14

gleiche und indirekte Wahlrecht beschloß.[7] Noch während der Beratungen des Wahlgesetzes hatten sich die Stände der einzelnen preußischen Provinzen versammelt, um die Wahlen für die nach Frankfurt einberufene deutsche Nationalversammlung vorzunehmen. Rodbertus war unter den elf Abgeordneten, die Pommern nach Frankfurt senden sollte; diese Wahl wurde allerdings für ungültig erklärt, nachdem das Vorparlament durchgesetzt hatte, daß die Wahl der Abgeordneten für die Nationalversammlung nach dem allgemeinen Wahlrecht stattzufinden hätte. Mit dieser und der gleichzeitigen Wahl zur preußischen Nationalversammlung stand für Rodbertus die Frage einer erneuten Kandidatur an, wobei er sich nach Beratschlagung mit seinen politischen Freunden für eine Doppelkandidatur entschied.[8] Bei der Wahl zur preußischen Nationalversammlung konnte sich Rodbertus recht eindeutig durchsetzen, während er bei der ihm wichtiger erscheinenden Wahl zum deutschen Gesamtparlament gegen den später zum rechten Zentrum zählenden Beseler unterlag und auch nicht zu dessen Stellvertreter gewählt wurde.[9]

Am 22. Mai 1848 trat die Preußische Nationalversammlung in Berlin zu ihrer konstituierenden Sitzung zusammen. In ihrer sozialen Zusammensetzung entsprach sie nicht dem Frankfurter Parlament, denn in der Berliner Versammlung waren weit stärker das Beamtentum und in nicht unbedeutendem Maße die Geistlichkeit vertreten. Etwa 40 Industrielle, Kaufleute und Gewerbetreibende repräsentierten das "Bürgertum", ergänzt durch 15 bürgerliche Großgrundbesitzer, wozu auch Rodbertus zu zählen ist.[10] Entsprechend der noch sehr stark agrarischen Wirtschaftsstruktur Preußens war auch die Landwirtschaft mit etwas mehr als 70 Vertreter recht stark repräsentiert.[11]

Schon sehr bald kristallisierten sich die einzelnen Fraktionen in der preußischen Nationalversammlung heraus: die Fraktionsstärke der Rechten schwankte zwischen 120 und 160 Mandaten. Politisch wurde sie im wesentlichen von jenem älteren preußischen Liberalismus geprägt, der die Opposi-

---

[7]   Rodbertus, Zur Frage und Geschichte des Wahlrechts, RW 2, S.895; s. auch V.Valentin, Geschichte der deutschen Revolution von 1848/49, Bd.1, S.536; aus den Akten ZSTA Merseburg, Rep.169 2. Vereinigter Landtag B 3, Nr.5 geht eine solche Haltung nicht hervor.

[8]   s. dazu die Briefe an Rodbertus ZSTA Merseburg Rep.92 Nachlaß Rodbertus-Jagetzow A 3

[9]   Briefe des Landrats Ferno an Rodbertus vom 8.5.1848, ebd. Bl.36 und vom 12.5.1848, ebd. Bl.48-49v; zu Carl Beseler s. M.Schwarz, MdR, Hannover 1965, S.31: Beseler gehörte zur Casino Partei.

[10]   V.Valentin, Geschichte der deutschen Revolution von 1848/49, Bd.1, S.43; M.Botzenhart, Der deutsche Parlamentarismus in der Revolutionszeit 1848 - 1850, Düsseldorf 1977, S.517; Siemann, Die deutsche Revolution von 1848/49, S.140

[11]   ebd. Die Zahlenangaben schwanken nur unbedeutend zwischen den einzelnen Autoren.

tion im ersten Vereinigten Landtag gebildet hatte.[12] Die reaktionäre äußerste Rechte war dagegen nur sehr schwach vertreten. Die parlamentarische Rechte verfocht politisch einen betont "preußischen" Kurs, wonach man sich gegen ein "Aufgehen Preußens" in Deutschland aussprach. Eine eigenständige Haltung in der Preußischen Nationalversammlung nahm die Fraktion Harkort ein, die sich schon recht bald aus der Gesamtfraktion der Rechten gelöst hatte. Diese Fraktion Harkort, ihrem Selbstverständnis nach der politischen Mitte zugehörig, wollte unabhängig, je nach Sachlage, ihre Entscheidung für oder gegen die Regierung fällen. Sie verlangte die Unabhängigkeit der Ministerien und gegenüber der Fraktion der Rechten fiel die Fraktion Harkort durch eine liberalere und "deutsche" Haltung auf.

Während die Rechte etwa ein Drittel der Abgeordneten hinter sich hatte, vereinigte die parlamentarische Linke rund 100 Mandate auf sich. Bei Eröffnung der Beratungen waren es sogar nur 40 gewesen. Allerdings hatte die Fraktion kein einheitliches Programm, was sich schon darin zeigte, daß in ihr Anhänger einer demokratischen Monarchie (Waldeck) wie auch entschiedene Republikaner und sogar Sozialisten (d'Ester) vertreten waren. Allerdings waren die Republikaner in der Minderheit.Die große Mehrheit dieser Fraktion stand auf dem Boden des Repräsentativsystems und folgte dem von Waldeck verfochtenen Ideal einer demokratisch-parlamentarischen Monarchie.

Zwischen diesen beiden großen Blöcken nahmen die Zentren eine Schlüsselposition für die Bildung einer parlamentarischen Mehrheit ein. Es gab zwei Fraktionen, die den Namen "Linkes Zentrum" für sich beanspruchten; einmal die Fraktion um Duncker und Kosch, die als erstes ein Programm veröffentlichte, zum zweiten die Parlamentariergruppe um Karl Rodbertus, die in der Öffentlichkeit in der Regel als "Linkes Zentrum" bezeichnet wurde, da die erstgenannte Gruppierung nicht besonders in Erscheinung trat. Diese Fraktion mit Rodbertus, Kaplan von Berg, H. Schulze-Delitzsch und J.H.v.Kirchmann an der Spitze gewann durch den Anschluß von weiteren Abgeordneten im Verlauf der Beratungen mehr und mehr an Gewicht. Große Bedeutung fiel dem "Linken Zentrum" auch deswegen zu, weil es am entschiedensten für die deutsche Einheit eintrat. Politisch-taktisch vertrat es ganz die Vorstellungen von Rodbertus, der eine Kompetenzerweiterung der Nationalversammlung anstrebte, ohne die Legalität zu verletzen. Das Motto von Rodbertus, in der Sache radikal, jedoch auf legalen Übergang bedacht zu sein, vermag diese Politik zu charakterisieren.[13]

In den ersten Sitzungen trat Rodbertus nicht als Redner in Erscheinung, wie er überhaupt nicht zu den häufigen Rednern dieser Versammlung oder

---

[12]   zur Darstellung und Charakterisierung der einzelnen Fraktionen: V.Valentin, Geschichte
         der deutschen Revolution von 1848/49, Bd.1, S.44-46; M.Botzenhart, Der deutsche Parla-
         mentarismus in der Revolutionszeit 1848 - 1850, S.441-453; noch einmal zusammengefaßt
         bei W.Siemann, Die deutsche Revolution von 1848/49, S.141.

[13]   Rodbertus, Mein Verhalten in dem Konflikt zwischen Krone und Volk, RW 2, S.811 Anm.

auch später der II. Kammer gehörte. Das Programm des "Linken Zentrums", das Rodbertus zugeschrieben werden kann, verdeutlicht die Wandlung, die er angesichts der veränderten politischen Zustände vollzogen hatte. In zehn Punkten entwickelte er sein Programm: die Punkte 1 und 2 beinhalteten die Anerkennung der durch die Revolution erreichten Verhältnisse unter Vermeidung des Wortes Revolution. Statt dessen sprach er von der Anerkennung der Rechtsgrundlage, die durch die *Ereignisse des 18. und 19. März*" geschaffen worden sei.[14] Von dieser Grundlage leitete Rodbertus das Recht des Volkes, der Nationalversammlung – *"wir"* – ab, mit der Krone eine Verfassung zu vereinbaren. Dieser Gedankengang hatte für die weitere Argumentation weitreichende Folgen, denn damit erklärte er die preußische Nationalversammlung zum zweiten Souverän neben der Krone.[15] Die Monarchie sollte nach diesem Programm zwar in ihren Rechten eingeschränkt werden, aber vor allem sollte die Macht und der Einfluß der Aristokratie eingeschränkt werden. Eine besondere Rolle nahm der § 4 des Programms ein, der allein schon wegen seiner Länge auffällt. Darin benannte Rodbertus die Aufgaben der Nationalversammlung, die über die reine Vereinbarung einer Staatsverfassung hinausgingen. So wurde die Forderungen nach Freiheit des Eigentums, nach einer demokratischen Gerichtsverfassung, nach Bestimmungen über die Trennung von Staat und Kirche aufgestellt, womit Rodbertus alte demokratische Forderungen wiederholte. Interessant ist, daß Rodbertus hier weder die nationale noch die soziale Frage erwähnte, obwohl doch gerade in diesem Paragraphen wirtschaftliche Problemfelder angesprochen wurden. Dies ist wohl damit zu erklären, daß das Programm eher als ein Zweckprogramm für Preußen verfaßt worden war. Über die Stellung zur deutschen Frage war man sich einig, und allein die Frage der zu vereinbarenden Verfassung sollte Inhalt des Programms sein. Eine Lösung der sozialen Frage erwartete Rodbertus nur in einem geeinten Deutschland, so daß dieses Problem nicht in einem auf Preußen bezogenen Programm Aufnahme zu finden brauchte.[16]

Im Gegensatz zur parlamentarischen Linken betrachten Rodbertus und das "Linke Zentrum" nicht die Revolution selbst als Grundlage der weiteren Entwicklung, sondern nur die Ergebnisse der Revolution, das heißt das Wahlgesetz vom 8. April 1848. Im Programm des "Linken Zentrums" wurde zwar das Ergebnis der Revolution anerkannt, und zwar als positiv zu bewertendes Faktum, aber dies bedeutete nicht die Anerkennung einer Revo-

---

14   Programm des Linken Zentrums vom 3. Juni 1848, RW 2, S.893

15   ebd.; R.Aldenhoff, Schulze-Delitzsch. Ein Beitrag zur Geschichte des Liberalismus zwischen Revolution und Reichsgründung, Baden-Baden 1984, S.41, schreibt, daß die Ansichten von Rodbertus in der Fraktion nicht unumstritten waren, daß sich aber zum Beispiel H.Schulze-Delitzsch nicht mit seinen Vorstellungen hatte durchsetzen können.

16   Programm des linken Zentrums vom 3. Juni 1848, RW 2, S.894; ähnlich äußerte sich auch H.Menz, Karl Rodbertus als Politiker in den Jahren 1848 und 1849, Diss. Greifswald 1911, S.13 zu dem Fehlen der Komplexe "nationale" und "soziale Frage".

lution als Rechtsgrundlage oder gar die Befürwortung weiterer Revolutionen.[17] Diese Haltung wird auch deutlich aus der Haltung zum Antrag von Julius Behrends, der festgehalten wissen wollte, daß sich die Kämpfer des 18. und 19. März 1848 um das Vaterland verdient gemacht hätten.[18] Rodbertus, von Unruh und Schulze-Delitzsch stimmten gegen die in diesem Antrag enthaltenen Anerkennung des Prinzips der Volkssouveränität: nicht der revolutionäre Kampf sollte anerkannt werden, sondern die "Mäßigung und Besonnenheit" des Volkes, so Schulze-Delitzsch.[19]

Die nationale Frage wurde von Rodbertus selbst Anfang Juni 1848 in die Beratungen der preußischen Nationalversammung eingebracht, als er die Verurteilung derjenigen deutschen Staaten forderte, die trotz des bewaffneten Konfliktes Preußens mit Dänemark, zu letzterem freundschaftliche Beziehungen pflegten. Allerdings scheiterte er mit seinem Antrag.[20]

Im Juni 1848 deutete sich angesichts des schwindenden Vertrauens der Öffentlichkeit und des Parlaments in die Regierung Camphausen deren Ende an, wobei sich sehr schnell Gerüchte über eine zukünftige Beteiligung von Rodbertus an einer neuen Regierung verbreiteten.[21]

Nachdem Camphausen mit dem Versuch der Konsolidierung seiner Regierung gescheitert war, bat er um seine Entlassung, und Hansemann wurde mit der Regierungsbildung beauftragt. Dieser unternahm sofort den Versuch, durch die Aufnahme von Mitgliedern der Nationalversammlung die Regierung zu stärken. Am 25. Juni 1848 wurde Rodbertus zum Kultusminister im Kabinett Auerswald/Hansemann ernannt. Damit war auch das "Linke Zentrum" in die

---

[17] Programm des linken Zentrums vom 3. Juni 1848, RW 2, S.893; s. auch H.Menz, Karl Rodbertus als Politiker, S.12; B.Kettner, Anerkennung der Revolution. Ein Beitrag zur Geschichte der preußischen Nationalversammlung im Jahre 1848, Diss. Greifswald 1912, S.30ff., auch S.66f., wo er allerdings das "Linke Zentrum" als eine "vollkommen revolutionäre (!) Partei" bezeichnet. J.Hofmann, Das Ministerium Camphausen-Hansemann. Zur Politik der preußischen Bourgeoisie in der Revolution 1848/49, Berlin 1981, S.148f. u. S.152f.

[18] Stenographische Berichte über die Verhandlungen der zur Vereinbarung der preußischen Staats-Verfassung berufenen Versammlung. Berlin 1848. S.167 (künftig zitiert als «Stenographische Berichte der preußischen Nationalversammlung 1848»)

[19] ebd. S.172

[20] ebd. S.167ff.; Antrag Rodbertus, ebd. S.308, S.369; Rede von Rodbertus, ebd. S.185; s. auch die Beratungen über den Antrag, ebd. S.193

[21] V.Valentin, Geschichte der deutschen Revolution von 1848/49, Bd.2, S.70ff.; J.Hofmann, Das Ministerium Camphausen-Hansemann, S.154ff. Zu den Gerüchten um Rodbertus, s. NEUE RHEINISCHE ZEITUNG Nr.20, 20.6.1848; Nr.21, 21.6.1848; Nr.23, 23.6.1848; s. auch V.Valentin, Geschichte der deutschen Revolution von 1848/49, Bd.2, S.72; das Angebot, in die Regierung Camphausen einzutreten, lehnte Rodbertus auf Anraten Hansemanns ab. J.Hofmann, Das Ministerium Camphausen-Hansemann, S.164.

Regierung eingebunden.[22] Dieses Ministerium des Kompromisses zwischen den verschiedenen Fraktionen der Mitte erwies sich als brüchig und in sich gespalten; Rodbertus bezog vor allem in der Frage des Weges zur deutschen Einheit eine Minderheitsposition, so daß er schon am 4. Juli 1848 aus dem Kabinett wieder austrat, nachdem er seine Position der bedingungslosen Unterstützung des Reichsverwesers durch die preußische Regierung nicht hatte durchsetzen können.[23]

Mit seinem Ausscheiden aus dem Kabinett veränderte Rodbertus auch seinen politischen Standpunkt; er verhielt sich in den nächsten Monaten nicht loyal gegenüber der Regierung, wie er in seiner Rücktrittserklärung hatten verlautbaren lassen, sondern er trat eindeutig in die Opposition. Jede Regierung, die jetzt folgte, wurde von Rodbertus und dem "Linken Zentrum" bekämpft.[24]

Als Kultusminister hat Rodbertus während seiner kurzen Amtstätigkeit kaum Spuren hinterlassen können. In seine Amtszeit fiel die Debatte um die Neuregelung des Volksschulwesens, die auch im Programm des "Linken Zentrums" gefordert worden war. Als Minister sprach sich Rodbertus merkwürdigerweise gegen Anträge aus dem Plenum der Nationalversammlung aus, die sich für eine freie Kreislehrerkonferenz ohne staatliche Aufsicht und Bevormundung zur Klärung der offensichtlichen Mißstände ausgesprochen hatte, obwohl er prinzipiell für die Verbesserung der Volksschule als auch für die Befreiung der Schulen von der kirchlichen Aufsicht eintrat.[25]

Nach seinem Rücktritt als Minister beteiligte sich Rodbertus zunächst kaum noch an den Debatten in der Nationalversammlung. Sein Bestreben ging dahin, seine Fraktion zu konsolidieren, wohl nicht zuletzt in Perspektive auf ein späteres Kabinett Waldeck/Rodbertus, über das die Zeitungen im Sommer 1848 zeitweilig spekulierten, denn nach dem Austritt einiger Abgeordneter, die nun dem "Rechten Zentrum" beitraten, drohte die Fraktion des Linken

---

22   Stenographische Berichte der preußischen Nationalversammlung 1848, S.281ff.

23   ebd. S.365ff.; zu den Hintergründen s. z.B. die zeitgenössischen Berichte in der NEUE RHEINISCHE ZEITUNG Nr.37, 7.7.1848; VOSSISCHE ZEITUNG Nr.154, 6.7.1848 und Nr.155, 7.7.1848

24   so rief Kaplan von Berg am 2.9.1848 zum konsequenten Widerstand gegen die Regierung auf. Stenographische Berichte der preußischen Nationalversammlung 1848, S.1006. Auch die zustimmende Haltung von Rodbertus zum Antrag Stein, der verlangte, daß sich die "reaktionären Teile" aus der Armee zurückziehen sollten, der letztlich den Sturz der Regierung auslöste, beweist diese Haltung. Der Sturz der Regierung war das erklärte Ziel von Rodbertus. s. Brief Rodbertus an die Wahlmänner in Breslau, November 1858, zit. bei Menz, Rodbertus als Politiker, S.39f.

25   Stenographische Berichte der preußischen Nationalversammlung 1848, S.352; Menz, Rodbertus als Politiker, S.33

Zentrums sich aufzulösen.[26] Nicht zu übersehen ist die Linkswendung, die
Rodbertus im Sommer und Frühherbst 1848 vollzog. Für eine politische Mitte
war angesichts der Polarisierung der Meinungen kein Platz mehr.

Am "Malmöer Vertrag", der in den Kreisen der demokratisch-nationalen Opposition als Demütigung für Deutschland empfunden wurde, entlud sich der
nächste große Konflikt.[27] Das Kabinett Auerswald/Hansemann stürzte, aber
statt eines Regierungswechsel zugunsten der Linken wurde mit General von
Pfuel ein Rechter zum Ministerpräsidenten ernannt.[28] Das "Ministerium der
Reaktion", wie es in der Öffentlichkeit oft genannt wurde, und die etwa
gleichzeitige Ernennung Generals von Wrangel zum Kommandeur sämtlicher
Truppen in den Marken, am 13. September 1848, offenbarte die drohende
Haltung des Königs gegenüber dem Linksruck der preußischen Nationalversammlung. Besonders das "Linke Zentrum" erhielt weiteren Zulauf, obwohl
man nicht von einer linken Mehrheit in der Nationalversammlung sprechen
kann.[29] Hinzu kam, daß die Opposition kein homogener Block war; sie war
sich nur in der Ablehnung der Regierung einig. Über die Ziele einer neu zu
bildenden Regierung hatte man sich nur insofern verständigen können, als
man die Zentralgewalt in Frankfurt für eine deutsche Regierung anerkennen
wollte. Selbst nach der Ernennung von Pfuels zum Ministerpräsidenten gaben die gemäßigten Linken nicht die Hoffnung auf ein ihren Vorstellungen
entgegenkommendes Kabinett auf, wie aus einem Kommentar der GRENZBOTEN
hervorgeht. Hier heißt es, daß es notwendig sei, ein Ministerium zu finden,
"das in der Kammer eine feste Stütze hätte, ohne den Angriffen ehrgeiziger
Parteiführer ausgesetzt zu sein, völlig unabhängig von den Radikalen und
das Zutrauen des Volkes besäße, ohne Widerwillen in Potsdam zu erregen.
Mit der Bildung desselben müßte dann jedenfalls Rodbertus beauftragt werden, dieser hätte aber dann nicht mehr nötig, soweit nach links zu gehen,

26   Rodbertus an A.Bloem, 30.8.1848, Stadtarchiv Düsseldorf R 6; NATIONALZEITUNG Nr.138,
      1848; H.V.v.Unruh, Erinnerungen aus dem Leben ..., Stuttgart/Leipzig/Berlin/Wien
      1895, S.96; H.Menz, Karl Rodbertus als Politiker, S.38, M.Botzenhart, Der deutsche
      Parlamentarismus in der Revolutionszeit 1848-1850, S.448; zu den Spekulationen um ein
      Kabinett Waldeck/Rodbertus v.a. die NEUE RHEINISCHE ZEITUNG Nr.96, 7.9.1848; Nr.98,
      9.9.1848 Extrabeilage; Nr.99, 10.9.1848; Nr.100, 12.9.1848, Nr.102, 14.9.1848

27   "Der Vertrag von Malmö demütigte die alte Großmacht Preußen; aber für das werdende
      deutsche Reich wirkte er vernichtend." so urteilte V.Valentin, Geschichte der
      deutschen Revolution von 1848/49, Bd.2, S.149

28   Zunächst war Beckerath im Gespräch, um als Ministerräsident die neue Regierung zu bil-
      den, so Auerswald an Grabow, 3.9.1848, ZSTA Merseburg Rep.169 B 4 Spec.3,
      Personalangelegenheiten, Bl.8, auch Auerswald an Grabow, 18.9.1848, ebd. Bl.9. Erst am
      21.9.1848 war klar, daß von Pfuel das neue Kabinett leiten würde. Pfuel an Grabow,
      21.9.1848, ebd. Bl.12; s. auch V.Valentin, Geschichte der deutschen Revolution von
      1848/49, Bd.2, S.246f.

29   V.Valentin, Geschichte der deutschen Revolution von 1848/49, Bd.2, S.247ff., weist
      darauf hin, daß dieses Kabinett sich der Nationalversammlung gegenüber - zur
      Enttäuschung der Rechten - nachgiebiger erwies als seine Vorgänger; s. auch ebd. S.262

wie unmittelbar nach dem 7. September. Er würde sich jetzt ganz auf das Zentrum beschränken und daher nicht mehr bei Hofe auf unüberwindliche Antipathien stoßen."[30]

Am 12. Oktober 1848 begann die preußische Nationalversammlung mit ihrer eigentlichen Aufgabe der Beratung des Verfassungsentwurfs. An den ersten Sitzungen konnte Rodbertus wegen der Erledigung "dringender Privatgeschäfte" nicht teilnehmen[31], so daß er auch nicht anwesend war, als über die Abschaffung des Titels "von Gottes" beraten und abgestimmt wurde. Seine Fraktionskollegen hatten diesem Antrag zugestimmt, was nicht hieß, daß Rodbertus oder das "Linke Zentrum" sich dem Republikanismus angenähert hätten. In einem Brief an den Kaplan von Berg faßte er seinen Standpunkt prägnant zusammen:

"monarchisch, aber demokratisch, aber radikal." [32]

Mit den aufkommenden Unruhen auf den Straßen wegen der schleppenden Verhandlungen in Frankfurt und Berlin verdichteten sich auch wieder Gerüchte um einen Staatsstreich seitens der Reaktion. Die sogenannte Kamarilla und die "Militärpartei" hetzten gegen die Nationalversammlung, verstärkt nach den Beschlüssen zur Abschaffung des Adels.[33] Bei dieser Abstimmung am 31. Oktober fehlte Rodbertus ohne Angaben von Gründen, obwohl er an den sonstigen Beratungen des Tages teilgenommen hatte.[34] Möglicherweise versuchte Rodbertus so einen Bruch mit der Krone zu vermeiden, obwohl sein weiteres politisches Verhalten bei den Abstimmungen und Resolutionen eher auf das Gegenteil hindeuteten. Sein Amendement zum Antrag Waldecks zur Unterstützung der "Volksfreiheit in Wien", in dem es hieß:

"Die Versammlung wolle beschließen: Sr Majestät Regierung aufzufordern, bei der Zentralgewalt schleunige Schritte zu thun, damit die in den deutschen Ländern Österreichs gefährdete Volksfreiheit und die bedrohte Existenz des Reichstages in Wahrheit und mit Erfolg in Schutz genommen und der Friede hergestellt werde. '[35]

---

30   GRENZBOTEN IV, 1848, S.30

31   Stenographische Berichte der preußischen Nationalversammlung 1848, S.1316; s. auch Brief Rodbertus an von Berg, 11.10.1848, ZSTA Merseburg Rep.92 Nachlaß Rodbertus-Jagetzow B 2, Bl.26-29

32   ebd. Bl.26

33   V.Valentin, Geschichte der deutschen Revolution von 1848/49, Bd.2, S.252ff.

34   Stenographische Berichte der preußischen Nationalversammlung 1848, S.1883ff.; in der Literatur wird dies oft falsch dargestellt, so bei H.Dietzel, Karl Rodbertus, Bd.1, S.39; H.Menz, Karl Rodbertus als Politiker, S.50

35   Stenographische Berichte der preußischen Nationalversammlung 1848, S.1901ff.

92

fand eine große Mehrheit, hatte aber nur den Zweck, den König zu provozieren und die Regierung zu stürzen, da Rodbertus wohl kaum damit rechnen konnte, daß der preußische König die Revolution in Wien unterstützte.
Allerdings besaß die Opposition keinerlei Druckmittel, diesen Beschluß umzusetzen, zumal ein Teil der Berliner Bevölkerung oder der aktiv demokratische Teil der Bevölkerung nicht mehr gewillt war, die Politik des Königs
oder auch der Nationalversammlung hinzunehmen. Dies wurde deutlich, als
es am gleichen Tage zu Tumulten mit Handgreiflichkeiten zwischen Arbeitern
und Bürgerwehr vor dem Gebäude der Nationalversammlung kam und Abgeordnete von der Menge bedroht wurden. Die Regierung Pfuel führte den
Antrag von Rodbertus nicht aus und trat zurück. Es wurde kein
Ministerium Rodbertus berufen, obwohl über einen etwaigen Eintritt seiner-
seits in ein Ministerium der Rechten verhandelt worden sein soll.[36] Zum
Nachfolger Pfuels berief der König den Grafen Brandenburg, einen
Verfechter des absoluten Regiments, was größten Protest in der
Nationalversammlung auslöste, so daß das "Linke Zentrum" sogleich die
Bildung einer Kommission beantragte, die den König zur Rücknahme dieser
Maßnahme bewegen sollte. Dieser Antrag fand eine Mehrheit, und Mitglieder
aller Fraktionen, darunter auch Rodbertus, begaben sich zum König nach
Potsdam, wo sich dieser weigerte, über seine Entscheidung auch nur zu
diskutieren.[37] Spätestens seit dem 3. November 1848 war der Bruch zwi-
schen Krone und Nationalversammlung vollzogen. Nochmals erhielt Rodbertus
Angebote, bei der neuen Regierung mitzuarbeiten.[38] Rodbertus lehnte
allerdings ab, weil er nicht seinen Ruf als demokratischer Politiker aufs
Spiel setzen setzen wollte. Als Graf Brandenburg am 9. November 1848 sein
Kabinett vorstellte und gleichzeitig den Beschluß der Vertagung der Beratungen bis zum 27. November und die Verlegung nach Brandenburg
verkündete, war der Protest der Nationalversammlung zwar groß, machte
aber auch deren Hilflosigkeit deutlich. Wie die Mehrheit der Abgeordneten
war Rodbertus prinzipiell gegen Vertagung und Verlegung, weil er beide
Verfügungen für ungesetzlich hielt, da sich die Krone damit die Kompe-

36 GRENZBOTEN IV 1848, S.246; die Kommentare in der NEUEN RHEINISCHEN ZEITUNG zeigen sehr
deutlich den Bruch zwischen der außerparlamentarischen, radikaldemokratischen Opposition mit der parlamentarischen Linken und dem "Linken Zentrum". Nr.134, 4.11.1848;
Nr.134, 4.11.1848 Beilage u. Nr.135, 5.11.1848; s. auch V.Valentin, Geschichte der
deutschen Revolution von 1848/49, Bd.2, S.258ff., hier S.265.

37 zur Charakterisierung Brandenburgs: V.Valentin, Geschichte der deutschen Revolution
1848/49, Bd.2, S.262; zur Fahrt nach Potsdam, die wegen der Uneinigkeit der
Delegationsmitglieder zu einem Debakel geriet, nachdem J.Jacoby seinen bekannten
Ausspruch getan hatte, daß es das Unglück der Könige sei, die Wahrheit nicht hören zu
wollen. s. Stenographische Berichte der preußischen Nationalversammlung 1848,,
S.1929f.;   A.Stahr, Die preußische Revolution, Bd.1, S.328ff.; VOSSISCHE ZEITUNG
Nr.259, 5.11.1848; NEUE RHEINISCHE ZEITUNG, Nr.138, 9.11.1848 (auch in MEW Bd.6, S.6);
H.Menz, Karl Rodbertus als Politiker, S.53; V.Valentin, Geschichte der deutschen
Revolution von 1848/49, Bd.2, S.266.

38 H.Menz, Karl Rodbertus als Politiker, S.63

tenzen des alleinigen Souveräns anmaßte.[39] Bis zum 15. November setzte die Majorität der Nationalversammlung ihre Beratungen noch in Berlin fort. Während dieser Tage vermochte es Rodbertus, sich noch einmal als demokratischer Politiker zu profilieren. Unter dem Belagerungszustand, der am 12. November über Berlin verhängt wurde und den die Bevölkerung recht ruhig hinnahm, entschlossen sich die Abgeordneten schließlich am 15. November 1848, die Diskussion über die Steuerverweigerung zu beginnen und auch einstimmig zu beschließen, denn - so Rodbertus als Sprecher der Beratungskommission über die Steuerverweigerung - der Nationalversammlung stehe gemäß § 6 der "Verordnung über einige Grundlagen der künftigen preußischen Verfassung vom 6.4.1848" das "Recht der Inhibition" zu, da die Abgeordneten der preußischen Nationalversammlung auch die künftigen Vertreter des preußischen Volkes seien. Daraus folgerte er ihre Kompetenz zur Beschlußfassung. Wesentlicher erschien das "ungesetzliche hochverräterische Verhalten" des MinisteriumsBrandenburg, so daß die Steuerverweigerung als das "letzte friedliche Mittel einer ungesetzlichen Ausübung der von der Krone ausgehenden Gewalt passiven Widerstand entgegenzusetzen" sei.[40] Zur Steuerverweigerung in der verabschiedeten Form, daß "kein Ministerium berechtigt sei, Steuern zu erheben, bis dieser Beschluß wieder von der Nationalversammlung aufgehoben", bekannte sich Rodbertus erst während der Beratungen in der Kommission.[41] In einer persönlichen Erklärung vor dem Parlament begründete er seinen Sinneswandel:

"Die außerordentlichen Umstände, die in diesen letzten Tage eingetreten sind, sind meines Erachtens der Art, daß sie eine Veränderung der Meinung vollständig rechtfertigen. Was die Zweckmäßigkeit der Steuerverweigerung betrifft, so bin ich jetzt der Ansicht, daß die Handlungen und Maßregeln der Regierung zu einem solchen Extrem von Gewalt, List und Ungerechtigkeit vorgeschritten sind, daß in diesem Augenblick nichts übrig bleibt, als zu diesem äußersten Mittel zu greifen, selbst für den Fall, daß wir die Anarchie in das Land werfen sollten." [42]

Mit dem Beschluß der Steuerverweigerung hatte die Mehrheit ihren Willen zum "passiven Widerstand" dokumentiert, aber sie hatte keinerlei Mittel, ihren Beschluß durchzusetzen, denn den laufenden Etat konnte sie nicht blockieren, und die Bevölkerung kam der Aufforderung zur Steuerverweigerung nicht nach, wie sich herausstellen sollte. Der Steuerverweigerungsbeschluß, der allein für den Steuerzahler einen Akt des "passiven Widerstandes" be-

---

[39]   Stenographische Berichte der preußischen Nationalversammlung 1848,, Supplement S.12

[40]   ebd. S.264, S.266, S.267

[41]   Beschluß der Nationalversammlung: ebd. S.273

[42]   ebd. S.268. Die Umstände, auf die Rodbertus hier anspielte, waren der Belagerungszustand, die Auflösung der Bürgerwehr, die Suspendierung einer Reihe von demokratischen Zeitungen bzw. die Androhung derselben für gemäßigtere Blätter. V.Valentin, Geschichte der deutschen Revolution von 1848/49, Bd.2, S.274

94

deutete, nicht aber für die Nationalversammlung, gab der Reaktion den willkommenen Anlaß zum Staatsstreich.[43] Der besonderen Bedeutung Preußens in einem geeinten Deutschland wegen sandte die Frankfurter Nationalversammlung einen Beobachter und Vermittler, F.D.Bassermann, nach Berlin, der allerdings eindeutig für die preußische Krone Stellung bezog.[44] Um der verzerrenden Berichterstattung entgegenzutreten, wandte sich Rodbertus schriftlich und schließlich persönlich nach Frankfurt. Zunächst schrieb er an seinen alten Freund und Kommilitonen aus der Göttinger Studienzeit Carl Philipp Francke, der in der Nationalversammlung der rechten Mitte zuzuzählen war. Schon vor der Rückkehr Bassermanns nach Frankfurt beschwor er Francke:

"Glaubt dem nicht, was Bassermann Euch berichtet, ... Die Rettung Deutschlands noch mehr als die Rettung der Freiheit des preußischen Volkes hängt davon ab, daß Ihr Euch für uns erklärt. Nimm es mir nicht übel, aber Ihr müßtet fürchterlich verrechtet sein, wenn Ihr dies nicht begreifen wolltet."[45]

Dieser Brief zeigt auch, daß Rodbertus die Lage in Berlin am 12. November zu optimistisch beurteilte; gleichzeitig warnte Rodbertus auch vor einer Volksrevolution, vor der "rothen Gefahr", die die Reaktion mit ihrem Verhalten provozieren könnte.[46] Erst nachdem die deutsche Nationalversammlung den Steuerverweigerungsbeschluß aufgehoben hatte, begab sich Rodbertus Ende November 1848 mit seinem Parteifreund H. Schulze-Delitzsch, möglicherweise noch begleitet von C.Ph.v.Berg, nach Frankfurt, um den Berichten Bassermanns persönlich entgegenzutreten, möglicherweise aber auch um an der Trauerfeier für Robert Blum teilzunehmen.[47] Mit seiner Missionscheiterte Rodbertus völlig, weil er nur vor Vertretern der politischen Rechten sprach, die an einer Erweiterung der Kompetenzen der

---

43   ebd. S.272f. Valentin betont bei seiner Einschätzung den psychologisch falschen Zeitpunkt dieses Beschlusses.

44   Friedrich Daniel Bassermann führte in der Frankfurter Nationalversammlung u.a. aus: "Von der Nationalversammlung in Berlin, hoffe ich nach meiner Anschauung, und mögen Sie mich deshalb meinetwegen verdammen, nichts für die wahre Freiheit. Wo man den Schutz seiner Kollegen gegen Banditen verweigert, wo man die Freiheit der Überzeugung preisgibt, da wird auch nie die Freiheit erreicht werden! Ich hoffe von der preußischen Versammlung auch nichts für unsere deutsche Einheit." Stenographische Berichte der Frankfurter Nationalversammlung, Bd.V., S.3409; zu Bassermann, s. Schwarz, MdR, S.46

45   Rodbertus an C.Ph.Francke, 12.11.1848, RW 6, S.7; zu Francke, s. M.Schwarz, MdR, S.58

46   ebd.

47   zur Reise nach Frankfurt s. z.B. NEUE RHEINISCHE ZEITUNG Nr.156, 30.11.1848; VOSSISCHE ZEITUNG Nr.275, 24.11.1848; Nr.276, 25.11.1848; Nr.279, 29.11.1848: nach C.Zaddach, Lothar Bucher bis zum Ende seines Londoner Exils (117-1861) Heidelberg 1915, S.90f., soll auch Bucher mit in Frankfurt gewesen sein, wofür ich aber keine weiteren Belege gefunden habe.

Nationalversammlung wenig Interesse zeigten und vor allem Unruhen in Berlin und Preußen fürchteten, wenn die Krone nicht für Ruhe und Ordnung sorgte.[48] Zurück in Berlin weigerte sich Rodbertus wie die meisten Parlamentarier der Mitte und der Linken, der nun in Brandenburg tagenden Versammlung beizuwohnen, so daß diese beschlußunfähig blieb. Die Nationalversammlung wurde vom König aufgelöst und am 5. Dezember 1848 wurde Preußen eine Verfassung oktroyiert, die zwar einige liberale Elemente erhielt, aber doch das monarchische Prinzip betonte, und somit nicht den Vorstellungen der Liberalen und Demokraten entsprach.[49] Die ehemaligen Abgeordneten der linken Mitte und der Linken legten sofort Protest gegen die in ihren Augen ungesetzlichen Maßnahmen ein. Dennoch beschlossen sie, sich an den gleichzeitig ausgeschriebenen Wahlen zu beteiligen, um so gegen die oktroyierte Verfassung vorzugehen.[50] Wie viele andere Politiker und Publizisten verfaßte Rodbertus, der die Oktroyierung der Verfassung als Revolution betrachtete, eine Wahlkampfflugschrift, in der er seine spezifische Position zu verdeutlichen suchte. Sein Hauptargument gegen die Verfassung vom 5. Dezember war, daß das Verhalten der Krone ungesetzlich sei, da sie den Grundsatz der Vereinbarung gebrochen hätte, nach der keiner der beiden Souveräne den anderen suspendieren könne. Mit der sogenannten Vereinbarung hätte Preußen einen dritten Weg zwischen absolutistischem Oktroi und republikanischem Konvent eingeschlagen.[51] Diese Vorstellung beruhte auf einem Gleichgewicht der politischen Kräfte, das in Realität nicht vorhanden war. Selbst Rodbertus, als Vertreter des legalistischen Überganges zur parlamentarisch-demokratischen Monarchie, mußte in seiner Schrift konzidieren, daß das Konzept der Vereinbarung, das nicht sein Prinzip war, zumindest im Moment fehlgeschlagen war. Den Fehler, die alte Macht nicht zu stürzen oder wenigstens stark einzuschrän-

---

[48] NEUE RHEINISCHE ZEITUNG Nr.156, 30.11.1848; VOSSISCHE ZEITUNG Nr.280, 30.11.1848; Nr.281, 1.12.1848; s. auch z.B. Brief Ernst von Saucken-Tarputschen an seine Frau, 28.11.1848, abgedruckt in DEUTSCHE RUNDSCHAU Bd.124, 1905, S.102. Es wird sowohl in der VOSSISCHEN ZEITUNG als auch bei Saucken-Tarputschen unterschieden zwischen dem "gesitteten" Rodbertus und dem "kleinlich-gehässigen" resp. "plumpen" Schulze-Delitzsch, was R.Aldenhoff, Schulze- Delitzsch, S.71, damit erklärt, daß letzterer wohl ziemlich emotional auf die Art und Weise, wie man Rodbertus behandelte, reagiert habe.

[49] Stenographische Berichte der preußischen Nationalversammlung 1848, S.2056; V.Valentin, Geschichte der deutschen Revolution von 1848/49, Bd.2, S.288, S.291; Abdruck der Dokumente bei E.R. Huber, Deutsche Verfassungsgeschichte, Dokumente, Bd.1, Stuttgart u.a. 1974, S.480-495.

[50] Programm des Zentralwahlkomitees für volkstümliche Wahlen vom 17. Dezember 1848,RW 2, S.899; s. H.Menz, Karl Rodbertus als Politiker, S.77; auch J.Paschen, Demokratische Vereine und preußischer Staat. Entwicklung und Unterdrückung der demokratischen Bewegung während der Revolution von 1848/49. München/Wien 1977, S.124

[51] Rodbertus, Mein Verhalten in dem Konflikt zwischen Krone und Volk, RW 2, S.799-802; zu den Flugschriften s. G.Grünthal, Parlamentarismus in Preußen 1848/49 - 1857/58, Düsseldorf 1982, S.8, S.12f., S.16, S.18.

ken, hatte Rodbertus im Grunde erkannt; allerdings war es ihm wegen seiner legalistischen Grundhaltung nicht möglich, das Problem zu lösen.

Trotz Schikanen seitens der Behörden wurde Rodbertus im Februar 1849 in drei Wahlbezirken gewählt; in Berlin erhielt er die Mehrheit der Wahlmännerstimmen in zwei Bezirken für die II. Kammer und in Saarbrücken wurde er für die I. Kammer gewählt.[52] Das Mandat für die I. Kammer lehnte Rodbertus ab, weil er seine Aktivitäten in der II. Kammer für die Erreichung einer freien Verfassung für wichtiger hielt.[53]

Das Ergebnis der Wahlen war weder für die Rechten noch für die Linken entsprechend deren Erwartungen ausgefallen; die ersten erreichten 184 Sitze, die bisherige Opposition 160 Mandate. Angesichts der offenkundigen Niederlage versuchte die Linke wenigstens in der Opposition als einheitlicher Block auftreten, was allerdings angesichts der Heterogenität nicht gelang, so daß die Oppositon in mehrere kleine Fraktionen zerfiel.[54] Die "eigentliche Linke" um Rodbertus, von Berg, Philipps und auch von Unruh hatte eine Stärke von etwa 45 Sitzen, in der Rodbertus wieder eine dominierende Stellung einnahm. Seine damalige politische Position läßt sich aus zwei Zeitungsartikeln rekonstruieren, in denen eine Rede vor den demokratischen Wahlmännern des zweiten Berliner Wahlbezirks zusammengefaßt wird. So berichtete die sozialistisch-demokratische NEUE RHEINISCHE ZEITUNG:

"... in der deutschen Frage will er das Frankfurter Parlament unterstützen. Er zieht die Abschlagszahlung eines Kleindeutschland dem gänzlichen Fehlschlagen der Einheitsidee vor, in der Hoffnung, es werde dann doch kurz über lang Oestreich mit seinen Bundesgenossen hinzutreten. Er bezog sich besonders auf das allgemeine Wahlrecht, für dessen Aufrechterhaltung er stets kämpfen werde."[55]

Demgegenüber betonte die liberale OSTSEE-ZEITUNG die sozialpolitischen Aspekte der Rede:

---

52   SPENERSCHE ZEITUNG Nr.31, 6.2.1849; NEUE RHEINISCHE ZEITUNG Nr.216, 8.2.1849, Nr.224,
      17.2.1849 u. Beilage; SAARZEITUNG Nr.23, 9.2.1849, Nr.25, 13.2.1849

53   SAARZEITUNG Nr.36, 3.3.1849. Eine Veröffentlichung der Ablehnung des Mandats im
      redaktionellen Teil der SAARZEITUNG wurde Rodbertus verwehrt, so daß er zum Mittel
      der bezahlten Anzeige greifen mußte. s. ebd. Nr.39, 9.3.1849. In einem Artikel war
      Rodbertus zuvor vom leitenden Redakteur der Zeitung als "Revolutionsgewinnler"
      diffamiert worden.

54   M.Botzenhart, Der deutsche Parlamentarismus in der Revolutionszeit 1848-1850, S.459f.;
      V.Valentin, Geschichte der deutschen Revolution von 1848/49, Bd.2, S.345

55   NEUE RHEINISCHE ZEITUNG Nr.236, 3.3.1849; der Kommentar lautete lapidar: "eine zahme
      Opposition"

"Die friedliche Lösung der sozialen Frage hält er nur für möglich durch die Sicherung des allgemeinen Wahlrechts: Die sogenannten höheren Stände werfen den niederen Mangel an politischer Reife vor; wenn aber die politische Bildung darin besteht, Revolutionen zu vermeiden, so habe ihn die Geschichte gelehrt, daß die privilegierten Klassen, in welcher Art sie auch immer auftreten, dies nicht verstanden hätten, da sie immer die Revolution hervorrufen und nicht vermieden hätten."[56]

Bei allen Vorbehalten, die gegenüber Zeitungsberichten angebracht sind, sollten die beiden wesentlichen Aspekte noch einmal hervorgehoben werden: schon 1849 bekannte sich Rodbertus, obwohl er immer Großdeutscher blieb, auch nach seiner realpolitischen Wende zu Bismarcks Position nach 1866, zur Möglichkeit eines "Kleindeutschland". Daneben verknüpfte Rodbertus hier die Lösung der sozialen Frage mit dem Wahlrecht. Gegenüber Lassalle sprach sich Rodbertus in den Jahren 1863 und 1864 gerade gegen diese Verknüpfung der Forderung nach dem allgemeinen Wahlrecht und der sozialen Frage aus, wobei es zu berücksichtigen gilt, daß die politische Situation 1863 nicht mit der des Frühjahrs 1849 zu vergleichen ist.

Um die Vorstellungen von Rodbertus noch etwas genauer beurteilen zu können, müssen wir noch einen Blick auf das "Programm der eigentlichen Linken" werfen, als dessen Autor Rodbertus zwar nicht nachgewiesen werden kann, aber bei dem man zumindest von seiner Einflußnahme ausgehen kann, war er doch die dominierende Persönlichkeit in dieser Fraktion. Dieses Programm ist recht kurz; sehr konkret wurde die *"demokratisch-konstitutionelle Monarchie"* als Ziel der Verfassungsverhandlungen benannt. Dazu forderte man das allgemeine Wahlrecht als unabdingbare Voraussetzung wie auch die Garantierung der Grundrechte (Gesetze vom 24. September 1848) für die weiteren Verhandlungen. Obwohl nur sehr allgemein stand auch die Verbesserung der Lage der arbeitenden und armen Klassen auf gesetzgeberischem Wege als Forderung im Programm; diese war aber so vage formuliert, daß sowohl der sogenannt "Staatssozialist" Rodbertus wie auch der später die Selbsthilfe propagierende H.Schulze-Delitzsch sie unterschreiben konnten.[57] Besonderes Gewicht wurde aber auf die deutsche Frage gelegt, die im Programm des "Linken Zentrums" vom 3. Juni 1848 noch überhaupt nicht erwähnt worden war.

In der II. Kammer kam es schon bald nach Eröffnung der Beratungen zu den alten Konflikten zwischen Opposition und rechter Mehrheit bzw. Regierung, denn die Opposition beharrte bei der Antwortadresse der Kammer auf die Thronrede auf der Aufhebung des Belagerungszustandes und der Nichtanerkennung der Verfassung vom 5. Dezember 1848; ferner verlangte sie - erfolglos - ein Überprüfung des Haushaltes und eine entschiedenere Haltung der Regierung in der Einigungsfrage.[58]

---

[56]   OSTSEE-ZEITUNG Nr.50, 1.3.1849

[57]   Programm der eigentlichen Linken, RW 2 S.904

März 1849 hatte sich Rodbertus in einer seiner wenigen langen Reden im Parlament ausführlich mit der deutschen Frage auseinandergesetzt, und zwar konkret anläßlich der Adresse an den König von Preußen und des Notenwechsels zwischen Preußen und Österreich. Er führte u.a. aus:

> *"Es scheint mir ... unmöglich, daß der heutige Bundesstaat, der den Bedürfnissen Deutschlands entsprechen soll, auf dem Wege der Verständigung der Kabinette erreicht werden könne. ... Deshalb ... habe ich aus dem Wege, welchen die Regierungen in der deutschen Frage eingeschlagen haben, nur eine Ueberzeugung gewonnen, nämlich die, daß wenn das deutsche Volk noch einmal in den Fall kommen sollte an der deutschen Einheit zu bauen, es energischer verfahren wird, als im vorigen Jahre, denn die deutschen Geschicke werden und müssen sich erfüllen."*[59]

Aus diesen Worten klang schon Resignation; offensichtlich glaubte Rodbertus an diesem Tag nicht an die Möglichkeit einer deutschen Einigung. Er erkannte, daß einzelne Regierungen, vor allem Preußen und Österreich nicht bereit waren, einen deutschen Einheitsstaat zu schaffen und daß das Volk dazu im März 1849 zu schwach war. Noch deutlicher wird seine Haltung in seiner zweiten großen "deutschen" Rede vom 21. April 1849. Hier kritisierte er noch einmal die *"verderbliche Politik des Ministeriums in der deutschen Frage"*, die er als *"undeutsch"* und damit auch als *"unpreußisch"* bezeichnete. Denn da mittlerweile 30 deutsche Regierungen die Reichsverfassung anerkannt hätten, sei nun auch für Preußen der Tag der Entscheidung gekommen:

> *"Deutschland kann die Halben und Unentschiedenen in dieser großen Frage nicht mehr gebrauchen, auch nicht die, welche die Rückkehr des Bundestages oder eines ihn ähnlichen Verhältnisses ersehnen, und endlich , ..., auch diejenigen nicht, die etwa auf dem Wege des Pessimismus auf eine ihnen zusagende Zukunft spekulieren."*[60]

Für Rodbertus gab es nur die Möglichkeit,

> *"sich an Frankfurt anzuschließen, den Weg zu betreten, den 30 Staaten vorangegangen sind, den Weg zu betreten, zu dem eben so viele Regierungen die preußische Regierung, wie zu ihrem Beruf auffordern."*[61]

Die kompromißbereite Haltung, die Rodbertus im weiteren Verlauf seiner Rede zeigte, ist durchaus konsequent, denn sein Anliegen war die Erringung ei-

---

[58] Stenographische Berichte über die Verhandlungen der durch das Allerhöchste Patent vom 5. Dezember 1848 einberufenen Kammern, II. Kammer, Drucksachen Nr.39, VII, Berlin 1849 (künftig zitiert als «Stenographische Berichte der II. Kammer 1849»)

[59] ebd. S.281ff., hier S.284

[60] ebd. S.591

[61] ebd. S.592f.

ner parlamentarischen Mehrheit für die deutsche Einheit. Das Ziel der
Schaffung eines Großdeutschland verlor er zwar nie aus den Augen, auch
wenn er bereit war, ein Kleindeutschland als Zwischenschritt zu akzeptieren.
Rodbertus gelang es mit dieser Rede auch einen Teil der Abgeordneten der
Rechten zu überzeugen, denn der Punkt seines Antrages, in dem es hieß:

> *"..., daß sie (die II. Kammer, UER) vielmehr ihrerseits die von der
> deutschen National-Versammlung vollendete Verfassung, so wie sie
> nach zweimaliger Lesung beschlossen worden, als rechtsgültig aner-
> kennt und die Ueberzeugung hegt, daß eine Abänderung derselben
> nur auf dem von der Verfassung selbst vorgesehenen Wege zulässig
> ist."*[62]

wurde mit knapper Mehrheit von der Kammer angenommen. Am selben Tag
verweigerte die Kammer ebenfalls die Zustimmung zu dem ihrer Meinung
nach ungesetzlichen Belagerungszustand, so daß der Krone ein Vorwand geliefert war, die Versammlung am 27. April 1849 aufzulösen und die I. Kammer
gemäß der Verfassung vom 5. Dezember 1848 zu vertagen. Die Folge war,
daß die Bestimmungen des Belagerungszustandes noch weiter ausgedehnt
wurden.[1]

Mit dem Ende der Revolution in Preußen hatte auch die parlamentarische
Tätigkeit von Rodbertus ihr Ende gefunden. Wie schon nach der Auflösung
der preußischen Nationalversammlung trafen sich die Politiker der
Opposition zur Gründung eines "Central-Comités für volksthümliche Wahlen
im Preußischen Staate", an dem sich neben Bucher, Ziegler, Waldeck auch
Rodbertus beteiligte. Sie forderten Neuwahlen und sprachen sich eindeutig
gegen nun das drohende Zensuswahlrecht aus. Indem sie das Volk als
Souverän bezeichneten, beharrten sie auf den alten Positionen aus dem
Jahre 1848.[2] Rodbertus selbst verließ recht bald Berlin, um eine Kur in
Homburg v. d. Höhe anzutreten und auch um politische Gespräche in Frank-
furt zu führen. So sprach er mit von Gagern, der nach Rodbertus
Auffassung ein völlig falsches Bild von der Lage in Berlin und in Preußen
hatte.[3]

Nach dem Erlaß des Dreiklassenwahlrecht versuchten einige Männer der

---

[62] ebd. S.461; für H.Dietzel, Karl Rodbertus, Bd.1, S.53 u. S.56, bedeutete diese Rede
den "Höhepunkt der politischen Wirksamkeit" bzw. den "Gipfel seiner demokratischen
Überzeugung". M.Botzenhart, Der deutsche Parlamentarismus in der Revolutionszeit 1848-
1850, S.622, sieht in dieser Rede ein Beispiel der Formulierungskünste von Rodbertus,
um auch Teile der Rechten für sein nationales Programm zu gewinnen.

[63] V.Valentin, Geschichte der deutschen Revolution von 1848/49, Bd.2, S.461

[64] das Programm ist z.B. abgedruckt in der OSTSEE-ZEITUNG Nr.105, 5.5.1849. Rodbertus be-
fürchtete schon früher die Änderung des Wahlrecht. s. Rodbertus an von Berg, 1.5.1849,
ZSTA Merseburg Rep.92 Nachlaß Rodbertus-Jagetzow B 2, Bl.42; ähnlich Rodbertus an
A.Bloem, 9.5.1849, Stadtarchiv Düsseldorf R 6

[65] Rodbertus an A.Bloem ebd.; s. auch Brief von Berg an A.Bloem 15.5.1849, Stadtarchiv
Düsseldorf Nachlaß A.Bloem

ehemaligen parlamentarischen Opposition, die Demokraten noch einmal zu sammeln. Während Rodbertus im Sommer 1849 im Gegensatz zum März 1849 - nach den Angaben von Unruhs[66] - noch an einen revolutionären Aufschwung oder wenigstens an den Niedergang der Reaktion[67] glaubte, gaben sich die meisten in dieser Hinsicht eher pessimistisch. Das wesentliche Ergebnis ihrer Beratung war die "Nichtbeteiligung bei den Wahlen nach dem Dreiklassenwahlrecht", also der Boykott der Wahlen, für den sich Rodbertus nachdrücklich einsetzte.[68] Weitere Treffen, die in den Monaten und Jahren danach noch stattfanden, blieben ohne Ergebnis und vor allem ohne Wirkung auf die politische Öffentlichkeit.[69]

5.2. Sozialpolitische Überlegungen

Die Revolution von 1848 war nicht nur eine bürgerliche Revolution mit nationalen, verfassungspolitischen und wirtschaftspolitischen Zielsetzungen, sondern hatte auch eine soziale Grundströmung. Im Mittelpunkt der Forderungen der Arbeiter, die sich ansonsten oft den bürgerlichen Liberalen anschlossen, standen der Schutz der Arbeiter und die Sicherstellung der materiellen Existenz.[70] Konkret bedeutete das Lohnerhöhung und Festsetzung des Lohnminimums, Zehnstundentag, Arbeitsnachweis, Unfallversicherung, preiswerte Wohnungen. Weiter wurden kostenlose Volkserziehung und ein «Ministerium für Arbeit» gefordert.[71] Der Arbeiterkongreß vom 28. August bis zum 3. September 1848 in Berlin formulierte ein sozialpolitisches Programm, das sich in vier Punkten zusammenfassen läßt: der erste Teil beinhaltete Organisation der Arbeiter in Fachvereinigungen, Lokal- und Bezirkskomitees, und in einer Gesamtorganisation. Der zweite Abschnitt sprach die Selbsthilfe der Arbeiter durch Arbeitsvermittlung, Abschluß von Tarifverträgen mit Garantie eines Lohnminimums nach den örtlichen

---

66   H.V.v.Unruh, Erinnerungen aus dem Leben ..., S.133ff.

67   Rodbertus an von Berg, 9.11.1849, ZSTA Merseburg Rep.92 Nachlaß Rodbertus-Jagetzow B 2, Bl.50-58v; s. hierzu auch Rudolph, Rodbertus, S.22

68   Rodbertus, Autobiographische Skizze, RW 1, S.XX

69   H.V.v.Unruh, Erinnerungen aus dem Leben ..., S.133ff.; Brief Schulze-Delitzsch an Stadtrat Ludwig, 2.8.1849, in: Schulze-Delitzsch, Schriften, Bd.V, Berlin 1913,S.51f.; s. auch M.Botzenhart, Der deutsche Parlamentarismus in der Revolutionszeit 1848-1850, S.725

70   H.Volkmann, Die Arbeiterfrage im preußischen Abgeordnetenhaus 1848 bis 1869, Berlin 1968, S.18

71   ebd. S.20f. Volkmann zitiert hier die Massenversammlung vor dem Schönhauser Tor in Berlin vom 26.3.1848. Die einschlägigen Petitionen sind in den Stenographischen Berichten der Preußischen Nationalversammlung zusammengestellt.

Lebensbedürfnissen, Gründung von Assoziationskassen zur gegenseitigen Unterstützung bei Krankheit, Unfall, Arbeitslosigkeit an. Im dritten Teil wurden Staatshilfe in Form einer gesetzlichen Sanktionierung der Arbeiterorganisationen, der Einführung des Zehnstundentages, der politischen und wirtschaftlichen Gleichberechtigung der Arbeiter gefordert. Viertens wurde die Forderung nach Volksbildung erhoben, unter anderem Trennung von Kirche und Staat im Schulwesen, Unterrichts- und Lehrmittelfreiheit für Unbemittelte, Einführung der Schulpflicht vom 5. bis zum 14. Lebensjahr, während dieser Verbot der Fabrikarbeit, Reform der Lehrerbildung und -besoldung, Einrichtung von Fortbildungsschulen.[72] Die Forderungen der Arbeiter nach Lohnerhöhung, staatlich fixierte Arbeitszeitbegrenzung und Verbesserung der Ausbildung spiegelten das Interesse der Arbeiter an einer Erhöhung der materiellen Sicherheit. Unter dem Druck der Ereignisse schien es, als ob sich entsprechende Sozialreformen durchsetzen ließen, denn aus Furcht vor einer weiteren Revolution waren auch Teile der Unternehmer bereit, entsprechende Reformen - und wohl auch Lohnerhöhungen - mitzutragen. Neben dieser "organisierten" Arbeiterbewegung gab es aber auch noch eine weitere Gruppe von Arbeitern, die Tennstadt als "spontane" Arbeiterbewegung bezeichnet, die aus nichtqualifizierten Arbeitern bestand, die weit stärker von Arbeitslosigkeit oder Armut bedroht waren, während der Revolution im Rahmen von Notstandsmaßnahmen beschäftigt waren.[73] Diese zweite Gruppe, oft als "Lumpenproletariat" bezeichnet, war Träger eines Teils der "Tumulte", wenn auch nicht unbedingt Initiator derselben, prägten aber das Bild der "rothen Gefahr".

In der Preußischen Nationalversammlung, in der die Rechte und die Linke in der Minderheit waren, wo die verschiedenen Fraktionen der rechten bis zur linken Mitte die Mehrheit hatten, machte sehr früh das Wort vom "rothen Gespenst" die Runde. Revolutionsfurcht, d.h. Furcht vor einer Revolution der unteren Klassen, prägte von Beginn die sozialpolitischen Konzeptionen.[74] In der politischen Mitte ging man kaum über die vom "Centralverein für das Wohl der arbeitenden Klassen" formulierten Ansätze hinaus. So äußerte sich auch E.Baumstark von der Rechten, gleichzeitig auch Mitglied des "Centralvereins":

> "Über eine gewisse Angelegenheit ist man in politischer Beziehung miteinander einverstanden, wie verschieden auch die politischen Richtungen sein mögen. So, meine ich nun auch, sind wir Alle einverstanden, daß es die große Aufgabe unserer Zeit ist, die Zustände

[72] Beschlüsse des Arbeiter-Kongresses zu Berlin vom 23. August bis 3. September 1848. zit. bei M.Quarck, Die erste deutsche Arbeiterbewegung. Geschichte der Arbeiterverbrüderung 1848/49, Leipzig 1924, S.348-367; ein kurzer Auszug ist auch bei M.Vester (Hg.), Die Frühsozialisten, Bd.2, Reinbek 1971, S.209-213

[73] F.Tennstedt, Vom Proleten zum Industriearbeiter. Arbeiterbewegung und Sozialpolitik in Deutschland 1800 bis 1914, Köln 1983, S.103

[74] H.Volkmann, Die Arbeiterfrage im preußischen Abgeordnetenhaus, S.24

der arbeitenden Klassen zu verbessern."[75]

D'Ester von der äußersten Linken hielt dagegen die soziale Frage für wichtiger als die Vefassungsfrage.[76] Aber die Frage wurde nicht behandelt, wie sich schon beim Antrag von Rudolf Schramm zeigte.[77] Die bekannteren Sozialpolitiker in der Preußischen Nationalversammmlung wie Harkort oder Rodbertus wandten sich offensichtlich der allgemeinen Politik zu oder wurden von ihr absorbiert.[78] Es wurden aber Kommissionen gebildet, unter anderem eine für "Handel und Gewerbe mit besonderer Berücksichtigung der Lage der arbeitenden Klassen".[79] Die Verfassung schien die Voraussetzung zu schaffen für die spätere soziale Reform.

Auch der "2. Demokratenkongreß", der vom 26. bis zum 31. Oktober 1848 in Berlin tagte, schloß sich der Auffassung des zeitweiligen Vorranges des Politischen vor dem Sozialen an:

"In Erwägung, daß die materielle Wohlfahrt des gesamten Volkes Grundbedingung der wahren Freiheit sei, in Erwägung, daß sämtliche Organe der Partei von der Überzeugung durchdrungen sind, daß nur die volle und ganze politische Freiheit dem Volke diejenigen Mittel der Selbstorganisierung und diejenige Kraft der Selbstbestimmung verleihen kann, welche der totalen Reform der Erwerbsverhältnisse vorangehen muß, erklärt der zweite Demokratenkongreß, daß nur in der demokratisch-sozialen Republik die Lösung der sozialen Frage möglich ist."[80]

In seiner Regierungserklärung sprach sich David Hansemann für die Herstellung des Vertrauens auf die "gesetzliche Ordung und der baldigen festen Begründung der constitutionellen Monarchie" aus, um so die "Erwerbsthätigkeit" zu beleben, damit die Not der arbeitenden Klassen beseitigt werden könne.[81] Den Liberalen schien eine gute Wirtschaftspolitik gleichzeitig die beste Sozialpolitik zu sein. Das hieß "baldigste Herstellung der Ordnung und des Ansehens der Gesetze", damit das Eigentum wieder sicher sei. Aber es ist Volkmann wohl zuzustimmen, wenn er schreibt: "Für eine

---

[75]   Stenographische Berichte der preußischen Nationalversammlung I, S.72

[76]   ebd. II, S.840: "Was nützt uns die schönste Constitution, wenn das Volk dabei verhungert, ...?" s. zu d'Ester in Köln auch K.Repgen, Märzbewegung und Maiwahlen des Revolutionsjahres 1848 im Rheinland, Bonn 1955, S.170-185

[77]   ebd. I, S.60

[78]   H.Volkmann, Die Arbeiterfrage im preußischen Abgeordnetenhaus, S.27

[79]   M.Botzenhart, Der deutsche Parlamentarismus in der Revolutionszeit 1848-1850, S.495; s. auch Stenographische Berichte der preußischen Nationalversammlung I, S.316; S.337

[80]   ebd. S.361; Volkmann, Die Arbeiterfrage im preußischen Abgeordnetenhaus, S.28, zit. H.Krause, Die demokratische Partei von 1848, Diss. Breslau 1921: hier heißt es "demokratische Republik"

[81]   Stenographische Berichte der preußischen Nationalversammlung I, S.283

erfolgreiche Arbeiterpolitik fehlten den Parlamentariern die sachlichen und persönlichen Voraussetzungen. Hier liegt meines Erachtens der Hauptgrund für die sozialpolitische Zurückhaltung der Nationalversammlung." [82] Dennoch hat es eine Debatte über die "ländlichen Arbeiterverhältnisse" gegeben, die von Prof. E. Baumstark initiiert wurde.[83] Baumstark betrachtete in seinen Ausführungen vor dem Parlament einmal die Lohnhöhe, zum zweiten die Arbeitszeit. Obwohl er einen garantierten Mindestlohn für wünschenswert hielt, konnte er sich nicht zu einer solchen Forderung durchringen, weil er den Markt als natürliches Regulativ anerkannte:

"wenn wir diese Grundzüge der Ursachen, von denen der Lohn abhängt, berücksichtigen, so werden wir allerdings ein verwerfendes Urtheil ... aussprechen müssen gegen alle Forderungen, welche dahingehen, daß der Staat direkt oder indirekt eine bestimmte Höhe des Arbeitslohnes feststellen soll. Dies wäre ein Eingriff in die natürlichen Verhältnisse."[84]

Entsprechendes führte er zur Arbeitszeit aus; eine Verkürzung der Arbeitszeit bedeute Lohneinbuße und damit eine Verschlechterung der materiellen Existenz der Arbeiter.[85] Baumstark überwand seine liberale Konzeption in keinem Punkt; er verwies auf den Markt und die Grenzen des Marktes. Staatliche Mittel waren demnach nicht marktkonform und wurden deshalb abgelehnt. Gesetzliche Maßnahmen zur Beseitigung von Arbeiterelend hielt er für unwirksam. Als Mittel gegen die soziale Not schlug Baumstark die "Aufklärung" der Besitzenden und der Arbeiter vor. Er war allerdings nicht so blind wie viele Zeitgenossen in der sozialen Frage, wenn er sich für eine Behandlung der Arbeiter von einem "humanen Standpunkt" aussprach. Dabei entsprang dieser "humane" Standpunkt nicht seiner Position als Philantrop, sondern er erhoffte sich durchaus eine bessere Arbeitshaltung, wenn die Menschen, die die Arbeit leisteten, entsprechend ihrer Würde behandelt werden. Aber Baumstark blieb dennoch grundsätzlich der liberalen Wirtschaftstheorie verhaftet. "Die Eigengesetzlichkeit des Wirtschaftslebens stand höher als der Mensch."[86] Die anschließende Diskussion sieht Volkmann durch die "Diskrepanz von Wollen und Können gekennzeichnet".[87] In den fehlenden konkreten Vorschlägen zur Lösung der sozialen Frage erkennt er die "Ratlosigkeit des Hauses", zumal wesentliche statistische Daten etc. den Parlamentariern fehlten. Aber er sieht den Liberalismus seine manchesterliche Position verlassen, wenn er die soziale Frage in ihrer Existenz an-

82   H.Volkmann, Die Arbeiterfrage im preußischen Abgeordnetenhaus, S.29

83   Stenographische Berichte der preußischen Nationalversammlung II, S.830-845

84   ebd.

85   ebd.

86   H.Volkmann, Die Arbeiterfrage im preußischen Abgeordnetenhaus, S.31

87   ebd.

erkannte. "Das «Hohe Haus» hatte wohl den Willen zu helfen, aber nicht die Fähigkeit."[88] Die sozialpolitische Tätigkeit reduzierte sich auf die Bildung von Kommissionen, die Vorarbeiten für weitergehende Tätigkeiten leisten sollten. Dabei stand auch nicht die Lage der Fabrikarbeiter im Vordergrund, sondern die der Handwerker, wie der Abgeordnete Pax[89] bemerkte. So scheint die Bewertung von Volkmann richtig zu sein, wenn er über die Nationalversammlung in Berlin schreibt: "Der Vorrang der großen politischen Ziele im allgemeinen und die Überlagerung der Arbeiterfrage durch die Handwerkerfrage im besonderen, Befangenheit im liberalen Wirtschaftsdenken, mangelnde sozialpolitische Qualifikation der Abgeordneten und die wachsende Ungunst der Zeit - diese Vielzahl negativer Faktoren hat die zunächst so günstig erscheinenden Voraussetzungen für eine Arbeiterpolitik bei weitem überwogen."[90]

In der II. Kammer des Jahres 1849 war die Bereitschaft über die soziale Frage zu reden noch geringer; sie wurde eher beiläufig erwähnt: als allgemeines Ziel der Wirtschaftspolitik wurde die Wahrung des materiellen Wohlstandes postuliert wie die Hebung der arbeitenden Klassen.[91] Keine Mehrheit fand aber ein Antrag der Linken, der die "Hebung der gedrückten Klassen" und die Verbesserung des Volksschulwesens durch Einsparung bei Militär und Verwaltung zum Inhalt hatte.[92] In der II. Kammer forderte H.Schulze-Delitzsch in einem Dringlichkeitsantrag die Bildung einer Kommission zur Untersuchung der Arbeiterverhältnisse.[93] Aber in der II. Kammer spielte dieser Antrag keine Rolle; er blieb in der Geschäftsordnungskommission. Der geforderter Sozialausschuß wurde nicht gebildet. Der Bericht der Geschäftsordnungskommission zur Ablehnung des Antrages zeigt die mangelnde Bereitschaft, sich mit der sozialen Frage jetzt überhaupt auseinanderzusetzen.

"Wenn daher die Kommission auch an der Ansicht festhält, daß gerade die Verhältnisse der arbeitenden Klassen für die Gegenwart die größtmöglichste Berücksichtigung verdient und kein Mittel unbeachtet bleiben dürfe, welches den ... Übelständen ... zu begegnen irgend geeignet ist, so ist sie dennoch in ihrer Majorität der Ansicht, daß ganz allgemeine Erörterungen, wie solche hier beantragt werden, nicht zum Ziel führen können; daß vielmehr die speziellen

---

88 ebd. S.32

89 Stenographische Berichte der preußischen Nationalversammlung I, S.589; auch die Petitionen bezüglich der sozialen Frage betrafen zumeist die Handwerker. ebd. S.564; Schulze-Delitzsch, Schriften und Reden Bd.5, Berlin 1913, S.63

90 H.Volkmann, Die Arbeiterfrage im preußischen Abgeordnetenhaus, S.34

91 M.Botzenhart, Der deutsche Parlamentarismus in der Revolutionszeit 1848-1850, S.612; auch S.459

92 Stenographische Berichte der II. Kammer 1849, S.252f.

93 Stenographische Berichte der II. Kammer 1849, II. Kammer, A, Bd.1, S.477ff, Bd.2, Drucksachen Nr.124

und daher praktischen Forschungen vorzuziehen seien. Die Kommission glaubt da, wo sie sich selbst genügende Resultate nicht verspricht, auch keine Hoffnungen ausgedehnter Verbesserungen der Lage der arbeitenden Klassen anregen zu dürfen."[94]

Im "Programm des linken Zentrums" vom 16. Juni 1848 hatten sowohl Äußerungen zur nationalen wie auch zur sozialen Frage gefehlt, was sich plausibel damit erklären läßt, daß die Mitglieder des linken Zentrums, so auch Rodbertus, erst von einem geeinten Deutschland eine Lösung beider Fragen erwarteten.[95] Doch außerhalb des Parlaments, so im Wahlkampf zur II. Kammer äußerte sich Rodbertus durchaus zur sozialen Frage. 1849 veröffentlichte Rodbertus in den DEMOKRATISCHEn BLÄTTERn unter dem Titel "Zur Frage und Geschichte des allgemeinen Wahlrechts" einen vorläufig letzten politischen Aufsatz. Er versuchte hier die These, daß das Wahlrecht sich notwendigerweise in den modernen Staaten durchsetzen würde, historisch zu untermauern; denn hätte sich einmal die bürgerliche Freiheit in der Gesellschaft durchgesetzt, so werde sich zwangsläufig auch das allgemeine und gleiche Wahlrecht etablieren. Denn der Staat selbst bedürfe auch der unteren Schichten und Klassen als Steuerzahler wie auch für seine Verteidigung, so daß er diesen das Wahlrecht nicht vorenthalten könne.[96] Wie schon bei seiner Rede vor den Berliner Wahlmännern (s.o.) verknüpfte er auch hier die Lösung der sozialen Frage mit dem Wahlrecht:

> "Aber die räthselhafte Frage, welche im Pauperismus an die Gesellschaft gerichtet ist, wird am wenigsten so lange gelöst, als die Leidenden nicht dieselbe Berechtigung bei ihrer Lösung mitzusprechen haben als die Besitzenden oder die, welchen jene, mit oder ohne Unrecht, die Schuld ihres Leidens aufbürden. Denn noch niemals in der Geschichte haben spezifische, den Staat beherrschende Interessen der Berechtigung neu sich bildender Interessen freiwillig eine Anerkennung eingeräumt."[97]

Damit warnte Rodbertus, sich durchaus selbst als Mitglied der herrschenden Klassen verstehend, vor einer Revolution, wenn den unteren Schichten der Gesellschaft nicht gleiche Rechte und eine materielle Besserstellung gewährt würden.[98]

---

94   Stenographische Berichte der II. Kammer 1849, Bd.2, Drucksachen Nr.152

95   Programm des linken Zentrums vom Juni 1848, RW 2, S.694; s. auch H.Menz, Karl
      Rodbertus als Politiker, S.13

96   Rodbertus, Zur Frage und Geschichte des allgemeinen Wahlrechts, RW 2, S.685

97   ebd. S.686

98   ebd. S.688

Im Jahre 1849 veröffentlichte Rodbertus außerdem noch ein Gutachten über
Altersversorgung, um das er vom "Centralverein für das Wohl der arbeitenden Klassen" gebeten worden war. Seit dem Ende des Jahres 1848 nahmen
die Diskussionen um eine Pensionskasse konkretere Formen an. Die Idee einer kollektiven Altersversorgung war im Grunde nicht neu; sowohl in den
Korporationskassen der Handwerker als auch bei der Knappschaftsversiche-
rung der Bergleute waren diese geschaffen worden. Während der Revolution
wurde auch von Arbeitern der Ruf nach Invalidenkassen laut; das Alter
wurde in den Argumentationen von Arbeitern wie von Mitgliedern des "Centralvereins" durchaus als eine Art der Invalidität angesehen, denn das Alter
verunmöglichte es dem Arbeiter, seine Arbeitskraft wie gewohnt zu verkaufen. Nach den Vorstellungen der Arbeiter sollte es die Aufgabe des Staates
sein, die institutionellen Rahmenbedingungen für eine entsprechende Versi-
cherung oder Versorgung bei Invalidität zu schaffen. Die konkrete Diskussion innerhalb des "Centralvereins" ging vom Handelsministerium aus, das
ein Gutachten zu einem Plan des Waggonfabrikanten Adolph Pflug
forderte.[99] Pflug hatte vorgeschlagen, einen Teil des Lohnes der Arbeiter
einzubehalten, um mit diesem Geld einen Fonds der Arbeiter zu gründen, mit
dem Land gekauft werden sollte, um den alten Arbeitern eine kleines
Grundstück zur Nutzung zur Verfügung stellen zu können. Um den Lohn an
sich nicht zu verringern, wollte Pflug die Wochenarbeitszeit um zwei
Stunden verlängern.[100] Dieser Plan wurde in den Reihen des
"Centralvereins" abgelehnt, die Notwendigkeit der Altersversorgung der
Arbeiter an sich wurde aber nicht in Frage gestellt, und zwar wurde ein
Anspruch der Arbeiter auf eine Versorgung im Alter formuliert.[101]

Einer der Hauptstreitpunkte wurde die Frage nach Selbsthilfe und Staatshilfe, wobei die Befürworter der Selbsthilfe in der Mehrheit waren. Während
die einzelnen Gutachter wie Lette, Quentin oder Diergardt konkrete Vorschläge für die Organisation einer Arbeiteraltersversorgung machten, nutzte
Rodbertus die Gelegenheit sich gleichzeitig auch kritisch mit dem "Centralverein für das Wohl der arbeitenden Klassen" auseinanderzusetzen. Rodbertus betonte einmal mehr hier die Bedeutung der nach seiner Meinung zu
niedrigen Löhne für die Entstehung der sozialen Frage. Von daher stellte
sich für Rodbertus die Frage nach Zwangsbeiträgen oder freiwilligen Beiträgen der Arbeiter zu einer Altersversicherung nicht. Gemäß seiner Theorie
eines "ehernen Lohngesetzes" lehnte er eine Altersversicherung ohne Änderung der ordnungspolitischen Randbedingungen ab. Statt dessen schlug
Rodbertus vor, daß sich der "Centralverein" für Lohnerhöhungen einsetzen
sollte. Mit seinen Vorstellungen konnte sich Rodbertus allerdings nicht
durchsetzen.

---

[99]   J.Reulecke, Sozialer Friede durch soziale Reform, S.219

[100]   ebd.

[101]   ebd. S.222

Der vom "Centralverein" schließlich 1849 veröffentlichte Entwurf orientierte sich am belgischen Vorbild, das dem Staat die Oberaufsicht und die Garantiefunktion einer Altersversorgungsversicherung zuschrieb.[102] Kurzfristig aber blieben letztlich alle Vorschläge erfolglos, weil der preußische Staat nur wenig Interesse an einer Sozialpolitik, wie sie dem "Centralverein" vorschwebte, hatte.[103]

---

102   J.Reulecke, Sozialer Friede durch soziale Reform, S.233f.

103   H.Volkmann, Die Arbeiterfrage im preußischen Abgeordnetenhaus, S.93

6. Systematisierung der sozialökonomischen Theorien in den 1850er Jahren

Politisch hatte das liberale Bürgertum in der 1848er Revolution eine Niederlage erlitten. Auf der anderen Seite ermöglichte die Prosperitätsphase in den 1850er Jahren einen sozialen und wirtschaftlichen Aufstieg bürgerlicher Schichten in der Gesellschaft. Dem politischen Liberalismus war aber gleichzeitig für das Jahrzehnt des ökonomischen Aufstiegs des Bürgertums die Möglichkeit genommen, gestaltend an der Politik teilzunehmen. Auf der anderen Seite begleitete der ökonomische Liberalismus den wirtschaftlichen Aufschwung der bürgerlich-kapitalistischen Gesellschaftsordnung.[1] Es wurden die Grundlagen geschaffen für die "Klassensymbiose von Junkertum und Bourgoisie"[2], die die Jahrzehnte nach der Reichsgründung schließlich prägten.

Für Rodbertus bedeutete das Scheitern der Revolution das vorläufige Ende seiner politischen Tätigkeit. Er traf sich mit seinen früheren Mitstreitern noch einige Male und trat bei diesen Treffen als vehementer Verfechter des Wahlboykotts auf.[3]

Von den Repressionen, denen viele Revolutionäre, Demokraten und Liberale in den Jahren nach 1849 ausgesetzt waren, wurde Rodbertus persönlich nicht so stark betroffen wie andere Liberale oder Demokraten, die von Haft bedroht waren oder emigrieren mußten. Allerdings stand er bis weit in die 1850er Jahre unter Polizeiaufsicht.[4] Stärker von Verfolgung bedrohten oder betroffenen Personen, wie zum Beispiel H.Schulze-Delitzsch bot er seine materielle Hilfe für dessen Prozeß an; auch versuchte er ihn nach dessen Freispruch als Stadtsyndikus in Demmin zu vermitteln. Dieses Vorhaben scheiterte allerdings am Widerspruch der Regierung.[5]

Anfang 1850 trat Rodbertus noch als Entlastungszeuge im Hochverratsprozeß gegen den ehemaligen Parlamentarier der Linken in der Preußischen

[1] L.Machtan/D.Milles, Die Klassensymbiose von Junker und Bourgoisie. Zum Verhältnis von gesellschaftlicher und politischer Herrschaft in Preußen-Deutschland. 1850-1878/79. Frankfurt/Berlin/Wien 1979, S.16ff.

[2] L.Machtan/D.Milles, Die Klassensymbiose von Junker und Bourgoisie, S.31ff.

[3] Rodbertus, Autobiographische Skizze, RW 1, S.XX

[4] G.Rudolph, Karl Rodbertus (1805-1875) und die Grundrententheorie, S.19, der auf die im ZSTA Merseburg Rep.77, Tit.6, Lit.R, Nr.156 lagernde Personalakte von Rodbertus verweist. Einen Einblick in die allgemeine Überwachungspraxis gibt W.Siemann (Hg.), Der «Polizeiverein» deutscher Staaten. Tübingen 1983; s auch H.J.Rupieper, Die Polizei und Fahndungen anläßlich der deutschen Revolution von 1848/49, VSWG 64, 1977, S.338f.

[5] Rodbertus an Schulze-Delitzsch, 18.2.1850, in: Schulze-Delitzsch, Schriften, Bd.V, S.59; Aldenhoff, Schulze-Delitzsch, S.78

Nationalversammlung und früheren "wahren Sozialisten" Karl Grün in Trier auf. Hier stellte er sich und Grün das Zeugnis aus, allein auf legalem Wege für den gesellschaftlichen Fortschritt zu kämpfen.[6]

In den 1850er Jahren wandte sich Rodbertus erneut dem Studium nationalökonomischer Theorien zu; er versuchte nun eine Systematisierung seines bisherigen Theoriegebäudes.[7] Ausgangspunkt und Auslöser für Rodbertus waren zwei Aufsätze seines ehemaligen Fraktionskollegen J.H.v.Kirchmann gewesen, in denen sich dieser kritisch unter anderem auch mit der Schrift "Zur Erkenntniß unsrer staatswirthschaftlichen Zustände" auseinandergesetzt hatte. Gegen die in den DEMOKRATISCHEn BLÄTTERn erschienenen Artikel "Grundrente in socialer Beziehung" und "Tauschgesellschaft" verfaßte Rodbertus seine sogenannten "Socialen Briefe an von Kirchmann", von denen die ersten drei Briefe in den Jahren 1850 und 1851 erschienen, während der vierte zwar 1852 fertiggestellt war, aber erst 1884, neun Jahre nach seinem Tod, veröffentlicht wurde.[8] Wie schon bei der 1842 erschienenen Arbeit "Zur Erkenntniß unsrer staatswirtschaftlichen Zustände" mußte Rodbertus erleben, daß die "Socialen Briefe" keine große Resonanz erfuhren. Von einer Publizierung des vierten Briefes "Das Kapital" nahm Rodbertus möglicherweise nicht nur wegen des mangelnden Absatzes der übrigen Briefe Abstand, sondern auch angesichts des politischen Klimas, das die Veröffentlichung eines Buches, das sich positiv für den "Kommunismus" aussprach, nicht tunlich erscheinen ließ.[9] In diesen Schriften vermochte es Rodbertus, seine bisherige Grundposition, vor allem die Kritik der ricardianischen Grundrententheorie weiterzuentwickeln; gleichzeitig versuchte er, eine Krisentheorie und Kapitaltheorie zu formulieren.

Der erste Brief hatte den Pauperismus und die Handelskrisen, die Produktivität, die Arbeitswertlehre und der Änderung des Nationaleinkommens zum Inhalt. Im zweiten Brief resumierte Rodbertus seine bisherigen Ausführungen. Im dritten Brief unternahm Rodbertus eine ausführliche Kritik der Grundrententheorie von Ricardo. Der vierte Brief beinhaltete ausführliche Darstellungen über den Kapitalbegriff, über die Arbeitsteilung und über die Möglichkeit eines Kommunismus als Wirtschaftsordnung. Im nie fertiggestell-

---

6   Rodbertus an von Berg, 22.12.1849, ZSTA Merseburg Rep.92 Nachlaß Rodbertus-Jagetzow, B
     2, Bl.59; Criminalprocedur gegen K.Grün, 1850, S.146

7   Marx begann etwa gleichzeitig mit seinen systematischen Vorarbeiten für das "Kapital".
     F.E.Schrader, Restauration und Revolution. Die Vorarbeiten zum «Kapital» von Karl Marx
     in seinen Studienheften 1850-1858, Hildesheim 1980, S.15ff.

8   zur Fertigstellung des Manuskripts s. Brief des Verlegers Wolff an Rodbertus,
     18.1.1852, ZSTA Merseburg Rep.92 Nachlaß Rodbertus-Jagetzow M 10, Bl.63-64

9   zur antikommunistischen Stimmungslage nach 1848 s. z.B. W.Schieder, Sozialismus in:
     Geschichtliche Grundbegriffe Bd.5, Stuttgart 1984, S.974f.

ten fünften Brief wollte Rodbertus die Prinzipien des Eigentums darlegen[10] und im ebenfalls nicht fertiggestellten sechsten wollte Rodbertus wie etwa zehn Jahre früher im nicht fertiggestellten dritten Heft von "Zur Erkenntniß unsrer staatswirthschaftlichen Zustände" seine wirtschaftspolitische Vorstellungen zur Aufhebung des von ihm vertretenen "Gesetzes der fallenden Lohnquote" machen.

6.1.   Die Anlässe

6.1.1.   Die Aufsätze des Julius Heinrich von Kirchmann

Wie vergleichsweise beim sogenannten "Anti-Dühring" von Friedrich Engels das Werk von Eugen Dühring dem heutigen Leser unbekannt ist, so kennt auch kaum jemand den Autor Julius Heinrich von Kirchmann, dessen Aufsätze zur Nationalökonomie Rodbertus zum Anlaß nahm, seine bisherigen Theoreme zu präzisieren und zu systematisieren. Sind aber die Schriften eines Dühring zumindest in Bibliotheken noch recht gut greifbar, so galten die Aufsätze von Kirchmanns als verschollen, wie schon die Herausgeber einer Werkeausgabe von Rodbertus im Jahre 1890 und auch Th. Ramm bei seiner Ausgabe aus dem Jahre 1971/72 schrieben.[11]

Die wenigen Aufsätze, "Die Grundrente in ihrer Beziehung zur socialen Frage", "Die Tauschgesellschaft" und "Der Kapitalzins", die von Kirchmann in den in Ratibor bzw. Neugarten erscheinenden DEMOKRATISCHEn BLÄTTERn 1849 und 1850 veröffentlichte, dürften also weitgehend unbekannt sein. Sie sind aber nicht als verschollen zu betrachten, da zumindest zwei fast vollständige Jahrgänge dieser DEMOKRATISCHEn BLÄTTER in der Außenstelle des Bundesarchivs in Rastatt liegen.[12] Einer der Aufsätze, auf die Rodbertus rekurrierte, "Die Grundrente in ihrer Beziehung zur sozialen Frage", erschien außerdem 1850 in Neugarten bei Ratibor, wo von Kirchmann Staatsanwalt war, als Broschüre. In dieser Schrift, die W.Hofmann[13] als Beispiel einer sozialreformerischen Kritik der Grundrente betrachtete, kritisierte von Kirchmann radikal die Existenz der Grundrente und das

---

[10]   Rodbertus, Das Kapital. Vierter Sozialer Brief an von Kirchmann. RW 2, S.1-317, hier
       S.114 Anm. (künftig zitiert «Das Kapital»)

[11]   Moritz Wirth, Vorwort des Herausgebers, in: RW 1, S.341; Th.Ramm, Einleitung, in: RW
       1, S.XIIf.

[12]   Die Aufsätze sind nicht ganz vollständig; ich hoffe sie aber demnächst vollständig
       rekonstruiert herausgeben zu können. Die Grundrente in ihrer Beziehung zur socialen
       Frage, DEMOKRATISCHE BLÄTTER, Nr.20, 1849; Nr.21, 1849; Nr.22, 1849; Nr. 23, 1849;
       Nr.24, 1849; Die Tauschgesellschaft, DEMOKRATISCHE BLÄTTER, Nr. 4, 1850; Nr.5, 1850;
       Nr.6, 1850; Nr.7, 1850; Nr.9, 1850; Nr.10, 1850; Nr.11, 1850; Nr.13, 1850; Nr.15,
       1850; Nr.16, 1850; Nr.17, 1850; Der Kapitalzins, DEMOKRATISCHE BLÄTTER, Nr.24, 1850

[13]   W.Hofmann, Sozialökonomische Studientexte, Bd.2, S.97

111

große Grundeigentum als feudales Relikt durchaus dem eigenen Selbstverständnis nach wie auch objektiv in der Tradition eines Teils des
Wirtschaftsliberalismus seiner Zeit stehend. Voraussetzung und Bedingung
einer funktionierenden Wirtschaft war für ihn die Warenproduktion mit
Chancengleichheit für alle Wirtschaftssubjekte. Für von Kirchmann war dies
die conditio sine qua non auch für die Lösung der sozialen Frage.

In der seinerzeitigen sozialen und wirtschaftlichen Entwicklung sah von
Kirchmann wie auch viele Zeitgenossen eine Gefahr für den Fortbestand der
gesellschaftlichen Ordnung; nachhaltig sei die mögliche gesellschaftliche
Harmonie gestört durch die Einkommens- und Besitzschere zwischen arm
und reich, zwischen Besitzenden und Arbeitern.[14] Nur Einkommen, das
durch Arbeit entstanden sei, billigte von Kirchmann seine
Existenzberechtigung zu, und da er das Kapital durch Arbeit entstanden
sah, hatte auch der "Kapitalzins" seine elementare Berechtigung:

> "Das Kapital ist aus der Arbeit entstanden, es ist des Menschen
> mühsam erkämpftes und erspartes Werk. Eine gewisse Billigkeit
> spricht für eine Entschädigung, wenn durch die Hingabe dieses Ka-
> pitals an einen andern das Werk seiner Arbeit sich verzehnfacht."[15]

Die Grundrente fand bei von Kirchmann dagegen keine Begründung in der
Arbeit; hier sei es die Natur, die zu einem Wachstum des Reichtums
beitrage. Das Grundeigentum an sich habe wirtschaftlich gesehen keine
Funktion:

> "... Zufall und Gewalt sind die Basis des Eigenthums an Grund und
> Boden. Kein Tropfen Schweiß klebt daran."[16]

Grundlage des Grundeigentums, das von Kirchmann als Großgrundbesitz verstand, sei die Gewalt, auch wenn im Laufe der Jahrhunderte durch Kauf,
Schenkung etc. das ursprüngliche Unrecht in kodifiziertes Recht
umgewandelt worden sei.[17] In einem bürgerlich-kapitalistischen
Wirtschaftssystem, das nach dieser Auffassung auf Leistung und Arbeit
beruhte, mußte das Grundeigentum mit seinem arbeitsfreien Einkommen, mit
der Grundrente als Anachronismus erscheinen. Für die Existenz der
Grundrente führte von Kirchmann aber nicht allein historische Gründe an;
er versuchte sich auch an einer ökonomischen Begründung, wobei er
weitgehend der Argumentation von David Ricardo folgte, der einmal auf die
unterschiedliche Qualität der Böden hinwies und auf die verschiedenen Ent-
fernungen, wodurch die Transportkosten bestimmt würden, zum zweiten,

---

14 J.H.von Kirchmann, Die Grundrente in ihrer Beziehung zur socialen Frage, Neugarten bei
    Ratibor 1850, S.2

15 ebd. S.4

16 ebd. S.5

17 ebd.

daß in bevölkerteren Gegenden auch schlechte Böden bebaut werden müßten und drittens, daß die Preise für die jeweiligen Produkte gleich seien, ohne Rücksicht auf die jeweilige Bodenqualität.[18]

In der Existenz dieser so skizzierten Grundrente, nach der der Preis für die Lebensmittel von dem schlechtesten Boden bestimmt wird, und zwar aufgrund der Monopolstellung des Grundbesitzes, erkannte von Kirchmann die Ursache der spezifischen Form der "Verelendung" der Arbeiter in seiner Zeit.[19] Die Beseitigung oder wenigstens die Einschränkung der Grundrente müsse das Mittel sein, die Lage der Arbeiter wirklich zu verbessern. Als Beispiele führte von Kirchmann Nordamerika und Irland an; in Nordamerika gebe es zum Teil keine Grundrente und deshalb lebten die Arbeiter in einem "besseren Zustand" als in Irland, wo die Grundrente sehr hoch sei.[20] Von Kirchmann übersah durchaus nicht die Tendenzen in der Gesellschaft, die dem Steigen der Grundrente entgegenwirkten, aber nach seiner Meinung würden weder durch den Freihandel noch durch die Fortschritte in der Agrikultur die Wirkungen der Grundrente selbst aufgehoben.[21] Denn sowohl technischer Fortschritt im Agrarsektor als auch der Freihandel, die die Preise für Agrarprodukte niedrig halten könnten, würden kompensiert durch die steigende Bevölkerung. Von Kirchmann ging davon aus, daß die Bevölkerung schneller steigen würde als die Agrarproduktion; denn nach seiner Auffassung steige gerade in unteren Klassen die Bevölkerung schneller wegen deren mangelnder Bildung und deren "Sinnlichkeit". Selbst bei Unterschreiten des Existenzminimums sei es den Arbeitern möglich zu arbeiten und zu leben, wenn auch unter schlechtesten Bedingungen. Der Möglichkeit einer Bevölkerungsexplosion seien durch die Beschränkung auf den notwendigen Unterhalt noch keine Grenzen gesetzt.[22] Die Vorstellung eines "natürlichen Preises der Arbeit", wie Ricardo den Arbeitslohn definiert hatte, lehnte von Kirchmann ab, weil es in der Realität nach seiner Meinung keinen Beleg dafür gebe, den Arbeitern auch den "notwendigen Unterhalt" zu beschränken. Vor allem der Bevölkerungsdruck verhindere ein Steigen der Arbeitslöhne im Verhältnis zu den Preisen der Lebensmittel.[23] Von

---

[18]   ebd. S.10f.

[19]   ebd. S.14: "Trotz dem, daß die Sclaverei und die Erbunterthänigkeit von der Nation abgeschüttelt ist, befindet sich der arbeitende Theil der Bevölkerung doch noch materiell größtentheils in der alten gedrückten Lage. Man hat ihm das Recht zur Freiheit gegeben, aber die Mittel zum Genuß der Freiheit hat sich der Grundherr nach wie vor vorbehalten und diese Uebermacht des Grundherrn ist um so furchtbarer, als sie auf den anscheinend unerschütterlichen Gesetzen der Natur und des Verkehrs selbst beruht."

[20]   ebd. S.14-17, hier S.16f.

[21]   ebd. S.17ff.; s. auch S.20 und S.21

[22]   ebd. S.26

[23]   ebd. S.27-31

Kirchmann kann, wenn er das Einkommen aus Arbeit relativ wie absolut im Vergleich zu den anderen Einkommen abnehmen sah, zu den Anhängern einer Theorie der absoluten Verelendung gezählt werden. In der so skizzierten Tendenz zum Pauperismus sah von Kirchmann nicht nur die schlechten Lebensbedingungen für die arbeitende Bevölkerung, sondern vor allem eine Gefahr für den Bestand von Staat und Gesellschaft. Von Kirchmann faßte es selbst zusammen:

"Fassen wir das Resultat dieser Betrachtung zusammen, so ist erwiesen, daß die Grundrente in dem westlichen Europa und namentlich in Deutschland in einem langsamen, aber steten Steigen befindlich ist, daß alle Hülfsmittel und Erfindungen der Landwirthschaft, so wie das Anwachsen der Kapitale und der auswärtige Handel nicht im Stande sind dieses Steigen völlig und dauernd zu hemmen, daß ein Stehenbleiben der Bevölkerung nicht zu erwarten ist, und daß mit dem Steigen derselben der Geldlohn des Arbeiters vielleicht etwas, aber nicht im Verhältniß zum Steigen der Nahrungsmittel steigen wird, daß deshalb die Lage der Arbeiter und somit die zahlreichste Klasse der Bevölkerung stetig eine elendere und trostlosere werden wird, die zuletzt, indem sie auf das Steigen der Bevölkerung mächtig zurückwirkt, zu einem Zustande führen muß, wie er in Irland in Folge eigenthümlicher Umstände sich vorzugsweise schnell schon jetzt ausgebildet hat."[24]

Aus dieser Beschreibung der Realität zog von Kirchmann aber keinerlei Konsequenzen in Richtung kommunistischer oder sozialistischer Theorie oder Praxis, obwohl er deren Vorschläge durchaus prüfen wollte[25]; er appellierte an die akademische Wissenschaft, nach Lösungsmöglichkeiten für die soziale Frage zu suchen, um den Bestand von Staat und Gesellschaft zu garantieren. Die von Rodbertus in seiner Schrift "Zur Erkenntniß unsrer staatswirthschaftlichen Zustände" formulierte Konzeption eines Arbeitsgeldes lehnte von Kirchmann als für die Lösung der sozialen Frage unzureichend ab, wie auch Vorstellungen, die sich von einer allgemeinen Steigerung der Produktivität Abhilfe versprächen, weil - so von Kirchmann - auch in diesen Fällen die Grundrente auf Kosten des Lohn- und Kapitalzinsanteils steigen würde.[26] Wenn von Kirchmann in der Existenz der Grundrente die Hauptursache für die soziale Frage sah, so war seine Forderung nach einer Beseitigung des Grundeigentums, nicht des Privateigentums an

---

[24]   ebd. S.33

[25]   J.H.von Kirchmann, Die Tausch-Gesellschaft. DEMOKRATISCHE BLÄTTER Nr.17, 27. April 1850, S.143ff.; s. auch ebd. "Auch zur sozialen Frage" von R.B.P. und auch J.H.von Kirchmann, Der Kapitalzins. DEMOKRATISCHE BLÄTTER Nr.25, 22. Juni 1850, S.206ff. Rodbertus brachte Elemente der Kritik an der bestehenden Wirtschaftsordnung, die von Kirchmann äußerte, in die Nähe des Sozialismus oder in die Nähe Proudhons. Im Manuskript des "Kapitals" finden sich die entsprechenden Bemerkungen, die bei der Edition 1884 aber gestrichen sind. s. Manuskript zu "Das Kapital. Vierter Socialer Brief an von Kirchmann" ZSTA Merseburg Rep.92 Nachlaß Rodbertus-Jagetzow M 4, Bl.32-153v, hier Bl.32v u. Bl.33v.

[26]   J.H.von Kirchmann, Die Grundrente in ihrer Beziehung zur socialen Frage, S.34-37

Produktionsmitteln, nur konsequent.[27] Oben waren schon wirtschaftliche Tendenzen gegen ein Steigen der Grundrente erwähnt worden; da er keine administrative Abschaffung des Grundeigentums forderte, weil dieses seiner liberaldemokratischen Grundeinstellung widersprochen hätte, sah er vor allem in einer Liberalisierung des Handels mit dem Grundeigentum und in der uneingeschränkten Möglichkeit der Parzellierung von Grund und Boden einen Weg, die starke Position des Grundeigentums zurückzudrängen. Noch wichtiger schien von Kirchmann aber die hohe Besteuerung des Grundeigentums zu sein,

"um die Rente zum Gemeingut der Gesellschaft zu machen."[28]

Im Mittelpunkt der anderen Aufsätze von Kirchmanns stand das Problem der Krisen. Mit seinen Ausführungen darüber, daß die Arbeiter zu wenig Anteil am Nationalprodukt hätten, bekannte sich von Kirchmann zur Theorie der Unterkonsumtion.[29] Wie schon Rosa Luxemburg feststellte, reduzierte er dabei das Problem der sich aus den Krisen entwickelnden sozialen Frage auf den "Mangel von Absatzwegen"[30], oder wie es von Kirchmann selbst zusammenfaßte:

"Man sieht, daß die sociale Frage beinahe identisch ist mit der Frage nach den Absatzwegen. Selbst die Übel der vielgeschmähten Konkurrenz werden mit sicheren Absatzwegen verschwinden; es wird der Wetteifer bleiben, gute und billige Waren zu liefern, aber es wird der Kampf auf Tod und Leben verschwinden, der nur in den für alle ungenügenden Absatzwegen seinen Grund hat."[31]

---

[27] ebd. S.41f.

[28] ebd. S.60, s. auch S.51f.

[29] Rodbertus, Sociale Briefe an von Kirchmann. Dritter Brief: Widerlegung der Ricardoschen Lehre von der Grundrente und Begründung einer neuen Rententheorie. RW 1, S.430 (künftig als «Dritter Socialer Brief» zitiert)

[30] R.Luxemburg, Die Akkumulation des Kapitals. in: Gesammelte Werke Bd.5, Berlin 1975, S.189

[31] J.H.v.Kirchmann, Die Tauschgesellschaft. DEMOKRATISCHE BLÄTTER Nr.4, 26. Januar 1850, S.26, s. auch Rodbertus, Zweiter Socialer Brief, RW 1, S.346

6.1.2. Kritik des Harmoniegedankens des Wirtschaftsliberalismus

Standen in den vormärzlichen Schriften von Rodbertus die Auseinandersetzungen mit den Theoremen der britischen Klassiker A.Smith und vor allem D.Ricardo im Vordergrund, so mußte Rodbertus seine Kritik an der liberalen Wirtschaftstheorie durch die Beschäftigung mit dem sogenannten Manchesterliberalismus seit den 1850er Jahren erweitern. Der Manchesterliberalismus, der in Deutschland seine Hauptvertreter in Prince-Smith, H.B.Oppenheimer und J.Faucher hatte, rekrutierte sich in der Regel eher aus Wirtschaftspraktikern, denn aus Wirtschaftstheoretikern. Gemeinsame Anschauung aller Vertreter des Manchesterliberalismus war die Ablehnung staatlicher Interventionen in den wirtschaftlichen Prozeß. Der Staat habe als "Nachtwächterstaat" nur für die Sicherheit seiner Bürger nach innen und außen zu sorgen und den Freihandel zu garantieren.

Rodbertus nahm in seinen "Sozialen Briefen" diese sich in der Öffentlichkeit durchsetzende wirtschaftstheoretische und wirtschaftspolitische Strömung zuerst in ihrem französischen Vertreter Frederic Bastiat wahr. F.Bastiat ist in den Schriften von Rodbertus bis 1852 der nach Ricardo zweithäufigst zitierte Nationalökonom, gefolgt von A.Smith, J.B.Say, MacCulloch, Proudhon und Sismondi.

"Um Frédéric Bastiat (1801-1850) haben unbarmherzige Kritiker übertrieben viel Aufhebens gemacht. Er läßt sich mit einem Badenden vergleichen, der zunächst in seichten Gewässern badet, dann jedoch hinausschwimmt und ertrinkt."[32] Schumpeter hielt Bastiat überhaupt nicht für einen Theoretiker, sondern bestenfalls für einen der "brillantesten Wirtschaftsjournalisten", und deshalb interessierte er sich auch nicht weiter für dessen Werk.[33]

Für den Zeitgenossen Rodbertus, der eher an der Wirkung und der Kritik der 1850 erschienenen "Harmonies économiques" aus wissenschaftlichen und aus sozialpolitischen Gründen interessiert war, stellte sich die Frage der Bedeutung von Bastiats Vorstellungen anders. Bastiat hatte mit seiner weit verbreiteten Schrift[34], in der er sich sowohl von den Theorien von Ricardo und Malthus absetzte, als auch den Sozialismus bekämpfte, die Auffassung eines absoluten Laisser-faire-Prinzips und der Nichteinmischung des Staates zu begründen versucht. Im Mittelpunkt seiner wirtschaftstheoretischen und wirtschaftspolitischen Konzeptionen stand, wie der Titel seines Buches schon

---

[32] J.A.Schumpeter. Geschichte der ökonomischen Analyse, Bd.1, S.614

[33] ebd. S.615: "Ich möchte aber nicht behaupten, daß Bastiat ein schlechter Theoretiker war; ich sage lediglich, daß er kein Theoretiker war." Ähnlich weisen Gide/Rist, Geschichte der volkswirtschaftliche Lehrmeinungen, S.356f. auf die eher publizistische, denn wissenschaftliche Tätigkeit von Bastiat hin, ohne allerdings so hart wie Schumpeter zu urteilen. s. auch J.Kromphardt, Konzeptionen und Analysen des Kapitalismus, Göttingen ²1987, S.120

[34] ebd. S.355; s. auch G.Stavenhagen, Geschichte der Wirtschaftstheorie, S.93

116

andeutete, der Harmoniegedanke, demzufolge sich die Wirtschaft für die Gesellschaft und für den einzelnen positiv entwickele, sofern die wirtschaftliche Freiheit nicht eingeschränkt würde. Bastiat nahm an, daß sich alle noch bestehenden – und von ihm nicht geleugneten – Gegensätze zwischen Arbeit und Kapital, zwischen Besitzern und Besitzlosen, zwischen Produzenten und Konsumenten tendenziell in einer allgemeinen Harmonie auflösen würden. Aus diesem Grunde bezeichneten Gide/Rist F.Bastiat als Vertreter der "Optimisten" innerhalb des ökonomischen Liberalismus des 19. Jahrhunderts. Bastiat ging von der folgenden Prämisse aus:

> "..., daß die allgemeinen Gesetze der Welt harmonisch sind: sie streben in allen Richtungen nach einer Vervollkommnung des Menschengeschlechts. ... Ich glaube, daß das Übel zum Guten führt und es hervorruft, während das Gute niemals zum Übel führen kann, woraus sich ergibt, daß das Gute zum Schluß zur Vorherrschaft gelangen muß."[35]

Von diesem wohl kaum als wissenschaftlich begründeten Standpunkt ausgehend leitete Bastiat seine weiteren Theoreme ab, von denen die "Theorie der Dienstwerte", die die Arbeitswertlehre Ricardos ersetzen sollte, im Mittelpunkt der weiteren Erörterungen stand. Zurecht kritisierte Rodbertus diese Auffassungen, die das kapitalistische Wirtschaftssystem in keiner Weise mehr hinterfragte. So ignorierte Bastiat den Hauptkonflikt zwischen Arbeit und Kapital, und rückte – so monierte Rodbertus – statt dessen die Probleme, die zwischen Unternehmern und Kapitalisten existierten, in den Vordergrund. Auch der Harmoniegedanke des Liberalismus war Rodbertus fremd angesichts des erfahrbaren Elends der Arbeiter.

> "Nur eines ist in Harmonie! Der Verkehrtheit der Zustände entspicht die Verkehrtheit des herrschenden Theils der Gesellschaft, den Grund dieser Uebel da zu suchen, wo er nicht liegt."[36]

Vor allem kritisierte Rodbertus aber Bastiats, Says oder auch Thiers Auffassung über den Erwerb von Eigentum. Nicht Tausch von Dienstleistungen, sondern Stärke, Drohung oder Raub erachtete er als historischen Hintergrund bei der Begründung des Eigentumsrechts.[37]

---

[35] F.Bastiat, Les Harmonies Economiques, zit. nach Gide/Rist, Volkswirtschaftliche Lehrmeinungen, S.352

[36] Rodbertus, Sociale Briefe an von Kirchmann. Erster Brief: Die sociale Bedeutung der Staatswirthschaft, RW 1, S.323f. (künftig zitiert «Erster Socialer Brief»)

[37] Rodbertus, Dritter Socialer Brief, RW 1, S.517-523

6.1.3. Kritik des Antikommunismus

Innerhalb der Geschichte der sozialistischen Ideen nimmt P.J.Proudhon eine Sonderstellung ein: gegen die Auswirkungen der industriekapitalistischen Entwicklung scharf polemisierend sprach er sich gleichzeitig gegen jeden Versuch aus, eine Wirtschafts- und Gesellschaftsordnung zu antizipieren, die auf Zentralisation und Staats- oder Gesellschaftseigentum beruhte, d.h. letztlich gegen den Kommunismus, wie er ihm seinerzeit bekannt war.[38] Vor allem in seinem 1846 erschienenen "Système des contradictions économiques ou philosophie de la misère" suchte er seine antikommunistische und mutualistische, d.h. genossenschaftliche Gesellschaftskonzeption zu begründen. Karl Grün übersetzte diese Schrift 1847 ins Deutsche und versah sie mit einer Einleitung. Rodbertus wird von Grün, den er aus der Preußischen Nationalversammlung kannte, auf die Schriften von Proudhon aufmerksam gemacht worden sein.[39]

Was Proudhon auf den ersten Blick mit den Sozialisten jeglicher Couleur verband, war seine scheinbar scharfe Kritik des Eigentums: "la propriété, c'est le vol", wie er es in seiner Schrift "Qu'est-ce que la propriété?" im Jahre 1840 formuliert hatte.[40] Aber Proudhon war kein Gegner des Privateigentum an sich, sondern sein Ziel war eine Verbesserung der Eigentumsrechte zum Wohl der gesamten Gesellschaft. Seine Kritik an der bestehenden Eigentumsordnung richtete sich gegen das Einkommen, das nicht auf Arbeit beruhte. Hierin unterschied er sich nur wenig von anderen Kritikern der Sozial- und Wirtschaftsordnung, die ihre Kritik aus der Arbeitswerttheorie ableiteten. Eine Lösung der als ungerecht empfundenen Einkommensverteilung hoffte er durch das Prinzip der Gegenseitigkeit, des Mutualismus, zu verwirklichen. Mittel zur Verwirklichung sollte zum Beispiel die Konstituierung einer Tauschbank sein, bei der Güter nach ihrem Arbeitswert eingetauscht werden sollten. Geld und Zins glaubte Proudhon auf diese Weise abschaffen zu können. Grundlage der Durchführung dieser Idee sollte und mußte das Prinzip der Vertragserfüllung sein, die es auch ermöglichte, auf jede staatliche Hilfe oder letztlich jede staatliche Einflußnahme zu verzich-

---

[38] s. hierzu: J.Höppner/W.Seidel-Höppner, Von Babeuf bis Blanqui. Französischer Sozialismus vor Marx, Bd.1, S.291; M.Beer, Allgemeine Geschichte des Sozialismus und der sozialen Kämpfe, S.484f.; G.Hardach/D.Karras, Sozialistische Wirtschaftstheorie, S.30f. streifen Proudhon nur kurz. F.Kool/W.Krause (Hg.), Die frühen Sozialisten, nehmen Proudhon in ihrer Sammlung nicht auf.

[39] J.P.Proudhon, Philosophie der Staatsphilosophie oder Notwendigkeit des Elends, Darmstadt 1847; Karl Marx polemisierte scharf gegen die Auffassung Proudhons in seiner 1847 erschienenen Schrift "Misère de la Philosophie", die Friedrich Engels 1884 ins Deutsche übersetzte und mit einem Vorwort versah, in dem er die Theorien von Rodbertus als "kleinbürgerlich" zurückwies. s. K.Marx, Elend der Philosophie, MEW Bd.4, S.61-182; F. Engels, Vorwort, MEW Bd.21, S.175-187

[40] P.J.Proudhon, Qu'est-ce que la propriété, Paris 1966, S.57; dt.: P.J.Proudhon, Was ist das Eigentum?, in: P.J.Proudhon, Ausgewählte Texte, Stuttgart 1966, S.1f.

ten. An die Stelle des Staates sollte ein geselliges Zusammenleben der Menschen treten, eine Gesellschaft von unabhängigen Kleinproduzenten, begründet auf die freiwillige Vertragserfüllung in einem "Höchstmaß an Freiheit".[41] Nach Gide/Rist war es Proudhons Anliegen, "einen Ausweg zu finden, die Fehler des Privateigentums zuu verbessern, ohne in die «unheilvolle Dummheit» des Sozialismus zu verfallen.[42] Dazu schrieb Proudhon in seinem Wahlprogramm von 1848:

> "Wie die Erklärung der Rechte definiere ich ebenfalls - provisorisch
> - das Eigentum als das Recht, über sein Eigentum, den Ertrag seiner
> Arbeit und seines Fleißes frei zu verfügen. Da habt Ihr mein ganzes
> System: Freiheit des Gewissens, Freiheit der Presse, Freiheit der Arbeit, Freiheit des Handelns, Freiheit des Unterrichts, freier Wettbewerb, freie Verfügung über den Ertrag der eigenen Arbeit und des
> eigenen Fleißes, Freiheit bis ins Unendliche, absolute Freiheit, Freiheit stets und überall. Das ist das System von 1789, von 1793; das
> System von Quesnay, Turgot, J.B.Say - ..."[43]

Der Kommunismus könne nach Proudhons Auffassung das Problem einer ungerechten Einkommensverteilung nicht lösen, da dieser die Ausbeutung der Schwachen durch die Starken nur durch die Ausbeutung der Starken durch die Schwachen ersetze.[44] Im "Système" heißt es in einer Abrechnung mit Sozialismus und Kommunismus:

> "Der Sozialismus, genau besehen, ist die Gemeinschaft des Uebels, die
> Belastung der Gesellschaft mit den persönlichen Fehlern, die Solidarität Aller für die Vergehen eines Jeden. ... Dasjenige von allen ihren unverständigen und retrograden Vorurtheilen, mit dem die
> Kommunisten am meisten schönthun, ist die Diktatur, Diktatur in der
> Industrie, Diktatur im Handel, Diktatur über den Gedanken, Diktatur
> im sozialen und Privatleben, Diktatur überall: das ist das Dogma, das
> wie die Wolke über dem Sinai über der ikarischen Utopie schwebt. ...
>
> Der Kommunismus, diese unglückselige Entlehnung vom Eigenthums-Schlendrian, ist der Ekel an der Arbeit, der Ueberdruß am Leben,
> die Unterdrückung des Gedankens, der Tod des Ich, die Sogung des
> Nichts. Der Kommunismus, in der Wissenschaft wie in der Natur, ist
> gleichbedeutend mit Nihilismus, Ungetheiltheit, Unbeweglichkeit,
> Nacht, ewigem Stillschweigen: er ist der Gegensatz der Wirklichkeit,

---

41 G.Stavenhagen, Geschichte der Wirtschaftstheorie, S.137; G.Hardach/D.Karras, Sozialistische Wirtschaftstheorie, S.30/31

42 Gide/Rist, Geschichte der volkswirtschaftlichen Lehrmeinungen, S.314

43 P.J.Proudhon, Revolutionäres Programm. An die Wähler des Seine-Bezirks (1848), in: Proudhon, Ausgewählte Texte, S.123

44 P.J.Proudhon, Mémoire sur la propriété, zit. nach Gide/Rist, Volkswirtschaftliche Lehrmeinungen, S.322

der schwarze Hintergrund, auf dem der Schöpfer, der Gott des Lichts, das Weltall aufgetragen hat."[45]

6.2. Pauperismus und Krise

Im ersten "Sozialen Brief an von Kirchmann"[46] legte Rodbertus den Schwerpunkt seiner Erörterung auf die Darstellung und Analyse der Phänomene Pauperismus und Handelskrisen, deren Ursachen er in der Existenz der kapitalistischen Marktwirtschaft erkannte. Handelskrise und Pauperismus waren für Rodbertus die "soziale Frage", die es zu lösen galt.[47] Entgegen der Meinung vieler seiner Zeitgenossen erkannte Rodbertus im Pauperismus ein gesellschaftliches bzw. ein gesellschaftspolitisches Problem. Sehr deutlich drückte er diese Auffassung auch in einem Gutachten über die Altersversicherung für Arbeiter für den "Zentralverein für das Wohl der arbeitenden Klassen" im Jahre 1849 aus, wenn er schrieb:

"Wer glaubt, daß der Pauperismus in der Unsittlichkeit der arbeitenden Klassen seinen Grund hat, verwechselt Ursache und Wirkung."[48]

Unter Pauperismus verstand Rodbertus die Verarmung immer größerer Teile der Gesellschaft bei gleichzeitiger Zunahme des Nationalreichtums.[49] Dabei hielt Rodbertus eine Nivellierung der Einkommen nicht für das Ziel einer gesellschaftlichen Umänderung, denn die

"Verschiedenheit des Einkommens ist in ihrem tiefsten Grunde sicherlich gerechtfertigt, aber unmöglich lässt sich mit dieser natürlichen Verschiedenheit rechtfertigen, dass beim Steigen des Nationalreichthums der eine Theil der Gesellschaft immer mehr, der andere immer weniger davon bekommen soll."[50]

Betroffen von der so konstatierten Verarmung seien diejenigen, die arbeiten, indem sie körperliche oder mechanische Tätigkeiten verrichten, so daß

---

[45]   P.J.Proudhon, Philosophie der Staatsökonomie, Bd.2, S.352, S.356 u. S.357

[46]   Rodbertus, Erster Socialer Brief, RW 1, S.231f.

[47]   Rodbertus, Erster Socialer Brief, RW 1, S.331

[48]   Rodbertus, Bemerkungen zu dem Bericht über die Gründung einer Invaliden- und Altersversorgungsanstalt für Arbeiter und den Zweck der Vereine für Arbeiterwohl. RW 1, S.229

[49]   Rodbertus, Erster Socialer Brief, RW 1, S.239ff.

[50]   ebd. S.242

Rodbertus nicht allein die Arbeiter, sondern auch die kleinen Handwerker von der Verelendung bedroht sah.[51]

Schon in seinem Aufsatz mit dem Titel "Wie ist dem Handwerkerstande zu helfen?", der in den DEMOKRATISCHEn BLÄTTERn im Jahre 1849 erschien[52], stellte er fest, daß das «kleine Kapital» ebenso wie die Arbeiter durch die wirtschaftliche Entwicklung in ihrer Existenz bedroht seien, so daß die Handwerker etwa deswegen eine Einschränkung der Gewerbefreiheit forderten. rodbertus wollte dabei aber durchaus unterschieden wissen zwischen den 50 Gesellen beschäftigenden Meister und den kleinen Handwerker. Für letztere konstatierte Rodbertus, daß ihnen *"eine genügende Kundschaft fehlt."*[53] Aber nicht in einer Wiederbelebung der Zünfte sah Rodbertus die Zukunft des kleinen Handwerks, eine Forderung, die er als reaktionär ablehnen mußte, sondern in der *"Demokratisierung des Kredits"*, auch Handwerker sollten Krediten von Banken erhalten können, und in der *"Erhöhung des Einkommens der arbeitenden Klassen"* glaubte er Lösungswege für das Existenzproblem des kleinen Handwerks gefunden zu haben.[54]

Den Pauperismus betrachtete Rodbertus als eine neue Erscheinung in der Geschichte. Die Arbeiter produzierten zwar den Reichtum, behauptete Rodbertus entsprechend seiner schon 1842 entwickelten Arbeitswertlehre, aber sie seien nicht an den materiellen Fortschritten in gleichem Maße wie die besitzenden Klassen beteiligt. Rodbertus näherte sich dabei in seiner Argumentation teilweise einer Theorie der absoluten Verelendung, wenn er schrieb:

"Während der Nationalreichthum wächst, wächst auch die Verarmung jener Klassen, müssen Specialgesetze sogar der Verlängerung der Arbeitszeit in den Weg treten und nimmt endlich die Zahl der arbeitenden Klassen in grösserem Verhältnisse zu, als die der anderen."[55]

Aber Rodbertus betonte, daß es keine absolute Armut gebe; fast wörtlich wie im Manuskript "Über die Ursachen der Armut" aus dem Jahre 1843 schrieb er, daß die Armut ein *"gesellschaftlicher, d.h. relativer Begriff"* sei. Eine Verschlechterung der Lage der Arbeiter sei aber immer noch auch bei gleichbleibendem Lohn für die Arbeiter möglich. Wichtiger war Rodbertus der Hinweis auf die gesellschaftliche Schere zwischen Reichtum und Armut,

---

[51]   ebd. S.244

[52]   Rodbertus, Wie ist dem Handwerkerstande zu helfen? DEMOKRATISCHE BLÄTTER Nr.16, 1849

[53]   ebd.

[54]   ebd.

[55]   Rodbertus, Erster Socialer Brief, RW 1, S.314

zwischen *"Anspruch und Befriedigung".*[56] Nicht eine absolute Verelendung der Arbeiter hatte Rodbertus im Sinn, sondern daß das Einkommen aus Arbeit, d.i. die Lohnquote, die nicht in dem Verhältnis steige wie die Produktivität der Arbeit.[57] Trotz ihrer Erhöhung, die Rodbertus hauptsächlich im Einsatz der Maschinen begründet sah, hätten die Arbeiter keinerlei Vorteil von der Steigerung des materiellen Reichtums der Gesellschaft, womit für Rodbertus der Widersprüchlichkeit der kapitalistischen Produktionsweise bei dem erreichten Niveau der Produktivität erwiesen war:

"Seitdem ist aber der Widersinn der gesellschaftlichen Organisation so gross geworden, dass die Armen gerade dann verhungern, wenn des sichtbaren Reichthums so viel geworden ist, dass auch die Reichen davon in's Unglück gestürzt werden."[58]

Durch diese der kapitalistischen Wirtschaftsweise innewohnende Entwicklung und durch die bisherige Verwehrung der Rechte der Arbeiter und der Arbeiterklasse sei der Fortbestand der Gesellschaft als solche gefährdet. Ähnlich wie in seinen Aufsätzen in den 1830er Jahren betrachtete er die sich konstituierende Arbeiterklasse als mögliche Bedrohung für die Gesellschaft:

"Es ist die drohendste Gefahr vorhanden, dass sie es vorziehen, die Cultur der Gesellschaft zu zerstören, um nur nicht die Leiden dieser Cultur länger zu tragen."[59]

Aus der Massenarmut leitete Rodbertus die zweite wesentliche negative Erscheinung seiner Zeit, die periodisch auftretenden Handelskrisen ab:

"Eine plötzliche Stockung des eben noch so blühenden Absatzes in den Hauptzweigen der Industrie, die sich bald auch allen übrigen Gewerben mittheilt; ein rasches Sinken aller Waarenpreise, die noch vor Kurzem lohnend waren; eine bis zur Entwerthung gehende Werthverringerung der productiven Vermögen; eine fast allgemeine Unmöglichkeit, den eingegangenen Verpflichtungen nachzukommen; zahllose Bankerotte oder Zahlungseinstellungen; zeit- oder theilweise Beschränkung oder Einstellung der Production; Brodlosigkeit von Tausenden von Arbeitern – das sind die in rascher Folge und Wechselwirkung sich äussernden Symptome von Erscheinungen, die

[56] ebd. S.312 Anm.

[57] Rodbertus, Sociale Briefe an von Kirchmann: Zweiter Brief: Kirchmann's sociale Theorie und die meinige, RW 1, S.345ff.; hier S.379 (künftig zitiert «Zweiter Socialer Brief») s. zur Frage der Theorie der relativen Verelendung R.Michels, Die Verelendungs-Theorie. Studien und Untersuchungen zur Internationalen Dogmengeschichte der Volkswirtschaft, Leipzig 1928, S.188ff.

[58] Rodbertus, Erster Socialer Brief, RW 1, S.315

[59] ebd. S.321

122

das Capital decimiren und dem Arbeiter auch noch seine Lumpen rauben."[60]

Die Ausgangspunkte der Krisen sah Rodbertus in den Zentren der von ihm als solche vorausgesetzten und in Ansätzen auch seit Mitte des 19. Jahrhunderts real existierenden Weltwirtschaft. Aber Rodbertus blieb nicht bei der Beschreibung der einzelnen Krisen seit 1818/19 und ihren Auswirkungen stehen, sondern versuchte die Krisen auf ihre tieferen Ursachen und Auswirkungen zu untersuchen. Die wesentliche Ursache der Krisen glaubte Rodbertus in der Absatzstockung der produzierten Waren zu erkennen, d.h. die produzierten Güter können nicht mehr von den Menschen gekauft werden, weil ihr Einkommen im wesentlichen auf den notwendigen Lebensunterhalt reduziert bleibt. Die Anhäufung der nicht absetzbaren Waren verschärfe die Situation für die Arbeiter, indem ihre Löhne gekürzt bzw. sie arbeitslos würden, wodurch die Nachfrage weiter sinke. Die Gleichgewichtstheoreme, wie sie von J.B.Say oder von F.Bastiat formuliert wurden, lehnte Rodbertus von vornherein als Grundlage einer Erklärungsmöglichkeit für die Krisen ab, da nach dieser Theorie jedes Produkt seine eigene Nachfrage schaffe[61], somit eine Überproduktion nicht eintreten könne, dem allerdings die Realität widerspreche.[62] Auch der Vorstellung einer reinen Unterkomsumtionskrise, wie sie von Kirchmann in seinem Modell entwickelte, entspreche nicht der Realität, da die Überproduktion nicht der Fehler der einzelnen Unternehmer sei, sondern ein Problem der gesellschaftlichen Organisation der Produktion unter kapitalistischen Bedingungen überhaupt.[63] Die Absatzstockungen resultierten nicht aus dem Irrtum der einzelnen Kapitalisten, obwohl dies im Einzelfall durchaus sein könne, sondern seien - so Rodbertus - dem Wirtschaftssystem geschuldet, da den einzelnen Kapitalisten die allgemeine Marktübersicht fehle:

"Denn so lange das Nationalkapital in den Händen von Privatunternehmern ist, muss immer der übersichtliche Standpunkt zur Beurtheilung des Marktes fehlen, der allein vor einem Versehen dieser Art schützen könnte, und in der That gerade um so eher fehlen, je

---

60   ebd. S.246f.

61   so schrieb zum Beispiel J.B.Say: "Weil Jeder von uns die Erzeugnisse der Anderen nur mit seinen eigenen kaufen kann, weil die Werthmenge, die wir einkaufen können, derjenigen gleich ist, die wir hervorzubringen vermögen, so werden auch die Menschen destomehr kaufen, jemehr sie hervorbringen." J.B.Say, Briefe an Malthus über verschiedene Gegenstände der politischen Ökonomie, insbesondere über die Ursachen der allgemeinen Stockung, in: K.Diehl/P.Mombert (Hg.), Wirtschaftskrisen, Frankfurt/Berlin/Wien 1979, S.53-87, hier S.54

62   Rodbertus, Zweiter Socialer Brief, RW 1, S.417

63   Rodbertus, Das Kapital, RW 2, S.48 u. S.50

123

höher und allgemeiner die Produktivität der Privatindustrieen steigt. "[64]

Aber die fehlende Marktübersicht ist für Rodbertus nicht die wesentliche Begründung für die Entstehung von Krisen. Vielmehr geht Rodbertus von der Produktivität der Arbeit und der Einkommen, die die einzelnen Klassen in der Produktion erhalten, aus. Im Gegensatz etwa zu seinem öffentlichen Briefpartner von Kirchmann sah Rodbertus in einer alleinigen Steigerung der Produktivität der Arbeit und in einer Vermehrung der Produktivkräfte, also im Wirtschaftswachstum, keine Lösungsmöglichkeit zur Verhinderung von Krisen, da mit der Produktivitätssteigerung keine Einkommensumverteilung zugunsten der eigentlichen Produzenten, nämlich der Arbeiter, einhergehe; eine Verteilung des gesteigerten Reichtums der Gesellschaft komme nicht allen Klassen der Gesellschaft zugute.[65] Den wesentlichen Grund für die Absatzstockung als signifikanten Ausdruck der Krise liege darin, daß die Lohnquote nicht adäquat der gesteigerten Produktivität gestiegen sei.[66]

"... dass nämlich die Ursache des Pauperismus und der Handelskrisen in nichts Anderem liegt, als dass in der heutigen staatswirthschaftlichen Organsiation bei der steigenden Produktivität der Arbeit der Lohn der arbeitenden Klassen eine immer kleinere Quote des Nationalprodukts wird. "[67]

Die Interpretation, die Rodbertus von den Krisen gab, folgt der Unterkonsumtionstheorie in der Tradition von Simonde de Sismondi, der als einer der Hauptvertreter der Unterkonsumtionstheorie gilt. Nach dieser Theorie fehlt den Arbeitern, der Mehrzahl der Bevölkerung, die Kaufkraft, um die produzierten Güter abzunehmen. Auf der anderen Seite verbrauche der Kapitalist nicht sein gesamtes Einkommen, versuche zu investieren, die Produktion zu steigern und verschärfe dadurch die Überproduktion. Auch die gestiegene Produktivität der Arbeit durch die Arbeitsteilung und die Fortschritte in der Technik bewirke, daß mehr produziert werde, als konsumiert werden könne. Deshalb sprach sich Sismondi gegen eine schrankenlose Ausdehnung der Produktion aus und forderte eine staatlich-gesellschaftliche Ordnung, die sich an feudalen Modellen orientierte.[68]

---

[64]   ebd. S.53f.; s. auch S.63: *"Unsere Handelskrisen, ..., sind nicht die Schuld irgend welcher Klassen in der Gesellschaft, sondern die eigenthümliche, unabänderliche Mitgift eines sich selbst überlassenen Verkehrs."*

[65]   ebd. S.56f. Rodbertus wies in diesem Zusammenhang darauf hin, daß als einer der wenigen Ökonomen von Thünen die Auffassung infragegestellt habe, daß die Einkommensquoten bei gesteigerter Produktivität gleichblieben. ebd. S.56f.

[66]   ebd. S.62

[67]   Rodbertus, Erster Socialer Brief, RW 1, S.233

[68]   J.C.B.Simonde de Sismondi, Studien zur politischen Ökonomie (1837) in: K.Diehl/P.Mombert (Hg.), Wirtschaftskrisen, Frankfurt/Berlin/Wien 1979, S.88-121, hier S.114 u.S.116ff.

124

Es ist deutlich erkennbar, daß Rodbertus Teile dieser Kritik kapitalistischen Wirtschaftssystem wieder aufnahm, ohne gleichzeitig die Vorschläge auf eine Refeudalisierung der Gesellschaft aufzunehmen. Rodbertus schlug statt dessen eine über den Kapitalismus hinausweisende "gemeinwirtschaftliche Ordnung" vor. (s.u.)

Die Beschreibung der fünf Krisen der englischen Wirtschaft, 1818/19, 1825/26, 1836/37, 1839/40 und 1846/47 soll hier nicht im einzelnen nachgezeichnet werden. Aber Aspekte der Analyse der Krisen verdienen es, festgehalten zu werden: erstens die zunehmende Intensität der Krisen, zweitens die Zyklenbewegung der Krisen mit den sich verkürzenden Abstände zwischen den einzelnen Krisen.[69] Voraussetzung der Krisen in der Betrachtung von Rodbertus sind somit einerseits die Produktivität der Arbeit und anderseits die gleichzeitig sinkende Lohnquote. Die Krisen, deren Leidtragende die Arbeiter seien, betrachtete Rodbertus als die *"Opfer, um welche die Gesellschaft ihre Freiheit erkauft hat"*.[70] Das Ziel von· Rodbertus war aber nicht die wirtschaftsgeschichtliche Darstellung dieser Krisen und ihre Auswirkungen auf die Entwicklung der sozialen und politischen Ideen und Bewegungen der Arbeiter, sondern er wollte zeigen, daß diese Krisen eine historisch notwendige Erscheinung unter der bestehenden bzw. sich entwickelnden kapitalistischen Wirtschaftsordnung seien und daß der wirtschaftliche Fortschritt sich auf Kosten der Arbeiter entwickele. Damit hatte Rodbertus eine Krisentheorie formuliert, die diese nicht auf die individuellen Fehler einzelner Kapitalisten reduzierte und den Pauperismus nicht als das Versagen der Arbeiter. Die Krisen wurden damit als Bestandteil der kapitalistischen Wirtschaft erkannt.

6.3. Rente oder Mehrwert

Innerhalb der marxistischen Analyse der kapitalistischen Produktionsweise nimmt die Mehrwerttheorie eine zentrale Rolle ein. Rodbertus hatte nun in einem Brief an R.Meyer behauptet, diese Theorie in seinem "Dritten Brief an von Kirchmann" bedeutend klarer als Marx in seinem "Kapital" formuliert zu haben, woraus seit den 1880er Jahren einer der vielen Plagiatsvorwürfe an Marx abgeleitet wurde.[71] Deshalb soll an dieser Stelle auch auf die Gemeinsamkeiten und Unterschiede zwischen der Marxschen Mehrwerttheorie und der Theorie der Rente, wie sie von Rodbertus ausführlicher als in "Zur Erkenntniß unsrer staatswirthschaftlichen Zustände" im "Dritten Socialen Brief an von Kirchmann" entwickelt wurde, eingegangen werden. Gemeinsam ist bei beiden der Ausgangspunkt, die Arbeitswertlehre. Für Marx war es

[69] Rodbertus, Erster Socialer Brief, RW 1, S.250f.

[70] ebd. S.306; auch Rodbertus, Das Kapital, RW 2, S.61f.

[71] Rodbertus an R.Meyer, 20.9.1871, RW 6, S.111f.

ein wichtiges Anliegen, wie der auf die Formel «Geld – Ware – mehr Geld» (G – W – G') zu bringende kapitalistische Produktionsprozeß ohne Verletzung des von ihm anerkannten Wertgesetzes funktioniere, d.h woher der Wertzuwachs rührt.[72] Daß es in früheren Phasen der Menschheit schon ein Mehrprodukt, d.h. eine Produktion über den unmittelbaren Bedarf der Produzenten gegeben hat, stand für Marx außer Zweifel: das Mehrprodukt wurde den Produzenten, die unfrei waren, genommen. Unter kapitalistischen Produktionsverhältnissen sind die Arbeiter persönlich frei, in den Worten von Marx, nicht nur frei von persönlicher Abhängigkeit, sondern auch von Produktionsmitteln, so daß sie gezwungen sind, ihre Arbeitskraft zu verkaufen. Das heißt, daß die Arbeitskraft zu einer Ware auf dem Markt geworden ist. Entsprechend der Arbeitswertlehre wird ihr Wert bestimmt durch die Arbeit, die notwendig ist, diese zu erhalten. Aber in der Konzeption von Marx hat die Arbeitskraft als einzige Ware den Vorzug, mehr Wert hervorzubringen, als sie besitzt. So bezahlt der Unternehmer oder Kapitalbesitzer zwar auf der einen Seite den Wert der Arbeitskraft, gleichzeitig schafft die Arbeit mehr Wert, als für sie in Form des Lohnes gezahlt wird.[73] Zusammengefaßt ist der Mehrwert der Unterschied zwischen dem Wert der Arbeitskraft und dem Wert der Arbeit als Gebrauch der Arbeitskraft, oder anders formuliert, bezeichnet der Mehrwert den Unterschied zwischen dem Gebrauchswert und dem Tauschwert der Arbeitskraft. Damit hat Marx die Entstehung des Mehrwerts in die Späre der Produktion verlegt und Modelle, die den "Mehrwert" mit irgendeiner Form der Übervorteilung im Handel erklären wollen, widerlegt.[74] Gleichzeitig ist damit auch der Möglichkeit der Argumentation, daß die Arbeiter keinen gerechten Lohn bekämen, wie sie zum Beispiel von den "Ricardian Socialists", den sich auf Ricardo berufenden britischen vormarxistischen Sozialisten, aufgestellt wurde, der Boden entzogen. Marx kritisierte somit im Zusammenhang mit der theoretischen Analyse der kapitalistischen Produktionsweise nicht irgendeine Form der zu niedrigen Arbeitslöhne – diese bestritt er an anderer Stelle durchaus nicht – , sondern die kapitalistische Wirtschaftsordnung mit ihrem Lohnsystem an sich: nicht die Höhe des Lohnes kritisierte er, sondern die Lohnarbeit. Für die kapitalistische Wirtschaftsordnung sei nicht das Faktum der "Ausbeutung eines Teils der Bevölkerung durch einen anderen

---

72 K.Marx, Das Kapital Bd.1, MEW Bd.23, S.165f.

73 ebd. S.208: "Daß ein halber Arbeitstag nötig, um ihn während 24 Stunden am Leben zu erhalten, hindert den Arbeiter keineswegs, einen ganzen Tag zu arbeiten. Der Wert der Arbeitskraft und ihre Verwertung im Arbeitsprozeß sind also zwei verschiedne Größen. ... der Verkäufer der Arbeitskraft, wie der Verkäufer jeder andren Ware, realisiert ihren Tauschwert und veräußert ihren Gebrauchswert. ... Der Geldbesitzer hat den Tageswert der Arbeitskraft gezahlt; ihm gehört daher ihr Gebrauch während des Tages, die tagelange Arbeit."

74 ebd. S.209

charakteristisch, sondern die Form, die diese Ausbeutung annimmt, nämlich die Produktion des Mehrwerts."[75]

Rodbertus hatte seine Rententheorie in den wesentlichen Zügen schon 1842 veröffentlicht. Danach, so faßte er 1850 noch einmal zusammen, sei Rente

> *"alles Einkommen, was ohne eigene Arbeit, lediglich auf Grund eines Besitzes, bezogen wird."[76]*

Für die Existenz der Rente erkannte Rodbertus zwei notwendige Voraussetzungen an, daß erstens nach der Teilung der Arbeit die Arbeiter einen Überschuß über die zur eigenen Reproduktion notwendigen Lebensmittel produzieren[77] und daß zweitens Boden und Kapital nicht mehr den unmittelbaren Produzenten gehören, somit das Produkt von rechtlich und faktisch den Eigentümern von Boden und Kapital gehört.[78] Gesellschaftlich müssen Rechtsinstitutionen existieren, die dem Arbeiter das Produkt entziehen.[79] Das Mehrprodukt der Produzenten gehört rechtlich durch die Gesellschaftsordnung sanktioniert den Besitzern der Produktionsmittel. Aus den Bedingungen einer ausreichenden Produktivität der Arbeit und der Existenz von Kapital- und Grundeigentum leitete Rodbertus die Rente ab. Die Rente selbst teilte er wieder in Grundrente und Kapitalgewinn, sofern das Kapital vom Grundbesitz getrennt sei.[80] Das Einkommen teilte Rodbertus in die zwei Hauptkategorien von Rente und Lohn. Die Arbeiter erhalten nach Vollendung der Produktion ihren Lohn als Einkommen, als Teil des Produktes, nicht das gesamte Produkt.[81] Diese Einkommensverteilung, daß die unmittelbaren Produzenten - unter der Voraussetzung ihrer persönlichen Freiheit - nur einen Teil des Produktes bekommen, während der andere Teil den Grund- und Kapitalbesitzern als Rente zufalle, sei ein Ergebnis historischer Entwicklung.[82]

---

[75]   P.M.Sweezy, Theorie der kapitalistischen Entwicklung, Frankfurt ³1972, S.81

[76]   Rodbertus, Zweiter Socialer Brief, RW 1, S.392

[77]   ebd.; s.auch Rodbertus, Dritter Socialer Brief, RW 1, S.460f.

[78]   ebd. S.463: *"... wo Theilung der Arbeit existirt, hört dies unmittelbare Eigenthumsverhältniss des Arbeiters zum Boden, zum Kapital und Arbeitsprodukt auf."*

[79]   Rodbertus, Zweiter Socialer Brief, RW 1, S.392

[80]   ebd. S.394

[81]   Rodbertus, Dritter Socialer Brief, RW 1, S.464

[82]   ebd. S.466: *"Mit der Theilung der Arbeit hingegen, mit dem Ackerbau, der die Arbeit produktiv genug macht, um Andere von dem Produkt der Arbeit mitleben lassen zu können, beginnt auch sofort die Sklaverei, fügt sich zu dem ersten wirthschaftlichen Fortschritt auch sogleich mit der Sklaverei der erste* **rechtliche Fortschritt,** *denn es hört die Tödtung des überwundenen Feindes auf und wird nur zur Ausbeutung des Einen durch den Andern."* (Hervorhebung im Original, UER)

Durch die Geldform sah Rodbertus die eigentlichen Ursachen des Wert-
zuwachses verschleiert. Ähnlich wie Marx lehnte Rodbertus Er-
klärungsansätze, wonach Grundrente wie Kapitalgewinn Preisaufschläge
seien, für die Entstehung der Rente ab.[83] Eigentlich müßte dem freien
Arbeiter das gesamte Produkt gehören, da die Freiheit das Recht auf das
Eigentum am Wert des Produktes beinhalte. Dem widerspreche aber die
Realität. Daß das Produkt dem Arbeiter nicht gehöre, leitete Rodbertus aus
dem bestehenden Recht der bürgerlich-kapitalistischen Gesellschaft ab, denn
Arbeiter und Eigentümer der Produktionsmittel hätten einen Vertrag
geschlossen über die Herstellung des Produkts. Der Arbeiter erhält seinen
Lohn und der Kapitalbesitzer das Produkt.[84] Dadurch, daß Rodbertus die
Höhe des Lohnes aus der existentiell schlechten Lage der Arbeiter erklärte,
gleichzeitig auf den rechtlichen Charakter des Arbeitsvertrages hinwies, war
es ihm möglich, das Verhältnis von Lohn und Rente als ein durch rechtliche
Institutionen veränderbares zu interpretieren.[85] Das Mehrprodukt entsteht
in der Auffassung von Rodbertus dadurch, daß die freien Arbeiter
gezwungen sind, ihre Arbeitskraft zu verkaufen, um überleben zu können.
Als Entschädigung erhalten sie dabei den Lohn, der in der Regel in Höhe
des notwendigen Lebensunterhaltes, der wohl gemerkt eine relative Größe
ist, liegt. Ähnlich wie später Marx erkannte Rodbertus, daß die Rente kein
Wertzuschlag ist, sondern unter den kapitalistischen Produktionsbedingungen entstehen muß, so daß der "Arbeitslohn nicht äqual
dem natürlichen Tauschwerth ihres Produkts" sein kann.[86] Anders als Marx
sah Rodbertus im Arbeitslohn einen Wertabzug, womit er an die genuin
ricardianische Tradition englischer Sozialisten anknüpfte.

*"Dass die Arbeit ein solches Plus ergiebt, beruht auf wirth-
schaftlichen Gründen, solche, welche die Productivität der Arbeit
erhöhen. Dass dies Plus ganz oder zum Theil den Arbeitern entzogen
und Andern zugewandt wird, beruht auf Gründen des positiven
Rechts, das, wie es sich von jeher mit der Gewalt koalirt hat, so
auch nur durch fortgesetzten Zwang diese Entziehung durchsetzt."[87]*

Rodbertus zufolge dürfen die Arbeiter auch nicht den vollen Wert ihres
Produktes erhalten, weil ersten aus ihrem Produkt der "Kapitalersatz", die
Reproduktion der Produktionsmittel gewährleistet werden muß und zweitens
weil unter den Bedingungen des kapitalistischen Eigentums die Rente gezahlt werden muß.[88]

---

[83]   ebd. S.476, S.499

[84]   ebd. S.480

[85]   ebd.

[86]   ebd. S.499

[87]   Rodbertus, Zweiter Socialer Brief, RW 1, S.393

[88]   Rodbertus, Dritter Socialer Brief, RW 1, S.500

*"Es wird also jetzt ein **Werttheil** des Arbeitsprodukts zur In-
standhaltung des Vermögens oder als «Kapitalersatz» verwandt oder
berechnet; es wird ein **Werttheil** des Arbeitsprodukts in dem Geldlohn
der Arbeiter zum Unterhalt derselben verwandt und es bleibt endlich
ein **Werttheil** desselben in den Händen der Grund-, Kapital- und Ar-
beitsprodukts-Besitzer als deren Einkommen oder als Rente zurück."[89]* (Hervorhebung im Original, UER)

In eine kurze Formel gebracht, heißt das:

$$P = k + l + r$$

Das Produkt **(P)** setzt sich somit mit aus Kapitalersatz **(k)**, Lohn **(l)** und
Rente **(r)** zusammen.

Bei Marx besteht das Produkt ebenfalls aus drei Bestandteilen, aus kon-
stanten Kapital **(k)**, aus variablem Kapital **(v)**, das den Ausgaben für den
Lohn entspricht, und aus dem Mehrwert **(m)**, die zusammen den Gesamtwert
(P) darstellen:

$$P = k + v + m$$

Obwohl sich die Formel ähneln, unterscheiden sich doch beide Ansätze wesentlich dadurch, daß sie jeweils andere Konsequenzen nach sich ziehen. Wie
schon erwähnt, kritisierte Marx nicht die Auswirkungen des kapitalistischen
Produktionsprozesses auf die Lohnarbeit, sondern die Lohnarbeit an sich
und forderte letztlich ihre Aufhebung. Rodbertus dagegen kritisierte die für
die Arbeiter negativen Auswirkungen der kapitalistischen Eigentumsordnung;
er forderte deshalb nicht die Aufhebung des (kapitalistischen) Produktionsprozesses, sondern zunächst eine Änderung der Einkommensquoten und
schließlich die Aufhebung der Eigentumsordnung.

Nachdem Rodbertus die Einkommensarten Lohn und Rente bestimmt hat,
differenzierte er weiter und leitet weitere Einkommensarten ab.

Im "Dritten Sozialen Brief an von Kirchmann" behandelte Rodbertus nicht
nur die Entstehung und Verteilung der Einkommen aus der gesellschaftlichen Produktion im allgemeinen, sondern er stellte das Problem
der Grundrente und die Kritik der Auffassung von Ricardo schon im
Untertitel programmatisch heraus.[91] Rodbertus wiederholte seine Argumente
gegen die Grundrententheorie Ricardo noch einmal, daß die Existenz der
Grundrente nicht erklärt werde, sondern nur die Differentialrente; Ricardo

---

[89]   ebd. S.497

[90]   ebd. S.515

[91]   G.Rudolph, Karl Rodbertus (1805-1875) und die Grundrententheorie, S.147, weist aus der
         Kenntnis des Nachlasses darauf hin, daß Rodbertus ursprünglich einen anderen Titel
         gewählt hatte, der die Kritik der Eigentumsrecht weit schärfer hervorkehrte.

erkläre die *"grössere Grundrente, aber nicht die Grundrente"*.[92] Auch die sich aus dieser Grundthese abgeleiteten Konsequenzen lehnte Rodbertus als falsch ab. Nicht die Unterschiedlichkeit der Bodenqualitäten, wie Kirchmann Ricardo interpretierte, sondern die steigende Unproduktivität der landwirtschaftlichen Arbeit lasse nach Ricardo die Grundrente steigen.[93] Demgegenüber betonte Rodbertus die Existenz einer absoluten Grundrente aufgrund des Eigentumsrechtes an Grund und Boden. Aber das hieß für ihn nicht, daß auf ein Preisaufschlag die Existenz der Grundrente erklären sollte; auf die Grundrente wie auch die Rente allgemein wandte Rodbertus die Arbeitswertlehre konsequent an. Grundrente war ein Teil der Rente an sich, der in der Produktion entstehe. Vom Kapitalzins unterscheide sich die Grundrente nur dadurch, daß dieses Einkommen auf dem Privateigentums an Grund und Boden beruhe, statt auf dem Privateigentum an industriellem Kapital.[94] Auch durch seine Kenntnisse der Geschichte[95], in der es niemals eine Gesellschaftsordnung nur mit Kapitalgewinn ohne Grundrente gegeben habe[96], und mit seinen Erfahrungen in der Landwirtschaft glaubte Rodbertus die Grundrententheorie Ricardos zurückweisen zu können· Dabei betritt Rodbertus nicht die Möglichkeit, daß die Preise für landwirtschaftliche Produkte durch außerökonomische Eingriffe gesteigert werden könnten, so daß zum Beispiel die Theorie der sinkenden Produktivität der Landwirtschaft aufgestellt werden könne, um diese Preissteigerungen zu erklären. Die landwirtschaftliche Produktivität war nach Rodbertus' Auffassung ebenso zu steigern wie die industrielle, allerdings in geringerem Tempo.[97] Für die weiteren Diskussionen um die Grundrententheorie von Rodbertus wurde seiner Vorstellung von dem "fehlenden Materialwert" in der Landwirtschaft große Bedeutung zugemessen; in der Regel wurde und wird aber dies zurückgewiesen.[98]

---

[92] Rodbertus, Dritter Sozialer Brief an von Kirchmann, RW 1, S.432

[93] ebd. S.434f.

[94] ebd. S.562ff.

[95] ebd. S.629ff.

[96] ebd. In der Antike sei der Grundbesitzer gleichzeitig Kapitalist gewesen. Erst im europäischen Mittelalter habe sich das Fabrikationsgewerbe von der Rohproduktion getrennt.

[97] ebd. S.589ff.

[98] s. die Zusammenfassung dieser Diskussionen bei G.Rudolph, Karl Rodbertus (1805-1875) und die Grundrententheorie, S.161ff. und S.241ff.

6.4. Das Kapital

Eine besondere Stellung im Gesamtwerk von Rodbertus nimmt der "Vierte Soziale Brief an von Kirchmann" ein, der schon 1852 als Manuskript druckfertig abgeschlossen war, aber erst 1884 von Adolph Wagner und Theophil Kozak aus dem Nachlaß unter dem Titel "Das Kapital" veröffentlicht wurde. Wie schon in Kapitel 2. angedeutet, kann es nur Vermutungen darüber geben, warum Rodbertus diesen Band nicht mehr veröffentlichte.[99] Mit dem Buch über "Das Kapital" faßte Rodbertus noch einmal seine bisherigen theoretischen Bemühungen zusammen und gleichzeitig suchte er mittels exakter Begriffsbestimmungen die bisherigen Mängel der Nationalökonomie in der Begrifflichkeit bezüglich Kapital und Einkommen zu kritisieren. Rodbertus unterschied wirtschaftliche Begriffe im allgemeinen und wirtschaftliche Begriffe im besonderen. Er differenzierte zwischen Kapital als einer rein ökonomische Kategorie und der besonderen Form, die das Kapital unter den Bedingungen der privaten Verfügungsgewalt über das Kapital annimmt. Die Nationalökonomie sei im Prinzip schon Gesellschaftswirtschaft, so behauptete Rodbertus auch in früheren Schriften.[100] Schon von daher lehnte Rodbertus auch die individualistischen Ausgangspunkte der britischen Klassiker wie die von J.B.Say und F.Bastiat ab.

"Die Nationalökonomie entsteht erst mit der Theilung der Arbeit und diese macht gerade der isolirten Wirthschaft ein Ende."[101]

Begriffe wie Nationalökonomie, Nationalproduktion, Geld etc. haben für die Betrachtung der isolierten Wirtschaft keinen Sinn. Ein längeres Zitat von Rodbertus mag seine gesamtgesellschaftliche Betrachtungeise verdeutlichen:

*"Mit der Theilung der Arbeit erzeugt sich unter den Individuen eine **Gemeinschaft**, die allen Begriffen der isolirten Wirthschaft noch einen **neuen Charakter** aufdrückt, der sie dem Bereich und Wesen dern einzelnen Produktions- und Konsumtionswirthschaft entzieht, die noch **andere** wirthschaftliche Begriffe, denen sogar in der isolirten Wirthschaft die Analogie fehlt, zu jenen hinzufügt, die endlich zu ihrer eigenen Regelung nothwendig noch eine **Reihe neuer wirthschaftlicher Thätigkeiten** bedarf, welche sich mit jenen neuen wirthschaftlichen Begriffen zu einem neuen und besonderen Ganzen,*

---

[99]   Das Manuskript war auf jeden Fall, wie Rodbertus gegenüber einigen Briefpartner erwähnt hatte, fertig und druckreif, obwohl Kozak und Wagner dies bezweifelten. Es liegt heute samt Teilen der Vorarbeiten im wissenschaftlichen Nachlaß von Rodbertus im Zentralen Staatsarchiv in Merseburg und von daher besteht auch die Möglichkeit, den Text des Manuskriptes mit dem gedruckten zu vergleichen. ZSTA Merseburg Rep.92, Nachlaß Rodbertus-Jagetzow M 4, Bl.32ff.

[100]   Rodbertus, Das Kapital, RW 2, S.109

[101]   ebd. S.72

*einem **dritten** wirthschaftlichen System, einer **Gesellschaftswirthschaft** vereinigen."[102]* (Hervorhebung im Original, UER)

Gesellschaftswirtschaft und Nationalökonomie seien aber unter den Bedingungen der bürgerlich-kapitalistischen Gesellschaft noch nicht identisch. Auch der These, daß die Arbeit die Grundlage des heutigen Kapital- und Grundeigentums sei, widersprach Rodbertus - sich weitgehend auf Proudhon stützend - entschieden; das Produkt gehöre dem Besitzer der Produktionsmittel, nicht dem Produzenten selbst.[103] Die Bedeutung der Kapitaltheorie von Rodbertus liegt darin, daß er die Reduzierung des Kapitals auf eine rein technische oder monetäre Erscheinung nicht akzeptierte und den gesellschaftlichen Aspekt hervorhob. Für Rodbertus hatte das Kapital zwei Bedeutungen, einmal das Privatkapital, das an eine bestimmte Form des sozialen Vorgangs der Produktion gebunden sei, zum zweiten das Kapital an sich, als überhistorische Kategorie, wie es für jede Produktion bei jeder Produktionsweise vorhanden sein müsse.

6.5. Kommunismus

Den größten Raum in der Abhandlung "Das Kapital" nehmen die Ausführungen über eine Produktionsweise ohne privates Eigentum an Produktionsmittel und über die Notwendigkeit des "Kommunismus" ein. Der "Kommunismus" in der Definition von Rodbertus hatte eine ganz besondere Bedeutung; und er ließ sich schon in der bestehenden Wirtschaftsordnung entdecken:

*"**Kommunismus,** zwar noch nicht rechtlicher, aber doch schon schon faktischer Kommunismus, zwar noch nicht Kommunismus des Produkts, aber doch Kommunismus der Produktion, - ..."[104]* (Hervorhebung im Original, UER)

Damit entfernte sich Rodbertus zunächst von den gängigen gesellschaftspolitischen Kommunismusdefinitionen. Um seine Definition genau zu bestimmen, unterschied Rodbertus zwischen dem Kapital an sich und dem Kapital als historische Erscheinung. Privateigentum an Kapital und an Boden sei eine Möglichkeit, in welcher Form sie in den Wirtschaftsprozeß

---

102   ebd. S.77f. Rodbertus bezeichnet mit "Gesellschaftswirtschaft" die Erscheinung, die Karl Marlo als "Weltökonomie" begriff. Rodbertus machte in einer Anmerkung auf gewisse Ähnlichkeiten mit den "Untersuchungen über die Organisation der Arbeit" von Marlo aufmerksam. s. ebd. S.104f. Anm. zu Karl Marlo die Biographie von W.Ed.Biermann, Karl Georg Winkelblech (Karl Marlo) 2 Bde. Leipzig 1909, hier Bd.1, S.110-152. Biermann referiert allerdings die zweite Auflage der "Untersuchungen", die - um Teile aus dem Nachlaß ergänzt - erst 10 bzw. 11 Jahre nach Rodbertus publiziert wurde.

103   Rodbertus, Das Kapital, RW 2, S.111f.

104   ebd. S.86f.

Produktionsmittel das Produkt aufgrund ihres Besitztitels, nicht aufgrund ihrer Arbeit. Die Arbeiter erhielten nach vollendeter Arbeit ihren Lohn, die Eigentümer Kapitalgewinn beziehungsweise Grundrente.[105] Den Arbeitern einen höheren Anteil am Produkt zu geben, war eines der erklärten Ziele von Rodbertus, aber nie sprach er ihnen "das Recht auf den vollen (individuellen) Arbeitsertrag" zu, weil damit seiner Meinung nach die schon entwickelte Gesellschaftsordnung zerstört würde.[106] Die Lösung des Eigentumsproblems war für Rodbertus somit keine individuelle Frage, sondern eine soziale. Dem Arbeiter mittels von Assoziationen Eigentum an Produktionsmitteln zu geben, lehnte er ebenso wegen der Parzellierung von Produktionseinheiten ab.[107] Näher lag ihm das Nationaleigentum, bei dem das Nationalprodukt erst zur Konsumtion an die Individuen verteilt würde. Das Nationaleigentum an Produkten betrachtete Rodbertus aber noch nicht als Kommunismus. Was Rodbertus letztlich wollte, war nicht Kommunismus der Konsumtion, sondern der Produktion. Dem Arbeiter stünden dann Eigentumstitel am Produktionswert zu. Rodbertus strebte so eine Änderung der Rechtsverhältnisse an. Den bisherigen Eigentümern sollte die Rente nicht genommen werden, denn sie sollten aus dem sogenannten "Gesellschaftsbudget" bezahlt werden, aber diese Summe sollte nicht mit der Produktivitätsteigerung erhöht werden, während dem gegenüber das Einkommen der Arbeit als Quote und als Summe steigen sollte. Die Produktionsmechanismen änderteten sich so kaum, aber die "staatwirtschaftliche Leitung" müßte sich grundlegend verändern, wie letztendlich auch die Verteilung des Nationaleinkommen.[108]

"Der nationalökonomische Charakter einer Gesellschaft dagegen, in der Gemeinschaft an Boden und Kapital gilt, ist einmal, dass die Bewegung der nationalen Produktion und Verteilung durch gesellschaftschaftliche Verfügung und Konstituirung vermittelt, zweitens, dass das Eigenthumsprincip in seiner Reinheit verwirklicht wird, dass als die an der Produktion Betheiligten und deshalb auch zu Antheil am Nationaleinkommen Berechtigten nur die Producenten angesehen werden."[109]

Rodbertus glaubte zum Beispiel durch die Ausschaltung des Handels überflüssige Tauschakte zu beseitigen und damit die Wirtschaft funktionaler zu gestalten zu können.[110] Letztliche Konsequenz dieser Maßnahmen sollte aber

---

105   ebd. S.113f.

106   ebd. S.114

107   ebd. S.116

108   ebd. S.120

109   ebd. S.123

110   ebd. S.124

133

die Aufhebung des kapitalistischen Eigentumsrechts an sich sein, um den ursprünglichen Produzenten den ihnen zustehenden Anteil am Wert des Produktes zukommen zu lassen.[111] Die Gesellschaft sollte durch eine Behörde und durch Beamte organisiert und verwaltet werden. An der Spitze der Gesellschaft sollte ein Zentralorgan, eine Wirtschaftsbehörde, die Rodbertus verfassungsmäßig nicht weiter kennzeichnete, stehen.[112] Aufgabe dieser Zentralbehörde sei es

> "... die Nationalproduktion dem Nationalbedürfniss anzupassen, das Nationalprodukt auf der Höhe der produktiven Mittel zu erhalten, die Vertheilung des Nationaleinkommens nach den Grundsätzen des oben gedachten gesellschaftlichen Rechts zu regeln."[113]

Bei der Ermittlung der Bedürfnisse unterschied Rodbertus zwischen dem Staatsbedarf oder den öffentlichen Bedürfnissen und den privaten Bedürfnissen. Der Staatsbedarf werde durch den gesellschaftlichen Willen - etwa durch ein Parlament - oder Herrscherwillen nach vorher definierten Prioritäten bestimmt. Die weit schwierigere Aufgabe der Ermittlung von privaten Bedürfnissen problematisierte Rodbertus nicht, wenn er konstatierte, daß nur das, was produziert worden sei, auch verteilt werden könne:

> "Wenn nur die Zeitarbeit bekannt ist, die Jeder, der sich mit produktiver Arbeit beschäftigt, zu leisten übernimmt, so lässt sich auch erkennen, wie weit die Mittel in der Deckung der Be-dürfnissreihe eines Jeden reichen. Mit dieser Erkenntniss ist dann aber auch gegeben, welche Bedürfnisse zu befriedigen, also welche und wieviele Befriedigungsmittel zu produciren sind."[114]

Die Arbeitzeit gibt zwar ein Maß für die Möglichkeiten der Produktion an, kann aber keine Auskunft über die Bedürfnisse geben. Die Frage, ob durch eine gesteigerte Produktion die Bedürfnisse Steigen oder ob die gesteigerten Bedürfnisse zu einer Produktionssteigerung führen, sparte Rodbertus aus. Daß Rodbertus den Begriff der "Arbeitszeit" noch differenzierte, indem er auf die Annahme einer "normalen Arbeitszeit" verwies, auf die Annahme eines "normalen Tageswerks" und auch bei Voraussetzungen permanent wegen der Änderung der Produktivität der Arbeit revidiert sehen wollte[115], löst das Problem letztlich nicht. Durch die Schaffung einer zentralen Wirtschaftsbehörde wäre es nach Rodbertus auch unnötig, Kapital anzusparen, um die Produktion zu erweitern; denn das

---

notwendige Kapital werde durch die richtige Einteilung der Produktion bereitgestellt. Durch das Entfallen der Konkurrenz glaubte Rodbertus, daß jeder technologische Fortschritt in allen Betrieben sich durchsetzen werde.

In der Verteilung des Nationaleinkommens wollte Rodbertus nicht kommunistisch im Sinne von gleichmachend verfahren. Die Maxime von Max Stirner "Ich muß so viel haben, als ich mir anzueignen vermögend bin", die Rodbertus zitiert, sollte verwirklicht werden. Interessant ist, daß die unterschiedliche Entlohnung nicht aufgehoben werden sollte, sondern daß der Lohn direkt aus der Produktion ablesbar, damit gerechter sein sollte.[116] Obwohl Rodbertus immer von der Durchschnittsarbeit als Maßstab für die Planung der Produktion sprach, heißt das also nicht gleiche Entlohnung, denn dies hätte seinen Vorstellungen einer Leistungsgesellschaft wiedersprochen.[117]

Der "Kommunismus", wie Rodbertus ihn hier skizziert hatte, war für ihn aber kein reines Denkmodell, sondern Ziel der realhistorischen Entwicklung, der sich auch in den philosophischen Ideen und politisch-sozialen Bewegungen dokumentierte. So verwies er unter anderem auf das Urchristentum, auf die Staatsutopien, auf die Schriften von St.Simon, Fourier und Owen und auf die revolutionären Bewegung seit dem späten Mittelalter.[118] Das Bild des "Kommunismus" als zukünftige Gesellschaftsordnung, das Rodbertus entwarf, entsprach nicht einem Zwangsstaat, aber auch keinem Schlaraffenland, sondern einer Leistungsgesellschaft im Sinne Saint-Simons, in der das Individuum sich frei innerhalb der gesellschaftlich legitimierten Grenzen entfalten könne. Rodbertus schrieb:

> "... und Personen und Willen sind so frei, wie sie überhaupt nur in der Gesellschaft sein können. Die Arbeit ist kein Zwang, sondern freier Entschluss. Die Pflicht des passiven Gehorsams geht nicht weiter, als der durch die individuellen Willen gebildete Volkswille verlangt. Die Reglementirerei ist nicht grösser, als sie in jeder freien Association sein würde."[119]

Das Eigentumsrecht, das Rodbertus dem Individuum konzediert, werde im Kommunismus nicht verletzt oder aufgehoben, sondern erst verwirklicht werden können, wenn den unmittelbaren Produzenten das Produkt gehöre. Das Eigentum werde so zu einem Rechtstitel aufgrund von Arbeit, wie es die

---

116   ebd. S.146

117   ebd. S.148

118   ebd. S.224/5; s. auch S.223: "Ich gestehe offen, ich meinerseits glaube an die dereinstige Aufhebung des Grund- und Kapitaleigenthums. Geschichte, Gegenwart und Wissenschaft haben diesen Glauben gleich sehr in mir begründet."

119   ebd. S.215

liberale Theorie postuliert hatte.[120] Auch die Freiheit wäre Bestandteil der kommunistischen Gesellschaftsordnung, da das Individuum unabhängig von anderen individuellen Willen würde. Freiheit würde in die Gesellschaft eingebunden, wäre nicht mehr unabhängig vom gesellschaftlichen Willen. Nach Rodbertus verhinderte gerade die ökonomische Abhängigkeit von Grund- und Kapitalbesitzern die Freiheit der Arbeiter.[121] Sehr prägnant faßte Rodbertus seine Auffassung zusammen:

> *"So lange es Grund- und Kapitaleigenthum giebt, so lange wird es auch «Herren» geben. Die Rente ist Nichts, als das letzte geschichtliche Kriterion des Herrn. Erhöhen Sie die bürgerliche und politische Freiheit wie Sie wollen, bis zum allgemeinen Stimmrecht in Staat und Gemeinde, selbst bis zur «Anarchie» , behalten Sie das Grund- und Kapitaleigenthum daneben, wie es die heutigen Anarchisten wollen, und Sie damit auch die Rente und die Herrschaft, den Lohn und den Dienst wieder. Wollen Sie aber wahrhaft Anarchie, so müssen Sie das Grund- und Kapitaleigenthum drangeben. Dann freilich haben Sie noch die Wahl, die Wahl zwischen dem Rousseau'schen Vierfüssler und Civilisation mit einem gesellschaftlichen Willen, d.h. mit Staat, Centralisation und Kommunismus."[122]*

Erst im einer komunistischen Gesellschaftsordnung könne der in der bürgerlich-kapitalistischen Gesellschaft nur formale Anspruch auf Gleichberechtigung erfüllt werden. Politische Gleichheit und persönliche Freiheit waren für Rodbertus formal, solange sie nicht durch eine soziale Gleichberechtigung untermauert wurden.[123]

> *"Also erst mit diesem Zustande, erst aber bei Kommunismus an Boden und Kapital, ist die Gesellschaft vollständig befreit, sowohl von individuellen wie gesellschaftlichem Despotismus, von der Herrschaft Einzelner, wie von Dem, was die Alltagsmeinung im Kommunismus fürchtet. Denn erst dann ist die allgemeine Gesellschaft «Freier und Gleicher» gegründet, in keiner Beziehung Jemanden über sich, als den gesellschaftlichen Willen, an dem sie selbst Theil haben. Erst dann wird der Verschiedenheit individueller Fähigkeiten, wie der Verschiedenheit ihrerAnwendung, wird jenen «handgreiflichen Ungleichheiten», wie Reybaud will, volle Rechnung getragen."[124]*

Zentralisation (als eine Entwicklungstendenz in der Geschichte) und Selbstregierung gleich Demokratie waren für Rodbertus keine Widersprüche, sondern bedingten einander. Damit sprach sich Rodbertus zu Beginn der 1850er Jahre nicht für einen autoritären Staat oder für eine autoritäre

---

[120] ebd. S.217

[121] ebd. S.218

[122] ebd. u. f.

[123] ebd. S.220f.

[124] ebd. S.222f.

Lösung der sozialen Frage aus, sondern widersprach Forderungen nach mit
seiner Betonung des Zentralgedankens vor allem Tendenzen, die auf
Föderalismus abzielten oder und und nach einer Kommunalisierung
zentralstaatlicher Funktionen das Wort führten. Im Zusammenhang dieser
Beschreibung der zukünftigen kommunistischen Gesellschaftsordnung schrieb
Rodbertus auch davon, daß die Entwicklung zum Kommunismus ein
Emanzipationsprozeß sei.

> *"Nicht der Individualismus, sondern der Socialismus schliesst die
> Reihe der Emancipationen, die mit der Reformation begonnen ha-
> ben.*"[125] (Hervorhebung im Original, UER)

Allerdings glaubte Rodbertus nicht daran, daß sich der Kommunismus in
absehbarer Zeit durchsetzen würde; er hielt die bestehenden bürgerlich-
kapitalistischen Verhältnisse sogar für die Entwicklung von Kultur und
Wissenschaft für notwendig. Es sei aber die Aufgabe der *"sozialen
Wissenschaften"* einmal auf die negativen Auswirkungen der kapitalistischen
Wirtschaftsordnung hinzuweisen, zum anderen Sozial- und Wirt-
schaftsreformen vorzubereiten, um die Existenzbedingungen der Arbeiter zu
verbessern[126],

> *"dass fortan auch die arbeitenden Klassen den ihnen gebührenden
> Antheil erhalten und dass denoch diese Regulirung ohne
> Beeinträchtigung der persönlichen Freiheit, der Freizügigkeit
> geschehen kann."*[127]

Und in diesem Sinne fühlte sich Rodbertus verpflichtet, seinen Anteil als
Sozialwissenschaftler zu leisten.

Die konkrete Wertbestimmung, die die Grundlage der Verteilung des
Einkommens sein mußte, sollte durch die Zentralbehörde vorgenommen
werden. Diese habe auch ein Geld zu kreieren, das mit der reinen Arbeitswertlehre konform sei.[128] Hier knüpfte Rodbertus an seine Schriften aus
den 1830er und 1840er Jahren an, als er erste Ansätze für eine Arbeitsgeldtheorie entwickelte. Die staatswirtschaftliche Behörde sollte aufgrund
der geleisteten *"normalen Arbeit"* Bescheinigungen verteilen, auf denen der
Wert der Arbeit dokumentiert ist. Die Begründung, die Rodbertus hier gab
entsprach genau der in "Zur Erkenntniß unsrer staatswirthschaftlichen Zustände". Allerdings betonte er, daß diese Art des Geldes nur unter der
Voraussetzung der Aufhebung des Privateigentums an Kapital und Boden
und des Gleichgewichtes von Produktion und Bedürfnissen verwirklicht

---

125   ebd. S.223

126   ebd. S.231f.

127   ebd. S.230

128   ebd. S.138

werden könnte.[129] Die Illusionen, die Rodbertus noch 1839 und 1842 bezüglich der Einführung eines Arbeitsgeldes auch schon im Kapitalismus oder in einer Übergangsgesellschaft zum Kommunismus hegte, waren anscheinend durch die Erfahrungen aus England und Frankreich (Owen und Proudhon) verflogen.[130] Proudhon hatte Anfang 1849 ein Tauschbankprojekt auf freiwilliger Basis initiiert, das aufgrund seiner von vornherein fehlerhaften Organisation scheiterte. Das Geld und der Zins, deren Existenz Proudhon als "erste Fessel der Freiheit" betrachtete, sollten mittels der Tauschbank auf eine gänzlich neue Weise geregelt werden[131] "und wenn wenn erst alle Produzenten und Konsumenten dieser Bank begetreten seien, wäre die Privilegienwirtschaft des heutigen Gesellschaftssystems beseitigt."[132] Rodbertus begründete seine Ablehnung dieser Vorstellung mit seinen theoretischen Überlegungen, nach der in der kapitalistischen Produktionsweise der Tauschwert nicht dem (Arbeits)-Wert entspreche.[133] Die etwa von Reybaud gemachten Einwendungen gegen das Arbeitsgeld an sich, daß die Arbeiten des einzelnen Arbeiter zu unterschiedlich seien[134], um darauf ein Geld zu gründen, wies Rodbertus zurück, indem auf die Konstituierung des Wertes *"nach normaler Arbeit"*, d.h. nach durchschnittlicher Arbeit verwies.

"Durch die Konstituirung des Werths und Einführung eines solchen Geldes würde die staatswirthschaftliche Behörde des Zustandes vollkommen im Stande sein, in öffentlicher wie in privativer Beziehung, die Vertheilung des Nationaleinkommens nach den geltenden Rechtsgrundsätzen zu regeln."[135]

---

129 ebd. S.161

130 ebd. S.153ff.

131 P.J.Proudhon, Revolutionäres Prgrogramm. An die Wähler des Seine-Bezirks, in: P.J.Proudhon, Ausgewählte Texte, S.125; zur Freiwilligkeit des Beitritts, ebd. S.126

132 K.Diehl, P.J.Proudhon. Seine Lehre und sein Leben. Bd.2, Jena 1890, S.178. Daß das Projekt scheitern mußte, ist in der Literatur unumstritten. s. z.B. ebd. S.182ff.; W.Hofmann, Ideengeschichte der sozialen Bewegung, S.64; Höppner/Seidel-Höppner, Von Baboeuf bis Blanqui, Bd.1, S.296

133 Rodbertus, Das Kapital, RW 2, S.159. Rodbertus Ablehnung eines Arbeitsgeldes unter kapitalistischen Produktionsverhältnissen ähnelt der 1859 von K.Marx, Zur Kritik der Politischen Ökonomie, MEW Bd.13, S.66ff., der die falschen Voraussetzungen hervorkehrte, unter denen John Gray schon in den 1830er Jahren ein auf Arbeitszeit basierendes Geld konstituieren wollte. "Das Dogma, daß die Ware unmittelbar Geld oder die in ihr enthaltene Sonderarbeit des Privatindividuums unmittelbar gesellschaftliche Arbeit ist, wird natürlich nicht dadurch wahr, daß eine Bank an es glaubt und ihm gemäß operiert. Der Bankerott würde in solchem Falle vielmehr die rolle der praktischen Kritik übernehmen." ebd. S.68

134 Reybaud, Etudes sur les Réformateurs, zit. nach Rodbertus, Das Kapital, RW 2, S.157

135 ebd. S.158

Der Arbeitsertrag dürfte, so Rodbertus, aber nicht allein an die Arbeiter verteilt werden, weil neben den privaten auch die öffentlichen Bedürfnisse berücksichtigt werden werden müßten.[136] Auf eine Erweiterung der Produktionskapazitäten ging Rodbertus nicht ein, wie er ja auch ein Sparen (s.o.) für überflüssig hielt. Überhaupt bestritt er die Möglichkeiten von Arbeitslosigkeit, Kapitalmangel, Über- oder Unterproduktion unter den Bedingungen des Gesellschaftseigentums.[137] Die Kritik, die seit dem ersten Aufkommen einer Begründung des Geldes auf Arbeit geäußert wurde, trifft auch auf Rodbertus zu. Eine freie Konsumwahl für die Besitzer des Arbeitsgeldes, die Rodbertus bei seinen Ausführungen ausdrücklich annahm, ist nicht gegeben. Statt dessen müßte auch der individuelle Konsum wie die Produktion durch die "gesellschaftliche Zentralbehörde" geregelt werden.[138]

Was Rodbertus in dieser Schrift entwickelt hatte, war ein Wirtschaftsordnung, die als Planwirtschaft oder auch als Zentralverwaltungswirtschaft zu kennzeichnen ist, in der nicht der Markt über die Preise und Verteilung der Produkte entscheidet, sondern eine staatliche resp. gesellschaftliche Institution.

6.6. Staatssozialismus: Überlegungen zur Sozialreform

Eine eigene Staatstheorie hat Rodbertus nie entworfen, und bis zu den 1850er Jahren finden sich auch nur wenige Äußerungen, die seine theoretische Position zum Staat kennzeichnen. Aus seiner Grundtheorie, daß die Geschichte die Tendenz zur Vereinigung und Zentralisation läßt sich aber zumindest andeutungsweise ableiten, daß der Staat für Rodbertus immer zentralistisch ist. Er steht über der Gesellschaft und kann autoritär oder auch frei und selbst durch die Staatsbürger bestimmt sein. Die jeweilige Gesellschaft habe sich zwischen diesen beiden Möglichkeiten zu entscheiden. Rodbertus glaubte aber angesichts der schlechten materiellen Lage der Arbeiter, die eine "innere Zucht" verhindere, daß der autoritäre Staat eher der Situation angemessen sei.[139] Das hieß bei Rodbertus allerdings nicht, daß die Arbeiter aus dem Staat ausgegliedert wären, sondern durch die Aufnahme der arbeitenden Klassen in den Staat, d.h. duch die Gewährung gleicher Rechte und Auferlegung gleicher Pflichten, sei der "Staat zur

136   ebd. S.160

137   ebd. S.161f. Nicht eingegangen soll hier auf den Hinweis von Phan-huy-Klein, Marx und Rodbertus, S.173, die auf die Ähnlichkeit des Arbeitsgeldes von Rodbertus mit dem "neutralen Geld", wie es von F. Bendixen propagiert wurde, hinwies.

138   W.Lexis, Zur Kritik der Rodbertus'sschen Theorien. JAHRBÜCHER FÜR NATIONALÖKONOMIE UND STATISTIK Bd.43, N.F.9, 1884, S.462-476

139   Rodbertus, Erster Socialer Brief, RW 1, S.319f.

Gesellschaft" geworden.[140] Das ergäbe sich die Konsequenz, daß der Staat nun - wenn auch mit Einschränkungen - auch für alle seine Mitglieder zu sorgen habe:

> *"... aber unstreitig hat auch der freie Bürger, der seine Pflichten gegen die Gesellschaft erfüllt, an diese selbst eine Rechtsforderung auf einen angemessenen Antheil an dem gemeinschaft hergestellten Product, wenn man nicht etwa den Begriff einer Forderung ohne Schuldner zugeben will."*[141]

Staat und Gesellschaft waren für Rodbertus spätestens seit der 1848er Revolution eine Einheit, ein Organismus, in dem alle Teile aufeinander gewiesen seien.[142] Von dieser Position leitete Rodbertus auch seine Theorie des *"Staatssozialismus"* ab.

Aus den vier "Socialen Briefen an von Kirchmann" geht kaum hervor, wie sich Rodbertus in 1850er Jahren den Übergang zum *"Kommunismus"* vorstellte, auch wenn er noch nicht auf der Tagesordnung stand. Daß er angesichts der massiven Repression gegen sozialistische Bestrebungen den "Vierten Sozialen Brief" nicht veröffentlichte, ist durchaus verständlich. Dennoch suchte Rodbertus auch in den 1850er Jahren nach Wegen, die soziale Frage als Gegenwartsaufgabe zu formulieren. Aus dem leider nur unvollständig erhaltenen Briefwechsel mit verschiedenen Männern der vormaligen "Demokratischen Partei" und Liberalen lassen sich aber seine sozialpolitischen Vorstellungen entwickeln, die auch Rodbertus' Verhältnis zum "Staatssozialismus" verdeutlichen. G.Rudolph hatte in seiner Studie geschrieben: "Der Terminus **Staatssozialismus** selbst findet sich nicht bei Rodbertus. Er taucht erst auf bei dem der etatistischen Variante des Kathedersozialismus nahestehenden Adolph Wagner, der zu jenen gehörte, die - wie der damals noch auf marxistischen Positionen stehende Karl Kautsky sich ausdrückte - «Anfang der 80er Jahre (also nach dem Tode von Rodbertus) in Rodbertusianismus machten»."[143]

Diese Aussage ist nicht haltbar. Sehr deutlich wird die Haltung von Rodbertus zur Begründung eines Sozialstaats vor allem in Teilen seines Briefwechsels mit dem späteren Vorsitzenden des "Centralvereins für das Wohl der arbeitenden Klassen" Rudolf Gneist.[144] Im Mittelpunkt ihrer

---

[140] ebd. S.317

[141] ebd. S.319

[142] Rodbertus, Das Kapital, RW 2, S.93f.

[143] G.Rudolph, Karl Rodbertus (1805-1875) und die Grundrententheorie, S.59

[144] ZSTA Merseburg Rep.92 Nachlaß Gneist Nr.62 u. Nr.63; auf den Briefwechsel macht J.Reulecke, Englische Sozialpolitik um die Mitte des 19. Jahrhunderts im Urteil deutscher Sozialreformer. in: W.J.Mommsen (Hg.), Die Entstehung des Wohlfahrtsstaats in Großbritannien und Deutschland 1850-1950. Stuttgart 1982, S.17ff. aufmerksam. M.E.

Kontroverse standen sozialpolitische Maßnahmen und Gesetze, vor allem die
Bade- und Waschanstalten und der Bau von Arbeiterwohnungen, die zur
Verbesserung des Hygienezustandes bei den Arbeitern dienen sollten. Über
diese Initiativen hatte R. Gneist nach einer Englandreise im Jahre 1851 in
der Zeitschrift des "Centralvereins" berichtet.[145] Seit den 1840er Jahren
hatte es in England lokale und private Initiativen gegeben, öffentliche und
kostengünstige Bade- und Waschanstalten mit heißem Wasser zu bauen. Dazu
war es notwendig, die englische Gesetzgebung zu ändern, so daß die
Gemeinden entsprechende Anlagen als kommunale Angelegenheit regeln
konnten. Auch in Deutschland sollten entsprechende Anlagen errichtet
werden, und in Berlin war auch 1852 ein Freibad zur unentgeltlichen
Benutzung eröffnet worden. allerdings wurde im einleitenden Teil zum
Vortrag von Gneist darauf hingewiesen, daß die "volkswirthschaftlich un-
richtige Idee ..., dergl. Dienstleistungen den arbeitenden Klassen
unentgeltlich gewähren zu wollen" aufgegeben werde.[146] Es sollte
allerdings auch kein Gewinn erzielt werden, sondern allein die Kosten des
Betriebs sollten gedeckt werden wie in England.[147] Wohl im Anschluß an
dieses Referat verfaßte Rodbertus einen längeren *"socialistischen Brief"* an
Rudolf Gneist, in dem Rodbertus erstmalig den Begriff "Staatssozialismus"
benutzte.[148] In diesem Brief, der im gleichen Jahr wie der "Vierte Soziale
Brief an von Kirchmann" verfaßt worden, legte Rodbertus unzweideutig sein
sozialistisches Programm dar. Sozialismus war für ihn gleichbedeutend
staatlicher Wirtschafts- und Sozialpolitik zugunsten der in der bürgerlich-
kapitalistischen Gesellschaft benachteiligten Klassen. Damit unterschied
Rodbertus Sozialismus von Kommunismus, der erst später sich als
Gesellschaftsordnung durchsetzen werde. Das *"Princip des Socialismus"*
glaubte darin zu erkennen,

> *"daß nämlich, so lang Grund- und Kapitaleigenthum, also nicht (oder
> noch nicht) Kommunismus, bestehe, der* <u>Staat</u> <u>einzugreifen</u> *hat, um
> die ungerechte Vertheilung der materiellen Güter zu verbessern
> ..."[149]* (Hervorhebung im Original, UER)

---

ist es allerdings falsch, von einer Kontroverse zwischen zwei Sozialreformern zu
schreiben; Rodbertus ging es um mehr!

[145] Vortrag über öffentliche Bade- und Wasch-Anstalten, besonders in England, gehalten von
Professor Gneist. MITTHEILUNGEN DES CENTRALVEREINS FÜR DAS WOHL DER ARBEITENDEN
KLASSEN 15. H., 1852, S.1-22 (=Reprint Bd.III, S.1771-1792)

[146] ebd. S.3 (=1773)

[147] ebd.

[148] Rodbertus an R.Gneist, 28/29.10.1852, ZSTA Merseburg Rep. 92 Nachlaß R.v.Gneist,
Nr.62, Bl.54

[149] ebd. Bl.55

Mittels des so definierten Sozialismus sollte durch Steuerreformen oder durch Sozialeinrichtungen, wie sie mit Hygieneanstalten geschaffen worden seien, einmal eine Umverteilung des Gesellschaftseinkommen zuungunsten der Reichen bewerkstelligt werden, zum zweiten die allgemeine Lage der arbeitenden Bevölkerung verbessert werden.[150] Durch das Wahlrecht glaubte Rodbertus auch eine Mehrheit für diese Art von Sozialismus zu finden.[151] Diese Form des Sozialismus, also staatliche Eingriffe in Wirtschaft und Gesellschaft, begriff Rodbertus als Staatssozialismus, zu dem er sich bekannte, wenn er schrieb, daß man

"... das Wort Staatssocialismus zu Ehren bringen (müßte), statt es herunterzureißen. Sehen die Leute nicht, daß Freistaatssocialismus eben auch nur Staatssocialismus ist, und daß sie das Volk wieder wehrlos der Reaction zu Füßen legen würden, wenn sie vorkommenden Falls einen Freistaat ohne Socialismus einführen wollten. ... für mich ist der Socialismus Rechtsfrage und Rechtsforderung."[152] (Hervorhebung im Original, UER)

Diese Haltung von Rodbertus läßt sich auch aus weiteren Briefen nachweisen. Rodbertus bezeichnete sich selbst in den 1850er Jahren als einen entschiedenen Anhänger der **sozialen** Richtung innerhalb der "Demokratischen Partei".[153] Als ihm Hermann Schulze-Delitzsch sein Buch über die "Associationen" schickte, ließ er jenen nicht über seine kritische Haltung im Unklaren.[154] Die von Schulze-Delitzsch vorgeschlagene Unterstützung kleiner Gewerbetreibender hielt Rodbertus für ein vergebliches Bemühungen um die Sicherstellung eines "Mittelstandes" angesichts der existierenden kapitalistischen Wirtschaftsordnung; das einzige Ergebnis - so Rodbertus - wäre,

"daß die kleineren Gewerbetreibenden an einem etwas langsameren Feuer geröstet würden."[155]

Die Beseitigung dieser Schichten der Gewerbetreibenden könne man zwar bedauern, aber dennoch rechtfertigte dies in den Augen von Rodbertus nicht eine entsprechende Politik. Er bezeichnete das kleine Kapital als ein

---

150 ebd. Bl.56f.

151 ebd. Bl.55v u. Bl.57

152 ebd. Bl.58v. Der letzte Passus wäre - isoliert betrachtet - ein guter Beleg für die Einordnung von Rodbertus in die sozialrechtliche Schule der Nationalökonomie, wie sie vor allem von Muziol vertreten wurde.

153 Rodbertus, Brieffragment an N.N., 22.5.1854, ZSTA Merseburg Rep.92 Nachlaß Rodbertus-getzow B 23, Bl.1-4v, hier Bl.1v

154 Rodbertus an Schulze-Delitzsch, 27.7.1853 in: H.Schulze-Delitzsch, Schriften und Reden, Bd.V, Berlin 1913, S.78-80

155 ebd. S.79

Prinzip des Mittelalters.[156] Auch sah er nicht hier die Grundlage des Pauperismus, wie er auch schon in seinen "Socialen Briefen an von Kirchmann" dargelegt hatte, sondern in der Arbeiterfrage. Eine Lösung sah Rodbertus nicht in individuellen Hilfen, sondern im *"Staats-Sozialismus"*, den er in Ansätzen in Frankreich unter Napoleon III. verwirklicht sah.[157] Der spätere Bruch mit den Parteifreunden deutete sich hier auch schon an, wenn er deren sozial- und wirtschaftspolitischen Vorstellungen als "im wesentlichen reaktionär" bezeichnete, weil sie nicht den Forderungen der Zeit entsprächen.[158]

In dem schon zitierten Brieffragment vom Mai 1854 kennzeichnete Rodbertus seinen verstorbenen Freund von Neetzow als einen *"Socialisten"*, der dies wie er selbst nicht nur der Phrase nach sei.[159] Das hieß für ihn Staatsinterventionen zum Schutz der wirtschaftlich Schwachen, Zentralisation bei gleichzeitiger Demokratisierung, konkret sollte dies heißen: eine zentralisierte Exekutive und Legislative, aber die "Functionäre" sollten durch das Volk gewählt werden.[160] Auch in Bezug auf Wahlrecht und Entscheidungsbefugnisse der Gewählten ging Rodbertus seinerzeit über die Forderung seiner "Demokratischen Partei" hinaus.[161] Der entscheidende Unterschied zu den Vorstellungen des Linksliberalismus, dem Rodbertus und auch von Neetzow während der 1840er Jahre anhingen, war, daß sie die *"Gesellschaft über das Individuum"* stellten.[162] Den Fortschritt in der seit Jahrhunderten andauernden Emanzipation, sahen sie in der Befreiung des Individuums aus der persönlichen Herrschaft eines anderen Individuums, in einer letztlich staatlich gesicherten Gleichheit und Freiheit. Seinem nicht bekannten Briefpartner schrieb Rodbertus:

"Sie sagen also, N⟨eetzow⟩ würde gern den Spottnamen «Staatssocialist» acceptirt haben, wenn nur noch das Wörtchen «frei» davor gesetzt wäre, wenn es «Freistaatsocialist» gehießen hätte. In der That, er war Freistaatsocialist in der besten Bedeutung des Worts u⟨nd⟩ würde sich als solcher eben so gut mit einem beschränkten Königthum als mit einer Republik vertragen haben, vorausgesetzt, daß beide dies System ergriffen hätten, wie er dann eine Republik, die die Gesellschaft in ein Aggregat von Individuen

---

156   ebd. S.80

157   ebd.

158   ebd.

159   Rodbertus, Brieffragment an N.N., 22.5.1854, ZSTA Merseburg Rep.92 Nachlaß Rodbertus-Jagetzow B 23, Bl.1-4v, hier 1v/2. Rodbertus spricht hier von seinem eigenen "Glaubensbekenntniß"

160   ebd. Bl.4v

161   ebd.

162   ebd.

*oder selbst nur von Gemeinden hätte auflösen wollen, eben so sehr
würde verabscheut haben als den Despotismus eines Einzigen."[163]*

Rodbertus formulierte so in den 1850er eine sozialpolitische Theorie für die
kapitalistische Wirtschaftsordnung, die er selbst als "Staatssozialismus"
bezeichnete, die aber nicht den Endpunkt wirtschaftlicher und
gesellschaftlicher Entwicklung kennzeichnete, sondern allein Sozialreformen
eines vom Mehrheitswillen der Bevölkerung getragenen Staates.

6.7. Ansätze zu einer ökonomischen Imperialismustheorie

Mit einer kleinen unscheinbaren Schrift trat Rodbertus erst 1858 wieder an
die Öffentlichkeit: "Die Handelskrisen und die Hypothekennoth der
Grundbesitzer", die aus zwei sehr unterschiedlichen Teilen besteht; denn
einmal erörterte er theoretische Probleme der Nationalökonomie, und im
zweiten Teil erhob er die Forderung nach Abhilfe für die Notsituation der
Grundbesitzer.

Der Schrift wird aber wegen des ersten Teils große Bedeutung beigemessen,
weil Rodbertus als einer der ersten Wirtschafts- und Sozialtheoretiker vor
dem Hintergrund der ersten Weltwirtschaftskrise von 1857 den Versuch
einer ökonomischen Imperialismustheorie unternahm. Es war vor allem Rosa
Luxemburg, die dieser Schrift im Rahmen ihrer Herleitung des Imperialismus
größte Bedeutung zumaß.[164] Aber Rodbertus war nicht der erste Sozialist
oder Sozialkritiker, der den Zwang der territorialen Expansion innerhalb der
kapitalistischen Ordnung zu erfassen suchte. Christine Held-Schrader weist
in ihrer Studie über die Haltung der französischen Frühsozialisten zur
Kolonialfrage auf die Rodbertus bekannten Sismondi und Louis Blanc hin.[165]

Rodbertus rekapitulierte in dieser Schrift noch einmal seine Theorie der
Unterkonsumtion, die nach seiner Überzeugung ursächlich für die
periodisch auftretenden Krisen sei.[166] Gegen Say und Ricardo bestritt
Rodbertus angesichts der real vorhandenen Klassengesellschaft, in der die
Kaufkraft nicht mit der Erhöhung der Produktivität steige, die Möglichkeit,
daß sich das Angebot seine eigene Nachfrage schaffe.[167] Wie in allen
früheren Schriften begründete Rodbertus seine Auffassung von der

163 ebd. Bl.2/2v

164 R.Luxemburg, Die Akkumulation des Kapitals. in: Rosa Luxemburg, Gesammelte Schriften,
Bd.5, S.186-225

165 Chr. Held-Schrader, Sozialismus und koloniale Frage, Göttingen 1985, S.104ff.

166 Rodbertus, Die Handelskrisen und die Hypothekennoth der Grundbesitzer, RW 3, S.449-
506, hier S.454

167 ebd. S.459f.

Notwendigkeit der Handelskrisen in einer Marktwirtschaft mit dem Gesetz der fallenden Lohnquote.[168] Wesentlich im Zusammenhang mit der Erscheinung der Krisen war für Rodbertus die für die gesamte Bevölkerung negative Konsequenz:

> *"Die Kaufkraft steigt also auch in dem heutigen Verkehr, wenigstens bei Einer und zwar der zahlreichsten Klasse von Theilnehmern, nicht mit der Steigerung der Production."*[169] (Hervorhebung im Original, UER)

Da er die mangelnde Kaufkraft der Bevölkerung als Hauptursache der Krise bezeichnete, lehnte es Rodbertus auch ab, Spekulationen mit Geld oder Waren als tiefere Ursachen der Krisen anzuerkennen. In der Verteilung der Produktionsergebnisse sah er das Übel für die Gesellschaft.[170] Um das Problem einer relativ reibungslosen Entwicklung innerhalb der bestehenden kapitalistischen Wirtschaftsordnung zu lösen, sah Rodbertus nur die Möglichkeit der Ausweitung des auswärtigen Marktes an. Auch glaubte Rodbertus, daß mit einer solchen Expansion der Wirtschaft die "soziale Frage" zumindest vertagt, allerdings nicht aber gelöst werden könne. Konkret hieß dies für Rodbertus die Erwerbung oder Eroberung von Kolonien und ihre Besiedlung, so daß neue Wirtschaftsräume und Absatzmärkte geschaffen würden. Aus diesem wirtschaftlichen und sozialen Gründen und auch aus dem Überlegenheitsgefühl der christlich-europäischen Kultur leitete Rodbertus das Recht der Europäer auf die Kolonisierung der übrigen sogenannten "unzivilisierten Welt" ab. Ein längeres Zitat aus der erwähnten Schrift mag seinen politisch-philosophischen Standpunkt verdeutlichen:

> *"Allein anderer Seits ist auch die stricte Anwendung des modernen Natur- und Völkerrechts auf alle Nationen der Erde, sie mögen einer Culturstufe angehören welcher sie wollen, unhaltbar. Unser Völkerrecht ist ein Product der christlich-ethischen Cultur und kann, weil alles Recht auf Gegenseitigkeit beruht, deshalb auch nur ein Maass für die Beziehungen zu Nationen sein, die dieser selben Cultur angehören. Seine Anwendung über diese Grenze hinaus ist natur- und völkerrechtliche Sentimentalität, von der die Indischen Gräuel uns geheilt haben. Vielmehr sollte das christliche Europa etwas von dem Gefühl in sich aufnehmen, das die Griechen und Römer bewog alle anderen Völker der Erde als Barbaren zu*

---

168   ebd. S.461 *"Die Werthgrösse, die der Unternehmer mit dem Arbeiter vereinbart, oder der Lohn, wird niemals mit Rücksicht auf die Grösse oder eine Quote des Products verabredet. Er gravitirt vielmehr lediglich und wird bei freiem Verkehr immerdar gravitiren nach dem Betrage des nothwendigen Unterhaltes."* (Hervorhebung im Original, UER)

169   ebd. S.463

170   ebd. S.468; s. auch S.470: *"Die Kaufkraft steigt heute nicht in geradem Verhältniss mit der Productivität. Aber dies ist ein organischer Fehler der modernen Gesellschaft, der in der Stellung unserer arbeitenden Klassen liegt."* (Hervorhebung im Original, UER)

*betrachten. Dann würde auch in den neuern Europäischen Nationen
wieder jener weltgeschichtliche Trieb wach werden, der die Alten
drängte ihre heimische Cultur über den orbis terrarum zu
verbreiten. sie in **gemeinsamer Action** Asien der Geschichte zurück-
erobern. Und an diese **Gemeinsamkeit** würden sich die grössten
socialen Fortschritte knüpfen, die feste Begründung des
Europäischen Friedens, die Reduction der Armeen, eine Colonisation
Asiens im altrömischen Stil, mit anderen Worten, eine wahrhafte
Solidarität der Interessen auf allen gesellschaftlichen Lebensgebie-
ten."171* (Hervorhebung im Original, UER)

Rodbertus erscheint hier auf den ersten Blick als Fürsprecher einer be-
denkenlosen Kolonialpolitik, wie sie später seit den 1890er Jahren oft propagiert wurde. Aber die Kolonisierung war für ihn weit weniger Ziel der
Außen- und Machtpolitik wie bei den Alldeutschen, als vielmehr wirtschafts-
und sozialpolitisches Mittel, um Wirtschaftskrisen im Inland durch die
Ausdehnung von auswärtigen Märkten zu vermeiden. Rodbertus blieb sich
aber der Tatsache bewußt, daß die "soziale Frage" sich so nicht lösen ließ,
daß aber die Konflikte sich hinausschieben ließen.

171 ebd. S.471 Anm.

7. Rodbertus und die Arbeiterbewegung

Nach 1852, nach der Fertigstellung des "Vierten Socialen Briefes an von Kirchmann", wandte sich Rodbertus dem Studium der alten Geschichte zu, um so seine Begrifflichkeit von Kapital und Grundrente in der Geschichte zu überprüfen. Der erzwungene Rücktritt von der Politik bedeutete aber keineswegs Desinteresse an den politischen Ereignissen, auch wenn sich der Gedankenaustausch mit seinen früheren Parteigenossen bis etwa 1858 auf ein Minimum reduzierte.[1] Versuche, Mitte der 1850er Jahre alte politische Kontakte im Regierungsbezirk Trier, wo Rodbertus im Februar in die 2. Kammer gewählt worden war, wiederaufzunehmen, schlugen wegen der allgemeinen "Hoffnungslosigkeit" fehl.[2] Vor allem aber nahm er mit Bewunderung und gleichzeitig mit Befürchtungen für die Zukunft das Phänomen des Cäsarismus in der konkreten Gestalt des Napoleon III wahr. Ebenso läßt sich ein Wandel in seiner sozialpolitischen Einstellung feststellen: waren die Arbeiter bisher in seiner Konzeption Opfer bzw. doch lediglich Objekte der Politik, so billigte er diesen wohl unter dem Eindruck der französischen Entwicklung eine weit aktivere Rolle zu. Er hoffte auf eine Verbindung von sozialer (=Arbeiter-)Bewegung und nationaler Bewegung, um das weiterhin avisierte Ziel der deutschen Einigung zu erreichen.[3]

7.1. Trennung vom kleindeutschen Linksliberalismus

Seit 1858 nahm in Preußen das politische Leben wieder einen Aufschwung, nachdem Prinz Wilhelm für seinen geistig erkrankten Bruder König Friedrich Wilhelm IV. die Regentschaft übernommen hatte und die Ministerien mit wenigen reaktionären Männern neu besetzte. Die veränderten politischen Verhältnisse ließen bei der bürgerlichen Opposition neue Hoffnung auf politische Einflußnahme aufkommen. Rodbertus hielt es für seine Pflicht in dieser

---

[1] deutlich ablesbar ist dies am Briefwechsel mit C.Ph.v.Berg, s. ZSTA Merseburg Rep.92 Nachlaß Rodbertus-Jagetzow B 2, Bl.26-403; auch beklagte sich Rodbertus des öfteren darüber, daß er isoliert sei, z.B. Briefentwurf an N.N., 23.1.1853, ebd. M 10, Bl.155. Allerdings rissen die Kontakte nicht ganz ab. s. auch Brief Rodbertus an N.N. (=Anton Bloem), 22.6.1854, Heinrich-Heine Institut: hier heißt es u.a.: *"Dann u⟨nd⟩ wann erhalte ich dergleichen (Briefe, UER) noch von allen Seiten, von Phillips, Kirchmann, Hildenhagen, Schulze-Delitzsch. ... Nur Berg's Briefe vermisse ich schmerzlich."* Laut Polizeiberichten trafen im Juli 1856 in Schwalbach die "demokratischen Koryphäen" Johann Jacoby und Rodbertus. s. J.Silberner, J.Jacoby, Bonn-Bad Godesberg S.268

[2] Simon (Trier) an Rodbertus, 9.10.1855, ZSTA Merseburg Rep.92 Nachlaß Rodbertus-Jagetzow B 22, Bl.14-14v. Der Brief des Vaters des im Pariser Exil lebenden Ludwig Simon zeigt auch das Gefühl der Bespitzelung seitens der staatlichen Behörden, wenn er schrieb, daß er an das Briefgeheimnis nicht mehr glaube.

[3] s. z.B. ein Fragment von Rodbertus aus den Jahren 1854 bis 1856: ZSTA Merseburg Rep.92 Nachlaß Rodbertus-Jagetzow A 5, Bl.17/17v

Zeit, zur Teilnahme an den am 12. bzw. 23. November stattfindenden Wahlen aufzurufen. Wie viele Liberale, Linksliberale und Demokraten setzte auch Rodbertus große Erwartungen auf die "Neue Ära", so daß die bis dahin propagierte Haltung des Wahlboykotts wegen des Dreiklassenwahlrechts ihren Sinn verlor. In einem offenen Brief an die VOLKSZEITUNG legte er seinen Standpunkt dar; u.a. bekannte er,

> "... für mich ist die Verfassung in den jüngst verflossenen Tagen der preussischen Geschichte neu geboren, und ich meinerseits möchte alle früheren Parteigenossen auffordern, fortan aufrichtig in ihren Kreis zu treten."[4]

Linksliberale und Demokraten hätten sich mit den geschaffenen Fakten zunächst einmal abzufinden, hätten "Realpolitik" im Sinne von Rochau - diesen Ausdruck benutzt Rodbertus selbst nicht - zu betreiben. Eine Kandidatur von demokratischen Politikern hielt er allerdings noch nicht für zweckmäßig, um den Prozeß einer ruhigen Verbesserung der politischen Zustände nicht zu gefährden. So lehnte er die sicher geltenden Kandidaturen bei der Wahl in Berlin und Breslau ab.[5] Auch im Wahlkreis Usedom-Wollin scheint man an Rodbertus wegen einer Kandidatur für den Landtag herangetreten zu sein.[6] Statt dessen rief er zur Wahl von Politikern auf, die auf der Grundlage der gegebenen Verfassung Reformansätze vertraten. Die "Demokratische Partei" werde damit ihren Prinzipien nicht untreu, denn auch in der 48er Revolution hätte sie sich an Gesetze gehalten, die sie selbst nicht erlassen hätte.[7] Wahlaufrufe wie der von Rodbertus und zum Beispiel das Breslauer Neun-Punkte-Programm ebenfalls vom Herbst 1858 hatten durchaus ihre Wirkung: Linksliberale und Demokraten verzichteten auf eigene Kandidaturen, um die Chance der Liberalen zu erhöhen. Das Wahlergebnis schien auch ihren Hoffnungen auf eine Liberalisierung recht zu geben, denn die Konservativen, vorher stärkste Fraktion in der II. Kammer, verloren drei Viertel aller Mandate, während die Liberalen mit Abstand zur stärksten Fraktion wurden. Demokraten und Linksliberale feierten dieses Ergebnis durchaus als ihren Sieg.

Begünstigt durch die liberalere Innenpolitik in Preußen, die deutliche Machtverschiebung im preußischen Landtag kamen anläßlich des italienischen Krieges auch Hoffnungen auf einen deutschen Einheitsstaat wieder auf. Demokratische und liberale Politiker traten schließlich in Verhandlungen über

4   Rodbertus, Brief an die VOLKSZEITUNG, RW 2, S.829f.

5   Rodbertus an A.Bloem, 18.11.1858, Stadtarchiv Düsseldorf R 6

6   Justizrat Billerbeck an Rodbertus, 10.11.1858, ZSTA Merseburg Rep.92 Nachlaß Rodbertus-Jagetzow B 22, Bl.25-25v

7   ebd. S.831f. Die künftige Rolle der Demokraten betrachtete Rodbertus als durchaus nicht unproblematisch. Rodbertus an A.Bloem, 29.10.1858, 7.11.1858, 18.11.1858, Stadtarchiv Düsseldorf R 6

148

die zukünftige Politik und gründeten im September 1859 in Frankfurt den
"Deutschen Nationalverein", der ein kleindeutsch-preußische Position verfocht.[8] Beim Kompromiß zwischen Liberalen und Demokraten hatten sich die
Liberalen weit stärker durchsetzen können, so daß bei Teilen der
ehemaligen 48er Demokraten das "Programm" wegen seiner Inhaltslosigkeit
und Ausschließung Österreichs auf Kritik stieß.[9]

Auch war Rodbertus nicht bereit, den Kurswechsel einiger seiner früheren
Parteifreunde zu einer ausschließlich kleindeutsch-preußischen Politik mitzu-
vollziehen. Gleich nach der Gründung des "Nationalvereins" startete er eine
Umfrage, um deren Haltung zu erfragen. Für seine eigene strikte Ablehnung
der Position des Nationalvereins erhielt er letztlich wenig Zustimmung,
obwohl ihm zunächst Männer wie Waldeck, Bucher, von Berg und von
Kirchmann ihn zu unterstützen schienen.[10] Rodbertus wollte "deutsche Politik anderer Art treiben."[11] Vor allem sperrte sich Rodbertus gegen die Anwendung des "Nationalitätenprinzips" auf Deutschland und gegen die
zwangsläufige Ausgrenzung Österreichs aus dem deutschen Einigungspro-
zeß, wenn sich der "Nationalverein" durchsetzen sollte, bzw. gegen die Zer-
schlagung des Vielvölkerstaates Österreich-Ungarn.[12]

Rodbertus, als früherer Parteiführer, versuchte deshalb zusammen mit
C.Ph.v.Berg und Lothar Bucher in Preußen eine Partei mit großdeutschem
Programm zu gründen, um dem "Nationalverein" entgegenzuarbeiten.

In vier Flugschriften "Erklärung", "Seid deutsch! Ein Mahnwort", "An Mazzini. Offner Brief" und "Was sonst? Ein deutsches Programm", die er in Zusammenarbeit mit Bucher und von Berg seit Anfang 1860 veröffentlichte. In
diesen Schriften kritisieren die Autoren die Anwendung des sogenannten
Nationalitätenprinzips auf Deutschland, weil die Deutschen ein kolonisieren-
des Volk seien, dem sich kleinere Nationen anzuschließen hätten.[13] Rodbertus, Bucher und von Berg forderten ein großdeutsches Reich von
Schleswig-Holstein bis zum Mittelmeer, von Nord- und Ostsee bis zum
Bosporus mit der Begründung, daß die deutsche Wirtschaft diesen Raum für

---

8   T.Offermann, Arbeiterbewegung und liberales Bürgertum in Deutschland 1850-1863, Bonn-
     Bad Godesberg 1978, S.172f.

9   ebd. S.174. Offermann schreibt, daß die Programmlosigkeit zum Programm erhoben wurde.

10   zur Umfrage existiert eine eigene Akte: ZSTA Merseburg Rep.92 Nachlaß Rodbertus-Ja-
     getzow A 7; Rodbertus an C.Ph.Francke, Ostern 1860, RW 6, S.17

11   Rodbertus an C.Ph.Francke, Ostern 1860, RW 6, S.18

12   ebd.

13   Rodbertus/v.Berg/L.Bucher, Vier Flugblätter: Erklärung - Seid deutsch - An Mazzini -
     Was sonst? RW 2, S.833-875, hier S.846

ihre weitere Entwicklung brauche.[14] Außenpolitisch verfocht Rodbertus somit ein Programm, das sich in einigen Punkten - so die Ausdehnung auf dem Balkan - an die tatsächliche österreichische Politik anlehnte. Innenpolitisch wurde dagegen eine als linksliberal zu kennzeichnende Linie verfochten: die sechs Hauptforderungen bezogen sich auf das allgemeine, gleiche und geheime Wahlrecht, eine Reform der I. Kammer, Repräsentativsysteme für die Provinzen, Kreise und Gemeinden, Unabhängigkeit der Justiz, Gewerbe- und Heeresreform.[15] An der Spitze des neuen Staates sollte ein Bundesdirektorium mit Preußen, Österreich und einem auf Zeit gewählten Fürsten stehen. Neben einer I. Kammer, die entweder Fürstenhaus, aber auch Ländervertretung sein konnte, sollte eine II. Kammer, eine demokratisch gewählte Volksvertretung mit Budgetrecht stehen.[16]

Dieses großdeutsche Programm fand in der politischen Presse einige Beachtung; die Augsburger ALLGEMEINE ZEITUNG und die Berliner SPENERSCHE ZEITUNG beurteilten das Vorhaben positiv, glaubten auch an eine erfolgreiche Parteigründung. Demgegenüber lehnte die preußisch konservative KREUZZEITUNG das Programm als "partiellen Wahnsinn" ab, weil es innenpolitisch zu demokratisch und außenpolitisch zu österreichisch orientiert sei.[17] Aber auch Rodbertus politisch nahestehende Persönlichkeiten lehnten das Programm als ganzes ab, wie nach der Gründung des "Nationalvereins" zu erwarten war.[18]

Die ersten Verhandlungen mit Vertretern der großdeutschen Politik in Süddeutschland und Österreich, die das Erscheinen der Flugschriften nach sich zog und die über Eduard Fischel koordiniert wurden, zerschlugen sich recht bald, da Rodbertus bei jenen partikulare Interessen vermutete und angesprochene Verlage und Zeitungen sich dem Unternehmen gegenüber sehr reserviert verhielten.[19]

---

[14]   ebd. S.836, auch S.874; Rodbertus an C.Ph.Francke, Ostern 1860, RW 6, S.19f. Hier heißt es sogar, das Deutschland im Bündnis mit Holland, England und Skandinavien die *"pangermanische Idee"* dem Panslavismus und Panromanismus gegenstellen solle. ebd. S.21

[15]   Rodbertus/v.Berg/L.Bucher, Vier Flugblätter: Erklärung - Seid deutsch - An Mazzini - Was sonst? RW 2, S.865

[16]   ebd. S.867

[17]   KREUZZEITUNG Nr.242, 16.10.1861; SPENERSCHE ZEITUNG Nr.239, 1861; ALLGEMEINE ZEITUNG Nr.286, 13.10.1861; hier nach den Zeitungsausschnitten ZSTA Merseburg Rep.92 Nachlaß Rodbertus-Jagetzow A 9, Bl.68-70

[18]   ein Beispiel: Fanny Lewald an J.Jacoby, 14.1.1861; in: J.Jacoby, Briefwechsel 1850-1877, S.138

[19]   Fischel hatte Rodbertus im März oder April 1860 in Berlin persönlich aufgesucht. Rodbertus an C.Ph.Francke, Ostern 1860, RW 6, S.22; später wandte sich Fischel mehrere Male schriftlich an Rodbertus, am 22.5.1860 zum ersten Mal, s. ZSTA Merseburg Rep.92 Nachlaß Rodbertus-Jagetzow B 7, Bl.3-4v; der letzte Brief datiert vom 21.10.1861, s. ebd. Bl.14-14v

150

Bevor Rodbertus mit einem der herausragenden Führer der großdeutschen Bewegung in Kontakt trat, veröffentlichte er noch in der ALLGEMEINEn ZEITUNG einige die Politik der Fortschrittspartei kommentierende Artikel. Wenn auch ohne Nennung seines Namens versuchte er in der Öffentlichkeit gegen den Nationalverein und noch mehr gegen die Fortschrittspartei Stellung zu beziehen. Sein Kommentar zu den Wahlergebnissen in Preußen vom Dezember 1861 ist kennzeichnend für seine Position gegenüber dieser Partei:

> "... fortschrittlich, d.h. kleindeutsch und eng haushälterisch, um nicht zu sagen krämerisch ..."[20]

Versuche aus Reihen der Fortschrittspartei, Rodbertus doch noch für diese Partei zu gewinnen, wie es bei Waldeck und von Berg etwa gelang, und für die Fortschrittspartei als Kandidat aufzutreten, schlugen fehl. Eine ihm abermals angetragene Kandidatur für Breslau bei der Wahl vom 6. Mai 1862 lehnte er mit den Worten, er könne kein Gothaer sein, ab.[21]

Nachdem Rodbertus mit seinem eigenen Versuch der Gründung einer großdeutschen Partei gescheitert war, knüpfte er Kontakte zu Julius Fröbel, der seit dem Erscheinen seiner Schrift "Deutschland und der Friede von Villafranca" als Führer der großdeutschen Sammlungsbewegung galt.[22] Um Fröbel gruppierten sich u.a. bekannte Männer wie M.Mohl, R.Mohl, G.Kolb von der ALLGEMEINEn ZEITUNG und H.v.Gagern. Nach seinen ersten negativen Erfahrungen in Norddeutschland revidierte Fröbel sein Programm dahingehend, daß statt eines österreichischen Kaisers ein Dreierdirektorium an der Spitze des neuen Reiches stehen sollte, ähnlich wie es Rodbertus, Bucher und von Berg vorgeschlagen hatten.[23] Rodbertus und Fröbel korrespondierten seit dem Juni 1862; diesem gegenüber betonte Rodbertus vor allem den revolutionsvermeidenden Charakter einer großdeutschen Staatenbildung.[24] Geplant wurde schließlich von den großdeutsch

20 ALLGEMEINE ZEITUNG Nr.348, 14.12.1861

21 Telegramm von M.Simon, Elsner und Stein aus Breslau an Rodbertus. 30.4.1862, ZSTA Merseburg Rep.92 Nachlaß Rodbertus-Jagetzow A 6, Bl.10; Max Simon an J.Jacoby, 3.5.1862. in: J.Jacoby, Briefwechsel 1850-1877, Bonn-Bad Godesberg 1978, S.211; G.Mayer, Die Trennung der proletarischen von der bürgerlichen Demokratie in Deutschland, 1863-1870. in: ders., Radikalismus, Sozialismus und bürgerliche Demokratie. Frankfurt 2 1969, S.112 Anm.

22 W.Real, Der Deutsche Reformverein. Großdeutsche Stimmen und Kräfte zwischen Villafranca und Königsgrätz. Lübeck/Hamburg 1966, S.25f.; die ersten Versuche der Kontaktaufnahme von seiten Fröbels im November 1861 schlugen noch fehl. J.Fröbel, Ein Lebenslauf. Aufzeichnungen, Erinnerungen und Bekenntnisse. Stuttgart 1890/91, Bd.2, S.141

23 ebd. S.29

24 8 Briefe von Fröbel an Rodbertus befinden sich im ZSTA Merseburg Rep.92 Nachlaß Rodbertus-Jagetzow B 7, Bl.32-48; die Briefe von Rodbertus an Fröbel, Zentralbibliothek Zürich

orientierten Politikern eine Zusammenkunft in Rosenheim, zu der allerdings kaum Vertreter aus Norddeutschland erschienen; auch Rodbertus fehlte bei den Beratungen· Hier wurde der endgültige Bruch mit der kleindeutschen Bewegung beschlossen. Die Gründung des "Deutschen Reformvereins" fand schließlich in Frankfurt mit Lerchenfeld an der Spitze statt·[25]

Rodbertus, ursprünglich dem Projekt gegenüber positiv eingestellt, hatte von Fröbel schon im Vorfeld der Beratungen einige Änderungen im Programm verlangt[26], weil ihm der Charakter der Partei nicht genügend demokratisch war; Rodbertus versprach sich mehr Erfolg für eine großdeutsche Politik von einer nationalen Volksbewegung als von Kammerberatungen.[27] Die zu großen Meinungsverschiedenheiten führten dazu, daß Rodbertus nicht Mitglied des "Deutschen Reformvereins" wurde, nicht zuletzt mit der Begründung, daß dieser aufgrund seiner starken Orientierung auf Österreich in Preußen nicht als eine politische Partei im engeren Sinne angesehen werden könne.[28] Auch spätere Versuche, ihn oder auch andere großdeutsch gesinnte Männer aus Preußen wie die Brüder Reichensperger für den "Deutschen Reformverein" zu gewinnen, schlugen fehl.[29]

7.2.   Arbeiter und Arbeiterbewegung

Den bisher nur angedeuteten Bruch mit der Politik seiner ehemaligen Gesinnungsgenossen vollzog Rodbertus endlich in den Jahren 1863 bis 1866, als er öffentlich das Verhalten der "Fortschrittspartei" im preußischen Landtag ablehnte und sich offen zu einer selbständigen Arbeiterpartei bekannte.

Schon bevor Rodbertus in direkten Kontakt zur Arbeiterbewegung trat, hatte er sich mit ihr als politisch relevantem Faktor beschäftigt. Ihm stellte sich die Alternative der Gesellschaft zwischen *"Untergang an der Rente"* oder *"Kommunismus"*. Deshalb schien es ihm notwendig, die Arbeiter in die Gesellschaft zu integrieren, ging doch von ihren berechtigten, aber verweigerten Forderungen die drohende Gefahr des Untergangs der Gesellschaft

---

25   W.Real, Der Deutsche Reformverein, S.47f.

26   Rodbertus an Fröbel, 2.7.1862, Zentralbibliothek Zürich

27   s. die Marginalien von Rodbertus auf dem Brief von Fröbel an Rodbertus, 13.10.1862, ZSTA Merseburg Rep.92 Nachlaß Rodbertus-Jagetzow B 7, Bl.46 u. Bl.47; s. auch den Artikel von Rodbertus "Die Einladung der Frankfurter Pfingstversammlung" ALLGEMEINE ZEITUNG Nr.193, 12.7.1862

28   W.Real, Der Deutsche Reformverein, S.124

29   ebd.

aus.[30] Gleichzeitig dachte Rodbertus aber auch daran, daß angesichts der Schwäche des Bürgertums im zerrissenen Deutschland die Arbeiter Träger einer breiten nationalen Bewegung werden könnten. Er verwies dabei auf das Beispiel Napoleons III. in Frankreich, der mittels eines scheinbar sozialen Programms die Massen gewonnen hatte. Hierin erkannte Rodbertus ein Beispiel, wie mit dem Mittel der Zentralisation die Vorbedingungen eines wahrhaft nationalen und sozialen Staates geschaffen werden könnten.[31]

Die sich in der 1848er Revolution organisierende Arbeiterbewegung wurde in der Reaktionszeit der 1850er Jahre entschieden unterdrückt.[32] Auf der anderen Seite entstand nach 1850 im Zuge des wirtschaftlichen Aufschwungs eine deutliche größere Arbeiterklasse, in der die Fabrikarbeiter mehr und mehr an Gewicht gewannen. Es entstand das "erbliche Proletariat", das erst allmählich angesichts des Ausschlusses aus der bürgerlichen Gesellschaft zu einem eigenen Klassenbewußtsein gelangte. Innerhalb der Arbeiterklasse bestimmten so zunächst noch die handwerklich orientierten Arbeiter die sich seit der "Neuen Ära" neu organisierende Arbeiterbewegung. Auch der "außenpolitische" Konflikt mit Österreich schuf in Preußen ein "liberales Klima" für die Verfassungs- und die Arbeiterbewegung.[33] Es bildeten sich verschiedene Arbeiterbildungsvereine, die aber in erster Linie bürgerliche Vereinsgründungen für Arbeiter waren, getragen von einer gemeinsamen Opposition von Liberalen, Demokraten und Arbeitern gegen den bestehenden Obrigkeitsstaat in Preußen.

Das Ziel der Integration der Arbeiter in die Gesellschaft bei gleichzeitiger materieller Besserstellung formulierte Rodbertus auch in einem "Sendschreiben an den Arbeiterkongreß während der Londoner Industrieausstellung" im Jahre 1862.[34] Von diesem Kongreß hatte Rodbertus wahrscheinlich von Lothar Bucher erfahren, der bis 1861 in London gelebt hatte, denn die deutsche Presse hatte diesen Kongreß zunächst nicht weiter erwähnt. Rodbertus hat aber dieses Schreiben nicht abgesandt und auch sonst nicht veröffentlicht, möglicherweise weil er erfahren hatte, daß die deutsche Arbeiterdelegation, die nach London geschickt wurde, unter Aufsicht des

---

30   Rodbertus, Fragment aus den 1850er Jahren, ZSTA Merseburg Rep.92 Nachlaß Rodbertus-Jagetzow A 5, Bl.18

31   ebd. B.17/17v; s. zur Verbindung von Arbeiterbewegung und nationaler Bewegung W.Conze/D.Groh, Die Arbeiterbewegung in der nationalen Bewegung. Stuttgart 1966, S.41ff. Rodbertus wird von den Autoren allerdings nicht erwähnt.

32   s. zum folgenden Absatz: Nipperdey, Deutsche Geschichte, S.735ff.; A.Klönne, Die deutsche Arbeiterbewegung, Düsseldorf/Köln 1980, S.35ff.; J.Kocka, Lohnarbeit und Klassenbildung. Berlin/Bonn 1983, S.173ff.

33   J.Kocka, Lohnarbeit und Klassenbildung, S.178

34   Rodbertus, Sendschreiben an den Arbeiterkongress während der Londoner Industrieausstellung, RW 2, S.319-338

153

"Nationalvereins" stand, nachdem am 26. April 1862 im ARBEITGEBER - dem "Nationalverein" nahestehend - ein entsprechender Aufruf an die deutschen Arbeiter veröffentlicht worden war.[35] Diesem ging es nicht darum, eine eigenständige Arbeiterdelegation nach London zu entsenden, sondern Deutschland durch "hervorragende junge Talente" zu repräsentieren. [36] Das "Sendschreiben" zeigt Rodbertus schon vor den schriftlich überlieferten Kontakten mit Lassalle als Anhänger einer selbständigen Arbeiterbewegung, die aber nicht politische Partei im engeren Sinne sein sollte. Rodbertus nahm in diesem zu Lebzeiten nicht veröffentlichten Schriftstück die Absage an die Mitarbeit im ADAV schon vorweg. Die Arbeiter sollten sich organisieren, um den Arbeitergebern ihre Forderungen vorzutragen, sollten aber nicht mittels Zwang oder Gewalt ihre Vorstellungen um jeden Preis durchzusetzen versuchen. Den Klassenegoismus, den die Unternehmer gezeigt hätten, sollten die Arbeiter vermeiden, denn

"Ihr seid, wenn auch die Hauptclasse, doch nur eine Classe der Gesellschaft."[37]

Rodbertus riet den Arbeitern zur Mäßigung, um das Mißtrauen der besitzenden Klassen abzubauen:

"Eure Vorschläge werden von um so grösserer Wirkung sein, je mehr Ihr darin die Mässigung und Gerechtigkeit gegen die andern Classen vorwalten lasst."[38]

Rodbertus formulierte im "Sendschreiben" keine systemtranszendierenden Lösungsvorschläge, sondern stellte einen vierzehn Punkte umfassenden Forderungskatalog auf, den die Arbeiter vertreten sollten. Darin forderte er einen Normalarbeitstag, die Festlegung der Jahresarbeitstage, ein garantiertes Mindesteinkommen, aber auch die Feststellung und Normierung der Arbeitsleistungen hinsichtlich einer unterschiedlichen Entlohnung der Ar-

---

[35] "Deutsche Arbeiter auf der Londoner Industrieausstellung. Aufruf von Gewerbevereine, landwirthschaftliche, volkswirthschaftliche Vereine, Arbeiterbildungsvereine und große Industrie". DER ARBEITGEBER Nr.278, 26.4.1862, zit. nach S.Na'aman, Die Konstituierung der deutschen Arbeiterbewegung 1862/63, Assen 1975, S.169-170

[36] ebd.

[37] Rodbertus, Sendschreiben an den Arbeiterkongress während der Londoner Industrieausstellung, RW 2, S.323

[38] ebd. S.324. Na'aman, Die Konstituierung der deutschen Arbeiterbewegung 1862/63, S.13, bezeichnet den Inhalt dieses Sendschreibens als einen "radikal-sozialistischen" Aktionsplan, was mir angesichts des Aufrufs von Rodbertus an die Arbeiter zur Mäßigung in ihren Forderungen verfehlt erscheint. Das "Sendschreiben an den Arbeiterkongress" ist hier auch abgedruckt, S.431-440. Dietzel, Karl Rodbertus, Bd.1, S.65, bezeichnete von seinem eher konservativen Standpunkt treffender die Ausführungen als "naiv und phantastisch".

beiter, um letztlich die Leistungen zu steigern.[39] Wie schon in seinen
Schriften aus den 1840er Jahren glaubte Rodbertus im Stücklohn- oder Ak-
kordlohnsystem Ansätze einer gerechten Entlohnung zu erkennen, wenn er
auch zugestehen mußte, daß unter den kapitalistischen
Produktionsbedingungen der Gewinn der Unternehmer gesteigert würde.[40]
Der Appell an die Gesellschaft, die "Ausbeutung" zugunsten einer höheren
Arbeitsleistung zu reduzieren oder zu beseitigen, mutet so naiv an, daß
Dietzel mit seiner Auffassung wohl recht hatte wenn er schrieb, daß die
"'Männer der Arbeit' dies Sendschreiben kaum günstiger behandelt haben
würden, als einst der Redakteur der Augsb. Allg. Ztg. jenen Artikel (Die
Forderungen der arbeitenden Klassen, UER)."[41]

7.3. Die Gründung des ADAV und Rodbertus Ablehnung einer politischen Arbeiterbewegung

Mit der Gründung des "Allgemeinen Deutschen Arbeitervereins" am 23. Mai
1863 vollzog sich eine qualitative Veränderung in der politischen Land-
schafts Deutschlands, weil sich mit der Gründung einer eigenständigen Arbeiterpartei die Wege von Arbeitern und Bürgertum parteipolitisch trenn-
ten.[42] Der überragende Anteil Lassalles an dieser Gründung ist bekannt, so
auch die Tatsache, daß Lassalle in der Zeit vor der Konstituierung des ADAV
eine umfangreiche Korrespondenz auch mit Männern, die seinem politischen
Radikalismus fernstanden, führte. Den Nationalökonomen Rodbertus hatte
Lassalle schon zu Beginn der 1850er Jahre kurz nach Veröffentlichung der
"Socialen Briefe an von Kirchmann" wahrgenommen. So schrieb er in einem
Brief vom 12. Mai 1851 an Karl Marx:

> "Rodbertus hat «Sozialistische Briefe» geschrieben, worin er, wie man
> mir sagte, jede zinsentragende Kraft des Kapitals verbannt wissen
> will usw. Hast du sie gelesen? Zwar heißt es wohl billig: was kann
> von dorther Gutes kommen? Doch will ich mir nächstens mal diese
> Briefe kommen lassen, und sie aufblättern."[43]

39 Rodbertus, Sendschreiben an den Arbeiterkongress während der Londoner
Industrieausstellung, RW 2, S.324f., S.328f., S.332-334

40 ebd. S.336

41 Dietzel, Karl Rodbertus, Bd.1, S.65; s. auch Kap.4.3.

42 W.Schieder, Das Scheitern des bürgerlichen Radikalismus und die sozialistische
Parteibildung. in: H.Mommsen (Hg.), Sozialdemokratie zwischen Klassenbewegung und
Volkspartei, Frankfurt 1974, S.24; die Gründung des ADAV ist gut dokumentiert bei
S.Na'aman, Die Konstituierung der deutschen Arbeiterbewegung 1862/63; s. auch H. Stir-
ner, Die Agitation und Rhetorik Ferdinand Lassalles, Marburg 1979, S.90

43 Lassalle an Marx, 15.5.(1851), in: F.Lassalle, Nachgelassene Schriften und Briefe,
Bd.III, S.29; s. auch F.Engels an K.Marx, 19.5.1851: "Das Neueste ist, daß Du
vollständig enfonciert bist. Du glaubst, die richtige Theorie der Grundrente entdeckt
zu haben. Malheureux que tu es. Du bist überflügelt, vernichtet, geschlagen,

Deutlich ist hier noch die Skepsis gegenüber Rodbertus, der noch bekannt war von seinem Wirken und seinen Funktion in der Revolution von 1848. Über seinen Düsseldorfer Anwalt, den ehemaligen Abgeordneten der preußischen Nationalversammlung, dem Mitglied des "Linken Zentrums" und Freund von Rodbertus, Anton Bloem, wird Lassalle wohl nähere Informationen über Rodbertus erhalten haben, bevor sich beide bei einem Dinner des Zeitungsverlegers Franz Duncker im Jahre 1859 persönlich kennenlernten.[44]

Lassalle revidierte seine ehedem skeptische Haltung und wies zum Beispiel die eher negative Kritik zu den Schriften von Rodbertus durch K.Marx zurück.[45] Für Rodbertus wie für Lassalle war die Fortschrittspartei, die sich als politische Oppositon in Preußen anbot, eine Enttäuschung. Ihre nationalpolitische Reduzierung auf Preußen und ihr sozialpolitisches Programm war für beide nicht akzeptabel. Mit der Regierungsübernahme Bismarcks brach schließlich die bisherige Allianz von bürgerlicher Opposition gegen den preußischen Obrigkeitsstaat und Arbeiterbewegung auseinander.[46] Seit 1862 regten sich in Arbeiterkreisen Bestrebungen, die auf eine selbständige Arbeiterpartei hinausliefen, so daß die Gründung des ADAV nicht als das alleinige Werk Lassalle anzusehen ist, sondern daß sich Lassalle diesem Trend anschloß und schließlich in der Gründungsphase die dominierende Stellung einnahm. Rodbertus war in den Jahren 1862/1863 parteilos. Die Aufforderung Lassalles zur Mitarbeit an einer sozialpolitischen Partei, die sich gegen den Manchesterliberalismus stellte, muß für Rodbertus als eine späte Bestätigung seiner bisherigen Bemühungen erschienen sein; zum ersten Mal erfuhr er hinsichtlich seiner nationalökonomischen Arbeiten einige Anerkennung, und zum zweiten Mal nach den in seinen Augen gescheiterten Bemühungen des "Centralvereins für das Wohl der arbeitenden Klassen" bot sich ihm die Möglichkeit, seine sozial- und wirtschaftspolitischen Vorstellungen zu verbreiten.[47] Seit Anfang 1863

---

assomiert, die ganze Grundlage Deines monumentum aere perennius ist zusammengebrochen. Höre: Herr Rodbertus hat soeben den dritten Band seiner «Sociale Briefe an v.Kirchmann» veröffentlicht - 18 Bogen. Dieser Band enthält eine «vollständige Widerlegung der Ricardoschen Lehre von der Grundrente und die Darstellung einer neuen Rententheorie» Leipziger «Illustrirte Zeitung» von voriger Woche. Jetzt hast Du Dein Fett."

[44] G.Mayer, Der Briefwechsel Lassalles mit Rodbertus. in: F.Lassalle, Nachgelassene Schriften und Briefe, Bd.VI, S.285; Oncken, Lassalle S.210f. u. S.256f., sieht den Kontakt über den gemeinsamen Freund Lothar Bucher hergestellt.

[45] Lassalle an K.Marx, 27./28.7.1861, in: F.Lassalle, Nachgelassene Schriften und Briefe, Bd.III, S.382; s. auch Marx an Lassalle, 8.5.1861, ebd. S.363, wo es heißt: "In Rodbertus Schrift die Tendenz sehr anzuerkennen. Sonst was gut, nicht neu, was neu darin nicht gut."

[46] W.Schieder, Das Scheitern des bürgerlichen Radikalismus und die sozialistische Parteibildung, S.23

[47] Ähnlich, wenn auch entschieden auf die Unmöglichkeit eines Zusammengehens von Rodbertus und Lassalle hinweisend, S.Na'aman, Lassalle, Hannover ²1971, S.635-637; auf

korrespondierten Lassalle und Rodbertus miteinander, wobei sie zunächst über Lassalles "System der erworbenen Rechte" diskutierten, das Rodbertus recht offen bezüglich seiner argumentativen Schwächen kritisieren.[48] Ab April 1863 standen jedoch nur noch Fragen der Gründung einer selbständigen Arbeiterpartei im Mittelpunkt ihrer Briefe. Schon in Rodbertus Brief vom 30. März, nach Erhalt des "Offenen Antwortschreibens" von Lassalle, werden die Differenzen zwischen den beiden sehr deutlich, als Rodbertus kurz auf das Programm einging und die Produktivassoziationen als untaugliches Mittel bezeichnete, die soziale Frage zu lösen.[49] Aus dieser ersten Kritik an den wirtschaftspolitischen Vorstellungen Lassalles läßt sich aber noch keine prinzipielle Ablehnung der Bemühungen ablesen, zumal Lassalle den taktischen Aspekt der Forderungen nach Produktivassoziationen konzedierte.[50] Erst in den folgenden Briefen zeigte sich, daß Lassalle und Rodbertus sich nicht über die programmatische Ausrichtung der zu gründenden Arbeiterpartei einigen konnten. Dabei gelang es Rodbertus, die Schwachstellen des Lassalleschen Programms auszuloten. Unter systematischen Gesichtspunkten betrachtet findet man im Briefwechsel drei Hauptpunkte, in denen beide unterschiedliche Auffassungen vertraten: 1. das Verhältnis von Demokratie und Sozialismus, 2. die Lösung der sozialen Frage und 3. der Stellenwert der nationalen Frage. Was Rodbertus und Lassalle einte, war die Betonung der Notwendigkeit einer selbständigen sozialen oder Arbeiterpartei. Dies wird auch deutlich aus einem kurzem Vergleich zwischen Lassalles "Offenen Antwortschreiben" und Rodbertus "Offenen Brief". Lassalle stellte seine Agitation für eine Arbeiterpartei unter die zwei Aspekte der allgemeinen politischen und der sozialen Verbesserung der Lage der Arbeiter.[51] Bedeutsamer als eine politische Emanzipation der Arbeiter von der bürgerlich liberalen Fortschrittspartei war für Lassalle aber die Lösung der sozialen Frage, wozu die Erlangung

---

die "taktische" Komponente der Beziehungen weist Th.Ramm, Ferdinand Lassalle als Rechts- und Staatsphilosoph, Meisenheim/Wien 1953, S.176 hin: "Der Name von Rodbertus hatte, auch nach seinem missglückten Versuch einer neuen Parteibildung im Jahre 1861, in Preussen noch eine politische Kraft durch sein kompromissloses Eintreten für das allgemeine Wahlrecht ..."

[48] Rodbertus an Lassalle, 8./9.2.1863, RW 6, S.26-35

[49] Rodbertus an Lassalle, 30.3.1863, RW 6, S.44.

[50] Lassalle an Rodbertus, 28.4.1863, S.57: "Und nur weil die arbeitenden Klassen - nicht mit Unrecht - gern irgendein wie und wo sehen, habe ich die Assoziation mit Staatsmitteln vorgeschlagen."

[51] "Der Arbeiterstand muß sich als selbständige politische Partei konstituieren und das allgemeine, gleiche und direkte Wahlrecht zu dem prinzipiellen Losungswort und Banner dieser Partei machen. Die Vertretung des Arbeiterstandes in den gesetzgebenden Körpern Deutschlands - dies ist es allein, was in politischer Hinsicht seine legitimen Interessen befriedigen kann." F.Lassalle, Offenes Antwortschreiben an das Zentralkomitee zur Berufung eines allgemeinen Deutschen Arbeiterkongresses zu Leipzig. in: Lassalle, Gesammelte Reden und Schriften, Bd.III., Berlin 1919, S.47

des allgemeinen Wahlrechts das Mittel liefern sollte. Die Sozialreformen wie
sie etwa H.Schulze-Delitzsch mit Versicherungen, Genossenschaften und Kon-
sumvereinen progagierte, kritisierte Lassalle mit dem Hinweis auf das sogenannte eherne Lohngesetz vehement. Danach stehe fest, so Lassalle, "daß
der durchschnittliche Arbeitslohn immer auf den notwendigen Lebensunterhalt reduziert bleibt, der in einem Volke gewohnheitsmäßig zur Fristung der
Existenz und zur Fortpflanzung erforderlich ist."[52] Daraus zog Lassalle die
Schlußfolgerung, daß alles über der Existenzsicherung der Arbeiter Erwirt-
schaftete den Unternehmern bzw. Kapitalbesitzern zufalle, daß die Arbeiter
auch bei steigender Produktivität der Arbeit von den materiellen Fortschritten der Gesellschaft ausgeschlossen seien.[53] Diese Argumentation hat
soweit auffallend große Ähnlichkeit mit dem von Rodbertus vertretenen "Gesetz der fallenden Lohnquote". Damit verfocht Lassalle aber keine Theorie
der absoluten Verelendung der Arbeiter, denn er erkannte durchaus, daß
das sogenannte Existenzminimum ein relativer Begriff ist, der seine Bedeutung erst im Vergleich der Einkommen aller Klassen der Gesellschaft erhält.[54] Um das "eherne Lohngesetz" zu brechen, das heißt die Lösung der
sozialen Frage voranzutreiben, wollte Lassalle, daß die Trennung zwischen
Arbeiterlohn und Unternehmergewinn aufgehoben werden und den Arbeitern
der gesamte Arbeitsertrag zufalle. Deshalb schlug Lassalle in seinem "Offenen Antwortschreiben" die Gründung von Produktivassoziationen vor, die
anders als bei Schulze-Delitzsch nicht von den handwerklichen Kleinbetrie-
ben ausgehen sollten, sondern von der fabrikmäßigen Großproduktion. Das
heißt, die Arbeiter sollten zu ihren eigenen Unternehmern gemacht werden;
denn wenn "der Arbeiterstand seine eigener Unternehmer ist, so fällt jene
Scheidung zwischen Arbeitslohn und Unternehmergewinn und mit ihr der
bloße Arbeitslohn überhaupt fort, und an seine Stelle tritt als Vergeltung
der Arbeit: der Arbeitsertrag!"[55] Da die Arbeiter diese Assoziationen kaum
selbst gründen könnten, sei der Staat gefordert, "die große Sache der
freien individuellen Assoziation des Arbeiterstandes fördernd und entwik-
kelnd in seine Hand zu nehmen."[56] Seine Forderung nach Produktivassoziationen mit Staatshilfe, wie es später als Schlagwort formuliert wurde, wollte
Lassalle nur als Mittel der Verbesserung der Lage der Arbeiter als gesamte
Klasse verstanden wissen, nicht als Sozialismus oder Kommunismus. Er verglich diese Staatsintervention mit denen für die Unternehmer beim Bau der
Eisenbahnen.[57] Um den Staat resp. die Regierung zu dieser Intervention

[52] ebd. S.58

[53] ebd. S.61

[54] ebd. S.65.f. "Jede Lage einer Klasse bemißt sich somit immer nur durch ihr Verhältnis
zu der Lage der anderen in derselben Zeit." (S.66)

[55] ebd. S.69

[56] ebd. S.70

[57] ebd. S.72ff.

158

zugunsten der Arbeiter bewegen, sollte das Mittel des allgemeinen Wahlrechts eingesetzt werden, denn der größte Teil der Bevölkerung gehöre zu
den Armen der Gesellschaft.[58]

> *"Das allgemeine und direkte Wahlrecht ist also, ..., nicht nur Ihr po-
> litisches, es ist auch Ihr soziales Grundprinzip, die Grundbedingung
> aller sozialen Hilfe. Es ist das einzige Mittel, um die materielle Lage
> des Arbeiterstandes zu verbessern.'*[59]

Mit diesen so in aller Kürze dargelegten Programmpunkten setzte sich Rod-
bertus in seinem "Offenen Brief an das Comité des Deutschen Arbeitervereins zu Leipzig" auseinander.[60] Dem vom Lassalle als Grundlage seiner
Forderungen formulierten "ehernen Lohngesetz" stimmte Rodbertus weitgehend zu, entsprach es doch in Teilaspekten seinem "Gesetz der fallenden
Lohnquote", wonach unter den Bedingungen des bürgerlich-kapitalistischen
Eigentumsrechtes den Arbeitern proportional ein immer kleinerer Anteil am
Nationaleinkommen zufalle. Ein "natürliches Gesetz", wonach die Arbeiter auf
den notwendigen Unterhalt reduziert blieben, gebe es nicht, denn es sei
durch menschlichen Willen veränderbar.[61] Es gelte somit dieses Gesetz
angesichts der zunehmenden Konflikte zwischen arm und reich zu brechen,
solle die Gesellschaft nicht ruiniert oder revolutioniert werden.[62] Mittels
staatlicher Interventionen in die Wirtschaft und die Eigentumsordnung
wollte Rodbertus Sozialreformen einleiten, um so eine soziale Revolution zu
vermeiden. Die Kritik Lassalles an den Assoziationsvorschlägen von
H.Schulze-Delitzsch, die auf die Handwerker oder kleinen Warenproduzenten
zielten, konnte Rodbertus unterstützen, aber wie im privaten Briefwechsel
schon angedeutet, lehnte er die Produktivassoziationen mit Staatshilfe als
Mittel der Lösung der sozialen Frage ab, ohne den positiv pädagogischen
Charakter für die Eigenorganisierung der Arbeiter zu verkennen.[63] Mehr
noch als die Forderung nach Produktivassoziationen mit Staatshilfe kritisierte Rodbertus Lassalles Verknüpfung von allgemeinem Wahlrecht und Lösung der sozialen Frage. Rodbertus lehnte nicht das allgemeine Wahlrecht

---

[58] ebd. S.79ff.; S.89

[59] ebd.; s. auch S.91f.: "... das allgemeine Wahlrecht von 89 bis 96 Prozent der Bevölkerung als Magenfrage aufgefaßt und daher auch mit der Magenwärme durch den ganzen
nationalen Körper hin verbreitet - seien Sie ganz unbesorgt, meine Herren, es gibt
keine Macht, die sich dem lange widersetzen würde!"

[60] Rodbertus, Offener Brief an das Comite des Deutschen Arbeiter-Vereins zu Leipzig, RW
2, S.339-358

[61] ebd. S.346f.

[62] ebd. S.344-347

[63] ebd. S.349ff. Lassalle stimmte Rodbertus allerdings zu, daß einzelne
Produktivassoziationen die soziale Frage nicht lösen könnten. Lassalle an Rodbertus,
22.4.1863, RW 6, S.52

ab, er hatte es auch in Verbindung mit dem Problem der sozialen Frage Anfang 1849 sogar ausdrücklich gefordert, aber im Rahmen der Agitation für
eine selbständige Arbeiterpartei im Jahre 1863 hielt er die Forderung für
nachrangig bzw. für taktisch falsch, da er befürchtete, daß der neuen Partei eher Demokraten als Sozialisten beitreten würden oder "konservative
Sozialisten" sich von den Bestrebungen der Arbeiterpartei wieder abwende-
ten.[64] Daß Rodbertus die Forderung nach dem allgemeinen Wahlrecht aus
rein taktischen Erwägungen ablehnte, geht aus einem Brief an Lassalle
hervor:

> "Ich halte es namentlich für einen praktischen Fehler, daß Sie das
> allgemeine Stimmrecht in die Soziale Frage geworfen. Bedenken Sie,
> daß es das allgemeine Stimmrecht war, das die Soziale Frage in der
> Junischlacht totschlug. Schließlich gehören beide zusammen, aber
> nicht in der Agitation. Können Sie das redressieren, so wird die so-
> ziale Sache stärker werden. Dabei versteht es sich aber selbst, daß
> der Arbeiter nur für allgemeines Stimmrecht sein kann; aber lassen
> wir doch das Selbstverständliche selbstverständlich sein."[65]

Rodbertus gab also seine seit 1848 verfochtene Haltung zum allgemeinen
Wahlrecht auch in der Auseinandersetzung mit Lassalle nicht auf und bekannte sich weiter positiv zum allgemeinen Wahlrecht. Sowie er aber ausschließlich politisch agierende Demokraten von der neuen sozialen Partei
ausgrenzen wollte, so glaubte er auf der anderen Seite, "Reaktionäre", die
sich möglicherweise der Partei anschließen wollten, um dort ihre ständestaatliche, konservative Politik zu vertreten, durch die Aufnahme von einigen liberalen Elementen, wie Freizügigkeit oder freie Wahl der Beschäftigung, in das Programm vom ADAV fernhalten zu können.[66]

Rodbertus war aber nicht bereit, sich als Mitglied einer sozialistischen Arbeiterpartei unter Führung Lassalle zu engagieren, in der seine Vorstellungen nicht genügend beachtet wurden, auch wenn er betonte:

> "Ich nenne mich in Ihren sozialen Bestrebungen der Ihrige."[67]

Dennoch sollte der Einfluß von Rodbertus bei der Gründung des ADAV nicht
unterschätzt werden; gerade hinsichtlich der Statuten hat Na'aman die
Übereinstimmung zwischen der endgültigen Fassung und den
Verbesserungsvorschlägen seitens Rodbertus aus dem Briefwechsel

---

[64]   Rodbertus, Offener Brief an das Comite des Deutschen Arbeiter-Vereins zu Leipzig, RW
        2, S.355ff.

[65]   Rodbertus an Lassalle, 13.4.1863, RW 6, S.51

[66]   ebd. S.357: "Nehmen Sie Freizügigkeit und freie Wahl der Beschäftigung als selbstver-
        ständlich in ihr Programm auf! ... Und dennoch genügen diese zwei Zeichen, um jeden
        Reactionär, der Ihnen schaden könnte, höchst wirksam zurückscheuchen."

[67]   ebd. S.358

herausgearbeitet.[68] Auch Lassalle legte größten Wert auf die Verbreitung des "Offenen Briefes" von Rodbertus, obwohl er seinen Vorstellungen nicht zustimmte.[69] Allerdings hatte Lassalle den Brief eigenmächtig zumindest um einen wesentlichen Kritikpunkt, nämlich die Ablehnung der Forderung nach Produktivassoziationen mit Staatshilfe, gekürzt, weil er seine Stellung gegenüber den Arbeitern durch die wiederholte Kritik "noch mehr erschwert" sah.[70]

Den Zeitgenossen ist die mangelnde Übereinstimmung zwischen Rodbertus und Lassalle nicht entgangen; in der dem "Nationalverein" nahestehenden ALLGEMEINEn DEUTSCHEn ARBEITER-ZEITUNG wurde als einigendes Band zwischen beiden allein die "Feindschaft gegen die Nationalpartei" gesehen und die scheinbar gemeinsame Lohntheorie.[71] In der liberalen OSTSEE-ZEITUNG wurde auch die "sozialistische" Konzeption beider kritisiert[72], so sich Rodbertus genötigt fühlte, seine Position gegenüber Lassalle zu verdeutlichen. In einer "Richtigstellung" betonte Rodbertus, daß es ihm nicht darum gehe, das Grundeigentum abzulösen, sondern daß sein Ziel eine Umverteilung des Sozialprodukts sei. Außerdem pflichtete er Lassalle in der Notwendigkeit der

"Emancipation der Arbeiter von der Fortschrittspartei und der Bekämpfung des Laissez-faire-Systems"[73]

bei und begrüßte Lassalles Initiative zur Gründung einer sozialen Partei, weil sie

"einen in unsern faulen und verfahreren politischen Zuständen wie frische Morgenluft" anwehe.[74]

---

[68]   S.Na'aman, Lassalle, S.618ff.; ders.,   Die Konstituierung der deutschen Arbeiterbewegung 1862/63, S.141

[69]   Lassalle schrieb an Otto Dammer am 14.4.1863, zit nach S.Na'aman, Konstituierung der deutschen Arbeiterbewegung 1862/63, S.410: "Sein Brief muß absolut gedruckt werden und unter den Arbeitern verkauft." s. auch weitere Briefe Lassalles an Dammer und Vahlteich vom 21.4.1863; 22.4.1863; 25.4.1863; 26.4.1863; 27.4.1863; ebd. S.414ff.; auch Dammer an Lassalle, 27.4.1863, ebd. S.421-424; zur Kürzung des "Offenen Briefes" s. Lassalle an Rodbertus, 22.4.1863, S.52

[70]   Lassalle an Rodbertus, 22.4.1863, RW 6, S.52

[71]   ALLGEMEINE DEUTSCHE ARBEITER-ZEITUNG Nr.18, 3.5.1863 u.Nr.20, 17.5.1863, zit. nach S.Na'aman, Die Konstituierung der deutschen Arbeiterbewegung 1862/63, S.521f. u. S.525-538

[72]   OSTSEE-ZEITUNG Nr.192, 25.4.1863 u. Nr.214, 9.5.1863

[73]   OSTSEE-ZEITUNG Nr.220, 13.5.1863

[74]   ebd.

161

Daß sich Rodbertus letztlich nicht dem ADAV anschloß, beweist allerdings, daß die Kritiker und Kommentatoren nicht Unrecht hatten. In einem Brief an Lassalle vom 29. Mai 1863 lehnte Rodbertus die Mitgliedschaft im ADAV ab, und zwar in dem vollem Bewußtsein, daß dem Verein dadurch kein *"harter Schlag"* versetzt werde, denn

> *"ich werde im allgemeinen für Ihre Bestrebungen eintreten, wo ich nur Veranlassung finde. Und oft ist eine Hilfe nützlicher, wenn sie von jemand kommt, der nicht in der Armee dient."*[75]

Zuvor hatte es Rodbertus schon abgelehnt, nach Frankfurt zu einer öffentlichen Auseinandersetzung mit H.Schulze-Delitzsch kommen. Rodbertus gab zwar *"häusliche Hindernisse"* als Grund an, betonte aber zudem gleichzeitig, daß er *"öffentliche Disputationen"* für gefährlich für *"unsere Sache"* hielt.[76] Auch lehnte er andere Arten der Unterstützung des "Allgemeinen Deutschen Arbeitervereins" etwa durch die Zeichnung freiwilliger Anleihen zur Finanzierung der Arbeit des ADAV ab.[77] Nach dieser Ablehnung nahm der Umfang der Korrespondenz zwischen Lassalle und Rodbertus ab und beschränkte sich zumeist auf rein ökonomisch-theoretische Fragen.

Ohne irgendwelche Ergebnisse korrespondierte Rodbertus etwa gleichzeitig auch mit dem Redakteur Stolp der eher sozialkonservativen DEUTSCHEn GE-MEINDEZEITUNG über die Gründung einer selbständigen Arbeiterpartei.[78]

---

[75] Rodbertus an Lassalle, 29.5.1863, RW 6, S.87f. In einem undatierten Fragment begründete Rodbertus noch einmal seine Ablehnung an Lassalle: *"1. Lassalle wollte bekanntlich die Lage der arbeitenden Klassen mittelst eines allgemeinen Systems von Productivassociationen durch pecuniäre Staatshilfe heben. Ich meinerseits wollte das Lohnprincip beibehalten wissen, aber eine Reform desselben allerdings auch durch den Staat unternehmen lassen."*. Lassalle wollte aus der socialistischen Partei zugleich eine politische machen. Ich wollte, sie solle lediglich eine wirthschaftliche bleiben." Rodbertus, Fragmente zu dem Verhältnis zu Lassalle, RW 6. S.114f. (Hervorhebung im Original, UER)

[76] Rodbertus an Lassalle, Ende April 1863, RW 6, S.54

[77] G.Lewy an Lassalle, 28.12.1863 u. 14.1.1864 in: F.Lassalle, Nachgelassene Schriften und Briefe, Bd.V., Stuttgart/Berlin 1924, S.268-270 u. S.272f.

[78] Im ZSTA Merseburg Rep.92 Nachlaß Rodbertus-Jagetzow, A 10 befinden sich einige Artikel der DEUTSCHEn GEMEINDEZEITUNG aus den Jahren Jahren 1862 und 1863, dazu Briefe Stolps an Rodbertus, Bl.8-14v, Bl.61-85v, Bl.98-99. Die Korrespondenz endete mit dem Eintritts Stolps bei der VOSSISCHEn ZEITUNG. s. Stolp an Rodbertus, 9.6.1863, ebd. Bl.8

162

7.4.   Ausarbeitung der geschichtsphilosophischen Ansätze der 1830er Jahre

Nach dem Scheitern der Zusammenarbeit mit Lassalle und nach dem endgültigen Bruch mit den Männern der Fortschrittspartei war Rodbertus politisch isoliert. Im Jahre 1865 äußerte sich Rodbertus auch in der Öffentlichkeit zu keiner politischen Frage; statt dessen begann er seit 1864 mit der Veröffentlichung seiner althistorischen Studien in Bruno Hildebrands JAHRBÜCHERn FÜR NATIONALÖKONOMIE UND STATISTIK, nachdem es der Herausgeber des RHEINISCHEn MUSEUMs, Ritschl, abgelehnt hatte, diese Aufsätze abzudrucken.[79] Diese "Untersuchungen auf dem Gebiete der Nationalökonomie des klassischen Altertums", in denen Rodbertus neben der "Geschichte der agrarischen Entwicklung Roms" und der "Geschichte der römischen Tributsteuern seit Augustus" auch seine am Saint-Simonismus, an Hegel und Schelling orientierte Geschichtsphilosophie darlegte, begründeten seine Bedeutung für die Wirtschaftshistorie der Antike, als deren oft vergessener Mitbegründer er gelten kann.[80]

Ausgangspunkt sämtlicher Überlegungen, die Rodbertus anstellte, ist, daß die Geschichte der Menschheit stete Fortschritte beinhaltete, selbst wenn der staatliche, i.e. der institutionelle "Überbau" untergehe, oder wie es Rodbertus ausdrückte, daß selbst bei Untergang des römischen Weltreiches das in ihm

"verkörperte und individualisirte Stück Menschengeschlecht in stetigem Fortschritt begriffen bleibt."[81]

Bei den Darlegungen, die Rodbertus hier seit den 1850er Jahren entwicklete, konnte auf seine früheren Überlegungen zurückgreifen: Fortschritt suchte er anhand der Konstruktion verschiedener Zustände gesellschaftlich-staatlicher Institutionen nachzuweisen. Ähnlich wie die Saint-Simonisten unterteilte er die Geschichte zunächst in drei Hauptepochen:

I. Stammperiode

II. Staatenperiode

III. Periode der Einen organisierten Gesellschaft.

---

[79]   Lassalle hatte Rodbertus Ritschl für den Druck empfohlen, 28.4.1863, RW 6, S.331; Ritschl indes verwies Rodbertus mit seinen Aufsätzen wiederum an Bruno Hildebrand, 4.1.1864, ZSTA Merseburg Rep.92 Nachlaß Rodbertus-Jagetzow B 15, Bl.2v

[80]   Die Aufsätze zur antiken Wirtschaftsgeschichte sind im Band 5 der Werkeausgabe zusammengestellt. Zur Bedeutung von Rodbertus für die Wirtschaftsgeschichte der Antike s. z.B. K.Christ, Römische Geschichte und deutsche Geschichtswissenschaft, Darmstadt 1980, S.103f.; auch F.de Martino, Wirtschaftsgeschichte der Antike, München 1985,

[81]   Rodbertus, Zur Geschichte der römischen Tributsteuern seit Augustus. Teil 1 und 2., RW 5, S.69

Vor allem die dritte Epoche erinnert in der Begrifflichkeit an die "universelle Assoziation" der Saint-Simonisten.[82] Die Stammperiode überging Rodbertus bei seinen Betrachtungen weitgehend, während er der Staatenperiode einige Aufmerksamkeit widmete und diese – sehr schematisch – weiter unterteilte.[83] Die erste Phase der Staatenperiode bezeichnete er als *"heidnisch-antike"*, in der er wiederum 4 Stadien entdeckte:

1. Theokratie (Pharaonen, Inkas)

2. Kastenstaat

3. Satrapie

4. Polis.[84]

Diese erste Phase der Staatenperiode sei untergegangen, und die "katholisch-germanische" oder "christlich-germanische" folgte:

1. kirchlicher Staat

2. Ständestaat

3. bürokratischer Staat

4. Repräsentativstaat.[85]

Jede Hauptepoche sei gekennzeichnet durch eine besondere Art der Wirtschaftsordnung, durch unterschiedliche Geldformen und Eigentumsverhältnisse. Rudolph faßt dies zusammen, wenn es bei ihm heißt:

I. Antike = Menscheneigentum

II. Feudalismus/Kapitalismus = Grund- und Kapitaleigentum

---

82   G.Rudolph, Karl Rodbertus (1805-1875) und die Grundrententheorie, S.44: "Man erkennt unschwer, wie hier die linksricardianische Theorie des Arbeitseigentums mit saintsimonistischen und noch weiter zurückreichenden (eschatologischen) Geschichtskonzeptionen verschmolzen wurde."

83   Der Schematismus, den Rodbertus hier entwickelte, wurde in Teilen der Literatur- zu Recht - kritisiert. So schreibt z.B. F.Mehring, Geschichte der Sozialdemokratie, Bd.1, S.262: "Es war ein halb mystisches Spiel mit Namen und Zahlen, halb aber auch wirklich religiöse Anbetung. Rodbertus spannte die Geschichte der Menschheit in ein Prokrustesbett von Staatenordnungen ..." ebd. S.263: "Es ist wahrhaftig erstaunlich, in welchen formalen Schematismus der Staatskultus diesen gescheiten Mann von unzweifelhaft reichen Geschichtskenntnissen getrieben hat."

84   Rodbertus, Zur Beleuchtung der socialen Frage. Theil II. Heft 1, RW 1, S.734f.

85   ebd. S.801f.

164

III. Zukunft = Arbeits- und Verdiensteigentum.[86]

Dieser sollte - so Rodbertus - die *"deutsche"* Phase folgen, die den Übergang zur Periode der *"Einen organisierten Gesellschaft"* einleitete. Rodbertus bezeichnete die erste Stufe der *"deutschen"* Phase als *"christlichsozialen Staat"*, der noch religiös orientiert schon nach einer wissenschaftlichen Fundierung verlange. Die Ähnlichkeiten mit Saint-Simon und den Saint-Simonisten ist auch hier leicht zu erkennen. In den 1870er Jahren glaubte er die "Geburtswehen (der) sich fühlbar machenden christlich-socialen Staatenordnung" zu erkennen.[87] Das Ziel der historischen Entwicklung war bei aller Betonung des Staates vor der *"Epoche der Einen organisierten Gesellschaft"* die Überwindung des Staates als Zwangsinstitution über die Gesellschaft, weil

"jetzt eine vollendete Gemeinschaft der individualen Geister, Willen und Arbeitskräfte auf den Gebieten der Sprache und Wissenschaft, der Sitte und des Rechts, der Arbeitstheilung und der Wirthschaft eingetreten ist, die alle Einheitsgewalten der Staaten in der Einen Organisation des Menschengeschlechts mehr als ersetzt."[88]

Die Krisensituationen der menschlichen Ordnungen, die er als Individualismus bezeichnete, verglich er in ihrem Prozeßcharakter mit den Vorgängen in der Natur mit einer Krankheit, die bei den Atomen (=Individuen) beginnen, die Zellen (=Familien) angreife, schließlich den Gesamtorganismus (=Gesellschaften) zerstöre. Auf die Gesellschaften übertragen würden die Religion und die Wissenschaft von individueller Erkenntnis infragegestellt, der individuelle Wille hielte sich nicht mehr an die geltenden Normen der Moral und an das positive Recht und gemäß der Dreieinigkeitslehre griffen individuelle Gewerbe die herrschende Wirtschaftsordnung an.[89] Obwohl Rodbertus den Individualismus als den gesellschaftlichen Organismus zerstörendes Element der Geschichte betrachtete, sah er dennoch die generelle Tendenz des historischen Entwicklung als einen *"Vereinigungsprozeß"*, als

[86] G.Rudolph, Karl Rodbertus (1805-1875) und die Grundrententheorie, S.44; Rodbertus an J.Z(eller), 10.11.1875, RW 6, S.708; s. auch Teutloff, Die Methoden bei Rodbertus, S.123, der m.E. vergeblich diese Überlegungen von Rodbertus samt dessen erkenntnistheoretischen Versuchen in einem Schaubild darzustellen versuchte; Teutloffs Versuch bleibt unklar.

[87] ebd. S.734f.; s. auch Brief Rodbertus an R.Meyer vom 23.12.1872, RW 6, S.429; auch Brief Rodbertus an R.Meyer vom 14.6.1873, ebd. S.468f.

[88] Rodbertus, Zur Beleuchtung der sozialen Frage, Theil II. Heft 1, RW 1, S.679; s. auch hierzu auch W.Andreae, Der staatssozialistische Ideenkreis. ARCHIV FUR RECHTS-UND WIRTSCHAFTSPHILOSOPHIE Bd.24, Jg.1930/31, S.185ff.

[89] Rodbertus, Zur Geschichte der römischen Tributsteuern seit Augustus. Teil 3, RW 5, S.228: *"So pocht und arbeitet dies Streben als das wirkliche Auflösungsmittel in allen Theilen des Organismus, hier als Philosophie, dort als politisches Freiheitsstreben, dort als Freihandel."*

165

eine Vergesellschaftung der menschlichen Individuen. Rodbertus faßte diesen
Gedanken zusammen:

> "Deshalb beruht das geschichtliche oder sociale Leben - die Familie,
> der Stamm, der Staat, die Gesellschaft - nicht auf Individualismus,
> sondern auf Gemeinschaft. Gemeinschaft des individuellen Lebens ist
> gerade das einzige sociale Lebensprincip. Und zwar allseitige Gemein-
> schaft, Gemeinschaft in allen individuellen Lebensphären, im geisti-
> gen, sittlichen und wirtschaftlichen Leben. Natürlich verhält es sich
> dann auch noch mit dem Fortschritt des socialen Lebens nicht an-
> ders; auch er besteht in nichts als einer Steigerung jener allseitigen
> Gemeinschaft, einer Steigerung, die extensiv und intensiv vor sich
> geht; extensiv, sich nach und nach über den ganzen Erdkreis
> verbreitend; intensiv, sich in jeder Lebensphäre erhöhend."[90]

Dieser Auffassung entsprechend betrachtete Rodbertus seine Zeit als Übergangszeit, in der Individualismus seine Berechtigung habe und eine
historische Notwendigkeit sei. Allein mehr als die Zerstörung einer
überkommenen Gesellschaft wollte er dem Individualismus in Theorie und
Praxis nicht konzedieren.[91] Die durchaus positive Funktion des Individualismus werde aber zu einer antisozialen, wenn er seine weltgeschichtliche
Aufgabe erfüllt habe.

Waren die bis jetzt geäußerten Gedanken von Rodbertus eher auf die Geschichtsphilosophie gerichtet, so versuchte er daneben auch zur Geschichts-
und zur Gesellschaftswissenschaft im allgemeinen, oder wie er sich in Briefen in den 1870er Jahren auszudrücken pflegte, zu den "Grundlinien der
Sozialwissenschaften", seine Position deutlich zu machen. Aber wie so viele
Arbeiten bei Rodbertus blieben auch diese Torso und müssen aus seinen historischen Studien und aus nachgelassenen Fragmenten rekonstruiert werden.

Geschichte als Wissenschaft war für Rodbertus die Erkenntnis und die Darstellung der menschlichen Entwicklung in Ereignissen. Für einen Betrachter
des gesellschaftlichen Entwicklungsprozesses reiche allerdings die Geschichte nicht aus; an ihre Seite müsse noch die *"Wissenschaft vom socialen*

---

90   ebd.

91   ebd. S.230: *"Deshalb ist freilich der Individualismus berechtigt, unvollkommene und in*
      ihrer Unvollkommenheit ausgelebte kommunistische Formen zu zerstören, aber nicht, um
      demnächst auf der leeren Stätte sich selbst genug zu thun, sondern nur, um andern,
      neuen, aber vollkommeneren kommunistischen Formen Platz zu machen." und ebd. S.232:
      "Es würde sich nachweisen lassen, wie der griechisch-römische Individualismus die
      heidnisch-antike Staatenordnung stürzte und der moderne dieselbe Arbeit an der christ-
      lich-germanischen vollzieht, wie er dort wie hier diese Arbeit auf allen verschiedenen
      Lebensgebieten des Staats und der Gesellschaft vollzieht - des Glaubens und Wissens,
      der Sittlichkeit und des Rechts, des Erwerbs und des Verkehrs - und in der Weise
      vollzieht, daß er auf jedem dieser Gebiete die alten, unvollkommenen Gesell-
      schaftsformen auflöst, nur, um Platz zu neuen, aber vollkommeneren Gesellschaftsformen
      zu schaffen."

Leben" treten.[92] Geschichtswissenschaft und Sozialwissenschaften müßten eine Einheit bilden. Entsprechend der von Rodbertus konstatierten einheitlichen und organischen Natur eines jeden Staatswesens sei dieses mittels der Methode der Analogie zur Natur zu erschließen. Die Analogie, die er mit der Methode der Induktion in den Naturwissenschaften, betrachtete er als den Schlüssel zu weiteren Entdeckungen in den Sozialwissenschaften. So führte er aus:

> *"... dass die Menge der **socialen Bildungen**, welche neben und nach einander die **Geschichte** füllen, eine analoge Entwickelungsreihe immer vollkommenerer Lebensbildungen, aber eben **socialer Art**, repräsentirt, wie die **Natur** in der Stufenreihe von der Zelle bis zum Menschen in der Menge der **physischen Lebensbildungen** darstellt. Auch die **richtigen** Analoga aus beiden Reihen würde sie erst gegen einander überzustellen haben. Dem **Pflanzenreich** dort eine blosse **Stammperiode** hier, in der die Geschichte nur erst **sociale Zellen**bildungen – Familien, Stämme, Nationen, Völker – producirte; dem an das Pflanzenreich sich anschliessenden **Thierreiche** dort eine an die Stammperiode sich schliessende **Staatenperiode** hier, eine Periode, in der, wie in dem animalischen Reich, der Organismus sich von einer blossen Vegetationsstufe zu einer höheren und freieren Lebensform entwickelt, die, dort wie hier, wieder eine aufsteigende Reihe verschiedener **Genera** und **Species**, hier eine Reihe immer vollkommenerer **Staaten**arten enthält; endlich, dem Gipfel der physischen Entwicklung dort, der **Einen Menschenart**, ein künftiger analoger Gipfel historischer Entwickelung hier, die **Eine organisirte menschliche Gesellschaft**."[93]* (Hervorhebung im Original, UER)

Ansatzpunkte einer solchen von Rodbertus zur Norm erhobenen Wissenschaftsauffassung, einer "allgemeinen vergleichenden Physiologie des socialen Lebens", fand er bei – wenn auch nach seiner Auffassung völlig unzureichend – in der sogenannten "organischen Schule der Staatswissenschaften".[94] Das Element des Organismus in der Geschichtsphilosophie und den Sozialwissenschaften bei Rodbertus weist auch auf die Auffassung der Totalität der Geschichte hin, die er als eine "dreieinige" begriff. In den 1870er Jahren erklärte Rodbertus apodiktisch:

> *"Alles Leben, göttliches wie weltliches, ist **dreieinig**."[95]*
> (Hervorhebung im Original, UER)

---

92   Rodbertus, Zur Geschichte der römischen Tributsteuern seit Augustus. Teile 1 und 2, RW 5, S.78

93   ebd. u. f.

94   ebd. S.79

95   Rodbertus, Zur Beleuchtung der socialen Frage. Theil II. Heft 1, RW 1, S.676 u. S.679f.

In der Anerkennung der Trinität alles Seins sah er die conditio sine qua
non aller Erkenntnis in den Gesellschaftswissenschaften.[96] Dieser Gedanke
taucht bei Rodbertus im Grunde schon in den 1830er Jahren auf, wenn er in
seinem Aphorismenheft "Ideen- und Meinungsjournal" schrieb:

> "Da wo Geist u<nd> Natur und Menschen zusammenfallen, fängt Gott
> an."[97]

Erst in den 1850er und 1860er Jahren führte Rodbertus diesen Gedanken
der Trinität weiter aus. Das Individuum oder den Menschen sah er nicht als
ein duales Wesen aus Körper und Seele bestehend, sondern als ein dreieini-
ges aus Geist, Willen und Kraft, wobei der Geist das Begriffsvermögen, der
Wille das Bestimmungsvermögen und die Kraft das Bewegungsvermögen
bezeichneten.[98] Seiner Auffassung nach hätte der "altägyptische" Glauben
einer dualistischen Auffassung vom menschlichen Wesen

> "durch das Christenthum, das die Ebenbildlichkeit des dreieinigen
> Gottes lehrt, ... beseitigt sein sollen ..."[99]

Ähnlich hatte auch schon Aristoteles das menschliche Wesen als aus den
drei Elementen Verstand, Wille und Herz bestehend beschrieben.[100]
Rodbertus übertrug nun analog die Elemente des individuellen menschlichen
Dasein auf die Gesellschaft. Dem Geist entspreche die Sprache und die
Wissenschaft, dem Willen die Sitte und das Recht und der Kraft die Teilung
der Arbeit und die Wirtschaft.[101] In einem thesenartig formulierten
Fragment aus den 1870er Jahren mit der Überschrift "Allgemeine Principien
der Gesellschaftswissenschaft" faßte Rodbertus diesbezüglich seine
Auffassung prägnant zusammen:

> "1. Das no (nationalökonomische, UER) Leben ist eine integrirende
> Seite des socialen Lebens, das seiner Seits sich in den geschichtli-
> chen Gesellschaftskörpern - Nationen, Staaten - als aus Sprache
> u<nd> Wissenschaft, Sitte u<nd> Recht, Theilung der Arbeit u<nd>
> Wirthschaft dreieinig verbundene Personificationen darstellt.
>
> 2. Diese dreieinig verbundenen Sphären des socialen Lebens, ent-
> sprechen den drei Grundvermögen die auch ihrer Seits dreieinig

---

96   ebd.

98   Rodbertus, Zur Beleuchtung der socialen Frage. Theil II. Heft 1, RW 1, S.676 u.
     S.679f.

99   Rodbertus, Allgemeine Principien der Gesellschaftswissenschaft (Fragment), ZSTA Merse-
     burg Rep.92 Nachlaß Rodbertus-Jagetzow M 1, Bl.245.

100 W.Andreae, Der staatssozialistische Ideenkreis. ARCHIV FÜR RECHTS- UND WIRTSCHAFTSPHI-
     LOSOPHIE Bd.XXIV, 1930/31, S.183, bemerkt, daß Rodbertus die entsprechenden Schriften
     von Platon und anderer antiker Philosophen nicht rezipiert habe.

101 Rodbertus an A.Wagner, 31.5.1875, RW 6, S.673f.

*verbunden, das **individuelle Leben** bilden, das in seiner vollkommen-*
sten Bildung durch den Menschen dargestellt wird.

*3. Sie sind der **Geist,** oder das Vermögen zu erkennen, d.h. zu be-*
*greifen u‹nd› sich zu erinnern, der **Wille,** oder das Vermögen zu be-*
stimmen, d.h. sich zu entscheiden u‹nd› sich zu gewöhnen; die Kraft
oder das Vermögen zu bewegen u‹nd› zu arbeiten. ..."[102]
(Hervorhebung im Original, UER)

Die Wirtschaft, mit der sich Rodbertus vorwiegend beschäftigte, ist demnach
nur ein Teilaspekt der Gesellschaft, der allerdings immer mit den anderen in
einem Zusammenhang gesehen werden muß, obwohl es bei den einzelnen Entwicklungen und Prozessen gewisse nicht näher definierte Präferenzen
gebe.[103]

Die Gesellschaft betrachtete Rodbertus als einen Organismus, der sich gemäß
seiner Vereinigungslehre und analog der Entwicklung der nichtmenschlichen
Natur, wobei er sich explizit auf die Entdeckungen Darwins berief, in bestimmten Bahnen entwickele.[104] Rodbertus übernahm so Gedanken der Evo-
lutionslehre, wie sie in der Biologien und Geologie vertreten wurden, und
übertrug sie auf die menschliche Geschichte und Gesellschaft. Evolution beinhaltete dabei immer auch den Fortschritt, die Höherentwicklung und in
der Natur sei der Mensch der *"stolze oder vielmehr eingebildete*
Höhepunkt" der Entwicklung.[105] Aber während Rodbertus die
Naturgeschichte als abgeschlossen betrachtete, blieb für ihn die Geschichte
der Gesellschaftsformationen, der "socialen Organismen" unabgeschlossen.[106]

Obwohl Rodbertus des öfteren dazu angesetzt hatte, seine Gedanken in den
"Grundlinien der Gesellschaftwissenschaften" zu systematisieren, kam er
kaum über Ansätze hierzu hinaus.[107] Auch schon gegenüber Lassalle wies
Rodbertus auf die Notwendigkeit einer neuen Fundierung der sozialen Wissenschaften.

"In der Tat: für die sozialen Wissenschaften ist noch kein Bacon da-
gewesen. Hier treiben wird noch immer Alchimie und Astrologie, statt
Chemie und Astronomie; wir ziehen in den betreffenden Materien die
Regeln nicht aus den geschichtlichen Vorgängen, sondern aus phan-

---

[102] ebd.

[103] Rodbertus, Zur Beleuchtung der socialen Frage. Theil II. Heft 1, RW 1 S.681

[104] ebd. S.731

[105] Rodbertus an A.Wagner, 31.5.1875, RW 6, S.679

[106] ebd.

[107] s. die verschiedenen Manuskriptmappen im Nachlaß Rodbertus, die auf den zum Teil noch
völlig unfertigen Zustand dieser geplanten Arbeit hinweisen; z.B. ZSTA Merseburg
Rep.92 Nachlaß Rodbertus-Jagetzow M 1, Bl.280-397; M 6, Bl.664-775

tastischen Vorstellungen ab, ja, wir besitzen noch nicht einmal ein
*«Organ», aus den geschichtlichen Vorgängen solche Regeln **richtig** zu*
abstrahieren." [108] (Hervorhebung im Original, UER)

Ziel der Bemühungen von Rodbertus war es, der Nationalökonomie oder der
Analyse der wirtschaftlichen Entwicklung eine historisch abgeleitete soziolo-
gische und juristische Fundierung zu geben: die Entwicklungsgesetze,
denen die Wirtschaft unterliege, sollten in ihren Wechselwirkungen mit den
geistigen, rechtlichen und sozialen Einflüssen betrachtet werden. Aufgrund
seiner Geschichtsphilosophie spielte die historische Bedingtheit wirtschaftlicher Ordnungssysteme eine größere Rolle als bei den englischen Klassikern.
Gemäß seiner teleologischen Auffassung mit dem zu erreichenden Zu-
kunftsstaat und seiner Erkenntnis des Kompromißcharakters gesellschaftlichen Wandels, trat er für Reformen zur letztendlichen Beseitigung
des Privateigentums an Boden und Kapital ein, um beim historisch notwendigen Übergang zur einer höheren Staaten- oder Wirtschaftsordnung, soziale
Unruhen zu vermeiden. So etwa ließe sich die Forderung von Rodbertus
nach Verwandlung des landwirtschaftlichen Grundbesitzes in einen Ren-
tenfonds als Mittel eines friedlichen Übergangs zu einem sozialistischen
Wirtschaftssystem interpretieren, weil hierdurch die Funktion des bisherigen
Eigentümer nunmehr auf die eines Verwalters reduziert würde.[109]

7.5.   Cäsarismus und Revolution

Es war und blieb der Staat, dem Rodbertus seit seinen ersten sozialtheoretischen und wirtschaftspolitischen Äußerungen die zentrale Rolle für
die Ausgestaltung der gesellschaftlichen Gegenwart und der Zukunft zuschrieb. Der Staat, das war für Rodbertus zunächst die Regierung, dann die
Staatsbürger, die mit dem allgemeinen Wahlrecht auch die Arbeiter umfaßte.
Staat und Gesellschaft betrachtete Rodbertus schließlich als Einheit, nicht
als Gegensatz. Da alle Bürger Teil des Staates seien, habe der Staat auch
entsprechend Rodbertus organologische Grundeinstellung für alle seine Teile
zu sorgen.

Hinsichtlich der Staatform verhehlte Rodbertus nie seine Sympathien für die
demokratische oder parlamentarische, erbliche Monarchie. Gegenüber autoritären oder despotischen Staatsverfassungen blieb Rodbertus lange skeptisch. So hegte Rodbertus in den 1850er Jahren Befürchtungen, daß der
"Cäsarismus" die politische Kultur bestimmen könnte; in den 1860er Jahren
änderte Rodbertus unter dem Eindruck der Entwicklung in Frankreich und

---

[108]   Rodbertus an Lassalle, 8./9.2.1863, RW 6, S.32/33

[109]   Rodbertus, Zur Erklärung und Abhilfe der heutigen Kreditnot des Grundbesitzes, 2. Bd.,
        RW 4, S.240f., S.261

in Preußen wie auch geleitet durch seine Forschungen zur römischen Geschichte seine ablehnende Haltung.

In der politischen Publizistik erlebte der Begriff nach dem Staatsstreich Napoleons III. eine größere Verbreitung. Aber inhaltlich blieb der Begriff unklar wie auch die Politik Napoleon äußerst unterschiedlich eingeschätzt wurde. "Beender der sozialen Revolution" wie "Wegbereiter des Kommunismus", so wurde Napoleon beurteilt. Auf einer abstrakteren Ebene wurde der Bonapartismus als synonym für Cäsarismus als Ausdruck der europäischen Krise empfunden, in der alte Formen von Staat und Gesellschaft zerstört würden, die neuen aber noch nicht gefunden. Napoleon oder der "Cäsar" wurde als Übergangserscheinung betrachtet.[110]

Ähnlich betrachtete auch Rodbertus konkret Napoleon, abstrakt die Funktion der "Cäsaren" in der Geschichte. So schrieb er an Lassalle:

> *"Sie täuschen sich in der Signatur der Zeit! Die revolutionären Kräfte Europas sind heute schwächer und zersplitterter als vor zehn Jahren und paralysieren sich deshalb gegenseitig. Und dies ist noch immer die Spalte gewesen, durch welche der Cäsarismus auf die Welt gekommen."[111]*

Lassalle dagegen vertrat eine andere Ansicht als Rodbertus hinsichtlich der Gefahren eines "Cäsarismus"; denn Lassalle hoffte noch während der 1860er Jahre auf einen revolutionären Aufschwung, gerade durch den "Cäsarismus" hin zu einer Demokratisierung der Gesellschaft. Die Diktatur Napoleons III. betrachtete Lassalle als Übergangserscheinung, die für die Volksbewegung letztlich günstig sei, da sie die Gesellschaft nivelliere und somit die Grundlage für eine Demokratisierung schaffe. Rodbertus hob dagegen die weltgeschichtliche Funktion des "Cäsarismus" hervor: er betrachtete den "Cäsarismus" nicht mehr nur als Bedrohung, sondern auch schon als Möglichkeit zur Verbesserung der politischen und sozialen Gesamtlage trotz scheinbare Rückschritte durch die Diktatur.[112] Er spielte auf Hegel an, der Napoleon I. als Überwinder der Revolutionäre und Hüter der revolutionierten Ordnung, als Retter der Ergebnisse der Revolution interpretierte. Leicht ironisch heißt es gegenüber dem Hegelianer Lassalle:

---

[110]   D.Groh, Cäsarismus. in: Geschichtliche Grundbegriffe, Bd.1, Stuttgart 1972, S.753ff.

[111]   Rodbertus an Lassalle, 13.5.1863, RW 6, S.79 Schon am 9.5.1863 hatte Rodbertus an Lassalle geschrieben: *"Ich fürchte, Sie täuschen sich in der Signatur der Zeit, wenn Sie glauben, auf dem obengenannten Wege (der Stimmrechtagitation, UER) zum Ziele zu kommen. Sie ist dem Cäsarismus günstiger als irgend einer andern Form."* s. ebd. S.71. Falsch ist es behaupten, daß Rodbertus Lassalle auf die "tödliche Gefahr des Cäsarismus" hingewiesen habe, wie es bei G.v.Uexküll, Ferdinand Lassalle in Selbstzeugnissen und Bilddokumenten, Reinbek 1974, S.115, heißt.

[112]   G.Mayer, Zum Verständnis der politischen Aktion Lassalles. in ders., Arbeiterbewegung und Obrigkeitsstaat, Bonn-Bad Godesberg 1972, S.74ff.

*"Der Cäsarismus gehört auch zu den «Listen» Ihres Weltgeistes. Die-
ser zügelt damit - verzeihen die Anspielung - die Feuerköpfe der
guten Sache und züchtigt damit jene heuchlerischen Großsprecher.
Bis jetzt hat es noch keine Periode gegeben, in der den sozialen
Fortschritten mehr vorgearbeitet worden wäre, als - das römische
bas-empire, wenn auch diese seine Seite noch ungeschrieben ist."*[113]

Rodbertus hatte mit dieser Betrachtungsweise die "Demokratie" auch in
theoretischer Hinsicht verlassen: nicht mehr von Volksbewegungen erwartete
er eine Umgestaltung der Gesellschaft, sondern von einer mehr oder minder
autoritären Regierung, die aber in ihrer Funktion mit den alten Strukturen
brach.[114] Was Rodbertus hier anriß, führte er innerhalb seiner
Untersuchungen über die Tributsteuern in der römischen Geschichte weiter
aus. Cäsaren - das waren für Rodbertus die römischen Kaiser - verdeut-
lichten den Übergangscharakter einer Staats- oder Gesellschaftsordnung.[115]

*"Der Cäsarismus, seiner Natur nach die Regierungsform für Ue-
bergangsperioden, hat noch die einstweilige Aufgabe, Altes und
Neues zu verbinden."*[116]

Auch die eigenen Zeit betrachtete Rodbertus als Übergangszeit. Der Cäsarismus erschien ihm dabei als eine Möglichkeit, eine höhere Stufe gesellschaftlicher Ordnungen zu erreichen, ohne daß es zu einer sozialen Revolution kommen müsse.[117] Rodbertus begründete seine Auffassung vom Übergangscharakter der 1860er und 1870er Jahre damit, daß nur in den sogenannten "anorganischen Epochen" der Weltgeschichte, "Cäsaren" mit Erfolg
auftreten könnten. Viel stärker als in der Jahren zuvor setzte Rodbertus
nun auch seine Hoffnung auf einen neuen "Cäsar":

*"Glück wünschen darf sich daher die Menschheit, dass die Zeiten der
Cäsaren selten kommen; aber, wenn sie gekommen, wird sie sich
abermals Glück wünschen, sich einem Manne in die Arme werfen zu
können, der solche Eigenschaften vereinigt."*[118]

Dietzel schreibt hierzu: "Daß große soziale Umwälzungen sich rascher und
schmerzlose vollziehen «von oben» als durch empörte Massen oder im Kampfe

---

[113] Rodbertus an Lassalle, 9.5.1863, RW 6, S.72

[114] G.Mayer, Zum Verständnis der politischen Aktion Lassalles, S.76; Th.Ramm, Ferdinand
Lassalle als Rechts- und Staatsphilosoph, S.177

[115] Rodbertus, Zur Geschichte der römischen Tributsteuern seit Augustus, Teil 3, RW 5,
S.243: "Cäsaren sind weit mehr die Kinder, als die Initiatoren ihrer Zeit."

[116] ebd. S.258

[117] Rodbertus an Lassalle, 19.10.1863 u. 2.1.1864, RW 6, S.101 u. S.103. Den Revolutionen
vermeidenden Charakter der Argumentation von Rodbertus betont auch G.Mayer, Zum
Verständnis der politischen Aktion Lassalles, S.76.

[118] ebd. S.244

parlamentarischer Parteien, ist ja zweifellos. Rousseau und Quesnay, St.Simon und Lassalle: sie alle sind wie Rodbertus Anhänger des Cäsarismus - wenn sich der Cäsar ihrem Ideal beugt."[119] Rodbertus sah also im Auftreten der "Cäsaren" einen Weg, Revolutionen zu vermeiden.

Rodbertus hatte und behielt ein zwiespältiges Verhältnis zu Revolutionen in der Geschichte und Gegenwart.[120] In seinen frühen, aus den 1830er Jahren stammenden, unveröffentlichten Texten, wurde der Revolution oder den Unruhen sogar für die Durchsetzung des gesellschaftlichen Fortschritts eine positive Funktion zugeschrieben. Rodbertus stellte dabei die Reformation, die Französische Revolution von 1789 und die Arbeiterunruhen von 1831 und 1834 in ihrer Bedeutung nebeneinander.[121] Theoretisch stellte Rodbertus auch in späteren Jahren positiv zu den Ergebnissen von Revolutionen: die Zerstörung von Gesellschaftsordnungen sei für die Durchsetzung von Fortschritten in der menschlichen Geschichte notwendig.[122] Revolution war zwar nach der Auffassung von Rodbertus ein Mittel, den historisch notwendigen Fortschritt der Gesellschaft durchzusetzen, aber eine Revolution mußte nicht unbedingt durchgeführt werden; es genügte gegebenenfalls auch die Drohung einer Revolution, um Fortschritte einzuleiten. Rodbertus war aber nicht bereit, wie schon praktisch in der 1848er Revolution, selbst revolutionär zu agieren und Revolutionen zu unterstütze. Sein Handeln und Denken zielte weit mehr auf eine Vermeidung von Revolutionen gemäß seiner Maxime eines *"legalen"* Überganges. Denn Rodbertus betrachtete Revolutionen nicht als einen Akt der Befreiung wie z.B. Marx, sondern als einen Akt der Zerstörung, obwohl er immer wieder konzedieren mußte, daß viele positive Veränderungen durch Revolutionen bewirkt worden seien. Er glaubte aber, daß

"... sich im Trouble der Revolution die sociale Frage nicht lösen..."

lasse.[123] Gleichzeitig betonte er seine reformerische, nicht-revolutionäre

---

[119] Dietzel, Rodbertus, Bd.2, S.86

[120] Hierauf weist auch G.Rudolph, Karl Rodbertus (1805-1875) und die Grundrententheorie, S.61f., wenn er schreibt, daß Rodbertus "Revolutionen in der Vergangenheit und fernen Zukunft ... wesentlich positiver" gegenüberstand. Einschränken möchte ich diese Aussage dahingehend, daß sich Rodbertus eigentlich über die ferne Zukunft nicht äußerte.

[121] Rodbertus, Neue Grundsätze der Staatswirthschaft, ZSTA Merseburg Rep.92 Nachlaß Rodbertus-Jagetzow M 4, Bl.328

[122] Rodbertus, Zur Geschichte der römischen Tributsteuern seit Augustus, Teil 4, RW 5, S.377 Anm.

[123] Rodbertus an R.Meyer, 29.11.1871, RW 6, S.303

173

Grundhaltung hinsichtlich des sozialen und politischen Wandels:

> *"Denn nur bei einem **loyalen** Uebergang kann man den socialen Weg betreten, ohne dass man sich an den geringsten Stein stösst, ohne dass die Gesellschaft das kleinste Opfer bringt. Jeder revolutionäre Uebergangsversuch scheucht die Gesellschaft wie eine Schnecke in ihr heutiges Haus zurück."*[124] (Hervorhebung im Original, UER)

Rodbertus an R.Meyer, 2.5.1874, RW 6, S.521

8.   Zwischen Grundbesitzerinteressen und Arbeiterpolitik

8.1.   Hinwendung zu Bismarck

Die politische Entwicklung in Preußen mit dem Konflikt zwischen der Regierung unter Bismarck und der Mehrheit der "Fortschrittspartei" im Landtag und die Lösung der Schleswig-Holstein-Frage im preußisch-deutschen Sinne führten zu einer Annäherung von Rodbertus an die politischen Positionen Bismarcks. So verteidigte er in zwei in der NORDDEUTSCHEn ALLGEMEINEn ZEITUNG veröffentlichten Briefen die Politik Bismarck in der Militärfrage als verfassungskonform und kritisierte damit die Stellung der "Fortschrittspartei" aufs schärfste.[1] In eine ähnliche Richtung zielten auch die Aussagen von Rodbertus im Briefwechsel mit dem Demokraten Franz Ziegler im selben Jahr. Rodbertus glaubte in Bismarck den "Cäsar" zu finden, der in der Lage sei, die deutsche Einigung voranzutreiben, um dann die Lösung der sozialen Frage in Angriff zu nehmen. Auch Rodbertus setzte jetzt das Ziel der Einigung Deutschlands über die Freiheit, wie auch schon früher der "Nationalverein" die Forderung nach einem Nationalstaat nicht mit dem Verlangen nach einer Demokratisierung verbunden hatte.[2] Die "Fortschrittspartei" könne nicht seine Partei sein, schrieb er, weil sie zu dem *"boniertesten, eigennützigsten Capitalismus"* übergegangen sei. Nicht nur die aktuelle politische Haltung, sondern auch deren sozialen und wirtschaftlich liberalen Vorstellungen wollte Rodbertus nicht teilen.[3] Zwar betonte er dem Demokraten Ziegler gegenüber besonders stark die 48er Tradition, in der er, Rodbertus, stehe und nicht die "Fortschrittspartei", aber aus seiner Hinwendung zu den Ergebnissen der Politik Bismarcks machte er keinen Hehl. Eine Möglichkeit, eine neue Partei der Zukunft zu schaffen, erblickte Rodbertus in einem Bündnis zwischen der Arbeiterbewegung und der nationalen Bewegung.[4]   Die deutsche Einigung und die ersehnte Reichsverfassung erwartete Rodbertus aber nur noch von der Politik der preußischen Regierung; mit der Annahme der Kaiserkrone durch den preußischen König ließe sich das Deutsche Reich, das Rodbertus weiterhin als Großdeutsches Reich bis zum Bosporus verstand, neu organisieren.[5]

---

[1]   Rodbertus, Brief an die NAZ, 17./18.2.1866, RW 6, S.714ff.

[2]   Rodbertus an Ziegler, 16.5.1866, RW 6, S.131; zur Haltung des Nationalvereins s. z.B.
        T.Offermann, Arbeiterbewegung und liberales Bürgertum, S.175

[3]   Rodbertus an Ziegler, 2.4.1866, RW 6, S.122

[4]   ebd.: *"Die alte Democratie ist für lange durch die Fortschrittspartei ruiniert,
        Constitutionelle und Kreuzzeitungsmänner sind ohnehin ohnmächtig. Erst neue Kräfte mit
        der Arbeit im Bunde würden wieder eine neue starke Zukunftspartei bilden können."*

[5]   ebd.; s. auch 15.4.1866, RW 6, S.126f.: *"Aber Vorbedingung bleibt, daß eine mit
        Deutschland verbundene und von Deutscher Kultur getragene Macht an der unteren Donau
        und bis zum Bosporus gebietet."* Im Brief an Ziegler vom 16.5.1866, RW 6, S.131, heißt
        es außerdem eindeutig: *"Die Einheit bringt doch kein Parlament fertig, die Con-
        ventszeiten kommen nicht mehr. Also lassen Sie doch eine übermächtige Staatsgewalt für*

Rodbertus Intentionen waren aber zunächst nicht auf die Unterstützung der
Regierung gerichtet, sondern auf die Gründung einer *"monarchisch-
demokratischen Partei"*, und dieser stand auch Ziegler positiv gegenüber.[6]
Besondere Bedeutung erhielt schließlich der Brief vom 16.6.1866, der in der
Presse weite Verbreitung fand. Hierin verurteilte Rodbertus nochmals die
Politik der "Fortschrittspartei", er beschrieb sie als unkonstitutionell, sogar
als unsittlich und unpolitisch, denn Fragen der Verfassung und der
Verteidigung dürften seiner Auffassung nach angesichts des drohenden
Konflikts mit Österreich nicht miteinander verknüpft werden. Die
Ausführungen, die Rodbertus hier machte, erregten in der politischen
Öffentlichkeit durchaus Eindruck, aber auch jetzt gelang es dem "geborenen
Parteiführer" Rodbertus nicht, eine eigene Partei zu gründen.[7] Mit seiner
Entscheidung für die Politik Bismarcks blieb Rodbertus nicht allein: der
Konflikt zwischen Einheit und Freiheit wurde nicht nur von Rodbertus,
sondern auch von anderen früheren Demokraten, wie Kinkel, Ruge, Bucher,
Schramm etc. und auch den Nationalliberalen zugunsten der Einheit
Deutschlands entschieden.[8]

Das Ergebnis der kriegerischen Auseinandersetzung zwischen Preußen und
Österreich, den Norddeutschen Bund, erkannte Rodbertus als "gelungenen
Anfang" der Einigung Deutschlands an, und er unterstützte und vertraute
dem *"von Bismarck eingeschlagenen"* Weg einer vorläufigen kleindeutschen
Zwischenlösung.[9] Auch weitere Pläne Ende des Jahres 1866 zur Gründung
einer neuen Partei in Preußen zerschlugen sich.[10] In einem nur drei Punkte
umfassenden Programmvorschlag für die Gründung einer neuen Partei vom
Dezember 1866 begrüßte Rodbertus die Schaffung des Norddeutschen Bundes
als Zwischenschritt zu einem großdeutschen Reich, erkannte er die dominierende Stellung Preußens an, wie sie in der Norddeutschen Reichsverfassung
festgelegt war. Auch war er bereit, das demokratische Prinzip der Freiheit
bis zur Erlangung der Einheit zurückzustellen.[11] Da Rodbertus nicht auf
die Unterstützung seiner Kandidatur durch seine bisherigen Parteifreunde
hoffen konnte, war es nur konsequent, daß sich Rodbertus entschloß, bei

---

*Sie vorerst die Einheit machen, und gehen Sie später mit vereinten Kräften an den
Ausbau Ihrer Freiheit."*

[6]   Rodbertus an Ziegler, 7.6.1866, RW 6, S.137; Ziegler an Rodbertus, 9.6.1866, RW 6,
S.138

[7]   ebd.; s. auch Dehio zum Briefwechsel Rodbertus und Ziegler, RW 6, S.143

[8]   Th.Nipperdey, Deutsche Geschichte 1800-1866, S.800

[9]   Rodbertus an Br. Hildebrand, 24.10.1866, ZSTA Potsdam 90 Hi 3 Nr.1, B.59 u. 60v

[10]   Programm im Brief Rodbertus an N.N., 18.12.1866, ZSTA Merseburg Rep.92 Nachlaß Rodbertus-Jagetzow B 23, Bl.32-35v

[11]   ebd.

den Wahlen zum Norddeutschen Reichstag im Frühjahr 1867 als "unabhängiger" Kandidat aufzutreten. Diese Kandidatur wird in der Literatur oft übergangen[12], und da das Wahlprogamm auch nicht in die Werke-Ausgabe aufgenommen ist, soll an dieser Stelle auf diese Episode etwas ausführlicher eingegangen werden. Seine Kandidatur gab Rodbertus Anfang Januar 1867 bekannt, nachdem ihn Landrat Ferno am 31.12.1866 nachdrücklich dazu aufgefordert hatte.[13] Gestützt wurde Rodbertus bei seinem Vorhaben vor allem von Teilen der Konservativen und auch von der Regierung wie aus einem Schreiben Bismarcks an Eulenburg hervorgeht.[14] Rodbertus ließ sich im Wahlkreis Ueckermünde (Usedom-Wollin/Ueckermünde) als Kandidat aufstellen. Er fand aber von Beginn an nicht die erhoffte öffentliche Unterstützung, vor allem nicht in Ueckermünde.[15] Auf einem vierseitigen Flugblatt "Schreiben des Rittergutsbesitzers Rodbertus-Jagetzow an den Ober-Amtmann Brandt-Codram", der von sich glaubte, Einfluß auf "Leute jeder liberalen Schattirung, und selbst bei Conservativen" zu haben, veröffentlichte Rodbertus sein Wahlprogramm für den Wahlkreis 13 Ueckermünde.[16] Im Mittelpunkt der Darlegungen stand die "deutsche Frage". Das Ergebnis des Krieges mit Österreich betrachtete er als einen sehr kleinen Schritt auf dem Weg zur deutschen Einheit. Aufgabe des mittels des allgemeinen und gleichen Wahlrechts gewählten Reichstages sollte es sein, so Rodbertus, mit der Regierung eine Verfassung eines Einheitsstaates mit der Regierung zu vereinbaren; einen Staatenbund wie einen Bundesstaat unter Fürstenherrschaft lehnte er grundsätzlich ab wie auch das von der "Fortschrittspartei" geforderte Mitspracherecht von Einzellandtagen bei der

---

12   so heißt es fälschlicherweise auch noch bei G.Rudolph, Karl Rodbertus (1805-1875) und
        die Grundrententheorie, S.22, daß der "unter Polizeiaufsicht stehende Ex-Minister der
        (?) 1848er Revolutionsregierung bis zu seinem Tode nicht mehr als aktiver Politiker in
        Erscheinung trat".

13   zu den Wahlvorbereitungen s. ZSTA Merseburg Rep.92 Nachlaß Rodbertus-Jagetzow A 11,
        v.a. Brief Ferno an Rodbertus, 31.12.1866, Bl.2v, in dem er ihm in seiner Funktion als
        Landrat seine Unterstützung zusichert; s. auch Ferno an Rodbertus, 17.1.1867, Bl.5, in
        dem Ferno die Befürchtung äußert, daß Rodbertus den Rechten nicht rechts genug und den
        Linken zu rechts sei.

14   s. Dehio, Rodbertus und Ziegler, S.235, Anm.2; darauf weist auf die Kommentierung in
        der   NORDEUTSCHEn   ALLGEMEINEn   ZEITUNG   Nr.28   vom   2.2.1867,anläßlich   der
        Veröffentlichung des Programms hin. Abgedruckt wurde das Programm auch in der
        KREUZZEITUNG vom 3.2.1867

15   Ferno an Rodbertus vom 17.1.1867, ZSTA Merseburg Rep.92 Nachlaß Rodbertus-Jagetzow, A
        11, Bl.7. Ferno berichtete hier darüber, daß das "Kreisblatt" das Programm von
        Rodbertus nicht angenommen habe. Rodbertus Mündel von Kirchbach schrieb an Rodbertus,
        daß sein Programm nur wenig Beachtung finde. Von   Kirchbach an Rodbertus, o.D. ZSTA
        Merseburg Rep.92 Nachlaß Rodbertus-Jagetzow A 11, Bl.30

16   Brandt-Codram an Rodbertus, 13.1.1867, ZSTA Merseburg Rep.92 Nachlaß Rodbertus-
        Jagetzow A 11, Bl.19. Er wies aber schon am 22.1.1867 darauf hin, daß im Ueckermünder
        Kreis die Stimmung für Michaelis sei. ebd. Bl.21

Verfassungvereinbarung.[17]   Die Schaffung der Zentralstaaten betrachtete Rodbertus als eine historisch notwendige Entwicklung.

> *"Ich finde vielmehr, daß in allen Nationen, die im Laufe der Ge-*
> *schichte zersplittert worden sind, heute der Trieb zum Einheitsstaat*
> *vorherrscht und finde ihn auch tief begründet in unserer Entwicke-*
> *lung selbst, die auf allen Lebensgebieten, auf denen des Erwerbs*
> *und merkantilischen Verkehrs, der Sitte und des Rechts, der Lehre*
> *und der Wissenschaft, zu größerer Vereinigung drängt."[18]*

Der Norddeutsche Bund war für Rodbertus von vornherein nur ein Schritt dieser Entwicklung zu einem großdeutschen Zentralstaat, denn mit der Errichtung einer starken Zentralgewalt wäre es möglich, die Partikulargewalten zu unterdrücken.[19]   Rodbertus rechnete mit weiteren kriegerischen Auseinandersetzungen, bis ein deutscher Einheitsstaat geschaffen würde, und er war auch bereit, diese in Kauf zu nehmen, damit das weltgeschichtlich "höhere" Ziel der Einheit Deutschland erreicht würde. Ähnlich wie im Briefwechsel mit Ziegler und in den früheren Programmentwürfen des Jahres 1866 betonte Rodbertus, jetzt auch öffentlich, die Notwendigkeit der deutschen Einheit vor der staatsbürgerlichen Freiheit. Dies hieß für Rodbertus allerdings nicht die völlige Unterwerfung unter die Regierungspolitik, denn die Mitwirkung an der Gesetzgebung und das Budgetrecht hielt er für unverzichtbare Bestandteile *"constitutioneller Reichstagsrechte".[20]*   Die noch nicht an den Norddeutschen Bund angeschlossenen deutschen Staaten hoffte er durch *"internationale Verträge"* zunächst föderativ an den kleindeutschen Staat zu binden. Setzte Rodbertus somit die deutsche Einigung als erstes Ziel seiner Politik, so mußte er die preußische Regierung unterstützen.

> *"Bei dieser Auffassung der Gesamtlage werden Sie leicht die letzte*
> *Consequenz für mich sehen, die Consequenz, daß ich mich in allen*
> *größeren, namentlich das Verfassungswerk sonst gefährdenden*
> *Meinungsverschiedenheiten zwischen Reichstag und Regierung, auf*
> *die Seite der letzteren, auf die Seite der Preußischen Centralgewalt*
> *stellen werde, denn - um es mit einem Wort zu sagen - nach meiner*
> *Ueberzeugung darf bei dem vorliegenden Verfassungswerk in der*
> *Brust jedes Norddeutschen, namentlich jedes Preußen, nur ein*
> *einziges souveränes Gebot laut werden, es heißt:* **Wir müssen einmal**
> ***Etwas fertig machen!*** *ein Gebot, dem wir uns diesmal auch umsomehr*
> *mit Vertrauen hingeben dürfen, als die* **gegenwärtige** *Preußische*

---

17   Rodbertus, Schreiben des Rittergutsbesitzers Rodbertus-Jagetzow an den Ober-Amtmann Brandt-Codram, ZSTA Merseburg Rep.92 Nachlaß Rodbertus-Jagetzow A 11, Bl.37-38v, hier Bl.37v

18   ebd. Bl.38

19   Das geht auch aus einer Randnotiz auf einem Brief Ferno an Rodbertus vom 20.1.1867 hervor: "Ich habe noch dasselbe große Ziel im Auge wie immer: Deutschlands einheitliche Macht ..." ZSTA Merseburg Rep.92 Nachlaß Rodbertus-Jagetzow A 11, Bl.12

20   ebd.

178

*Staatsregierung nicht selbst ihr großartig eingeleitetes Werk wird
gefährden wollen."[21]* (Hervorhebung im Original, UER)

Das Programm von Rodbertus beinhaltete damit die Zustimmung zur
preußisch-deutschen Einheitsbestrebung, wie sie von Bismarck betrieben
wurde. Sehr richtig erkannte Rodbertus, daß der Norddeutsche Bund nur
ein Schritt zu einem deutschen Einheitsstaat sein konnte. Daß er zu einem
bedingten Anhänger der Politik Bismarcks geworden war, bedeutete aber
nicht, daß er seiner demokratischen Vergangenheit abgeschworen hatte. Nur
hielt er, wie schon aus den Briefen an Ziegler hervorgeht, das deutsche
Bürgertum für unfähig, die deutsche Einigung selbständig voranzutreiben.
Daß Bürgerrechte, die "Freiheit" durch eine Hegemonialstellung Preußens
möglicherweise eingeschränkt wurden, übersah er nicht; als Betrachter der
Politik von einem Standpunkt des "Historikers"[22], d.h. auf längere Zeiträume
vor- und zurückschauend, sah er die Tendenz zum Einheitsstaat - und auch
zum allgemeinen Wahlrecht - in der realhistorischen Entwicklung bestätigt.
Seiner Auffassung nach konnte der Entwicklungsprozeß zum deutschen
Einheitsstaat durch den "Cäsarismus" eines Bismarck abgekürzt werden, und
damit hatte er seine historische Berechtigung.

Rodbertus konnte sich aber nicht in seinem Wahlkreis durchsetzen, obwohl
er in Swinemünde eine deutliche Mehrheit der Stimmen auf sich vereinigen
konnte.[23] Trotz des guten Ergebnisses im Swinemünder Teil des Wahlkreises
kam Rodbertus nicht in die Stichwahl gegen den Kandidaten der "Fortschrittspartei" Otto Michaelis, der schließlich gewählt wurde.[24] Diese
Kandidatur blieb eine Episode; Rodbertus zog sich zwar nicht vollständig
von der Politik zurück, aber er griff auf die Methoden zurück, die er nach
der Revolution von 1848 angewandt hatte: persönliche Kontakte und Briefe.
So sandte er auch den ersten Band von "Zur Erklärung und Abhilfe der
Kreditnoth des Grundbesitzes" an Bismarck, der sich in einem persönlichen
Brief an Rodbertus dafür bedankte.[25] Soweit sein Einfluß reichte, unterstützte Rodbertus die Politik Bismarcks zur Einigung Deutschlands, ohne je
seine Skepsis gegenüber dessen Wirtschafts- und Sozialpolitik aufzugeben,
wenn er zum Beispiel an R.Meyer schrieb:

---

21   ebd. Bl.38v

22   Gonner, The Social philosophy of Rodbertus, London 1899, S.35f.

23   Rodbertus erreichte 2290 Stimmen gegenüber 1968 für Otto Michaelis. Ferno an Rodbertus
      vom 14.2.1867 ZSTA Merseburg Rep.92 Nachlaß Rodbertus-Jagetzow A 11, Bl.15

24   zur Wahl s. Schwarz, MdR, S.155 u. S.402. Einige Zeit wurde Michaelis später zum Mit-
      arbeiter Bismarcks.

25   Bismarck an Rodbertus, 10.10. 1868, ZSTA Merseburg Rep.92 Nachlaß Rodbertus-Jagetzow M
      2, Bl.307. Rodbertus war sich aber später der Tatsache bewußt, daß Bismarck die
      "Kreditnot" kaum lesen, noch weniger das Rentenprinzip einführen würde. s. Rodbertus
      an R.Meyer, 28.11.1871, RW 6, S.297f.

*"... ich meiner Seits fürchte, die **sociale Frage** ist auch der russische Feldzug von B<ismarck>s Ruhm."*[26] (Hervorhebung im Original, UER)

Die Gründung des Deutschen Reiches unter der Vormachtstellung Preußens 1871 fand die uneingeschränkte Zustimmung von Rodbertus, sah er doch so einen Teil seiner immer erhobenen politischen Forderungen erfüllt. Das Eintreten von Rodbertus in seinem "Fürstenartikel", der am 16. Februar 1871 in der DEUTSCHEn LANDWIRTHSCHAFTLICHEn ZEITUNG erschien, für die Verleihung des Fürstentitels an Bismarcks ist so nachvollziehbar.

*"Großthaten sollte eine große und großgesinnte Nation auch groß belohnen. Der erste **Reichskanzler** sollte immerhin auch Reichsfürst sein. Bietet sich in Lauenburg nicht die würdigste Belohnung an, würdig einem Geber, wie Kaiser und Reich sind, würdig einem Empfänger, wie Graf Bismarck ist?"*[27] (Hervorhebung im Original, UER)

Mit der Erfüllung eines Teils seines politischen Strebens erfuhr Rodbertus etwa gleichzeitig durch die Verleihung der Ehrendoktorwürde der Universität Jena Ende 1871 eine manifeste Anerkennung seiner Forschungen über den Gebiete der antiken Geschichte und der Nationalökonomie[28], also nicht nur für die Studien auf dem Gebiete der antiken Wirtschaftsgeschichte,

---

[26]   Rodbertus an R.Meyer, 29.11.1871, RW 6, S.300

[27]   Rodbertus, Fürstenartikel, RW 2, S.885; s. dazu Rodbertus, (Fürstenartikel) ZSTA Potsdam 90 Schu 4 Nachlaß Schumacher-Zarchlin, Nr.5, Bl.7-9v, s. auch den Brief von Rodbertus an H.Schumacher-Zarchlin, 6.2.1871, RW 2, S.445f. Aus diesem Brief geht die Autorenschaft von Rodbertus eindeutig hervor. s. dazu auch weitere Briefe an Schumacher, 13.2.1871, RW 2, S.449f. u. 19.2.1871, RW 2, S.145 und Rodbertus an R.Meyer, 19.2.1871, RW 6, S.212-213 u. 5.3.1871, RW 6, S.214-216

[28]   Antrag Br. Hildebrands zur Promotion von Rodbertus. Universitätsarchiv der Friedrich-Schiller-Universität, Bestand M Dekanatsakten No.417 WS 1870/71, Bl.84-86: In der Antragstellung vom 25.3.1871 von Bruno Hildebrand heißt es u.a.: Rodbertus "ist unter den lebenden Nationalökonomen weitaus der erste. Seine Schriften zeichnen sich nicht nur durch tiefe praktische Lebenskenntnis, kritische Schärfe und Ideenreichthum aus sondern bekunden auch (namentlich seinen nationalökonomischen Untersuchungen auf dem Gebiete des klassischen Alterthums über den röm. Colonat, die röm. Steuerverfassung und den Werth des Geldes im Alterthum) eine Vereinigung von nationalökonomischer, philologischer, juristischer und praktisch-landwirthschaftlicher Bildung, wie sie keinem zweiten Gelehrten zu Gebote steht." s. auch Hildebrand, Fragmente eines Redemanuskripts, ZSTA Potsdam 90 Hi 3, Nachlaß Hildebrand, Nr.1, Bl.77. Rodbertus an die Universität Jena, 15.4.1871, Universitätsarchiv der Friedrich-Schiller-Universität, Bestand M Dekanatsakten SS 1871, No.418, Bl.28-29v. Rodbertus bedankte sich mit diesem Schreiben und verwies auf die nationale Tradition der Universität Jena. s. auch den Entwurf zu diesem Brief ZSTA Merseburg Rep.92 Nachlaß Rodbertus-Jagetzow B 9, Bl.45-46. 1865 war ein ebenfalls von Bruno Hildebrand gestellter Antrag von derselben Fakultät wegen der politischen Vergangenheit des "Demokraten" Rodbertus gescheitert, obwohl Hildebrand betonte, daß "Rodbertus ... 15 Jahre lang jeder politischen Thätigkeit entfernt und wird gegenwärtig nur als Mann der Wissenschaft, nicht als Politiker genannt..." Universitätsarchiv der Friedrich-Schiller-Universität, Bestand M Dekanatsakten No.395, WS. 1865/66, Bl.108-109v

denn es heißt in der Promotionsurkunde:

"COMPLURIBUS SCRIPTIS DE OECONOMICA PUBLICA NON SOLUM RE-
CENTRIORIS TEMPORIS SED ETIAM ANTIQUITATIS CLARISSIMO MERI-
TISSIMO"[29]

8.2.   "Sozialismus" im Spätwerk

In den Jahren 1868/69 veröffentlichte Rodbertus auch sein zweibändiges Al-
terswerk "Die Kreditnoth des Grundbesitzes", das ihn zumindest dem Namen
nach in weiten Teil der preußischen Großagrarier bekanntmachte. Seiner Ansicht nach war die sogenannte "Hypothekennot" die

> *"Calamität, die vor Allem Abhülfe verlangt; – sie wird sonst unaus-*
> *bleiblich unsern Nationalwohlstand zerrütten."* [30]

In diesen beiden Bänden, vor allem im zweiten, versuchte Rodbertus das sogenannte "Rentenprinzip" zu begründen, das verhindern sollte, daß zukünf-
tig solche Kreditprobleme für den Grundbesitz wieder aufkämen. Er definierte dieses Prinzip wie folgt:

> *"Das Rentenprincip besteht darin: dass der landwirtschaftliche*
> *Grundbesitz in allen ihn betreffenden Rechtsgeschäften nur als das*
> *behandelt wird, was er ist – als ein immerwährender Rentenfonds."*[31]

Damit suchte er die Betrachtung von Grund und Boden als Kapital mit entsprechender Veräußerungsmöglichkeit entgegenzuwirken. Für eine geliehene
Geldsumme solche nicht der Boden also solcher, sondern sein jährlicher Ertrag haften.[32]   Bei diesen Überlegungen knüpfte Rodbertus an seine zwanzig Jahre zuvor erschienene Schrift "Für den Kredit der Grundbesitzer.
Eine Bitte an die Reichsstände", in der er zum ersten Mal das Rentenprinzip
angerissen hatte.[33] Rodbertus wandte hier die Arbeitswertlehre auf den Bo-

---

29   Promotionsurkunde Rodbertus, Universitätsarchiv der Friedrich-Schiller-Universität,
Bestand M Dekanatsakten No.417, WS 1870/71, Bl.84

30   Rodbertus, Zur Erklärung und Abhilfe der Kreditnot des Grundbesitzes, Bd.1, RW 4, S.3

31   Rodbertus, Zur Erklärung und Abhilfe der Kreditnot des Grundbesitzes, Bd.2, RW 4,
S.240f.

32   s. hierzu die sehr knappe Zusammenfassung der Idee des Rentenprinzips: H.Haushofer,
Die deutsche Landwirtschaft im technischen Zeitalter, Stuttgart ²1972, S.198; s. auch
S.v.Frauendorfer, Ideengeschichte der Agrarwirtschaft und Agrarpolitik im deutschen
Sprachgebiet, Bd.1, München 1957, S.340-342; s. auch, A.Warninghoff, Die Bestrebungen
um die Neugestaltung des landwirtschaftlichen Kredits seit Rodbertus. Diss. Hamburg
1938, S.13-29

33   Rodbertus, Für den Kredit der Grundbesitzer, RW 3, S.421-447; s. auch Rodbertus an
R.Meyer, 7.1.1872, RW 6, S.322

den an, indem er feststellte, daß landwirtschaftliche Grundstücke keine Produkte seien, sondern daß *"landwirthschaftliche Arbeit erst aus ihnen die Produkte"* schöpfe.[34]

Aber Rodbertus behandelte in dieser Arbeit nicht nur das Problem des Rentenprinzips, sondern auch - wenn auch etwas versteckt - die Möglichkeit der Abschaffung des Privateigentums, die soziale Frage und auch die Grundrententheorie im allgemeinen. Vorsichtig und auf die Zukunft verweisend bekannte sich Rodbertus zu einer Wirtschaftsordnung mit

> *"gemeinschaftlichem Eigenthum an Boden und Capital und individuellem Eigenthum nur am Werth des Arbeitsproducts oder der Beamtenleistung."*[35]

Die über die kapitalistische Wirtschaftsordnung hinausweisenden Stellen lassen sich vor allem im zweiten Band und hier in den Anmerkungen finden, wenn es zum Beispiel heißt:

> **"Wirthschaftlich** *dürfte das Grund- und Capitaleigenthum bald zu entbehren sein, ..."*[36] (Hervorhebung im Original, UER)

Seine Leser konnte Rodbertus hinsichtlich des Sozialismus beruhigen, nur eine Seite im Text weiter erblickte er im Grund- und Kapitaleigentum *"eine erziehende Gewalt"*, die von der Gesellschaft noch benötigt werde.[37]

Deutlicher als Konzipierung oder Antizipierung einer sozialistischen Wirtschaftsordnung ist die Kritik der kapitalistischen Wirtschaftsordnung zu erkennen. Rodbertus nahm die verschiedenen Organisierungstendenzen in seiner Zeit wahr, indem er auf die steigende Zahl der Aktiengesellschaften und auch die Gewerkschaften der Arbeiter hinwies. Mit den Aktiengesellschaften z.B. vergrößere sich die wirtschaftliche, damit auch die soziale und politische Macht des Kapitals.[38]

Rodbertus schrieb seine "Kreditnot" als Interessenvertreter des Grundbesitzer, der dritten Klasse neben Arbeitern und Kapitalisten. Der wesentliche Unterschied zu den beiden anderen Klassen bestand für Rodbertus darin, daß der Grundbesitz national sei, während Arbeit und Kapital "kosmopolitisch geworden" seien.[39] Ein deutlicher Unterschied zu früheren Schriften

---

34   Rodbertus, Zur Erklärung und Abhilfe der Kreditnot des Grundbesitzes, Bd.1, RW 4, S.10

35   Rodbertus, Zur Erklärung und Abhilfe der Kreditnot des Grundbesitzes, Bd.2, RW 4, S.470f.

36   ebd.

37   ebd. S.471

38   ebd. S.154f.

39   ebd. u. S.162

zeigt sich darin, daß Rodbertus hier die Einkommensverteilung als solche nicht mehr hinterfragte, sondern erst einmal akzeptierte: das Kapital erhielt den Gewinn, die Arbeit den Lohn und der Grundbesitz die Rente. Rente bezeichnete in diesem Zusammenhang nicht mehr das "arbeitslose Einkommen" wie in "Zur Erkenntniß unsrer Staatswirthschaftlichen Zustände" und in den "Socialen Briefen an von Kirchmann", sondern allein die Grundrente aufgrund des Besitztitels:

> "Die Rente ist **unser** «natürliches» Einkommen!"[40] (Hervorhebung im Original, UER)

Vom Staat bzw. von der Regierung werde das Kapital bevorzugt und der Grundbesitz benachteiligt, so der Tenor der Ausführungen von Rodbertus.[41] Der Begriff "Kapitalismus", den Rodbertus in der "Kreditnot" benutzte, diente nicht zur Kennzeichnung einer Gesellschaftsordnung mit bestimmten Eigentumsverhältnissen gedeutet werden, sondern sollte die alleinige Dominanz des Kapitals in Wirtschaft, Gesellschaft und Staat begreifen.[42] Der Antikapitalismus, den Rodbertus hier forderte, indem er schrieb:

> "Von diesem System müssen wir uns lossagen; ..."[43],

ist weit konservativer als sozialistisch, eher an korporativen Vorstellungen orientiert als an den früher postulierten kommunistischen Modellen.[44]

8.3. Sozialkonservatismus

Mit seinen Ausführungen über die "Kreditnot " des Grundbesitzes und dem Rentenprinzip erhielt Rodbertus Publizität vor allem bei den politisch konservativen Großagrariern und den ihnen nahestehenden Journalisten und Ökonomen. Die Annäherung an Männer, die der Politik und der Weltanschauung des "Sozialkonservatismus" anhingen, prägten das Bild des "konservativen Sozialreformers" in der Nachwelt stärker. So werden u.a. Rodbertus, Rudolf Meyer und Hermann Wagener neben V.A.Huber oder Rudolf Todt als Exponenten eines Konservatismus bezeichnet, der die soziale Frage mit in

---

[40] ebd. 159

[41] ebd. S.160: *"Das **Capital** hat schon eine Gesetzgebung gefunden, die es zu steigender Bereicherung führt; die **Arbeit** entbehrt noch der Gesetzgebung, die sie vor immerwährender Armuth schützt; der **Grundbesitz** besitzt noch eine Gesetzgebung, die ihn zu steigender Verarmung zwingt."* (Hervorhebung im Original, UER)

[42] ebd. S.164f.

[43] ebd.S.166

[44] ebd. S.167

sein Programm aufnimmt.[45] Dabei war der Sozialkonservatismus keine homo-
gene Theorie. Es gab verschiedene Personen und Gruppen, die eine entsprechende Theorie oder Politik seit der Mitte des 19. Jahrhunderts vertraten. Als wesentliche Elemente des Sozialkonservatismus lassen sich einmal
Revolutionsfurcht, zum zweiten der Versuch der Erkenntnis der Ursachen
der sozialen Frage, drittens Kritik einer ungehemmten kapitalistischen Entwicklung und viertens die Ablehnung des Liberalismus und des Sozialismus
festhalten.[46] Männer wie V.A.Huber, H.Wagener, R.Meyer, die Nationalökonomen G.Schönberg und H.Roesler versuchten diese Ideen wissenschaftlich zu
untermauern und zu verbreiten, später zum Teil auch parteipolitisch zusam-
menzufassen. Programmatisch, aber sehr vage und allgemein, schrieb zum
Beispiel Rudolf Meyer:

"Der richtige Conservatismus ist der, welcher das wahre erhalten
resp. restauriren und das Falsche beseitigen resp. eine falsche Entwickelung in richtige Bahnen leiten will, ..."[47]

Deutlicher wird eine sozialkonservative über die Tagespolitik hinausgehende
Gesellschaftskonzeption aus den verschiedenen Aufsätzen und Schriften von
Hermann Roesler in den 1860er und 1870er Jahren.[48] Roesler, der von Rodbertus hoch eingeschätzt wurde und der einige Male mit ihm korrespondiert
hatte[49], betrachtete die Wirtschaft nicht analog den Naturgesetzen, wie seinerzeit oft üblich, sondern leitete die Wirtschaft von dem Gedanken des Organischen und des historisch Gewachsenen ab und knüpfte so an Ideen der
romantischen Schule der Nationalökonomie eines Adam Müller an. Der Mensch
ist nach seiner Auffassung nicht ein isoliertes Einzelwesen, sondern Teil
einer Gemeinschaft, wobei er nicht physisches, sondern auch geistiges und
sittliches Wesen ist. Der Sinn der Gesellschaft bestehe darin, Kultur zu
schaffen, wodurch die Wirtschaft als Teil der Gesellschaft ihre organische
und historische Bestimmtheit erhalte. Die Wirtschaft als Teil der Gesellschaft
dürfe nicht von Recht und Sitte emanzipiert sein, wie dies in der liberalen
Auffassung - so Roesler - sei. Durch die Freiheitsauffassung des Liberalismus werde die Gesellschaft zerrüttet, weshalb der Staat die Aufgabe

---

[45]   J.B.Müller, Der deutsche Sozialkonservatismus, in: H.G.Schumann, Konservativismus,
       Köln 1974, S.200ff. Müller schreibt ebd. S.215, Anm 1.: "Der Staatssozialist Carl
       Rodbertus bezeichnete sich als Sozialkonservativen."

[46]   J.B.Müller spricht dabei von einer "Dreifrontenstellung" des Sozialkonservatismus
       gegen Sozialismus, Liberalismus und den herkömmlichen Konservatismus. ebd. S.199f.

[47]   R.Meyer, Was heißt conservativ sein? Berlin 1873, S.8

[48]   s. zu Hermann Roesler: A.Rauscher, Die soziale Rechtsidee und die Überwindung des
       wirtschaftsliberalen Denkens. Hermann Roesler und sein Beitrag zum Verständnis von
       Wirtschaft und Gesellschaft. München/Paderborn/Wien 1969

[49]   Roesler an Rodbertus, 24.8.1871 u. 6.1.1872, ZSTA Merseburg Rep.92 Nachlaß Rodbertus-
       Jagetzow B 15, Bl.8-11v u. 14-15v. s. auch Rodbertus an R. Meyer, 16.1872, RW 6,
       S.324f.

zufalle, in den Wirtschaftsprozeß einzugreifen. Das bedeutet dann auch, daß das nicht weiter definierte Interesse der Allgemeinheit Maßstab der staatlichen Interventionen sein solle. Damit sprach sich Roesler nicht für eine Aufhebung der bestehenden Eigentumsrechte aus, sondern legte dem Privateigentum soziale Verpflichtung auf.[50]

Eine Betrachtung der menschlichen Arbeitskraft als Ware, wie von K.Marx im "Kapital" konsequent durchgeführt[51], lehnte Roesler ab; er bezeichnete die Arbeit als Leistung, die es in der Gesellschaft gemäß seiner Organismusvorstellung zu erfüllen gelte.[52] Eine Orientierung an ständestaatliche Vorstellungen lag so nahe. In den Gewerkvereinen, in denen sich Arbeiter und Kapitalisten vereinigen sollten, somit nicht zu verwechseln mit Arbeitergewerkschaften, sah er Ansätze für die Entwicklung der Gesellschaft in seinem Sinne. Der Konservatismus, wie er von Roesler vertreten wurde, hatte sich den Gegebenheiten der Zeit angepaßt, um so auf die Herausforderung durch die Arbeiterklasse zu reagieren. Vor allem nämlich in der Arbeiterfrage betonte er die sozialen Verpflichtungen der Besitzenden gegenüber den Nichtbesitzenden und näherte sich zum Teil dem Sozialismus in der negativen Beurteilung des Liberalismus an; er deutete die Arbeiterbewegung als Ausdruck der Sehnsucht nach einer besseren Gesellschaftsordnung. Allerdings waren er wie auch andere Sozialkonservative nicht bereit, den politischen Anspruch der Arbeiter auf Emanzipation anzuerkennen. Um die Arbeiter in den Staat resp. in die Gesellschaft zu integrieren, forderten sie zuvor als Präventivmaßnahmen gegen eine drohende soziale Revolution staatliche Sozialreformen. Die Forderungen seitens der Arbeiter wurden oft als durchaus berechtigt angesehen, so daß Sozialreform bei den Sozialkonservativen niemals nur Wohltätigkeit heißen konnte, sondern Verbesserung der materiellen, aber auch der "moralischen" oder "sittlichen" Situation der Arbeiter, nicht zuletzt durch eine wirksame Arbeiterschutzgesetzgebung.[53]

Im Oktober 1870 wurde nun Rudolf Meyer neuer Redakteur der sich seit 1855 immer mehr dem agrarischen Sozialkonservatismus nähernden BERLINER REVUE.[54] Einer seiner ersten Schritte, dieser Richtung eine stärkere theo-

[50] H.Roesler, Sociales Recht, BERLINER REVUE, 1868, S.169. Er schrieb: "Nicht das absolute Gewinnen (d.h. genießen vom exklusiven Standpunkt des Einzelnen aus), sondern Vertheilung des gemeinsam erzielten Produktes auf Grund innerlich zusammenhängender Rechte und Pflichten ist das bestimmte Princip für die wirtschaftlichen Verhältnisse der Menschen untereinander."

[51] K.Marx, Das Kapital Bd.1, MEW Bd.23, S.

[52] H.Roesler, Volkswirthschaftliche Gespräche, BERLINER REVUE, 1869, S.194f.

[53] A.Hahn, Die Berliner Revue, Berlin 1934, S.196f.

[54] zu den sozial- und wirtschaftspolitischen Auffassungen der BERLINER REVUE, s. A.Hahn, Berliner Revue, hier S.173

retische Untermauerung zu geben, war Meyers Kontaktaufnahme mit Rodbertus, den er um Mitarbeit an der Zeitschrift bat. Rodbertus zeigte sich den Bestrebungen der Grundbesitzer gegenüber nicht abgeneigt und hatte - wenn auch anonym - mit einem Flugblatt zur Gründung eines "prononcirten Parteiblattes" aufgerufen.[55] Hauptsächlich gedachte Rodbertus mit diesem Blatt die Einführung des Rentenprinzips für den Grundbesitz zu propagieren.[56] Weiter trat er für die Verstaatlichung der Eisenbahnen und für eine allgemeine Verbesserung der Infrastruktur ein; er forderte eine Reform des Steuer- und Kreditwesens, wobei ihm nicht zuletzt an einer Besteuerung der "unproduktiven" Börsengewinne lag.[57] Von der Gründung eines eigenen Blattes nahm Rodbertus bald Abstand, als er von Bestrebungen seitens einiger Agrarier erfuhr, die Zeitung von A.Niendorf zu erwerben, um mit dieser die Interessen des Grundbesitzes zu vertreten. Am 1. Juli 1871 erschien diese dann unter dem Namen DEUTSCHE LANDESZEITUNG mit ihrer ersten Nummer; für den politischen Teil zeichnete Rudolf Meyer verantwortlich, für den landwirtschaftlichen A. Niendorf. Die Zusammenarbeit dauerte allerdings nicht lange, da sich Meyer mit seinen Bemühungen, die Arbeiterfrage zu thematisieren, nicht gegenüber seinen Geldgebern durchsetzen konnte, denn Meyers Artikel erschienen ihnen als geradezu "sozialistisch".[58] Mit dem Ausscheiden Meyers auch wegen des Zerwürfnisses mit Niendorf[59] verlor sich auch Rodbertus Interesse an der LANDESZEITUNG, denn an einer alleinigen Vertretung der Interessen der Großagrarier war ihm ebenso wenig gelegen wie den Sozialkonservativen, die eine Sozial- und Wirtschaftspolitik verfochten, die die Interessen von Grundbesitz und Arbeitern berücksichtigen sollte. Nicht wenige dieser sozialkonservativen Männer orientierten sich an dem Rentenprinzip, wie es von Rodbertus in der "Kreditnot des Grundbesitzes" vertreten wurde. Vor allem der Vorschlag des Erbpachtsystems, wonach die Grundbesitzer den Landarbeitern kleine Grundstücke als Eigentum überlassen, um als Gegenleistung dafür Dienstleistungen zu empfangen, wurde angenommen. Auf diese Weise hoffte man, eine bodenständische Schicht von Kleinbauern zu schaffen, die weder in die Stadt abwanderten noch empfänglich für sozialistische oder sozialdemokratische Agitation waren.[60] Nicht nur durch die "innere Kolonisation" sollte die Lage der Land-

---

55 Rodbertus an R.Meyer, 31.1.1871, RW 6, S.208

56 Rodbertus an R.Meyer, 23.1.1871, RW 6, S.203; Rodbertus an H.Schumacher-Zarchlin, 27.1.1871, 2.2.1871 u. 3.2.1871, RW 4, S.441-445

57 Rodbertus, Denkschrift zur Begründung eines allgemeinen Blattes für die Interessen der deutschen Landwirtschaft und des deutschen Grundbesitzes, RW 4, S.617-623

58 A.Hahn, Berliner Revue, S.175ff.

59 Rodbertus an R.Meyer, 4.8.1871, 18.8.1871 u. 27.8.1871, RW 6, S.252, 256 und 260

60 Fr.Schaaf, Der Kampf der deutschen Arbeiterbewegung um die Landarbeiter und werktätigen Bauern 1848-1890. Berlin 1962

arbeiter - und der Grundbesitzer - verbessert werden; auch in der Lohn-
frage griffen sie auf Rodbertus zurück, indem sie die Notwendigkeit der
progressiven Steigerung der Lohnquote am Nationalprodukt zur Verhinderung von Krisen propagierten. H.Schumacher-Zarchlin setzte sich zudem für
die Gewinnbeteiligung der Landarbeiter ein, was Rodbertus allerdings unter
den Bedingungen der existierenden Eigentumsverhältnisse als falschen
Schritt zur Lösung der sozialen Frage betrachtete. Gewinnbeteiligung hieß
auch Risikobeteiligung, wohingegen Rodbertus mehr Wert auf den Schutz
der Arbeiter vor den Gefahren des Marktes legte. Tantiemelohn und auch
die Verbindung der sozialen Frage mit der Religion, wie sie auch bisweilen
von Sozialkonservativen vertreten wurde, offenbarten die künftigen Bruch-
stellen der zeitweiligen Verbindung zwischen Rodbertus und den Sozialkonservativen. Zunächst konnten Sozialkonservativen ihn aber durchaus als
einen der ihren betrachten, hatte er doch geschrieben:

*"Auf der Strasse, mittelst Strikes, Pflastersteinen oder gar Petroleum
wird die sociale Frage nicht gelöst. ... Dauernder socialer Friede,
einheitliche politische Regierungsgewalt, fester, vertrauensvoller An-
schluss der arbeitenden Classen an diese Gewalt, grosse Aufnahmen,
Vorarbeiten und Anstalten, die eine Reihe tiefer Combinationen bilden
und nur in Ruhe, mit Ordnung und Energie zu treffen sind, - das
sind die Vorbedingung der Lösung der socialen Frage. Sie schliessen
gleichermaassen eine zerfahrene Staatsgewalt, eine turbulente Arbeiterbevölkerung und «Carlsbader Beschlüsse» aus. Wenn conservativ
die conservierung des verrottesten Plunders bedeutet - nenne er
sich nun liberal oder werde er illiberal genannt - so giebt es nichts
Anticonservativeres als die sociale Frage. Wenn aber Conservativ bedeutet Stärkung monarchischer Staatsgewalt, friedliche Reformarbeit,
Aussöhnung der socialen Classen unter der Aegide und nach der
Norm des strahlenden Suum cuique - so giebt es nichts Con-
servativeres als die sociale Frage."[61]*

Vor dem Hintergrund der sogenannten Gründerjahre verstärkten sich
antikapitalistische Tendenzen innerhalb der Gruppe der Sozialkonservativen,
vor allem um die BERLINER REVUE. Allerdings ist dies nicht als eine Funda-
mentalkritik der kapitalistischen Wirtschaftsordnung zu verstehen, sondern
als Kampf gegen seine Auswüchse, gegen das Spekulantenwesen an den Börsen, gegen die Verflechtung von Politik und Geschäft, wie sie auch in Rodbertus' "Kreditnot" anklang.[62] R.Meyer rezipierte, um seine Kritik zu untermauern, sozialistisches Gedankengut; vor allem versuchte er in der BERLI-
NER REVUE die Auffassungen von Rodbertus zu popularisieren, indem er
Artikel von Rodbertus bearbeitete oder er veröffentlichte dessen Aufsätze,
so z.B. "Die Foderungen der arbeitenden Klassen" - wenn auch gekürzt -
und den auch als Separatdruck erschienenen Aufsatz "Der Normal-

61   Rodbertus, Der Normalarbeitstag, RW 2, S.383

62   A.Hahn, Berliner Revue, S.199

187

arbeitstag".[63] Seine Aufgabe sah er darin, die wirtschaftlichen Theorien des Sozialismus mit den politischen Vorstellungen des Konservatismus zu verschmelzen. Daß den Sozialkonservativen aber eine – wenn auch zukünftige – sozialistische Wirtschaftsordnung fremd blieb, merkte Rodbertus recht bald, so daß sich Rodbertus wieder von dieser Gruppe trennte, ohne endgültig mit den Personen zu brechen. Gegenüber Hermann Schumacher-Zarchlin bekannte er sich so nur sehr vorsichtig zum Sozialismus.[64] Im Jahre 1874 warf er Meyer z.B. vor, den Sozialismus nur als Mittel zur Regeneration des Konservatismus zu funktionalisieren. Im Zusammenhang mit der Neugründung einer Zeitschrift schreibt er an Meyer:

> "*Sie wollen den Sozialismus zur Renovation des Konservatismus gebrauchen. Das will natürlich Schramm* (Rudolf, UER) *nicht, der den Sozialismus um seiner selbst willen und ihn bis zum Ende will. So will ich ihn auch ... .*'[65] (Hervorhebung im Original, UER)

Trotz des von Beginn bestehenden Mißtrauens zwischen Rodbertus und den Sozialkonservativen wurde er 1871 recht früh informell in den Prozeß der Gründung einer selbständigen sozialkonservativen Partei um Hermann Wagener, damals noch Mitarbeiter Bismarcks, einbezogen. Nach den Vorstellungen von R.Meyer, der die Kontakte zwischen Rodbertus und Wagener vermittelte, sollte ersterer das Verbindungsglied bilden zwischen Sozialisten und Konservativen, d.h. zwischen Arbeitern und Grundbesitzern.[66] Zunächst stellte sich Rodbertus sehr positiv zu diesem Vorhaben.[67] Nach seinen Vorstellungen, die er in seiner Korrespondenz mit Wagener entwickelte, sollte die neue Partei unter der Losung "*Monarchisch – National – Sozial*" gegründet werden.[68] "Monarchisch" bedeutete für Rodbertus in diesem Zusammen, daß eine "starke Staatsgewalt die disparaten Tendenzen zusammenzuhalten" habe.[69] Der Programmpunkt "National!" ist dagegen sehr vage formuliert,

[63] Rodbertus, Die Forderungen der arbeitenden Klassen, RW 1, S.3-31; als "Fragmente aus einem alten Manuskript", RW 2, S.658-669; Rodbertus, Der Normalarbeitstag, RW 2, S.359-383 und S.635-657

[64] Rodbertus an Schumacher-Zarchlin, 8.5.1871, RW 2, S.468; Rodbertus an Schumacher-Zarchlin, 3.2.1872, RW 2, S.512, wo es zum Sozialismus heißt: "Aber erschrecken Sie nicht! Ich meine ja nur den verclausulirten Socialismus."

[65] Rodbertus an Meyer, 2.5.1874, RW 6, S.520f. Völlig falsch und ins Gegenteil verkehrt wird dieses Zitat bei R.Walther, Marxismus. in: Geschichtliche Grundbegriffe, Bd.3, Stuttgart 1982, S.943f. zitiert: "Rodbertus ... beabsichtigte, den **Socialismus zur Renovation des Conservatismus** zu gebrauchen." (Hervorhebung im Original, UER)

[66] A.Hahn, Berliner Revue, S.217

[67] Rodbertus an Meyer, 14.2.1872, RW 6, S.332: "ein Rettungsanker"

[68] Rodbertus an Meyer, 12.3.1872, RW 6, S.340; Rodbertus, Entwurf eines sozialkonservativen Programms, RW 2, S.889-890

[69] Rodbertus, Entwurf eines sozialkonservativen Programms, RW 2, S.889

188

betonte aber einmal mehr neben seinem Bekenntnis zur preußischen Lösung der Einigung Deutschlands den Zentralitätsgedanken.[70] Ein besonderes Gewicht legte Rodbertus schließlich auf den Punkt, der die Lösung der "sozialen Frage" beinhaltete. Die schlechte Lage der Arbeiter wurde als notwendiger Bestandteil der bürgerlich-kapitalistischen Gesellschaftsordnung unter der Bedingung der freien Konkurrenz konstatiert, die *"Beschwerden der arbeitenden Klassen"* als berechtigt anerkannt, so daß Rodbertus Reformen verlangte. Allerdings waren seine konkreten Vorschläge hier sehr wenig radikal: er forderte aus taktischen Gründen, um die Konservativen nicht zu verprellen, zunächst allein eine Untersuchungen der *"wirklichen Lage der arbeitenden Klassen".*[71] Aber H.Wagener ging in seinem Programmentwurf seinerseits kaum auf diesen Vorschlag von Rodbertus ein. Daß H.Wagener vor allem die Lösung der sozialen Frage hintanstellte, wird Rodbertus als Affront empfunden haben. Von dem Gründungsvorhaben einer Partei zog sich Rodbertus schließlich auch wieder zurück, da ihm außerdem der Kreis der angesprochenen Personen zu eng erschien und er wohl um seinen Ruf als liberal-demokratischer Politiker fürchtete.[72] Zudem führte er persönlich-familiäre Gründe an, über die er sich aber nicht weiter ausließ.[73] Im Grunde entsprach dieser Rückzug aber auch dem Charakter von Rodbertus, der es seit der Niederlage der 48er Revolution immer vermied, sich politisch eindeutig festzulegen. Parteien wären - so Rodbertus - für ihn nicht mehr als Organisationen der sozialen Auseinandersetzungen akzeptabel.[74] Für Rodbertus war damit die Beziehung zu dieser Gruppe der Konservativen beendet; mit R.Meyer, H.Schumacher-Zarchlin und auch mit H.Wagener hielt er allerdings den Kontakt aufrecht.

---

[70] ebd. S.899f.

[71] ebd. S.890; Rodbertus an H.Wagener, 22.3.1872, RW 6, S.655-659

[72] R.Meyer an H.Schumacher-Zarchlin, 28.3.1872, ZSTA Potsdam 90 Schu 4 Nachlaß Schumacher, Nr.2, Bl.51: Rodbertus fürchtete - so Meyer - mit den "Junkern" zusammengebracht zu werden.

[73] "Ich glaube, daß unangenehme Familienereignisse Herrn Dr.R‹odbertus› verstimmt hatten." R.Meyer an H.Schumacher-Zarchlin, 23.3.1872, ZSTA Potsdam 90 Schu 4 Nachlaß Schumacher, Nr.2, Bl.48v

[74] Rodbertus an R.Meyer, 6.11.1872, RW 6, S.418

8.4.   Umrisse einer Sozialreform und das Verhältnis zum
"Staatssozialismus"

Zu Beginn der 1870er stellte sich eine umfassende Sozialreform im Bewußtsein vieler Zeitgenossen weit stärker als in den früheren Jahren als tages-
politische Aufgabe.[75] Die Pariser Kommune von 1871, deren weltgeschichtliche Bedeutung Rodbertus sehr hoch einschätzte, verdeutlichte ihm, daß die
Soziale Frage mittels Reformen gelöst werden müßte, sollte nicht eine Revolution dies Aufgabe übernehmen. An Rudolf Meyer schrieb er:

> *"Schimpfworte! Schimpfworte zu einem Ereigniss, das so grausig es
> ist, doch an Bedeutung in der Geschichte grade so gross dastehen
> wird wie seine glückliche, glorreiche Kehrseite - das wiederaufge-
> richtete deutsche Kaiserreich."*[76]

Eine Lösung der sozialen Konflikte erwartete Rodbertus vom Staat.[77] In den
folgenden Jahren versuchte er, das Problem der Sozialreformen näher zu
untersuchen und seine Reformvorschläge zu konkretisieren. Aber es gelang
ihm wegen seines schlechten Gesundheitszustandes nicht mehr, seine Überlegungen endgültig zu fixieren und zu veröffentlichen.

1871/1872 standen vor allem Fragen der Landarbeiter im Vordergrund seiner
Bemühungen. Der Kongreß deutscher Landwirte hatte in seiner Sitzung vom
22. Februar 1872 den Antrag R.Meyers, Rodbertus-Jagetzow und Schuma-
cher-Zarchlins angenommen,

> "der Congress wolle durch seinen Ausschuß eine aus sieben Mitglie-
> dern bestehende Commission zur Prüfung der wirthschaftlichen Lage
> der ländlichen Arbeiterclassen und Berichterstattung darüber an den
> nächstjährigen Congreß zu ernennen."[78]

Die Motivierung des Antrages stand unter der Fragestellung, wie es möglich
sei, den Arbeitern Anteil am steigenden Nationaleinkommen zu geben oder
wenigstens die Lohnquote zu sichern.[79] Die Antragsteller gingen davon aus,
daß der Staat in die Lohn- und Einkommensverhältnisse regulierend eingreifen müsse. Zuvor müsse aber die Lage der Arbeiter, vor allem wegen
deren schlechter Situation der Landarbeiter, durch eine "Enquete" unter-

---

[75]   Rodbertus, Zur Beleuchtung der sozialen Frage II. Theil, 5. Fragment, RW 2, S.796f.:
        "Sie (die sociale Frage) ist endlich die sociale Frage unserer Tage." (Hervorhebung im
        Original, UER)

[76]   Rodbertus an R.Meyer, 3.7.1871, RW 6, S.245ff., hier S.248

[77]   ebd.

[78]   Antrag auf dem landwirtschaftlichen Kongreß, Februar 1872, RW 2, S.509-510 Anm., hier
        S.509

[79]   ebd.

sucht werden.[80] Der Antrag wurde zwar angenommen, aber für Rodbertus
verlief die Angelegenheit sehr unbefriedigend, weil sich die Mitglieder der
Kommission nicht einigen konnten.[81]

Es liegen uns aber die von A.Wagner herausgegebenen Fragmente "Zur Beleuchtung der sozialen Frage II. Theil" vor, die das Bild des sozialkonservativen Rodbertus nachhaltig prägten. Aber schon A.Wagner wies in einer
Bemerkung darauf hin, daß diese Fragmente nur als vorläufige Entwürfe angesehen werden sollten.[82] Auch die Vermutung A.Wagners, daß ein Teil der
veröffentlichten Ausführungen überhaupt nicht von Rodbertus stammten,
sondern von Hermann Wagener, kann aus einem Brief von Rodbertus an
Hermann Wagener herausgelesen und endgültig nach einem Vergleich der
Schriftstücke in den Nachlässen Wagener und Rodbertus bestätigt werden.[83]

Im ersten Teil dieser Schrift sprach sich H.Wagener, dem sich Rodbertus
weitgehend, wenn auch nicht völlig, anschloß, für eine Reform der Gesellschaft aus, die durch eine Regierungserklärung eingeleitet werden sollte.
Der Staat, "seiner conservativen Natur gemäss", könne die Sozialreformen so
gestalten, daß sie langsam, ohne "Wirren und Störungen" durchgeführt würden. Damit sollte gegen die wirtschafts- und sozialpolitischen Vorstellungen
des Manchesterliberalismus und des Sozialismus argumentiert werden.[84]

In sogenannten "Leitenden Gesichtspunkten"[85] zeigte Rodbertus, daß er
nicht an den Erfolg von Arbeiterselbsthilfe und der Kirche bei der Lösung
der sozialen Frage glaubte. Vor allem der Kirche wie auch der Religion an
sich maß Rodbertus keine positive Rolle bei der Bewältigung der sozialen

[80]   ebd. S.510

[81]   Protokoll der Kommissionssitzung zur Frage der Landarbeiter in Berlin am 2.11.1872,
ZSTA Potsdam 90 Schu 4 Nachlaß Schumacher, Nr.7, Bl.6-7

[82]   A.Wagner, Anmerkung zu Rodbertus, Zur Beleuchtung der sozialen Frage II. Theil, RW 2,
S.768-770; s. auch ZSTA Merseburg Rep.92 Nachlaß Rodbertus-Jagetzow M 5, Bl.236ff.
Rodbertus an H.Wagener, 21.4.1872, RW 6, S.660: *"Das mir übersandte Scriptum lege ich
wieder bei; ich habe mir erlaubt Abschrift davon zu nehmen. In wenigen Tagen hoffe ich
meine Bemerkungen zu II senden zu können. Mit großer Freude habe ich ersehen, wie Sie
über das Monopol denken und wie und wo Sie die Staatsthätigkeit in die Leitung der
Nationalproduktion eingreifen lassen zu wollen."*

[83]   ZSTA Potsdam 90 Wa 3, Nachlaß Wagener, ZSTA Merseburg Rep.92 Nachlaß Rodbertus-
Jagetzow M 5, Bl.236ff.

[84]   Rodbertus, Zur Beleuchtung der sozialen Frage II. Theil, RW 2, S.770f.; s. auch
Rodbertus an H.Wagener, 21.4.1872, RW 6, S.660

[85]   Rodbertus, Zur Beleuchtung der sozialen Frage II. Theil, RW 2, S.780ff. s. auch Rodbertus an R.Meyer, 8.2.1872, RW 6, S.169: *"Ich gehe damit um, (vorläufig in Gedanken),
«Leitende Gesichtspunkte für die Behandlung der Frage» anonym, als Manuskript
gedruckt, zu verfassen und zu vertheilen, ..."* s. auch beinahe wörtlich dieselbe
Stelle im Brief Rodbertus an H.Schumacher-Zarchlin, 8.2.1872, RW 2, S.508

Probleme zu.[86] Systemtranszendierende Elemente enthielten diese Ausführungen nicht; eher zielten sie auf eine Verbesserung der Lage der Arbeiter. Dabei griff er auf die sogenannte Lohnformel Thünens $\sqrt{ap}$ zurück, die Rodbertus allerdings nicht korrekt zitierte, wenn er nur von ap schrieb.[87] Mit $\sqrt{ap}$ glaubte Thünen den naturgemäßen oder auch den natürlichen Arbeitslohn in eine Formel gefaßt zu haben: der natürliche Lohn des Arbeiter wird demnach gefunden, wenn man die notwendigen Bedürfnisse des Arbeiter a mit dem Erzeugnissen seiner Arbeiten p multipliziert und anschließend die Quadratwurzel zieht.[88]

Im Gegensatz zu Thünen hielt Rodbertus diese Formel zur Bestimmung der Höhe des Lohnes, nach der der Lohn der Arbeiter der Produktivitätssteigerung angepaßt werden sollte, nur im gesamtgesellschaftlichen Maßstab für wirksam.[89] Rodbertus kommentierte die Vorstellungen zur Sozial- und Wirtschaftsreform, die Wagener formuliert hatte: die einzelnen Vorschläge beinhalteten eine statistische Untersuchung der Arbeiterbevölkerung[90], Reformen der Steuergesetzgebung, vor allem die Abschaffung der indirekten Steuern auf Grundnahrungsmittel, hohe Besteuerung des Spekulationskapitals und hohe Erbschaftssteuer, Einführung des Normalarbeitstages mit Verbot der Sonntagsarbeit und Einschränkung der Nachtarbeit, außerdem sollte die Arbeiterschutzgesetzgebung verbessert werden.[91] Rodbertus stimmte diesen

---

86   *"Die Kirchlichen, die sich an die Fersen der sozialen Frage hängen, um Seelenfängerei dabei zu treiben, sind wie Marodeurs, die in der Schlacht die Verwundeten plündern." " Das Christenthum hat **nicht** die Aufgabe, die **arbeitende** Classe zur **Unterwürfigkeit** unter die **gegenwärtigen** socialen Gesetze, sondern die **besitzende** zur **Aenderung** derselben zu bestimmen."* (Hervorhebung im Original, UER) Rodbertus, Zur Beleuchtung der sozialen Frage II. Theil, 4. Fragment, RW 2, S.796. Die negative Bewertung der Kirchen und der Religion führte auch immer wieder zum Dissenz mit Meyer, s. Rodbertus an Meyer, 24.5.1872, RW 6, S.381

87   Rodbertus, Zur Beleuchtung der sozialen Frage II. Theil, RW 2, S.784f. Über Thünen diskutierte Rodbertus in erster Linie mit dessen Biographen Schumacher. s. Rodbertus an R.Meyer, 1.2.1872, RW 6, S.328. Rodbertus schätzte Thünen als Theoretiker und Praktiker sehr hoch ein: s. G.Rudolph, Thünen und das Problem der Grundrente. WISSENSCHAFTLICHE ZEITSCHRIFT DER WILHELM-PIECK-UNIVERSITÄT ROSTOCK 33. Jg. 1984, NATURWISSENSCHAFTLICHE REIHE, H.1/2, S.56-59

88   s. hierzu zusammenfassend: W.Hofmann, Sozialökonomische Studientexte Bd. 2: Einkommenstheorie, S.197ff., hier 203f.; s. auch W.Braeuer, Thünens Lohntheorie. ZEITSCHRIFT FÜR AGRARGESCHICHTE UND AGRARSOZIOLOGIE Sonderheft 1958, S.336-343. Braeuer schreibt, daß das Dilemma der Lohnformel gelöst sei, wenn man die Voraussetzungen ändert, also nicht von einzelnen Betrieb ausgeht, sondern von der Gesellschaft, d.h.: "$\sqrt{ap}$ ist die Lohnformel des Sozialismus." ebd. S.343

89   ebd.; s. auch Rodbertus an R.Meyer, 1.2.1872, RW 6, S.328

90   Rodbertus, Zur Beleuchtung der sozialen Frage II. Theil, RW 2, S.772f.

91   ebd.

Vorschlägen weitgehend zu, wollte aber die Enquete über die Arbeiter nicht nur als Bestandsaufnahme durchgeführt sehen. Er wollte der Realität auch seine positiven Vorstellung, wie Arbeitszeit, Arbeitswerk und Arbeitseinkommen "normalmässig" auszusehen hätten, gegenüberstellen.[92]

Größeren Raum nehmen hier die Überlegungen zur Wirtschaftspolitik ein: Rodbertus prognostizierte, daß die Staatsquote in der Wirtschaft zunehmen würde,

> *"dass die Entwicklung nicht dahin tendirt, immer mehr jede Leitung der Nationalökonomie dem Staate zu entziehen, sondern immer mehr sie ihm in die Hände zu spielen."*[93]

Das Wirtschaftssystem wurde aber auch durch die Aussage, daß

> *"der Staat ... unter Umständen Industrie treiben"*[94] (Hervorhebung im Original, UER)

müsse, selbst noch nicht infragegestellt, wie auch A.Wagner zustimmend diese Stelle anmerkte.[95] Übergeordnete Interessen (das *"allgemeine Interesse"*) machten es – so Rodbertus – notwendig, dem Staat gewisse Monopole zu übertragen. Aber der Staat sollte nicht zu der übrigen Industrie, die im Privatbesitz blieb, in Konkurrenz treten.[96]

Damit kommen wir wieder zum Problem des "Staatssozialismus", ob und inwieweit Rodbertus sich als Staatssozialist bezeichnete oder ob er zu den "Staatssozialisten" zu zählen ist. Seit Ende 1871 war mit dem Aufkommen des Schlagwortes vom "Kathedersozialismus" der "Sozialismus" wieder Thema in der akademischen Welt. Der frühere Demokrat Heinrich Bernhard Oppenheimer hatte einige den Manchesterliberalismus kritisierende Nationalökonomen wie Schmoller oder auch Brentano vorgeworfen, mit dem Sozialismus zu kokettieren. Das Schlagwort des "Kathedersozialismus" griffen Liberale wie Bamberger und eher Konservative wie Heinrich von Treitschke auf, um die Befürworter einer staatlichen Sozialpolitik als "Helfershelfer" der Sozialdemokratie zu denunzieren.[97] Die so angegriffenen Nationalökonomen nahmen

---

92   ebd.

93   ebd. S.777. Die Ausführungen ähneln Adolph Wagners Argumentation, der das "Gesetz der wachsenden Ausdehnung der öffentlichen und speziell der Staatstätigkeit" formuliert hatte. A.Wagner, Grundlegung der politischen Oekonomie, 3. Auflage. I.Theil. Grundlagen der Volkswirthschaftslehre. 2.Halbband. Leipzig 1893, S.895; A. Wagner, Staat (in nationalökonomischer Hinsicht), HdStW, Bd.7, Jena 1911, S.727-739, hier S.734; zusammenfassend zuletzt: N.Andel, Finanzwissenschaft, Tübingen 1983, S.210-215

94   Rodbertus, Zur Beleuchtung der sozialen Frage II. Theil, RW 2, S.774f.

95   ebd. S.775 Anm.

96   ebd. S.779f.

97   W.Schieder, Sozialismus in: Geschichtliche Grundbegriffe, Bd.5, 1984, S.982f

den ursprünglichen Spottnamen an, distanzierten sich aber von den sozialen und politischen Zielen der Sozialdemokratie. Fragestellungen des proletarischen oder sozialdemokratischen Sozialismus sprachen sie nicht ihre Berechtigung ab, sondern versuchten, diese positiv aufzunehmen.

Einen weiteren Höhepunkt erreichte die Diskussion um die Sozialreform, so Schieder, durch das Programm des "Staatssozialismus".[98] Der Begriff "Staatssozialismus" wurde in Deutschland in der wissenschaftlichen, mehr noch in der publizistischen Auseinandersetzung zur Kennzeichnung einer wirtschafts- und sozialpolitischen Konzeption gebraucht, nach der staatliche Institutionen eine aktive Sozial- und Wirtschaftspolitik (u.a. Verstaatlichungen) zu betreiben habe, ohne die bestehende Gesellschaftsordnung an sich umzuändern. Selbst die Staatsform der konstitutionellen Monarchie sollte nicht angegriffen werden. Im "Handbuch der Wirtschaftswissenschaften" nennt W.Koch so Rodbertus und Wagner als die beiden Hauptvertreter des "Staatssozialismus".[99] Die Gemeinsamkeiten zwischen Wagner und Rodbertus sind aber mehr oberflächlich, denn Wagner bekannte sich ausdrücklich zu einer bürgerlich-kapitalistischen Wirtschaftsordnung, die Rodbertus demgegenüber in der Zukunft aufgehoben sah.[100] Rodbertus hatte sich zwar in den 1850er Jahren zum "Staatssozialismus" auch expressis verbis - wenn auch nur in persönlichen Briefen - bekannt, aber nie betrachtete er diesen als den zu erreichenden oder zu fordernden Zustand der Gesellschaft. Staatssozialismus, d.h. u.a. staatliche Lohnregulierung, staatliche Sozialpolitik und Errichtung von staatlichen Monopolen (Post, Eisenbahnen) war für Rodbertus das Mittel, die deutlich gewordenen Probleme der gesellschaftlichen Entwicklung innerhalb der bestehenden Gesellschaft anzugehen, um so einmal die Lage der Arbeiter auf dem Wege der Reform zu verbessern, so daß eine soziale Revolution durch die Arbeiter vermieden werden könne. Die historische Entwicklung laufe aber über die partielle Reformierung der Gesellschaft hinaus. Rodbertus glaubte aufgrund seiner historischen und nationalökonomischen Studien die Zwangsläufigkeit der weiteren Entwicklung zu erkennen. Ziel der Geschichte sei der *"Kommunismus"*, die *"Eine organisierte Gesellschaft"*, die letztlich nicht der Institution des Staates bedürfe.

Zum Programm erhoben wurde der "Staatssozialismus" aber erst Ende 1877 durch die Gründung einer Zeitschrift "Der Staats-Socialist. Wochenschrift für Socialreform" durch Adolph Wagner und Adolf Stöcker. Ihr Staatssozia-

---

[98] ebd. S. 984. Laut Schieder soll dieser Begriff von Heinrich Ahrens 1870 geprägt haben; s. dazu Kap.6.6 der vorliegenden Arbeit

[99] W.Koch, Staatssozialismus, in: HdWW Bd.7, 1977, S.200-204

[100] ebd. S.203. Obwohl Koch so den Unterschied zwischen Rodbertus und Wagner formuliert, faßt er beide unter dem Begriff "Staatssozialismus" zusammen. s. dazu auch Rudolph, Rodbertus, S.63, der ausdrücklich diese Zusammenfassung zu Recht ablehnt.

lismus beinhaltete eine konservativ-christliche Sozialreform mit starker Hervorhebung der Rolle des monarchischen Staates. Damit war auch sogleich an
Absage an Sozialismusvorstellungen der Sozialdemokratie formuliert. Man
hoffte, mit der etwa gleichzeitig gegründeten "Christlich Sozialen Arbeiter-
Partei" mittels eines staatssozialistischen Programmes zu gewinnen. Stöcker
scheiterte aber völlig mit diesem Vorhaben und wandte sich nach der Um-
benennung der Partei in "Christlich Soziale Partei" mit einer dezidiert anti-
semitischen Politik kleinbürgerlichen Wählerschichten zu.

8.5. Kritik der sozialpolitischen Vorstellungen des Vereins für Socialpolitik

Orientierte sich Rodbertus in seiner dritten Schaffensperiode einmal an den
Sozialkonservativen und den Agrariern, so betrachtete er zum zweiten die
Bemühungen einiger akademischer Nationalökonomen um die Gründung eines
sozial- und wirtschaftspolitischen Vereins zunächst mit Hoffnung. Seit Ende
der 1860er Jahren nahmen einzelne jüngere Nationalökonomen Kontakt mit
Rodbertus auf. Bis dato hatte er allein mit Bruno Hildebrand korrespondiert,
allerdings zumeist Fragen der Wirtschaftsgeschichte der Antike be-
handelnd.[101]   Die Bekanntschaft mit einigen dieser Wissenschaftler führte
dazu, daß Rodbertus schon recht früh als ein möglicher Gründungs-
teilnehmer des projektierten Vereins genannt wurde. Die Gründung des
"Vereins für Socialpolitik" war im Grunde eine notwendige Konsequenz für
die antimanchesterlichen Ökonomen, wollten sie ihren Auffassungen Gehör
verschaffen, da in in der liberalen Presse ihre Artikel oft nicht veröffentlicht wurden. Seit den 1850er Jahren hatte sich das sogenannte Manchestertum als Wirtschaftsdoktrin, vor allem in der Publizistik durchgesetzt.
Unter der Wortführerschaft von John Prince-Smith, Carl Braun und
H.B.Oppenheimer schuf sich diese Gruppe von Ökonomen durch einen "Verein
zur Verbreitung volkswirtschaftlicher Kenntnisse" und schließlich durch den
"Volkswirtschaftlichen Kongreß" seit 1858 Institutionen, mit denen sie ihre
Auffassungen der wirtschaftspolitischen Entwicklung verbreiten konnten. In
der seit 1863 erscheinenden VIERTELJAHRSSCHRIFT FÜR WIRTSCHAFT UND
KULTURGESCHICHTE veröffentlichten sie ihre Plädoyers für den Freihandel,
weshalb sie in der Öffentlichkeit als "Freihändler" firmierten. Grundlage des
Freihandels sollte - so wurde es damals von den Gegnern empfunden - die
"freie Konkurrenz" sein, eine Wirtschaftsordnung, in die der Staat nicht
eingreifen sollte.[102]   Diese Richtung hatte sich weniger an den deutschen
Universitäten durchgesetzt als vielmehr in der Publizistik und gewann über
Persönlichkeiten wie den Finanzminister Itzenplitz, den Präsidenten des

---

[101]   Über nähere Beziehungen zu dem Ricardo-Übersetzer und Professor der Nationalökonomie
E.Baumstark liegen uns heute keine Unterlagen vor.

[102]   V.Hentschel, Die deutschen Freihändler und der volkswirtschaftliche Kongreß 1858-
1885, Stuttgart 1975, S.50ff., der die Vereinfachung von einer bornierten
"Freihändlervertretung" zu widerlegen sucht.

Bundes- und Reichskanzleramtes R.v.Delbrück und anderen Einfluß auf die offizielle Wirtschaftspolitik. An den Universitäten dominierten zunächst noch die Vertreter der "älteren historischen Schule" wie Roscher, Knies und Hildebrand, seit den 1860er Jahren ergänzt durch die Vertreter der "jüngeren historischen Schule" wie Schmoller, Brentano und Schönberg. Letztere wurden oft wegen ihrer Haltung zur sozialen Frage mit den sogenannten Kathedersozialisten gleichgesetzt. Diese kritisierten - eher ergänzend - die Theoreme der liberalen englischen Klassiker, indem sie an die "ältere historische Schule" anküpfend ethische Elemente in der Wirtschaftstheorie betonten. Neben der Betonung der Historizität wirtschaftlicher Gesetze gingen die jüngeren Nationalökonomen angesichts der wachsenden Bedeutung der Arbeiterbewegung, und angesichts des vielen als zynisch gegenüber der Arbeiterfrage erscheinenden Manchestertums über die bisherigen Positionen der älteren historischen Schule hinaus und forderten, die soziale Frage im Zusammenhang mit der wirtschaftlichen Entwicklung analysiert zu sehen.[103]

Der Verein für Socialpolitik wurde schließlich am 6.10.1872 in Eisenach gegründet. G.Schmoller erläuterte in seiner programmatischen Eröffnungsrede den sozial- und wirtschaftspolitischen Rahmen, in dem sich die Politik des Vereins bewegen sollte. Ausgehend von der Strategie zur Vermeidung einer sozialen Revolution wurde die "herrschende volkswirtschaftliche Doktrin", der Manchesterliberalismus kritisiert.[104] Politisch zählte sich der Verein aber dennoch ebenso wie etwa der Volkswirtschaftliche Kongreß zur Mitte, ohne sich eindeutig auf eine Partei festlegen zu wollen, weshalb "auch gemäßigte Sozialisten und Mitglieder der Zentrumspartei eingeladen" seien.[105] Aber von vornherein stellte Schmoller klar, daß der Verein für Socialpolitik nicht die bürgerliche Wirtschaftsordnung in Frage stellte und lehnte deshalb "alle sozialistischen Experimente" prinzipiell ab.[106] Ziel der sozial- und wirtschaftspolitischen Reformbestrebungen sollte vielmehr eine mittelstandsbetonte Klassengesellschaft sein.[107]

Die Gründung des Vereins für Socialpolitik im Oktober 1872 umfaßte schon nicht mehr die ursprüngliche Breite der Ansichten über die soziale und wirtschaftliche Entwicklung. Obwohl zum Beispiel Adolph Wagner einer der

---

103   1864 verfaßte Schmoller seine Abhandlung über die "Arbeiterfrage"; 1870 Schönberg über "Arbeitsämter"; 1871 Brentano über "Arbeitsgilden"; 1870 sprach A.Wagner über "Die Abschaffung des privaten Grundeigentums" 1871 über die soziale Frage gegen sozialkaritative Auffassungen.

104   G.Schmoller, Eröffnungsrede, in: F.Boese, Geschichte des Vereins für Socialpolitik 1872-1932. Berlin 1939, S.6

105   ebd. S.7/8

106   ebd. S.10

107   ebd. S.9

Hauptinitiatoren der Vereinsgründung war[108], stand er angesichts der mehr oder minder liberalen Nationalökonomen, die zwischen dem antimanchesterlichen Linksliberalismus eines Lujo Brentano und dem liberalen Konservatismus eines Gustav Schmollers schwankten, abseits mit seinem "Staatssozialismus". Es war letztlich Gustav Schmollers Position, die sich im Verein für Socialpolitik in seiner Gründungsphase eindeutig durchsetzen konnte.[109]

Rodbertus begrüßte prinzipiell zunächst die Idee einer antimanchesterlichen Vereinigung, glaubte aber von vornherein, daß über die Frontstellung gegen die Freihändler hinaus eine positive gemeinsame Haltung der verschiedenen Nationalökonomen nicht möglich sei.[110] Über anfängliche Kontakte hinaus wurde Rodbertus nicht in die Vereinsgründung miteinbezogen, zumal er in der Öffentlichkeit nicht mit dem künftigen sozialpolitischen Programm des späteren "Vereins für Socialpolitik" genannt werden wollte.[111] Er zeigte schließlich auch nach der Konstituierung nur wenig Sympathie für das in seinen Augen völlig unzureichende sozial- und wirtschaftspolitische Programm[112]; vielmehr sprach er von den Mitgliedern des "Vereins für Socialpolitik", die im wesentlichen mit der Gruppe der Kathedersozialisten identisch waren, von *"Zuckerwassersocialisten"*.[113] Allein mit Adolph Wagner, der sich später auch enttäuscht aus dem "Verein für Socialpolitik" zurückzog, hielt Rodbertus engeren Kontakt.[114] Daneben blieb Rodbertus in regem Briefverkehr mit R.Meyer und Hermann Schumacher-Zarchlin, mit dem er vor allem Probleme des Rentenprinzips und des Grundbesitzes disku-

---

108   s. Wagner an G.Schmoller, 20.5.1872; Wagner an G.Schmoller, 13.6.1872, Wagner an Rodbertus, 16.6.1872, in: A.Wagner, Briefe - Dokumente - Augenzeugenberichte 1851-1917, S.109-114; s. auch J.v.Eckart, Lebenserinnerungen, Bd.1, 1910, S.271-277 Eckart war Redakteur des HAMBURGER CORRESPONDENTen, der sein Blatt den Kathedersozialisten zur Verfügung stellte.

109   D.Lindenlaub, Richtungskämpfe im Verein für Socialpolitik. Wiesbaden 1967, S.6ff.

110   Rodbertus an A.Wagner, 20.6.1872, RW 6, S.684

111   ebd. S.685

112   Rodbertus an A.Wagner, 6.11.1875, RW 6, S.687: *"Aus Eisenach, bin ich überzeugt wird nichts, - mit Camillenthee lindert man nicht einmal die sociale Frage, geschweige heilt man sie ..."*

113   Rodbertus an R.Meyer, 17.10.1872. RW 6, S.407; s. auch Rodbertus an Br. Hildebrand, 20.11.1873, ZSTA Potsdam 90 Hi 3, Nachlaß Hildebrand, Nr.1, Bl.80: *"Mein Urtheil über die Kathedersocialisten werden Sie gewiß nicht übel nehmen, wenn Sie ihm auch nicht zustimmen sollten, obwohl ich mir gar nicht vorstellen kann, daß Sie sich in Eisenach heimisch fühlen, so wenig wie der hiesige (Adolph, UER) Wagner,von dem ich bestimmt weiß, daß er es nicht thut."* (Hervorhebung im Original, UER)

114   s. zu Wagner: A.Wagner, Briefe - Dokumente - Augenzeugenberichte, Berlin 1978; M.Heilmann, Adolph Wagner - Ein deutscher Nationalökonom im Urteil seiner Zeit, Frankfurt/New York 1980

tierte.[115] Aber dennoch versuchte Rodbertus Einfluß auf die Beratungen des
Vereins für Socialpolitik zu nehmen. Über Rudolf Meyer und Hermann Wagener brachte er 1872 einen Antrag ein, in dem die *"Unterstellung der Arbeit
unter das Gesetz"* gefordert wurde.[116] Gleichzeitig ließ er die allzu zaghaf-
ten Bemühungen der den Verein repräsentierenden Kathedersozialisten hinsichtlich der sozialen Frage kritisieren. Der Antrag wurde aber zum Ärger
von Rodbertus mit großer Mehrheit abgelehnt.[117]

Trotzdem versuchte 1875 Rodbertus noch einmal persönlich auf den "Verein
für Socialpolitik" einzuwirken, die Lage der Fabrikarbeiter und der
Kapitalunternehmer untersuchen zu lassen.[118] Rodbertus konnte aber aus
gesundheitlichen Gründen, seinen Antrag nicht selbst einbringen, so daß
R.Meyer diese Aufgabe zu übernehmen hatte.[119] Meyer hatte allerdings keinen Erfolg, als er am 10. Oktober 1875 diesen Antrag vortrug.[120] Rodbertus
letzte öffentliche Äußerung war ein in der SCHLESISCHEN PRESSE im Oktober 1875 nach dem Scheitern der Bemühungen von Meyer abgedruckter
Brief, worin er vom Staat Interventionen in die Wirtschaft forderte, sich
aber gleichzeitig gegen Schutzzölle erklärte. Rodbertus verwahrte sich in
diesem Artikel gegen den Vorwurf der Schutzzöllnerei:

---

115   s. die von Michels und Ackermann im Jahre 1926 herausgegebenen Briefe von Rodbertus an
       Schumacher, RW 2, 395-542; dazu die entsprechenden Briefe von Schumacher, ZSTA Merse-
       burg Rep.92 Nachlaß Rodbertus-Jagetzow B 21, Bl.3-7v, Bl.21e-399v (insgesamt 101
       Briefe und Brieffragmente)

116   Verhandlungen der Eisenacher Versammlung zur Besprechung der sozialen Frage. Leipzig
       1873, S.36; s. hierzu auch H.Schmidt, Staatssozialistische Bestrebungen im Verein für
       Sozialpolitik. Diss. Köln 1941, S.41

117   Verhandlungen der Eisenacher Versammlung zur Besprechung der sozialen Frage. Leipzig
       1873, S.142; s. auch hierzu Rodbertus an R.Meyer, 17.10.1872, RW 6, S.

118   Ein von Rodbertus mitunterzeichneter und von R.Meyer auf dem Kongress des Vereins für
       Socialpolitik zu Eisenach (10. Okt. 1875) eingebrachter Antrag betr. die Lage der
       Fabrikarbeiter und die der Kapitalunternehmer. RW 2, S.553-554. Rodbertus hatte auch
       auf A.Wagners und Schumachers Unterschriften gehofft, Rodbertus an R.Meyer, 9.10.1875,
       RW 6, S.580

119   Rodbertus an Schmoller, 7.10.1875, und 29.10.1876(!), ZSTA Merseburg Rep.92 Nachlaß
       G.v.Schmoller, Bl.57-57v und Bl.58-59v. Meyer hatte von Rodbertus den Auftrag
       erhalten, an u.a. Hildebrand, Schmoller und Schönberg persönlich Briefe zu übergeben,
       damit diese seinen Antrag unterstützten. Rodbertus an R.Meyer, 7.10.1875 u. 9.10.1875,
       RW 6, S.579 u. S.580; Meyer führte den Auftrag aber nur teilweise aus, da er sich in
       Eisenach überzeugt hatte, wie er sich ausdrückte, daß die Adressaten "von Berlin ein-
       geschüchtert waren." Anmerkung von Meyer in RW 6, S.579. Nachweisbar ist nur der oben
       zitierte Brief an Schmoller. Das Mißtrauen von Rodbertus gegenüber Meyer, daß dieser
       seinen Auftrag nicht ausführen würde, geht aus dem Brief Rodbertus an R.Meyer,
       29.10.1875, RW 6, S.586 und dem Brief Rodbertus an Schmoller, 29.10.1876(!), ZSTA
       Merseburg Rep.92 Nachlaß G.v.Schmoller, Bl.58-59v. hervor.

120   R.Meyer an Rodbertus, 10.10.1875, ZSTA Merseburg Rep.92 Nachlaß Rodbertus-Jagetzow A
       16, Bl.63

*"Aber wenn der Antrag nicht auf Schutzzölle gieng, so gieng er ent-
schieden auf Intervention des Staats zu irgend welchem Schutz gegen die heutige gewerbliche Krisis."* [121]

8.6. Annäherung an die Arbeiterbewegung

Das Scheitern einer sozialkonservativen Parteigründung, die wenig radikale
Haltung der Kathedersozialisten in der sozialpolitischen Diskussion und auch
die Hinwendung Bismarcks zu einer liberalen Wirtschaftspolitik brachten
Rodbertus wieder näher an die Sozialdemokratie lassalleanischer Prägung
heran. Den SOCIALDEMOKRATen hatte er abonniert[122], und gegenüber Meyer
betonte er seine sozialistische Grundeinstellung.[123]

Rodbertus hatte das "Kapital" von Karl Marx mittlerweile gelesen und dessen
Auffassung als "Einbruch in die Gesellschaft" positiv beurteilt.[124] Einzelne
Passagen schätzte er als meisterhaft ein, während er auf der anderen Seite
Marx gewaltige Irrtümer vorwarf. Übereinstimmung in den Intentionen zwischen Rodbertus und Marx kann man so zum Beispiel bei der Beweisführung
über die Entstehung des Mehrwerts feststellen; allerdings schrieb Rodbertus:

*"Woraus der Mehrwerth des Kapitalisten entspringt hab ich in
meinem 3. socialen Brief im Wesentlichen eben so wie Marx, nur viel
kürzer und klarer gezeigt."*[125]

Verfehlt sind Versuche, hieraus einen Prioritätsanspruch von Rodbertus gegenüber Marx abzuleiten. Rodbertus kritisierte bei Marx vor allem, daß Marx
nicht zwischen Kapital an sich und den historischen Kapitalformen unterscheide, wie er es in seinem - damals noch nicht edierten - "Vierten Socialen Brief an von Kirchmann" getan hatte.[126]

---

[121] Rodbertus an die Schlesische Presse, Oktober 1875, RW 2, S.571-574, hier S.574; s.
auch Rodbertus an J.Zeller, 21.10.1875, RW 6, S.707; s. auch den Abdruck des
entsprechenden Schreibens in der ALLGEMEINEn ZEITUNG Nr.299, 26.10.1875, hier nach RW
6, s.707f.Anm. 1; auch Rodbertus an R.Meyer, 17.10.1875, RW 6, S.586

[122] Rodbertus an R.Meyer, 9.9.1871, RW 6, S.265, auch Rodbertus an R.Meyer, 24.2.1872, RW
6, S.333; s. auch Rodbertus an H.Schumacher-Zarchlin, 3.2.1872, RW 2, S.509: "Erzählen
Sie Ihrer Frau Gemahlin zur Beruhigung, daß meine Frau jetzt auch den Sozialdemokraten
jedes Mal vernichtet."

[123] Rodbertus an R.Meyer, 30.11.1871, RW 6, S.305: *"Was der Socialdemokrat gestern über
mich brachte, hat mich gefreut, denn so weit der Kern der socialdemokratischen Partei
ein rein wirthschaftlicher ist, gehöre ich ihr mit ganzem Herzen an, - ..."*

[124] Rodbertus an R.Meyer, 20.9.1871, RW 6, S.275

[125] ebd.

[126] ebd.

Rodbertus hatte sich aber nicht nur mit sozialistischer Theorie und der politischen Arbeiterbewegung auseinanderzusetzen. Die Arbeiterbewegung in ihrer gewerkschaftlichen Organisierung hatte seit den 1860er Jahren einen langsamen, aber stetigen Aufschwung genommen.[127] Die Streiktätigkeit, als wichtigstes Kampfmittel, in den Auseinandersetzungen mit den Unternehmern nahm seit Mitte der 1860er Jahre[128] , vor allem seit 1869 an Intensität und Dauer zu, so daß man von einer regelrechten Streikwelle sprechen kann.[129] Vor diesem Hintergrund hatte sich Rodbertus in den 1860er und 1870er mit der Arbeiterbewegung als Gewerkschaftsbewegung, damit als soziale und wirtschaftliche Interessensbewegung, zu beschäftigen. Schon 1850 hatte er sich zu der Entstehung von Gewerkschaften geäußert. Im Rahmen seiner Ausführungen im "Ersten Socialen Brief an von Kirchmann" betrachtete er die Gewerkschaftsgründungen in England als politische Folge der verschiedenen Wirtschaftskrisen.[130] Er maß diesen *"Associationen"*[131] größte Bedeutung bei, weil sich in ihnen das Proletariat als Klasse konstituiert habe.[132] Allerdings glaubte Rodbertus weder 1850 noch in den 1870er Jahren, daß es die Gewerkschaften vermöchten, die wirtschaftliche Lage der Arbeiter entscheidend zu verbessern:

> *"In der That, als wirthschaftliches Mittel, zur Erhöhung des Einkommens der Arbeiter, haben sich die Associationen als ungenügend erwiesen."[133]*

Gemäß seines "Gesetzes der fallenden Lohnquote" mußte Rodbertus die relative Erfolglosigkeit der Gewerkschaftsbewegung annehmen, denn eine Verbesserung der Lage der Arbeiter setzte nach seiner Auffassung eine Veränderung in der staatlichen Wirtschaftspolitik voraus. Hier ähnelt die Argu-

---

[127]   s. z.B. F.Tennstedt, Vom Proleten zum Industriearbeiter, S.219ff., der weniger die Arbeitskämpfe in der Vordergrund der Gewerkschaftsgründungen stellte als die "Kassen als Institutionen kollektive Existenzsicherung".

[128]   "Gegenwärtig herrscht auf dem Kontinent eine wahre Epidemie von Streiks, und allgemein wird nach einer Lohnsteigerung gerufen." so 1865 K.Marx, Lohn, Preis und Profit. MEW Bd..16, S.103

[129]   s. dazu L.Machtan, "Im Vertrauen auf unsere gerechte Sache ..." Streikbewegungen der Industriearbeiter in den 70er Jahren des 19.Jahrhunderts. in: K.Tenfelde/H.Volkmann (Hg.), Streik. Zur Geschichte des Arbeitskampfes in Deutschland während der Industrialisierung. München 1981, S.52-73; L.Machtan, Streiks im frühen Kaiserreich. Frankfurt 1983, S.13ff.; L.Machtan, Streiks und Aussperrung im Kaiserreich. Eine sozialgeschichtliche Dokumentation für die Jahre 1871 bis 1875. Berlin 1984

[130]   Rodbertus, Erster Socialer Brief, RW 6, S.280ff.

[131]   "Ich meine diejenigen Associationen, die den Unternehmern gegenüber einen besseren Lohn bewirken sollen, ..." ebd.

[132]   ebd. S.281

[133]   ebd. S.284

mentation der von Lassalle, der auch die Gewerkschaftsbewegung ablehnte,
während Marx die Gewerkschaftsbewegung als einerseits Defensivbewegung
gegen die Macht des Kapitals begrüßte, andererseits aber die Notwendigkeit
einer über die kapitalistische Wirtschaftsordnung hinausgehende Arbeiterpolitik betonte.[134]

Für Rodbertus sollte allerdings nicht daraus geschlossen werden, daß Rodbertus die Gewerkschaften als Selbsthilfeorganisationen der Arbeiter mit ihren Unterstützungskassen oder auch mit dem Anspruch, "über die Kunstfer-
tigkeit der Arbeiter zu entscheiden und den Unternehmern deren Reihenfolge zu bestimmen" wie in England, ablehnte.[135]   Er glaubte nur weit weniger an den Erfolg. Die Gewerkschaften sah Rodbertus nichtsdestoweniger
als gesellschaftlich notwendige Gegenmacht der sich organisierenden Arbeiter an.[136] Die später gegründeten liberalen Hirsch-Dunckerschen Gewerk-
vereine lehnte er grundsätzlich ab, weil er ihre Politik als nicht ehrlich
empfand.[137]   Vor allem aber traute er weder 1850 noch 1875 den Arbeitern
zu, die Wirtschaft zu ihren Gunsten zu lenken, wenn sie selbst die Macht
dazu hätten.[138] Streiks der Arbeiter für die Durchsetzung ihrer Interessen
und ihrer Forderung nach höheren Einkommen lehnte Rodbertus ab. Er
sprach bisweilen von *"Streikunsinn"* und war gegebenfalls bereit, Gesetze
gegen *"Ausschreitungen"* anzuwenden.[139]

> *"Nach meiner Ansicht werden auch die Strikes unmittelbar - ich
> meine im Allgemeinen und auf die Dauer - den arbeitenden Klassen
> nichts nützen; vielmehr kosten sie diesen selbst ungeheure Opfer
> und der Gesellschaft dazu. Wohl aber werden sie es indirect, indem*

---

[134]   K.Marx, Lohn, Preis und Profit, MEW Bd.16, S.152: "Gewerkschaften tun gute Dienste als
Sammelpunkte des Widerstands gegen die Gewalttaten des Kapitals. Sie verfehlen ihren
Zweck zum Teil, sobald sie von ihrer Macht einen unsachgemäßen Gebrauch machen. Sie
verfehlen ihren Zweck gänzlich, sobald sie sich darauf beschränken, einen Kleinkrieg
gegen die Wirkungen des bestehenden Systems zuu führen, statt gleichzeitig zu
versuchen, es zu ändern, statt ihre organisierten Kräfte zu gebrauchen als einen Hebel
zur schließlichen Befreiung der Arbeiterklasse, d.h. zur endgültigen Abschaffung des
Lohnsystems."

[135]   Rodbertus, Erster Socialer Brief, RW 6, S.282

[136]   Rodbertus, Zur Erklärung und Abhilfe der Kreditnot des Grundbesitzes, Bd.1, RW 6,
S.157

[137]   Rodbertus an R.Meyer, 25.10.1872, RW 6, S.409ff. Der Satz *"Ich gestehe, dass ich der
grösste Gegner der Gewerkvereinler bin."* (S.410) sollte nur auf die Hirsch-
Dunckerschen Gewerkschaften bezogen werden zur Dokumentation gegen
gewerkschaftsfreundliche Beschlüsse auch des Vereins für Socialpolitik. Daß Rodbertus
mit seiner Position nicht allein stand, zeigen auch andere Äußerungen wie zum Beispiel
von L.Brentano. s. zu den Hirsch-Dunckerschen Gewerkschaften: Chr.Eisenberg, Deutsche
und englische Gewerkschaften, Göttingen 1986, S.199ff., hier S.201f.

[138]   Rodbertus, Erster Socialer Brief, RW 6, S.284

[139]   s. hierzu auch R.Michels, Rodbertus und sein Kreis, S.31

sie das einzige Mittel zu sein scheinen, um endlich die Intervention des Staates zur Verbesserung der Lage der arbeitenden Klassen zu veranlassen."[140]

Rodbertus offenbarte auch wieder wie zu allen politischen Aktionen im weitesten Sinne seine ambivalente Haltung. Streiks lehnte er zwar wegen der Betrachtung der Gesellschaft als Gesamtorganismus ab. Aber auf der anderen Seite erkannte er durchaus, daß Schritte und Aktionen der Arbeiterbewegung notwendig waren, damit die Lage der Arbeiter sich überhaupt verbessere bzw. durch den Staat verbessert werden könne.

Die Annäherung an die Arbeiterbewegung vollzog sich aber nur zögernd; denn wie gegenüber Lassalle lehnte Rodbertus eine politische Arbeiterbewegung ab. Trotzdem spielte er Ende 1873 mit dem Gedanken, sich als Reichstagskandidat für den ADAV aufstellen zu lassen. Dies ist wohl nicht als "Fieberphantasie" eines alten Mannes zu verstehen[141], wie sein Briefpartner Meyer bei der Herausgabe der Briefe meinte, sondern durchaus kalkulierte Politik, denn Rodbertus machte die Einschränkung, daß zunächst der Militärhaushalt, dem Sozialdemokraten nicht zustimmen wollten, verabschiedet werden müsse.[142] Der eigentliche Kontakt zum ADAV, insbesondere zu Hasenclever, der einige Male an Rodbertus geschrieben hatte[143], kam aber nicht mehr zustande; Rodbertus erkrankte während eines Aufenthaltes in der Schweiz im Winter 1873/74 schwer, erblindete auf einem Augen, vermochte sich schließlich nur noch im Rollstuhl fortzubewegen.[144] Eine Schrift wie "Zur Würdigung der socialen Frage. Offenes Dankschreiben an den Praesidenten des Allgem. deutsch. Arbeiterverein, den Reichstagsabgeordneten Herrn Hasenclever" etwa aus dem Jahre 1874 wurde nur konzipiert, aber nie fertiggestellt.[145] Dazu gab es auch noch Probleme bei der Suche nach einem Verlag für die Publikation des Briefe, so daß Rod-

140   Rodbertus; Leserbrief an die NORDDEUTSCHE ALLGEMEINE ZEITUNG, 23.11.1871 abgedruckt in: R.Meyer, Herr Dr.Rodbertus über Strikes, RW 2, S.670

141   Anmerkung von R.Meyer in: RW 6, S.508

142   Rodbertus an R.Meyer, 26.12.1873, RW 6, S.621; 14.1.1874, RW 6, S.508: *"Ich habe 1848 Manches dazu beigetragen, die Demokratie salonfähig zu machen; vielleicht gelingt es mir auch mit dem Socialismus. - Aber erst muss der Staat im Militairetat und in dem Kirchengesetz stärker werden. Eisenbahnen und Banken bringt man ihm dann mittelst der Sozialisten wieder zu."*

143   Hasenclever an Rodbertus, 21.4.1873 u. 21.4.1874, ZSTA Merseburg Rep.92 Nachlaß Rodbertus-Jagetzow B 9, Bl.4 u. Bl.6-6v

144   Klagen über die sich verschlechternde Gesundheit durchziehen den gesamten Briefwechsel mit R.Meyer seit dem November 1873, RW 6, S.484ff.

145   Rodbertus, Entwurf zu "Zur Würdigung der socialen Frage. Offenes Dankschreiben an des Praesidenten des Allgem. deutsch. Arbeiterverein, den Reichstagsabgeordneten Herrn Hasenclever" ZSTA Merseburg Rep.92 Nachlaß Rodbertus-Jagetzow B 9, Bl.8-31v.

bertus den Druck in der Schweiz erwog.[146] In diesem - und anderen nur noch unvollständig erhaltenen - Schreiben an Hasenclever[147] wiederholte Rodbertus seine These von der sinkender Lohnquote bei steigender Produktivität der Arbeit. Aber er ergänzte diesen Gedanken in einem weiteren Schreiben noch dadurch, daß er auf die gleichzeitig steigende Steuerleistung der Arbeiter verwies:

> *"Sie, die Arbeiter erhalten von dem durch Ihre Arbeit hervorgebrachten, unter dem Schutz des Staats gezeitigten Früchten des Nationalfleißes verhältnißmäßig am wenigsten u‹nd› werden auch unter dem heutigen nationalökonomischen System immer weniger bekommen; - dennoch tragen Sie verhältnißmäßig am meisten zu den Kosten u‹nd› Lasten dieses Staates bei; - Und doch wieder kommt Ihnen von den der Gesellschaft vom Staat rückgewährten Wohlthaten u‹nd› Unterstützungen am wenigsten zu gut!"[148]*

Sich positiv auf Lassalle beziehend heißt es:

> *"Von den Täuschungen des capitalistischen Bourgoisiesystems, dem harmonischen Fortschritt von Capital u‹nd› Lohn, Sparprincip als der einzigen Möglichkeit der Verbesserung Ihre Lage hat Lassalle Sie erlöst."[149]*

Die schon gegenüber Lassalle geäußerten Vorbehalte gegen die Produktivassoziationen wiederholte Rodbertus auch wieder im Schreiben an Hasenclever, denn er blieb bei seiner Auffassung, daß das genossenschaftliche Eigentum eine neue Form des Privateigentums sei.[150] Daneben forderte er die Arbeiter bzw. Hasenclever als Vorsitzenden des Allgemeinen Deutschen Arbeitervereins, ihren Widerstand gegen die Einführung des Stücklohnsystems als individuell gerechtere, auf der Anwendung der Arbeitswertlehre in der kapitalistischen Wirtschaftsordnung beruhende Entlohnung, aufzugeben.[151] Aber weit wichtiger war die Aufforderung, einmal die Opposition gegen den bestehenden Staat aufzugeben, zum zweiten sich positiv zum nationalen Staat zu stellen.

[146] Rodbertus an R.Meyer, 9.1.1874, RW 6, S.501 u. S.503; s. auch die Anmerkungen von Meyer RW 6, S.513f., der auch auf die Probleme der drucktechnisch schwierigen und teuren Wünsche bei der Ausgestaltung einer kolorierten Beilage hinwies.

[147] Rodbertus, Fragmente und Entwürfe "Zum Brief (an die Arbeiter/Hasenclever) ZSTA Merseburg Rep.92 Nachlaß Rodbertus-Jagetzow M 5, Bl.35-61

[148] Rodbertus an N.N.(=Hasenclever), o.D., ZSTA Merseburg Rep.92 Nachlaß Rodbertus-Jagetzow B 23, Bl.6

[149] ebd. Bl.58f.

[150] ebd. Bl.58v

[151] ebd. Bl.59; Bl.60v

"Der politische Staat allein kann Ihnen helfen u<nd> Sie dem nationalen Staat ..."[152] oder: "Ueberwinden Sie sich also auch noch in dieser Opposition gegen den bestehenden Staat ..."[153] (Hervorhebung im Original, UER)

Zu konkreteren Ergebnissen führte die Verbindung zu Hasenclever aber nicht mehr.

Etwa gleichzeitig hatte Rodbertus in Mailand Kontakt mit dem früheren demokratischen Abgeordneten der Preußischen Nationalversammlung von 1848, den zeitweiligen Mitarbeiter Bismarcks, Rudolf Schramm, aufgenommen und sich mit diesem auf eine "socialistische Campagne" verständigt.[154] Nach den Vorstellungen von Rodbertus sollten er, Schramm und Meyer verschiedene Artikel im SOCIALDEMOKRATen mit der Absicht veröffentlichen, die herrschende liberale Volkswirtschaftslehre zu kritisieren.[155] Meyer verweigerte allerdings die Zusammenarbeit, da er nicht bereit war, seinen sozialkonservativen Standpunkt zu verlassen[156], während Rodbertus mehr als in den Jahren zuvor seine dem ADAV nahestehende Position betonte, wenn auch mit der Einschränkung, daß die Partei ihm und Schramm "in einigen wichtigen Punkten" nachzugeben habe.[157] Deutlich wurde am Konflikt mit Meyer über diese Frage, daß Rodbertus nicht bereit war, sich als Sozialkonservativer zu definieren; ein Bündnis mit diesen Männern mußte immer ein partielles bleiben. Erkennbar wird aber auch, daß Rodbertus sich auch noch Mitte der 1870er als "Parteiführer" betrachtete, wenn er glaubte, dem ADAV Bedingungen für eine Zusammenarbeit diktieren zu können.

Aber Rodbertus war seit 1873 systematisches Arbeiten nicht mehr möglich. Trotz seiner Krankheit gelang ihm aber noch die Bearbeitung der 2. Auflage der "Sozialen Briefe an von Kirchmann"; der zweite und dritte Brief wurden geringfügig verändert und mit einem neuen Vorwort versehen unter dem Titel "Zur Beleuchtung der sozialen Frage. Teil 1" 1875 veröffentlicht. Die geplante Fortsetzung "Zur Beleuchtung der sozialen Frage. Theil 2", die den Wiederabdruck des Ersten Socialen Briefes an von Kirchmann und

---

152   ebd. Bl.59v.

153   ebd. Bl.60v

154   Rodbertus an R.Meyer, 19.4.1974, RW 6, S.518f.; s. auch Rodbertus an R.Meyer, 21.8.1874, RW 6, S.527: hier heißt es, Schramm wolle *"jetzt einen sozialen Reformverein gründen."*

155   Rodbertus an R.Meyer, 19. u. 27.4.1874, RW 6, S.517ff.

156   Meyer, Anmerkung in RW 6, S.521: "Ich wollte garnicht mit dem Socialismus experimentieren, sondern das Bestehende durch Reformen verbessern."

157   Rodbertus an R.Meyer, 2.5.1874, RW 6, S.520f.

gesellschaftstheoretischen Überlegungen beinhalten sollte, blieb Fragment.

Anfang Dezember 1875 erkrankte Rodbertus schwer und verstarb am 6. Dezember 1875 auf seinem Gut Jagetzow, wo sich auch heute noch sein Grab befindet.

9. Wissenschaftlicher Sozialismus oder Staatssozialismus?

Betrachtet man das theoretische und praktische Wirken von Karl Rodbertus
zwischen 1830 und 1875 unter den Aspekten von Sozialismuskonzeption und
Sozialreform, so läßt sich folgendes festhalten: ausgehend von einer am
Saint-Simonismus orientierten Geschichtsphilosophie, nach der sich der gesellschaftliche Fortschritt durchsetzen werde, formulierte Rodbertus in
Grundzügen eine Theorie der gesellschaftlichen Entwicklung, die den Sozialismus nicht mehr rein spekulativ oder utopistisch   als Ziel herausstellte,
sondern historisch und logisch als notwendig entwickelte. Eine sozialistische
oder kommunistische Gesellschaft werde sich im Verlauf der Geschichte unabhängig von den Einzelinteressen der Individuen durchsetzen. Dabei spiele
es keine Rolle, ob sich die neue Gesellschaftsordnung in zweihundert Jahren, wie Rodbertus es in den 1830er Jahren formulierte, oder in fünfhun-
dert Jahren, wie er in den 1860er Jahren schrieb, durchsetzen werde. Er
versuchte, seine Konzeption wissenschaftlich, mittels Geschichte und Logik,
zu begründen, so daß er zumindest der Intention nach ein Vertreter eines
wissenschaftlich begründeten Sozialismus war.   Von dieser weltanschaulichen
Grundlage analysierte Rodbertus die Wirtschaft seiner Zeit, die er durch das
"rentirende Eigenthum" bestimmt sah. Nicht die Arbeit, die er seit seinen
ersten unveröffentlichten Schriften als alleinig wertschöpfend betrachtete,
erhalte das Nationalprodukt, sondern das Kapital und der Bodenbesitz. Von
seiner auf den Ausführungen von D.Ricardo beruhenden Arbeitswertlehre
kritisierte Rodbertus diese bürgerlich-kapitalistische Gesellschaftsformation
als ungerecht für die Arbeiter und disfunktional für die gesamte Gesellschaft. Von seiner Arbeitswerttheorie leitete Rodbertus sein "Gesetz der
fallenden Lohnquote" ab, nach dem unter den Bedingungen der freien
Marktwirtschaft die Lohnquote gemessen am Nationaleinkommen immer kleiner
werde. Dies habe für die Arbeiter die Konsequenz des Pauperismus, für die
Gesamtgesellschaft die Folge der periodisch wiederkehrenden Wirtschaftskrisen, die Rodbertus im Anschluß vor allem an Simonde de Sismondi als
Unterkonsumtionskrisen erklärte.

Wie in der Einleitung schon erwähnt wurde und wird die Sozialismuskonzeption von Rodbertus der Intention wie der Funktion nach in einem Teil der
Literatur zum "wissenschaftlicher Sozialismus" gezählt.[1] Dies wurde und
wird in der Regel von der marxistischen oder mehr noch von der
marxistisch-leninistischen Sozialwissenschaft und Historiographie abgelehnt.[2]
Von Lorenz Stein ging die Auffassung aus, daß dem Sozialismus die Bedeutung einer Wissenschaft zukomme. Wissenschaft der Gesellschaft wurde in

---

[1]   s. z.B. G.Adler, Rodbertus als Begründer des wissenschaftlichen Socialismus; J.Zeller,
        Zur Erkenntnis unserer staatswirtschaftlichen Zustände.

[2]   zuletzt G.Rudolph, Karl Rodbertus (1805-1875) und die Grundrententheorie, S.79f., der
        die Zuordnung von Rodbertus zum "wissenschaftlichen Sozialismus" als "bourgeoise und
        revisionistische Legendenbildung" abtut.

der Nachfolge von Stein der Sozialismus bezeichnet.[3] Theodor Oelckers zum
Beispiel schrieb 1844 in seinem Buch "Die Bewegung des Socialismus und
Communismus":

> "Unter **Socialismus** begreift man nun aber nicht allein im Allgemeinen
> das Streben nach einem verbesserten Zustande der Gesellschaft, nach
> einer Organisation der Industrie im weitesten Sinne und somit nach
> einer Verbesserung des Looses der Proletarier; sondern jenes Wort
> bezeichnet überhaupt die **Wissenschaft der Gesellschaft,** indem der
> Socialismus seine Lehre philosophisch begründet und systematisch
> darstellt. Socialismus ist demnach der Inbegriff aller Bestrebungen,
> welche einen neuen, vollkommern Zustand der Gesellschaft durch Or-
> gansiation der Industrie im weitesten Umfange erzielen, oder noch
> allgemeiner: der Bestrebungen, welche den Zweck haben, den
> Menschen seine Bestimmung erreichen zu lassen. Und die Bestimmun-
> gen des Menschen wird sein: möglichst vollkommene Entwickelung
> seiner geistigen und sinnlichen Kräfte und Fähigkeiten und freie
> Anwendung derselben – Befriedigung, Genuß – in gleichem Maße."[4]
> (Hervorhebung im Original, UER)

Den Kommunismus betrachtete Oelckers als "die bis zum Extrem verfolgte
Idee der absoluten Gleichheit."[5] W.Schieder führt als weitere Autoren, die
die Linie von Stein, Sozialismus als Integrationswissenschaft zu betrachten,
noch R.Mohl, H.Pinoff und Karl Biedermann an.[6] Erst seit den 1850er Jahren
wurde die Beurteilung des Sozialismus negativ; statt von "Socialismus"
wurde der Terminus "Gesellschaftswissenschaften" geprägt. Auch der Begriff
der "Socialwissenschaften" erhielt in Deutschland einen negativen Ruf.[7] Bestenfalls wurde dem Sozialismus die Rolle einer Vorläuferschaft zu einer von
der Staatswissenschaft unabhängigen "Gesellschaftswissenschaft" zugebil-
ligt.[8]

Auf Stein griffen auch die deutschen Intellektuellen des Vormärz, die als
Kritiker der gesellschaftlichen Entwicklung auftraten, zurück.[9] Aber gerade
die Vertreter des "wahren Sozialismus" lehnten die von Stein herausgear-
beitete Verbindung von Proletariat und Sozialismus ab! Statt dessen forderte z.B. Moses Heß die Begründung des Sozialismus aus der Philosophie.[10]
Seine Grundlegung fand diese Art des deutschen Sozialismus in Karl Grüns

---

[3]   W.Schieder, Sozialismus, S.949f.

[4]   Theodor Oelckers, Die Bewegung des Socialismus und Communismus, Leipzig 1844, S.11

[5]   ebd.

[6]   W.Schieder, Sozialismus, S.950ff.

[7]   ebd. S.951

[8]   ebd. S.952

[9]   ebd.

[10]   ebd. S.953

"Die sociale Bewegung in Frankreich und Belgien".[11] Marx und Engels kritisierten diese Sozialismuskonzeption seit etwa 1845, bezeichneten seine
Hauptvertreter als "wahre Sozialisten", ein Name, der ihnen bis heute
geblieben ist, obwohl seine Hauptvertreter sich selbst kaum so genannt
hatten.[12]

> "Der wahre Sozialismus, der auf der «Wissenschaft» zu beruhen
> vorgibt, ist vor allen Dingen selbst wieder eine esoterische Wissen-
> schaft."[13]

Damit war in erster Linie die Begründung des Sozialismus auf die Philosophie gemeint, d.h. auch die Trennung des Sozialismus von der proletarischen Klassenbewegung. Dem stellten Marx und Engels ihre Konzeption einer
"revolutionären Wissenschaft" gegenüber, die statt des "Humanismus" den
Klassenstandpunkt betonte. Der Begriff des "wissenschaftlichen Sozialismus"
wurde dagegen eher im Umkreis der "wahren Sozialisten" gebraucht, ohne
daß er allerdings präzise definiert worden war.[14]

Von Beginn an stand der Begriff "Sozialismus" in einem Konkurrenz- bzw.
Komplementärverhältnis zum "Kommunismus". Vor allem aber in den 1850er
Jahren wurden die Begriffen unscharf, zum Teil synonym gebraucht.[15] Auch
in den 1860er Jahren schien es zunächst noch geboten, die Begriffe "Sozialismus" und "Kommunismus" zu meiden. Erst im Zuge der Konsolidierung der
politischen Arbeiterbewegung wurde der Begriff "Sozialismus" wieder eindeutig von seinen Verfechtern öffentlich vertreten. Marx und Engels selbst
bekannten sich zum "wissenschaftlichen Sozialismus" im weitesten Sinne: sie
betrachten ihre Konzeption als eine «materialistisch-kritische» Sonderform
des "im übrigen in jedem Falle wissenschaftlichen Sozialismus".[16] Ein erster
Anspruch auf den "wissenschaftlichen Sozialismus" bekundete Engels schon
beim Erscheinen von Marx' Schrift "Zur Kritik der politischen Ökonomie" im
Jahre 1859.[17] Der marxistische Exklusivanspruch auf den "wissenschaftlichen
Sozialismus" wurde erst anläßlich der Marx die Wissenschaftlichkeit
absprechenden Kritik von Eugen Dühring von Friedrich Engels endgültig

---

11   Karl Grün, Die sociale Bewegung in Frankreich und Belgien, Darmstadt 1845

12   W.Schieder, Sozialismus, S.955

13   Marx/Engels, Die deutsche Ideologie, MEW Bd.3, S.442

14   W.Schieder, Sozialismus, S.954

15   ebd. S.974ff.

16   ebd. S.985

17   F.Engels, Rezension zu: Karl Marx, «Zur Kritik der Politischen Ökonomie». Erstes Heft,
      Berlin Franz Duncker, 1859. MEW Bd.13, S.468-477

208

formuliert.[18]   Seine als "Anti-Dühring" bekannt gewordene Schrift "Herrn Eugen Dührings Umwälzung der Wissenschaften" aus dem Jahre 1878[19] reduzierte den Anspruch auf den "wissenschaftlichen Sozialismus" auf die Entdeckungen von Karl Marx:

> "... die materialistische Geschichtsauffassung und die Enthüllung des Geheimnisses der kapitalistischen Produktion vermittelst des Mehrwerts verdanken wir **Marx.** Mit ihnen wurde der Sozialismus eine Wissenschaft ..."[20] (Hervorhebung im Original, UER)

Es gelang Engels, später K.Kautsky den Begriff des "wissenschaftlichen Sozialismus" als Synomym für den Marxismus innerhalb der deutschen Sozialdemokratie durchzusetzen.[21]

Später betonte Lenin vor allem die "Klarstellung der weltgeschichtlichen Rolle des Proletariats als des Schöpfers der sozialistischen Gesellschaft."[22] Wenn der Begriff des "wissenschaftlichen Sozialismus" auch den Klassenkampf und die historische Rolle des Proletariats für die Errichtung einer sozialistischen Gesellschaftsordnung umfaßt, so ist es nicht möglich, die Konzeptionen von Rodbertus unter dem Begriff des "wissenschaftlichen Sozialismus" zu subsumieren.

Rodbertus selbst bekannte sich in der Öffentlichkeit selten und wenn, dann erst recht spät zum Sozialismus; in den 1830er und 1840er Jahren bezeichnete er sich eher als Gegner der damals bekannten sozialistischen und kommunistischen Systeme. Für die Kennzeichnung seiner Theorie des Sozialismus benutzte er auch kein weiteres Attribut. Es verstand sich für ihn von selbst, daß eine Theorie des Sozialismus eine wissenschaftliche Fundierung brauche, um wirksam zu sein. Diese Fundierung hatte er seit den 1830er Jahren aus der neudefinierten Nationalökonomie gewonnen. Diese war aber nur der dritte Bestandteil der Sozialwissenschaften. Ökonomie, Recht und Philosophie bildeten gemäß seiner Trinitätslehre eine Einheit, die Rodbertus zwar postulierte, aber nie abschließend ausformulieren konnte. Der wesentliche Aspekt für ihn war zunächst die Ökonomie: Sozialismus war ihn eine höhere Form der Nationalökonomie, die die Wirtschaft in ihren gesellschaftlichen Bedingungen darzustellen versuchte.

---

[18]   W.Schieder, Sozialismus, S.986

[19]   F.Engels, Herrn Eugen Dührings Umwälzung der Wissenschaft, MEW Bd.20, S.1-303

[20]   ebd. S.26

[21]   W.Schieder, Sozialismus, S.988

[22]   Lenin, Die historischen Schicksale der Lehre von Karl Marx, Lenin-Werke Bd.18, S. 576 zit. bei J.Schleifstein, Einführung in die Lehren von Marx, Engels und Lenin, München 1972, S.127

Im "Handbuch der Wirtschaftswissenschaften" nennt W.Koch Rodbertus und Wagner als die beiden Hauptvertreter des "Staatssozialismus".[23] Die Gemeinsamkeiten zwischen Wagner und Rodbertus sind aber mehr oberflächlich, denn Wagner bekannte sich ausdrücklich zu einer bürgerlich-kapitalistischen Wirtschaftsordnung, die Rodbertus demgegenüber in der Zukunft aufgehoben sah.[24] Rodbertus hatte sich zwar zum "Staatssozialismus" auch expressis verbis - wenn auch nur in persönlichen Briefen - bekannt, aber nie betrachtete er diesen als den zu erreichenden oder zu fordernden Zustand der Gesellschaft. Staatssozialismus, d.h. u.a. staatliche Lohnregulierung, staatliche Sozialpolitik und Errichtung von staatlichen Monopolen (Post, Eisenbahnen) war für Rodbertus das Mittel, die deutlich gewordenen Probleme der gesellschaftlichen Entwicklung innerhalb der bestehenden Gesellschaft anzugehen, um so die Lage der Arbeiter auf dem Wege der Reform zu verbessern, so daß eine soziale Revolution durch die Arbeiter vermieden werden könne. Rodbertus glaubte aufgrund seiner historischen und nationalökonomischen Studien die Zwangsläufigkeit der weiteren Entwicklung zu erkennen. Ziel der Geschichte sei der "Kommunismus", die *"Eine organisierte Gesellschaft"*, die letztlich nicht der Institution des Staates bedürfe. Staatssozialismus bedeutete bei Rodbertus, daß der bestehende Staat in die Wirtschaft zu intervenieren habe, wenn das Gesamtwohl gefährdet sei. Staatssozialismus ist so kein Ziel der Geschichte oder eine Theorie, sondern ein wirtschaftspolitisches Programm. Bei Rodbertus gilt es somit zu unterscheiden zwischen einer Theorie des Sozialismus und einem wirtschafts- und sozialpolitischen Programm, das als Staatssozialismus bezeichnet werden kann. Bei letzterem zeigt sich die Nähe zu Adolph Wagner, der aber dieses Element verabsolutierte und gerade deshalb die Sozialismuskonzeption von Rodbertus ablehnen mußte.

Über den Weg zum Sozialismus hat sich Rodbertus wenig ausgelassen. Für ihn war es offensichtlich, daß sich der Sozialismus bzw. Kommunismus als Wirtschafts- und Gesellschaftsordnung letztlich durchsetzen würden, auch ohne aktives Handeln. Ihn interessierte es vielmehr, die Vorbedingungen zu schaffen, damit die Gesellschaft nicht zuvor in einem Chaos untergehe. Die Vorbedingungen waren einmal ein starker deutscher Zentralstaat und die Einbindung der Arbeiter in die Gesellschaft. Klassenkampf akzeptierte er als eine vorübergehende Erscheinung, lehnte ihn aber als Grundlage der Politik oder als Basis einer Strategie zum Sozialismus ab. Das Proletariat hatte bei ihm keine historische Mission, war nicht historisches Subjekt, nicht Träger des Fortschrittsgedanken, sondern gleichberechtigter Teil eines Organismus, das deshalb Schutz und gleicher Rechte bedürfe: Demokratie,

---

23   W.Koch, Staatssozialismus, in: HdWW Bd.7, 1977, S.200-204

24   ebd. S.203. Obwohl Koch so den Unterschied zwischen Rodbertus und Wagner formuliert, faßt er beide unter dem Begriff "Staatssozialismus" zusammen. s. dazu auch G.Rudolph, Karl Rodbertus (1805-1875) und die Grundrententheorie, S.63, der nachdrücklich diese Zusammenfassung zu Recht ablehnt.

Nationalstaatlichkeit und soziale Sicherheit bildeten bei Rodbertus eine Einheit, die Voraussetzung für den reibungslosen Übergang zu einer höheren Gesellschaftsordnung.

Anhang

10.   Quellen und Literatur
10.1. Ungedruckte Quellen und Archivalien

Bibliothek Preußischer Kulturbesitz Berlin
Briefe Rodbertus

Heinrich–Heine–Institut, Düsseldorf
Brief Rodbertus an N.N. (A.Bloem)

Stadtarchiv Düsseldorf
Nachlaß Anton Bloem
Autographensammlung R 6

Bundesarchiv, Außenstelle Frankfurt
Nachlaß C.Ph.Francke
FSg.1 Nr.114 (J.Jacoby)
FSg.1 Nr.169 (W.v.Selchow)

Universitätsarchiv Göttingen
Matrikel
Verzeichniß der Studirenden WS 1823/24 - SS 1825
Akten der Universitätsgerichte

Universitätsarchiv der Friedrich–Schiller–Universität Jena
Dekanatsakten 1865, 1871

Universitätsbibliothek der Friedrich–Schiller–Universität Jena
Matrikel

Cotta–Archiv, Schiller–Nationalmuseum, Marbach/Neckar
Sammlung Cotta
Redaktionsexemplar der ALLGEMEINEN ZEITUNG (Augsburg)
Honorarbuch der ALLGEMEINEN ZEITUNG (Augsburg)

Staatsarchiv Marburg
Nachlaß Dehio

Zentrales Staatsarchiv Merseburg
Rep.77 Innenministerium Abt.II, Sect.10b Universitäten XVIII, Nr.9, vol.1:
    Burschenschaften Göttingen 1822-1825
Rep.77 Innenministerium Abt.II, Sect.27 Privatgesellschaften/Vereine, tit.1104,
    Nr.1 Bildung von Vereinen für das Wohl der arbeitenden Klassen
Rep.87 B Landwirtschaftsministerium
Nr.20607 Landwirtschaftliche Vereine in Preußen 1841-1850
Nr.20945 Der baltische Verein zur Förderung der Landwirtschaft in
    Greifswald (1843-1855)
Rep.92 Nachlaß R.v.Gneist
Rep.92 Nachlaß Rodbertus–Jagetzow
Rep.92 Nachlaß G.Schmoller
Rep.92 Nachlaß Waldeck
Rep.120 Handelsministerium DXXII Vereine für das Wohl der arbeitenden
    Klassen
1 Nr.1 Bildung von Vereinen für Hand- und Fabrikarbeiter sowie Errichtung
    eines Zentralvereins für das Wohl der arbeitenden Klassen
4 Nr.2 Vereine für das Wohl der arbeitenden Klassen im Reg.Bz. Stralsund

Rep.164 a Landesökonomiekollegium
Nr.14 Sitzungen
Nr.15 Protokolle Bd.5
Nr.24 Ernennungen
Nr.26 Personalakten
Rep.169 Parlamente
B 3 2. Vereinigter Landtag
Nr.1 Sitzungsprotokolle
Nr.4 Proposition der künftigen Verfassung
Nr.5 Wahlgesetz
Nr.8 Personalangelegenheiten
B 4 Nationalversammlung 1848
Gesetze Nr.16 Gemeindeordnung
Gesetze Nr.32 Kreis-, Bezirks- und Provinzialordnung
Anträge Nr.21 abgelehnte Anträge
Anträge Nr.22 unerledigte Anträge
Acta generalia Nr.2 Schutzmannschaften
Acta generalia Nr.8a Zentralgewalt
Acta generalia Nr.12 I-III Plenarsitzungsprotokolle
Acta specialia Nr.3 Personalangelegenheiten
Acta commis Nr.9 Schulwesen
Acta commis Nr.15 Zentralabteilung II
C 1 II. Kammer
C 9 Abgeordnete Spec. Lit. R.
C 26 Nr.12 Adreßkommission
C 26 Nr.27 Zentralausschüsse

Staatsbibliothek München
Brief Rodbertus an N.N.

Germanisches Nationalmuseum Nürnberg
Brief Rodbertus an G.Semper

Zentrales Staatsarchiv Potsdam
90 Hi 3 Nachlaß Bruno Hildebrand
90 Schu 4 Nachlaß H. Schumacher-Zarchlin
90 Wa 3 Nachlaß H. Wagener

Zentralbibliothek Zürich
Ms. Z II 86 33-34: Briefe Rodbertus an J.Fröbel

10.2. Gedruckte Quellen
10.2.1. Gesamtausgaben

Die mit "*" versehenen Artikel und Schriften sind nicht in der Rodbertus-
Ausgabe von Thilo Ramm aufgenommen.

1. Aus dem literarischen Nachlaß von Carl Rodbertus-Jagetzow. Hrgg. v.
   H.Schumacher-Zarchlin und Adolph Wagner. 1. Briefe von Ferdinand
   Lassalle an Rodbertus. Berlin 1878. 2. Das Kapital. Berlin 1884. 3. Zur
   Beleuchtung der socialen Frage. II. Theil. Berlin 1885. 4. Gesammelte
   kleine Schriften mit einem Anhang: Aufruf an die Deutschen von Joseph Mazzini. Hrgg. v. M.Wirth. Berlin 1890
2. Gesammelte Schriften. Neue wohlfeile Ausgabe. 4 Bde. Berlin 1899

3. Gesammelte Werke und Briefe. Zusammengestellt auf Grund früherer Ausgaben und mit Einleitung sowie Bibliographie herausgegeben von Th.Ramm. 6 Bde. Osnabrück 1971/72

10.2.2. Schriften von Rodbertus (in der Reihenfolge ihrer Veröffentlichung)

* 1. Von der Ostsee. *ALLGEMEINE ZEITUNG (Augsburg)* Nr.49, 18.2.1839, S.370-371
* 2. Mecklenburg. *ALLGEMEINE ZEITUNG (Augsburg)* Nr.208, 27.7.1839, S.1661-1662
* 3. Mecklenburg. *ALLGEMEINE ZEITUNG (Augsburg)* Nr.1187, 24.6.1840, S.1495
4. Zur Erkenntniß unsrer staatswirthschaftlichen Zustände. Neubrandenburg/Friedland 1842
5. Die Preussische Geldkrisis. Anclam/Swinemünde 1845
6. Entwurf zu den neuen landschaftlichen Taxprincipien für die Provinz Altpommern. Stettin 1846
* 7. Zum sechsten Artikel des Hrn.v.Bülow-Cummerow über die neuen Taxprincipien. *BÖRSENNACHRICHTEN DER OSTSEE* (Stettin) Nr.83, 3. Beilage, 16.10.1846 u. Nr.84, 19.10.1846
8. Die neusten Grundtaxen des Herrn v. Bülow-Cummerow. Anclam 1847
* 9. Vorbehalt und Erwiderung. *BÖRSENNACHRICHTEN DER OSTSEE (Stettin)* Nr.91, 13.11.1847 u.Nr.92, 16.11.1847
10. Für den Kredit der Grundbesitzer. Eine Bitte an die Reichsstände von Rodbertus-Jagetzow. Berlin 1847
11. Programm des linken Zentrums vom 3. Juni 1848. *NATIONAL-ZEITUNG* Nr.76, 19.6.1848
12. Programm des Zentralwahlkomitees für volkstümliche Wahlen vom 17.12.1848
* 13. Brief an den Wahlausschuß vom 24.2.1849. *SAARZEITUNG* Nr.36, 3.3.1849
* 14. Programm der eigentlichen Linken vom März 1849 *SPENER'SCHE ZEITUNG* Nr.74, 28.3.1849
15. Mein Verhalten in Conflikt zwischen Krone und Volk. An meine Wähler. Berlin 1849
16. Bemerkungen zu dem Bericht über die Gründung einer Invaliden- und Altersanstalt für Arbeiter und den Zweck der Vereine für Arbeiterwohl. *MITTHEILUNGEN DES ZENTRALVEREINS FÜR DAS WOHL DER ARBEITENDEN KLASSEN* 1849
17. Zur Frage und Geschichte des allgemeinen Wahlrechts. *DEMOKRATISCHE BLÄTTER* Nr.5, 1849
* 18. Wie ist dem Handwerkerstande zu helfen? *DEMOKRATISCHE BLÄTTER* Nr.16, 1849
* 19. Eine Erwiderung. *NATIONALZEITUNG* Nr.3, 3.1.1850, Beilage
20. Sociale Briefe an von Kirchmann. Erster Brief: Die sociale Bedeutung der Staatswirthschaft. Berlin 1850
21. Sociale Briefe an von Kirchmann. Zweiter Brief: Kirchmanns sociale Theorie und die meinige. Berlin 1851
22. Sociale Briefe an von Kirchmann. Dritter Brief: Widerlegung der Ricardoischen Lehre von der Grundrente und Begründung einer neuen Rententheorie, Berlin 1851
23. Die Handelskrisen und die Hypothekennoth der Grundbesitzer. Berlin 1858
24. Schreiben an die *VOLKSZEITUNG* Oktober 1858
25. Erklärung. Berlin 1861 (zusammen mit v.Berg und L.Bucher)
26. Seid deutsch! Ein Mahnwort. Berlin 1861
27. An Mazzini. Offner Brief. Berlin 1861

28. Was sonst? Ein deutsches Programm. Berlin 1861
* 29. Die gutsherrliche Polizeigewalt in Preußen. *ALLGEMEINE ZEITUNG (Augsburg)* Nr.114, 24.4.1862, Nr.115, 25.4.1862
* 30. Der Hader der Parteien in Preußen. Aus Ostpreußen. *ALLGEMEINE ZEITUNG (Augsburg)* Nr.137, 17.5.1862, Beilage
* 31. Die Einladung der Frankfurter Pfingstversammlung. *ALLGEMEINE ZEITUNG (Augsburg)* Nr.193, 12.7.1862
32. Offener Brief an das Comite des Deutschen Arbeiter-Vereins zu Leipzig, Berlin 1863
* 33. Leserbrief an die *OSTSEE-ZEITUNG* Nr.220, 13.5.1863
34. Untersuchungen auf dem Gebiete der Nationalökonomie des klassischen Alterthums. I. Zur Geschichte der agrarischen Entwickelung Rom unter den Kaisern oder Adscriptitier, Inquilinen und Colonen. *JAHRBÜCHER FÜR NATIONALÖKONOMIE UND STATISTIK* 2. Jg. 1864, S.206-268
35. Untersuchungen auf dem Gebiete der Nationalökonomie des klassischen Alterthums. II. Zur Geschichte der römischen Tributsteuern seit Augustus. 1. und 2. *JAHRBÜCHER FÜR NATIONALÖKONOMIE UND STATISTIK* 4. Jg. 1865, S.341-427
36. Untersuchungen auf dem Gebiete der Nationalökonomie des klassischen Alterthums. Zur Geschichte der römischen Tributsteuern seit Augustus. 3. *JAHRBÜCHER FÜR NATIONALÖKONOMIE UND STATISTIK* 5. Jg. 1865, S.135-171 u. S.241-315
37. Zwei Briefe über die Militärfrage. *NORDDEUTSCHE ALLGEMEINE ZEITUNG* Nrn.40 u. 41, 17. u.18.2.1866
38. Brief an Franz Ziegler. *NORDEUTSCHE ALLGEMEINE ZEITUNG* Nr.143, 21.6.143
* 39. Schreiben des Rittergutsbesitzers Rodbertus-Jagetzow an den Oberamtmann Brandt-Codram 1867, auch *NORDDEUTSCHE ALLGEMEINE ZEITUNG* Nr.28, 22.1.1867
40. Untersuchungen auf dem Gebiete der Nationalökonomie des klassischen Alterthums. II. Zur Geschichte der römischen Tributsteuern seit Augustus. 4. *JAHRBÜCHER FÜR NATIONALÖKONOMIE UND STATISTIK* 8. Jg. 1867, S.81-126 u. S.385-475
41. Brief an J.H.von Thünen vom 29.9.1846 in: H.Schumacher: J.H.von Thünen - Ein Forscherleben. 1868, S.171-172
42. Leserbrief an die *NORDDEUTSCHE ALLGEMEINE ZEITUNG* vom 18.8.1868
43. Zur Erklärung und Abhülfe der Kreditnoth des Grundbesitzes. 2 Bände. Berlin 1868/69
44. Programm des Deutschen Flugschriften-Vereins in Leipzig und Berlin. Leipzig 1870
* 45. Zur Immobiliarcredit-Frage. *NORDDEUTSCHE ALLGEMEINE ZEITUNG* Nr.46, 24.2.1870
46. Für das Rentenprinzip. *NORDDEUTSCHE LANDWIRTHSCHAFTLICHE ZEITUNG* Nr.75, 17.9.1870; Nr.77, 24.9.1870, Nr.79, 1.10.1870; Nr.80, 5.10.1870
47. Zur Frage des Sachwerths des Geldes im Alterthum. *JAHRBÜCHER FÜR NATIONALÖKONOMIE UND STATISTIK* 14. Jg. 1870, S.341-420 u. 15. Jg. 1870, S.182-234
48. Ein Problem für die Freunde der Ricardo'schen Grundrententheorie. *JAHRBÜCHER FÜR NATIONALÖKONOMIE UND STATISTIK* 14.Jg. 1870, S.468
49. Aus Mecklenburg (Fürsten-Artikel) *DEUTSCHE LANDWIRTSCHAFTLICHE ZEITUNG* Nr.20, 16.2.1871
50. Physiokratie und Anthropokratie. *BERLINER REVUE* 1871
51. Der Normal-Arbeitstag. *BERLINER REVUE* 1871
52. Der Normal-Arbeitstag. Berlin 1871
53. Leserbrief (Richtigstellung zur Frage der Streiks) *NORDDEUTSCHE ALLGEMEINE ZEITUNG* Nr.330, 10.11.1871

54. Ein pathologisches Symptom. *BERLINER REVUE* 1872
* 55. Zur Beleuchtung des Antrages R.Meyer und Genossen. *NORDDEUTSCHE ALLGEMEINE ZEITUNG* Nr.56, 7.3.1872, Beilage
56. Was waren mediastini? Und woher der Name? *JAHRBÜCHER FÜR NATIONALÖKONOMIE UND STATISTIK* 20. Jg. 1873, S.241-273
57. Bedenken gegen den von den Topographen Roms angenommenen Tract der Aurealianischen Mauer. Beitrag zur Untersuchung der Stärke der Bevölkerung des alten Rom. *JAHRBÜCHER FÜR NATIONALÖKONOMIE UND STATISTIK* 23. Jg. 1874, S.1-53
58. Zur Beleuchtung der socialen Frage. Unveränderter Abdruck meines zweiten und dritten Socialen Briefes an von Kirchmann enthaltend einen compendiösen Abriss meines staatswirthschaftlichen Systems, nebst einer Widerlegung der Ricardo'schen und Ausführung einer neuen Grundrententheorie. Berlin 1875
59. Brief an die *SCHLESISCHE PRESSE* (Breslau), Oktober 1875

10.2.3. Veröffentlichungen aus dem Nachlaß

Ad.Wagner, Einiges von und über Rodbertus-Jagetzow. *ZEITSCHRIFT FÜR DIE GESAMTE STAATSWISSENSCHAFT* Bd.34, 1878, S.219-327
Ad.Wagner, Rodbertus-Jagetzow über den Normalarbeitstagn nebst einem Briefwechsel darüber zwischen Rodbertus und dem Architekten H.Peters. *ZEITSCHRIFT FÜR DIE GESAMTE STAATSWISSENSCHAFT* Bd.34, 1878, S.349-366
Einige Briefe von Dr.Rodbertus an J.Z<eller>. *ZEITSCHRIFT FÜR DIE GESAMTE STAATSWISSENSCHAFT* Bd.35, 1879, S.217-233
Briefe und socialpolitische Aufsätze. Hrgg. v. Rudolph Meyer. 2 Bde. Berlin 1880/81
Brief an Prof. Gustav Schönberg (1873) bekannt als Antwort an einen Kathedersozialisten. in: R.Meyer: Der Emanzipationskampf des vierten Standes. Berlin 21882, S.71-76
Ein Versuch, die Höhe des antiken Zinsfußes zu erklären. *JAHRBÜCHER FÜR NATIONALÖKONOMIE UND STATISTIK* Jg.42, N.F.Bd.VIII, 1884, S.513-535
Sociale Briefe an von Kirchmann. Vierter Brief: Das Kapital. Berlin 1884
Zur Beleuchtung der socialen Frage. 2. Theil. Berlin 1885
* Ein Brief von Rodbertus (an G.Schmoller) *JAHRBUCH FÜR GESETZGEBUNG, VERWALTUNG UND VOLKSWIRTSCHAFT IM DEUTSCHEN REICH* Bd.9, 1885, S.662-663
Erinnerungen an Rodbertus: I. Eine autobiographische Skizze (1866), II. Brief an Karl Ph. Francke. *JAHRBUCH FÜR GESETZGEBUNG, VERWALTUNG UND VOLKSWIRTSCHAFT IM DEUTSCHEN REICHE* Bd.15, 1891, S.266-287
Briefwechsel zwischen Lassalle und Carl Rodbertus. in: F.Lassalle: Nachgelassene Schriften und Briefe, Bd.VI, Stuttgart/Berlin 1925, S.297-383
Neue Briefe über Grundrente, Rentenprinzip und soziale Frage. (Briefe an Schumacher) Hrgg. u. mit Anmerkungen versehen von Prof. Robert Michels, Dr. Ernst Ackermann. Mit einer Einführung: Rodbertus und sein Kreis von Robert Michels. Karlsruhe 1926
Briefwechsel zwischen Rodbertus und Franz Ziegler. in: L.Dehio: Die preußische Demokratie und der Krieg von 1866. *FORSCHUNGEN ZUR BRANDENBURGISCHEN UND PREUßISCHEN GESCHICHTE.* Bd.39, 1927, S.236-259

10.2.4. Zeitungen/Zeitschriften

ALLGEMEINE ZEITUNG (Augsburg)
ARBEITERZEITUNG (Coburg) Jg.1863
BERLINER REVUE (Berlin) Jge.1868-1873
BÖRSEN-NACHRICHTEN DER OSTSEE (Stettin) Jge.1838-1848
DEMOKRATISCHE BLÄTTER (Ratibor) 1849/1850
HAMBURGER CORRESPONDENT (Hamburg) Jg.1872
MITTHEILUNGEN DES ZENTRALVEREINS FÜR DAS WOHL DER ARBEITENDEN
    KLASSEN (Berlin) Jge.1848-1854
NATIONALZEITUNG (Berlin) Jge.1848/1849
NEUE PREUSSISCHE ZEITUNG(=KREUZZEITUNG) (Berlin) Jge.1860-1863
NEUE RHEINISCHE ZEITUNG (Köln) Jge.1848/49
NORDDEUTSCHE ALLGEMEINE ZEITUNG (Berlin) Jge.1867-1875
OSTSEEZEITUNG (Stettin) Jge.1849, 1863
VOSSISCHE ZEITUNG (Berlin) Jge.1848/49

10.2.5. Zeitgenössische Texte

Br., Fr.: Nekrolog auf Johann Christoph Rodbertus. *FREIMÜTHIGES ABENDBLATT* (Schwerin) Nr.463, 1827, Beilage, S.950
COMTE, Auguste: Plan der wissenschaftlichen Arbeiten, die für eine Reform der Gesellschaft notwendig sind. Einleitung von Dieter Prokop. München 1973
CONDORCET: Entwurf einer historischen Darstellung der Fortschritte des menschlichen Geistes. Hrgg. v. Wilhelm Alff. Frankfurt 1976
DIEHL, Karl/MOMBERT, Paul (Hg.): Ausgewählte Lesestücke zum Studium der politischen Ökonomie. Vom Gelde. Frankfurt/Berlin/Wien 1979 (Reprint der Ausgaben 1912/1914)
DIEHL, Karl/MOMBERT, Paul (Hg.): Ausgewählte Lesestücke zum Studium der politischen Ökonomie. Wirtschaftskrisen. Frankfurt/Berlin/Wien 1979 (Reprint der Ausgabe 1920)
DIEHL, Karl/MOMBERT, Paul (Hg.): Ausgewählte Lesestücke zum Studium der politischen Ökonomie. Kapital und Kapitalismus. Frankfurt/Berlin/Wien 1979 (Reprint der Ausgabe 1923)
ECKART, J.v.: Lebenserinnerungen. Berlin 1910
ENGELS, Friedrich: Umrisse zu einer Kritik der Nationalökonomie. Marx/Engels-Werke Bd.1, S.499-524
ENGELS, Friedrich: Rascher Fortschritt des Kommunismus I-III. Marx/Engels-Werke Bd.2, S.509-520
ENGELS, Friedrich: Der Status quo in Deutschland. MEW Bd.4, S.40-57
ENGELS, Friedrich: Die wahren Sozialisten. MEW Bd.4, S.248-290
ENGELS, Friedrich: Karl Marx, «Zur Kritik der Politischen Ökonomie» Erstes Heft, Berlin, Franz Duncker, 1859. MEW Bd.13, S.468-477
ENGELS, Friedrich: (Rezension des Ersten Bandes "Das Kapital" für die "Zukunft"). MEW Bd.16, S.207-209
FICHTE, Johann Gottlieb: Ausgewählte Politische Schriften. Hrgg. von Zwi Batscha und Richard Saage. Frankfurt 1977
FOURIER, Charles: Ökonomisch-philosophische Schriften. Eine Textauswahl. Übersetzt und mit einer Einleitung herausgegeben von Lola Zahn. Berlin 1980 (=Ökonomische Studientexte Bd.8)
FRÖBEL, Julius: Ein Lebenslauf. Aufzeichnungen, Erinnerungen und Bekenntnisse. 2 Bde. Stuttgart 1890/91

GRÜN, Karl: Die sociale Bewegung in Frankreich und Belgien. Darmstadt 1845

HEGEL, Georg Wilhelm Friedrich: Grundlinien der Philosophie des Rechts oder Naturrecht und Staatswissenschaft im Grundrisse. Mit Hegels eigenhändigen Zusätzen. Frankfurt 1975 (=Werke Bd.7)

HEGEL, Georg Wilhelm Friedrich: Vorlesungen über die Philosophie der Geschichte. Frankfurt 1976 (=Werke Bd.12)

HÖPPNER, Joachim/SEIDEL-HÖPPNER, Waltraud: Von Babeuf bis Blanqui. Französicher Sozialismus und Kommunismus vor Marx. 2 Bde. Leipzig 1975

HOFMANN, Werner (Hg.): Ökonomische Studientexte. 3 Bde. Berlin 1964f.

HUBER, Ernst Rudolf (Hg.): Deutsche Verfassungsgeschichte. Stuttgart 1974

JACOBY, Johann: Briefwechsel 1850-1877. Bonn 1978

KANT, Immanuel: Streit der Fakultäten. in: I.Kant: Schriften zur Anthropologie, Geschichtsphilosophie, Politik und Pädagogik. I. Teil. Darmstadt 1976 (=Werke Bd.9)

KOOL, Frits/KRAUSE, Werner (Hg.): Die frühen Sozialisten. 2 Bde. München 1972 (=Dokumente der Weltrevolution Bd.2)

KRONEBERG, Lutz/SCHLOESSER, Rolf (Hg.): Weber-Revolte 1844. Der schlesische Weberaufstand im Spiegel der zeitgenössischen Publizistik und Literatur. Köln 1980

LASSALLE, Ferdinand: Gesammelte Reden und Schriften. Herausgegeben und eingeleitet von E.Bernstein. Bd.III: Die Agitation für den Allgemeinen Deutschen Arbeiterverein. Das Jahr 1863. Polemik. Berlin 1919

LASSALLE, Ferdinand: Nachgelassene Briefe und Schriften. Herausgegeben von Gustav Mayer. 6 Bände. Stuttgart/Berlin 1921-1925

MARX, Karl: Der Kommunismus und die Augsburger "Allgemeine Zeitung". Marx/Engels-Werke Bd.1, S.105-109

MARX, Karl: Kritische Randglossen zu dem Artikel "Der König von Preußen und die Sozialreform. Von einem Preußen." Marx/Engels-Werke Bd.1, S.393-409

MARX, Karl: (Erklärung gegen Karl Grün) Marx/Engels-Werke Bd.4, S.37-39

MARX, Karl: Das Elend der Philosophie. Antwort auf Proudhons "Philosophie des Elends". Marx/Engels-Werke Bd.4, S.61-182

MARX, Karl: Die Berliner Krisis. Marx/Engels-Werke Bd.6, S.5-6

MARX, Karl: Einleitung (zur Kritik der Politischen Ökonomie) Marx/Engels-Werke Bd.13, S.615-642

MARX, Karl: Lohn, Preis und Profit. Marx/Engels-Werke Bd.16, S.101-152

MARX, Karl: Kritik des Gothaer Programms. Marx/Engels-Werke Bd.19, S.11-32

MARX, Karl: Das Kapital I- III. Marx/Engels-Werke Bde.23-35

MARX, Karl: Ökonomisch-philosophische Manuskripte aus dem Jahre 1844. Marx/Engels-Werke Ergänzungsband 1, S.465-588

MARX, Karl: Grundrisse der Kritik der politischen Ökonomie. (Rohentwurf) 1857-1858. Anhang 1850-1859. Berlin 1974

MARX, Karl: Das Kapital. Kritik der politischen Ökonomie. Erster Band. Buch I. Der Produktionsprozeß des Kapitals. Urausgabe. Mit einem editorischen Vorwort von Fred E. Schrader. Hildesheim 1980. (Reprint der Ausgabe Hamburg 1867)

MARX, Karl/ENGELS, Friedrich: Die deutsche Ideologie. Kritik der neuesten deutschen Philosophie in ihren Repräsentanten Feuerbach, B.Bauer und Stirner, und des deutschen Sozialismus in seinen verschiedenen Propheten. Marx/Engels-Werke Bd.3, S.7-530

MARX,Karl/ENGELS, Friedrich: Manifest der Kommunistischen Partei. Marx/Engels-Werke Bd.4, S.459-493

MARX, Karl/ENGELS, Friedrich: Briefe. Marx/Engels-Werke Bde.27-39

MEYER, Rudolf: Was heißt conservativ sein? Reform oder Restauration? Berlin 1873

MEYER, Rudolf: Der Emancipationskampf des vierten Standes. 2 Bde. Berlin 1874

NA'AMAN, Shlomo: Die Konstituierung der deutschen Arbeiterbewegung 1862/63. Darstellung und Dokumentation. Assen 1975

OELCKERS, Theodor: Die Bewegung des Socialismus und Communismus. Leipzig 1844

PROUDHON, P.J.: Philosophie der Staatsökonomie oder Notwendigkeit des Elends. Deutsch bearbeitet von Karl Grün. Darmstadt 1847

PROUDHON, P.J.: Ausgewählte Texte. Hrgg. und eingel. v. Th. Ramm. Stuttgart 1963

PROUDHON, P.J.: Qu'est-ce que la propriété? ou Recherches sur le principe du droit et du gouvernement. Paris 1966

RAMM, Thilo (Hg.): Der Frühsozialismus. Ausgewählte Quellentexte. Stuttgart o.J.

RAU, Karl Heinrich: Lehrbuch der politischen Ökonomie. Erster Band: Grundsätze der Volkswirthschaftslehre. Zweite vermehrte und verbesserte Auflage. Heidelberg 1833

RAU, Karl Heinrich: Lehrbuch der politischen Ökonomie. Erster Band: Grundsätze der Volkswirthschaftslehre. Vierte vermehrte und verbesserte Auflage. Heidelberg 1841

RICARDO, David: Über die Grundsätze der politischen Ökonomie und der Besteuerung. Übersetzt und mit einer Einleitung versehen von Gerhard Bondi. Belrin 1959 (=Ökonomische Studientexte Bd.1)

Doctrine de SAINT-SIMON. Exposition. Edité par C.Bouglé et E.Halévy. Paris 1924

SAUCKEN-TARPUTSCHEN, Ernst von: Aus dem Frankfurter Parlament. Briefe des Abgeordneten ... Herausgegeben von G.v.Below. DEUTSCHE RUNDSCHAU, Bd.124, 1905, S.79-104

SAUTER, Johannes (Hg.): Franz von Baaders Schriften zur Gesellschaftsphilosophie. Jena 1925 (=Die Herdflamme Bd.14)

SCHÖN, Johann: Neue Untersuchung der Nationalökonomie und der natürlichen Volkswirthschaftsordnung. Stuttgart/Tübingen 1835

SCHRAEPLER, Ernst (Hg.): Quellen zur Geschichte der sozialen Frage in Deutschland. Band I: 1800-1870. Göttingen 1955 (=Quellensammlung zur Kulturgeschichte Bd.6)

SCHULZE-DELITZSCH, Hermann: Schriften und Reden Bd.V. Herausgegeben von F.Thorwart. Berlin 1913

SISMONDI, J.C.L. Simonde de: Neue Grundsätze der politischen Ökonomie oder vom Reichtum in seinen Beziehungen zur Bevölkerung. In zwei Bänden eingeleitet und hrgg. von Achim Toepel. Berlin 1971 (=Ökonomische Studientexte Band 4)

SMITH, Adam: Eine Untersuchung über Wesen und Ursachen des Volkswohlstandes. Jena 1923

STAHR, Adolf: Die Preußische Revolution. Erster Theil, 1. u. 2. Abtheilung. Oldenburg 1851 (2. Auflage)

STEIN, Lorenz: Proletariat und Gesellschaft. Text nach der zweiten Auflage von «Der Sozialismus und Kommunismus des heutigen Frankreichs» (1848). Herausgegeben, eingeleitet und kommentiert von Manfred Hahn. München 1971

STENOGRAPHISCHE BERICHTE über die Verhandlungen der zur Vereinbarung der preußischen Staats-Verfassung berufenen Versammlung. 8 Bde. Berlin 1848

STENOGRAPHISCHE BERICHTE über die Verhandlungen der durch das Allerhöchste Patent vom 5. Dezember 1848 einberufenen Kammern. II. Kammer. Von der Eröffnungs-Sitzung am 26. Februar bis zur Auflösung in der siebendreißigsten Sitzung am 27. April 1849. Berlin 1849

STRECKFUSS, Adolph: Die Demokraten. Politischer Roman in Bildern aus dem Sommer 1848. Gießen 1977 (=Reprint der 2. Auflage 1851)

TURGOT, Anne Robert Jacques: Betrachtungen über die Bildung und Verteilung der Reichtümer. Übersetzt und mit einer Vorbemerkung und pertinenten Materialien versehen von Marguerite Kuczynski. Berlin 1981 (Ökonomische Studientexte Bd.7)

UNRUH, Hans Viktor von: Erinnerungen aus dem Leben ... Herausgegeben von Heinrich von Poschinger. Stuttgart/Leipzig/Berlin/Wien 1895

VERHANDLUNGEN der constituirenden Versammlung für Preußen. IX: Band. 1848 vom 9. November bis zur Steuerverweigerung. Leipzig 1849

VERHANDLUNGEN der Eisenacher Versammlung zu Besprechung der sozialen Frage. Leipzig 1873

VESTER, Michael (Hg.): Die Frühsozialisten 1789-1848. 2 Bde. Reinbek 1971

VICO, Giambattista: Die neue Wissenschaft über die gemeinschaftliche Natur der Völker. Auswahl, Übersetzung und Einleitung von F.Fellmann. Frankfurt 1981

WAGNER, Adolph: Briefe - Dokumente - Augenzeugenberichte 1851-1917. Ausgewählt und herausgegeben von Heinrich Rubner. Berlin 1978

WEITLING, Wilhelm: Das Evangelium des armen Sünders/Die Menschheit, wie ist und wie sie sein sollte. Mit einem Essay «Wilhelm Weitling im Spiegel der wissenschaftlichen Auseinandersetzung» herausgegeben von Wolf Schäfer. Reinbek 1971

WOLFF, Adolf: Berliner Revolutions-Chronik. Darstellung der Berliner Bewegungen im Jahre 1848 nach politischen socialen und literarischen Beziehungen. 3 Bde. Berlin 1851/1852/1854

ZIEGLER, Franz an Rodbertus. Brief vom 19.9.1869. DEMOKRATISCHE BLÄTTER Nr.2, Januar 1885, S.11-13

10.3. Literatur

ADLER, Georg: Rodbertus, der Begründer des wissenschaftlichen Socialismus. Diss. Freiburg 1883

ADLER, Georg: Die Geschichte der ersten Sozialpolitischen Arbeiterbewegung in Deutschland mit besonderer Rücksicht auf die einwirkenden Theorien. Ein Beitrag zur Entwicklungsgeschichte der sozialen Frage. Breslau 1885

ADLER, Georg: Die Grundlagen der Karl Marxschen Kritik der bestehenden Volkswirtschaft. Kritische und ökonomisch-literarische Studien. Tübingen 1887

ALDENHOFF, Rita: Schulze-Delitzsch. Ein Beitrag zur Geschichte des Liberalismus zwischen Revolution und Reichsgründung . Baden-Baden 1984 (=Schriften der Friedrich-Naumann-Stiftung: Wissenschaftliche Reihe)

ANDEL, Norbert: Finanzwissenschaft. Tübingen 1983

ANDLER, Charles: Les origines du socialisme d'état en Allemagne. Paris 1897

ANDREAE, Wilhelm: Der staatssozialistische Ideenkreis. ARCHIV FÜR RECHTS- UND WIRTSCHAFTSPHILOSOPHIE Bd.24, Jg.1930/31, S.169-191

ANDREAE, Wilhelm: Staatssozialismus und Ständestaat. Jena 1931

ANDREWS, E.B.: Rodbertus socialism. JOURNAL OF POLITICAL ECONOMY vol.1, Dec.1892, S.97-112

ANGERMANN, Erich: Robert von Mohl 1799 - 1875. Leben und Werk eines altliberalen Staatsgelehrten. Neuwied 1962

ANGERMANN, Erich: Eine Rede Robert Mohls über den Saint-Simonismus. VSWG Bd.49, 1962, S.195-214

ARMANSKI, Gerhard: Entstehung des wissenschaftlichen Sozialismus. Darm-stadt/Neuwied 1974

BAHR, Hermann: Rodbertus Theorie der Absatzkrisen. Ein Vortrag. Wien 1884

BAHR, Hermann: Ueber Rodbertus. Vortrag im "Deutschen Klub" zu Linz a.d. am 1. Oct. 1884. Wien 1884

BAHR, Hermann: Aus dem Vermächtnisse Rodbertus. *DEUTSCHE WORTE* 4.Jg. 1884, S.332-335

BAHR, Hermann: Aus dem Nachlasse von Rodbertus. *DEUTSCHE WORTE* 5.Jg. 1885, S.367-372

BAHR, Hermann: Selbstbildnis. Berlin 1923

BAMBACH, Ralf: Der französische Frühsozialismus. Opladen 1984 (=Beiträge zur sozialwissenschaftlichen Forschung 53)

BARTHMEYER, August/RODBERTUS, Paul: Rodbertus, Rothberg, Rodeberts aus Angeln (Schleswig) *DEUTSCHES FAMILIENARCHIV* Bd.36, 1968, S.125-171

BECKER, Josef/HILLGRUBER, Andreas (Hg.): Die deutsche Frage im 19. und 20. Jahrhundert. Referate und Diskussionsbeiträge eines Augsburger Symposions 23. bis 25. September 1981. München 1983 (=Schriften der Philosophischen Fakultät der der Universität Augsburg Nr.24)

BECKER, Paul August: Vergleich der Lohntheorien von Marx und Rodbertus. Diss. Koblenz 1931

BEDARIDA, Francois/BRUHAT, Jean/DROZ, Jacques: Der utopische Sozialismus bis 1848. Frankfurt/Berlin/Wien 1974 (Geschichte des Sozialismus Bd.2)

BEER, Max: Allgemeine Geschichte des Sozialismus und der sozialen Kämpfe. Mit Ergänzungen von Dr. Hermann Duncker. Erlangen 1971 (=Reprint der Ausgabe Berlin 1931)

BERG, Hermann von: Marxismus-Leninismus. Das Elend der halb deutschen, halb russischen Ideologie. Köln 1986

BERGENGRÜN, Alexander: David Hansemann. Berlin 1901

BERGMANN, Eugen von: Geschichte der nationalökonomischen Krisentheorien. Stuttgart 1895

BERGMANN, Jürgen: Ökonomische Voraussetzungen der Revolution von 1848. Zur Krise von 1845 bis 1848 in Deutschland. in: BERG-MANN,J./MEGERLE,K./STEINBACH,P.(Hg.): Geschichte als politische Wissenschaft. Sozialökonomische Ansätze, Analyse politikhistorischer Phänomene, politologische Fragestellungen in der Geschichte. Stuttgart 1979. S.23-54

BERNSTEIN, Eduard: Ein moralischer Kritiker und seine moralische Kritik. *DER SOZIALDEMOKRAT* Nrn.4-7, 1886

BIERMANN, Wilhlem: Franz Leo Benedikt Waldeck. Ein Streiter für Freiheit und Recht. Paderborn 1929

BIERMANN, Wilhlem Eduard: Karl Georg Winkelblech (Karl Marlo). Sein Leben und sein Werk. 2 Bde. Leipzig 1909

BLASIUS, Dirk/PANKOKE, Eckart: Lorenz von Stein. Geschichts- und gesell-schaftswissenschaftliche Perspektiven. Darmstadt 1977

BLAUG, Marc: Ricardian Economics. A. Historical Study. New Haven 1958

BLAUG, Marc: Systematische Theoriegeschichte der Ökonomie. Bde. 1 und 2. München 1971

BÖHME, Helmut: Prolegomena zu einer Sozial- und Wirtschaftsgeschichte Deutschlands im 19. und 20. Jahrhundert. Frankfurt 1974

BOESE, Franz: Geschichte des Vereins für Socialpolitik 1872-1932. Berlin 1939

BÖSE-MÜLLER, Lisl Maria: Der Begriff der Gemeinschaft in dem Ge-sellschaftssystem von Rodbertus. Diss. Heidelberg 1934 (Druck: Er-langen 1936)

BOG, Ingomar: Wirtschaften in historischen Ordnungen. Idstein 1986

BORTKIEWICZ, L.v.: Die Rodbertussche Grundrententheorie und die Marxsche Lehre von der absoluten Grundrente, I. und II. *ARCHIV FÜR DIE GESCHICHTE DES SOZIALISMUS UND DER ARBEITERBEWEGUNG* 1.Bd., 1911, S.1-40, S.391-434

BORTKIEWICZ, L.v.: Zu den Grundrententheorien von Rodbertus und Marx. *ARCHIV FÜR DIE GESCHICHTE DES SOZIALISMUS UND DER ARBEITERBEWEGUNG* 8. Bd. 1919, S.248-257

BRAEUER, Walter: Handbuch zur Geschichte der Volkswirtschaftslehre. Frankfurt 1952

BRAEUER, Walter: Thünens Lohntheorie. *ZEITSCHRIFT FÜR AGRARGESCHICHTE UND AGRARSOZIOLOGIE* Sonderheft 1958, S.336-343

CHRIST, Karl: Römische Geschichte und deutsche Geschichtswissenschaft. München 1982

COLE, G.D.H.: A History of Socialist Thought. Bd.1.: The Forerunners, 1789-1850. London 1955

CONZE, Werner/GROH, Dieter: Die Arbeiterbewegung in der nationalen Bewegung. Die deutsche Sozialdemokratie vor, während und nach der Reichsgründung. Stuttgart 1966 (=Industrielle Welt Bd.6)

CORNELISSEN, Christiaan: Theorie der Waarde. Kritiek op de theorieen van Rodbertus, Karl Marx, Stanley Jevons en von Böhm-Bawerk. Amsterdam 1903

DAMASCHKE, Adolf: Geschichte der Nationalökonomie. Eine erste Einführung. Jena 1920 (12.A.)

DIEHL, Karl: P.J.Proudhon. Seine Lehre und sein Leben. 3 Bände. Jena 1888, 1890, 1896 (=Sammlung nationalökonomischer und statistischer Abhandlungen Bd. 5, H.2; Bd.6, H.3; Bd.6, H.4)

DIEHL, Karl: Johann Carl Rodbertus. in: Handwörterbuch der Staatswissenschaften Bd.5, 1893, S.723-730

DIEHL, Karl: Johann Carl Rodbertus. in: Handwörterbuch der Staatswissenschaften Bd.5, 1901, S.425-432

DIEHL, Karl: Johann Carl Rodbertus. in: Handwörterbuch der Staatswissenschaften Bd.7, 1926, S.103-111

DIEHL, Karl: Die sozialrechtliche Richtung in der Nationalökonomie, Jena 1941

DIETZEL, Heinrich: Karl Rodbertus. *PREUSSISCHE JAHRBÜCHER* Bd.55, 1885

DIETZEL, Heinrich: Das "Problem" des litterarischen Nachlasses von Rodbertus-Jagetzow. *JAHRBÜCHER FÜR NATIONALÖKONOMIE UND STATISTIK*, NF. 13, 1886, S.243-257

DIETZEL, Heinrich: Karl Rodbertus. Darstellung seines Lebens und seiner Lehre. 2 Bde. Jena 1886/1888

DOBB, Maurice: Organisierter Kapitalismus. Fünf Beiträge zur politischen Ökonomie. Frankfurt 1966

DOBB, Maurice: Wert- und Verteilungstheorien seit Adam Smith. Eine nationalökonomische Dogmengeschichte. Frankfurt 1977

DROZ, Jacques: Libéralisme et bourgeoisie dans le "Vormärz" (1830-1848). *MOUVEMENT SOCIAL* No.136, 1986, S.29-52

EISENBERG, Christiane: Deutsche und englische Gewerkschaften. Entstehung und Entwicklung bis 1878 im Vergleich. Göttingen 1986 (=Kritische Studien zur Geschichtswissenschaft Bd.72)

EISENHART, Hugo: Geschichte der Nationalökonomik. Jena ²1891

ELBERSKIRCH, Josef: Die Beurteilung des Sozialismus durch die historische Schule der Nationalökonomie. Diss. Köln 1930

ELSÄSSER, Markus: Soziale Intentionen und Reformen des Robert Owen in der Frühzeit der Industrialisierung. Analyse seines Wirkens als Unternehmer, Sozialreformer, Genossenschaftler, Frühsozialist, Erzieher und Wissenschaftler. Berlin 1983 (=Schriften zum Genossenschaftswesen und zur öffentlichen Wirtschaft, Bd.11)

EMELE, S.: Der Sozialismus, Rodbertus-Jagetzow, das Manchestertum, und der Staatssozialismus. Zusammenhängend-kritische, volkswirtschaftlich-politische, auch juristische Gedanken. Sigmaringen 1885

EMIG, Dieter/ZIMMERMANN, Rüdiger: Arbeiterbewegung in Deutschland. Ein Dissertationsverzeichnis. *IWK* 13.Jg. H.3, 1977

ENGELBERG, Ernst: Über die Revolution von oben. Wirklichkeit und Begriff. *ZEITSCHRIFT FÜR GESCHICHTSWISSENSCHAFT* XXII.Jg. 1974, S.1183-1212

ENGELS, Friedrich: Herrn Eugen Dührings Umwälzung der Wissenschaft (Anti-Dühring). MEW Bd.20, S.1-303

ENGELS, Friedrich: Vorwort (zur ersten deutschen Ausgabe von Marx Schrift "Das Elend der Philosophie"). MEW Bd.21, S.175-187

FABER, Karl-Georg: Realpolitik als Ideologie. Die Bedeutung des Jahres 1866 für das politische Denken in Deutschland. *HISTORISCHE ZEITSCHRIFT* Bd.203, 1966, S.1-45

FEHLBAUM, Rainer: Saint-Simon und der Saint-Simonismus. Vom Laissez-Faire zur Wirtschaftsplanung. Tübingen/Basel 1970

FEIBELMANN, Kurt: Rudolph Hermann Meyer. Ein Beitrag zur politischen Ideengeschichte des neunzehnten Jahrhunderts. Diss. Leipzig 1933

FEIG, Irmgard: Unternehmertum und Sozialismus. Jena 1922 (=Abhandlungen des staatswissenschaftlichen Seminars zu Jena, Bd.XV,5)

FINLEY, Moses. I. (Hg.): The Bücher-Meyer-Controversy. New York 1979

FRÄNKEL, Ludwig: Karl Grün. ADB Bd.49, 1904, S.583-589

FRAUENDORFER, Sigmund von: Ideengeschichte der Agrarwirtschaft und Agrarpolitik im deutschen Sprachgebiet. Bd.1: Von den Anfängen bis zum Ersten Weltkrieg. Bonn/München/Wien 1957

FRIEDERICI, Hans Jürgen: Ferdinand Lassalle. Eine politische Biographie. Berlin 1985

FRITSCH, Bruno: Johann Karl Rodbertus. in: International Encyclopaedia of the Social Sciences Bd.13, 1968, S.539-542

FRITZSCHE, Klaus: Konservatismus. in: Handbuch Politischer Theorien und Ideologien. Hrgg. von Franz Neumann. Reinbek 1977, S.85-105

GALL, Lothar: Liberalismus und "bürgerliche Gesellschaft". in: Gall, L. (Hg.), Liberalismus. Königstein 1980 (2. Auflage) S.162-186

GAWANTKA, Wilfried: Die sogenannte Polis. Stuttgart 1985

GIDE, Charles/RIST, Charles: Geschichte der volkswirtschaftlichen Lehrmeinungen. Jena ³1923 (3. deutsche Auflage)

GLADEN, Albin: Geschichte der Sozialpolitik in Deutschland. Wiesbaden 1974

GONNER, E.C.K.: The Social philosophy of Rodbertus. London 1899

GREBING, Helga (Hg.): Geschichte der sozialen Ideen in Deutschland. München/Wien 1969 (=Deutsches Handbuch der Politik Bd.3)

GREBING, Helga: Geschichte der deutschen Arbeiterbewegung. Ein Überblick. München ⁸1977

GROH, Dieter: Rußland und das Selbstverständnis Europas. Ein Beitrag zur europäischen Geitsesgeschichte. Neuwied 1961 (= Politica Bd.3)

GROH, Dieter: Cäsarismus. in: Geschichtliche Grundbegriffe. Band 1. Stuttgart 1972, S.753ff.

GRÜNBERG, Carl: Der Ursprung der Worte «Sozialismus» und «Sozialist». *ARCHIV FÜR DIE GESCHICHTE DES SOZIALISMUS UND DER ARBEITERBEWEGUNG* 2.Bd., 1912, S.372-379

GRÜNTHAL, Günther: Parlamentarismus in Preußen 1848/49 - 1857/58. Düsseldorf 1982

GRUNDRISS der Sozialökonomik. I. Abt.: Wirtschaft und Wirtschaftswissenschaft. Tübingen 1914

GUYOT, Yves: Rodbertus contra Bastiat. *JOURNAL DES ECONOMISTES* Juillet 1907, S.9-17

GUYOT, Yves: Encore Rodbertus contra Bastiat. *JOURNAL DES ECONOMISTES* Août 1907, S.258-263

HAHN, Adalbert: Die Berliner Revue. Ein Beitrag zur Geschichte der konservativen Partei zwischen 1855 und 1875. Berlin 1934 (=Historische Studien H.241)

HAHN, Manfred: Präsozialismus: Claude Henri de Saint-Simon. Stuttgart 1970

HAHN, Manfred (Hg.): Vormarxistischer Sozialismus. Frankfurt 1974

HAHN, Manfred: Historiker und Klassen. Frankfurt/New York 1977

HAHN, Manfred/SANDKÜHLER, Hans Jörg (Hg.): Subjekt der Geschichte. Theorien gesellschaftlicher Veränderung. Köln 1980

HALBACH, Werner : Carl Rodbertus. Künder der Gemeinwirtschaft. Ein Beitrag zu einer Morphologie der Wirtschaft. Nürnberg 1938 (=Nürnberger Beiträge zu den Wirtschafts- und Sozialwissenschaften H.65/66)

HAMMACHER, Ernst: Zur Würdigung des "wahren" Sozialismus. *ARCHIV FÜR DIE GESCHICHTE DES SOZIALISMUS UND DER ARBEITERBEWEGUNG* 1.Jg., 1911, S.41-100

HANISCH, Ernst: Konservatives und revolutionäres Denken. Deutsche Sozialkatholiken und Sozialisten im 19. Jahrhundert. Wien/Salzburg 1975

HARDACH, Gerd/KARRAS, Dieter: Sozialistische Wirtschaftstheorie. Darmstadt 1975 (=Erträge der Forschung Bd.33)

HARTMANN, Otto: Die weltanschaulich-politische Grundeinstellung des Rodbertus bis zur Mitte des Jahrhunderts. Diss. Hamburg 1933 (MS)

HAUSHOFER, Heinz: Die deutsche Landwirtschaft imn technischen Zeitalter. Stuttgart [2]1972

HEILMANN, Martin: Adolph Wagner. Ein deutscher Nationalökonom im Urteil der Zeit. Probleme seiner biographischen und theoriegeschichtlichen Würdigung im Lichte neuer Quellen. Frankfurt/New York 1980

HELD-SCHRADER, Christine: Sozialismus und koloniale Frage. Die überseeische Expansion im Urteil früher französicher Sozialisten. Göttingen/Zürich 1985 (Göttinger Bausteine zur Geschichtswissenschaft Bd.52)

HENKEL, Martin/TAUBERT, Rolf: Maschinenstürmer. Ein Kapitel aus der Sozialgeschichte des technischen Fortschritts. Frankfurt 1979

HERBERG, Käthe: Die Einkommenslehre bei Thünen und bei Rodbertus. Diss. Köln 1929

HERKNER, Heinrich: Die Arbeiterfrage. 2. Bde. Berlin/Leipzig [7]1921/[8]1922

HERRNSTADT, Rudolf: Die Entdeckung der Klassen. Berlin 1965

HILLIGER, Karl: 1848-49. Historisch-Politische Zeitbilder aus der Provinz Pommern insbesondere aus der Stadt und dem Kreise Stolp und Nachbarkreisen, nebst allgemeinen Beiträgen aus der Geschichte von 1848-49. Stolp 1898

HN.: Ueber Rodbertus Normalarbeitstag. *VIERTELJAHRSSCHRIFT FÜR VOLKSWIRTSCHAFT, POLITIK UND KULTURGESCHICHTE* Bd.58, 15.Jg., 1878, S.45-56

HÖHLE, Thomas: Franz Mehring. Sein Weg zum Marxismus 1869-1891. Berlin 1958

HOFMANN, Jürgen: Das Ministerium Camphausen - Hansemann. Zur Politik der preußischen Bourgeoisie in der Revolution 1848/49. Berlin 1981 (=Akademie der Wissenschaften der DDR, Schriften des Zentralinstituts für Geschichte Bd.66)

HOFMANN, Werner: Ideengeschichte der sozialen Bewegung des 19. und 20. Jahrhunderts. Berlin/New York [4]1971

HUBER, Ernst Rudolf: Deutsche Verfassungsgeschichte seit 1789. Band II: Der Kampf um Einheit und Freiheit 1830 bis 1850, Stuttgart/Berlin/Köln/Mainz [2]1975

HUBER, Ernst Rudolf: Deutsche Verfassungsgeschichte seit 1789. Band III: Bismarck und das Reich. Stuttgart/Berlin/Köln/Mainz ²1978

ISSING, Otmar (Hg.): Geschichte der Nationalökonomie. München 1984

JENTSCH, Karl: Rodbertus. Stuttgart 1899

KALVERAM, Gertrud: Die Theorien von den Wirtschaftsstufen. Leipzig 1933

KAULLA, Rudolf: Die Geschichtliche Entwicklung der modernen Werttheorien. Tübingen 1906

KAUTSKY, Karl: Das Kapital von Rodbertus. DIE NEUE ZEIT 2.Jg., 1884, S.337-350, 385-402

KAUTSKY, Karl: Eine Replik (auf Carl August Schramm). DIE NEUE ZEIT 2.Jg., 1884, S.494-505

KAUTSKY, Karl: Schlusswort. DIE NEUE ZEIT 3.Jg., 1885, S.224-231

KAUTSKY, Karl: Aus dem Nachlaß von Rodbertus. DIE NEUE ZEIT 4.Jg., 1886, S.258-263

KAUTZ, Julius: Die geschichtliche Entwicklung der National-Oekonomie und ihrer Literatur. Wien 1860 (Neudruck Glashütten 1870)

KELLENBENZ, Hermann: Rodbertus, Die Forderungen der arbeitenden Klassen. in: Kindlers Literaturlexikon Bd.24, Nachträge. München 1974, S.10658

KELLENBENZ, Hermann: Rodbertus, Sociale Briefe an von Kirchmann. in: Kindlers Literaturlexikon Bd.24, Nachträge. München 1974, S.10934-10935

KETTNER, Benno: Anerkennung der Revolution. Ein Beitrag zur Geschichte der preußischen Nationalversammlung im Jahre 1848. Diss. Greifswald 1912

KIRCHHOFF, Jochen: Friedrich Wilhelm Joseph von Schelling in Selbstzeugnissen und Bilddokumenten. Reinbek 1982

KITTSTEINER, Heinz-Dieter: Naturabsicht und Unsichtbare Hand. Zur Kritik des geschichtsphilosophischen Denkens. Frankfurt/Berlin/Wien 1981

KLÖNNE, Arno: Die deutsche Arbeiterbewegung. Geschichte. Ziele. Wirkungen. Düsseldorf/Köln 1980

KOCH, Rainer: "Industriesystem" oder "bürgerliche Gesellschaft". Der frühe deutsche Liberalismus und das Laisser-faire-Prinzip. GESCHICHTE IN WISSENSCHAFT UND UNTERRICHT 10, 1978, S.605-628

KOCH, Werner: Staatssozialismus. in: Handwörterbuch der Wirtschaftswissenschaften Bd.7, 1977, S.200-204

KOCKA, Jürgen: Lohnarbeit und Klassenbildung. Arbeiter und Arbeiterbewegung in Deutschland 1800-1875. Berlin/Bonn 1983

KOLISCHER, Heinrich: Rodbertus' Ansichten über den landwirthschaftlichen Hypothekenkredit. Erstes Hauptstück einer Arbeit über Verschuldung und Ueberschuldung des ländlichen Grundbesitzes. Göttingen 1876

KOSELLECK, Reinhart: Fortschritt I, III-VI. in: Geschichtliche Grundbegriffe. Bd.2. Stuttgart 1975, S.351-353, S.363-423

KOSELLECK, Reinhart: Geschichte, Historie. in: Geschichtliche Grundbegriffe. Bd.2. Stuttgart 1975, S.593-717

KOZAK, Theophil: Verzeichnis der hauptsächlichen Publikationen von Rodbertus. JAHRBÜCHER FÜR NATIONALÖKONOMIE UND STATISTIK Bd.33, 1879, S.311-324

KOZAK, Theophil: Rodbertus-Jagetzow's socialökonomische Vorstellungen. Jena 1882

KRAMER, Helmut: Fraktionsbindungen in den deutschen Volksvertretungen 1819-1849. Berlin 1968 (=Schriften zur Verfassungsgeschichte Bd.2)

KRAUSE, Werner (Hg.): Bürgerliche und kleinbürgerliche ökonomische Sozialismuskonzeptionen (1848-1917). Berlin 1976

KRAUSE, Werner/RUDOLPH, Günther: Grundlinien des ökonomischen Denkens in Deutschland 1848 bis 1945. Berlin 1980

KRAUSS, Werner (Hg.): Fontenelle und die Aufklärung. Textauswahl und einleitende Abhandlung von Werner Krauss. München 1969 (=Theorie und Geschichte der Literatur und der schönen Künste Bd.9)

KRUPKA, Siegfried: "Sozialismus" - Ein Beitrag zur historisch-soziologischen Begriffsbildung. Diss. Tübingen 1953

KRUSE, Alfred: Geschichte der volkswirtschaftlichen Theorien. Berlin ⁴1959

KRUSE, Alfred: Rodbertus. in: Staatslexikon Bd.6. Freiburg 1961, S.930/931

KUCZYNSKI, Jürgen: Zur Geschichte der Politischen Ökonomie. Berlin 1960

KUCZYNSKI, Jürgen: Darstellung der Lage der Arbeiter in Deutschland von 1789 bis 1849. Berlin 1961 (= ders., Die Geschichte der Lage der Arbeiter unter dem Kapitalismus Bd.1)

LANGEWIESCHE, Dieter: Die Anfänge der deutschen Parteien. Partei, Fraktion und Verein in der Revolution von 1848/49. GESCHICHTE UND GESELLSCHAFT 4.Jg., 1978, S.324-361

LANGEWIESCHE, Dieter: Republik, konstitutionelle Monarchie und "soziale Frage". Grundprobleme der Revolution von 1848/49. HISTORISCHE ZEITSCHRIFT Bd.230, 1980, S.529-548

LANGEWIESCHE, Dieter: Die deutsche Revolution von 1848/49 und die vorrevolutionäre Gesellschaft: Forschungsstand und Forschungsperspektiven. ARCHIV FÜR SOZIALGESCHICHTE XXI 1981, S.458-498

LANGEWIESCHE, Dieter: Europa zwischen Restauration und Revolution 1815-1849. München 1985 (=Oldenbourg Grundriß der Geschichte Bd.13)

LANGNER, Albrecht (Hg.): Katholizismus, konservative Kapitalismuskritik und Frühsozialismus bis 1850. München/Paderborn/Wien 1975

LEHRBUCH Politische Ökonomie. Frankfurt 1972

LEHNERT, Detlef: Sozialdemokratie zwischen Protestbewegung und Regierungspartei 1848-1983. Frankfurt 1983

LEIPOLD, Helmut: Wirtschafts- und Gesellschaftssysteme im Vergleich. Stuttgart ⁴1985

LENK, Kurt: Staatsgewalt und Gesellschaftstheorie. München o.J.

LEXIS, W.: Zur Kritik der Rodbertus'schen Theorien. (Rezension "Das Kapital" von Rodbertus) JAHRBÜCHER FÜR NATIONALÖKONOMIE UND STATISTIK Bd.43, N.F.9, 1884, S.462-476

LIDTKE, Vernon L.: German Social Democracy and German State Socialism, 1876-1884. INTERNATIONAL REVIEW OF SOCIAL HISTORY, vol.IX, 1964, S.202-225

R.LIEFMANN, Geschichte und Kritik des Sozialismus. Leipzig 1922

LINDENLAUB, Dieter: Richtungskämpfe im Verein für Sozialpolitik. Wissenschaft und Sozialpolitik im Kaiserreich vornehmlich vom Beginn des «neuen Kurses» bis zum Ausbruch des Ersten Weltkrieges (1890-1914) Teil I und II. Wiesbaden 1967 (VSWG, Beihefte 52/53)

LÜDERS, Gustav: Die demokratische Bewegung in Berlin im Oktober 1848. Berlin/Leipzig 1909 (=Abhandlungen zur mittleren und neueren Geschichte, H.11)

LUXEMBURG, Rosa: Die Akkumulation des Kapitals. Ein Beitrag zur ökonomischen Erklärung des Imperialismus. in: Rosa Luxemburg Gesammelte Werke Bd.5, Berlin 1975, S.5-411

MACHTAN, Lothar: "Giebt es kein Preservativ, um diese wirthschaftliche Cholera uns vom Halse zu halten?" - Unternehmer, bürgerliche Öffentlichkeit und preußische Öffentlichkeit gegenüber der ersten großen Streikwelle in Deutschland. (1869-1874). in: JAHRBUCH ARBEITERBEWEGUNG. Frankfurt 1981, S.54-100

MACHTAN, Lothar: "Im Vertrauen auf unsere gerechte Sache ..." Streikbewegungen der Industriearbeiter in den 70er Jahren des 19. Jahrhunderts. in: K.Tenfelde/H.Volkmann (Hg.): Streik. Zur Geschichte des Arbeitskampfes in Deutschland während der Industrialisierung. München 1981, S.52-73

MACHTAN, Lothar: Streiks im frühen deutschen Kaiserreich. Frankfurt/New York 1983

MACHTAN, Lothar: Streiks und Ausperrungen im Deutschen Kaiserreich. Eine sozialgeschichtliche Dokumentation 1871 bis 1875. Berlin 1984. (=Beiheft zur Internationalen Korrespondenz zur Geschichte der deutschen Arbeiterbewegung, IWK, Bd.9)

MACHTAN, Lothar/MILLES, Dietrich: Die Klassensymbiose von Junkertum und Bourgeoisie. Zum Verhältnis von gesellschaftlicher und politischer Herrschaft in Preußen-Deutschland 1850-1878. Berlin 1980

MÄNNER der Revolution von 1848. Hrgg. vom Arbeitskreis Vorgeschichte und Geschichte der Revolution von 1848/49. Berlin 1970 (=Deutsche Akademie der Wissenschaften zu Berlin, Schriften des Zentralinstituts für Geschichte Reihe 1: Allgemeine und deutsche Geschichte Bd.33)

MANDEL, Ernest: Entstehung und Entwicklung der ökonomischen Lehren von Karl Marx (1843-1863). Köln/Frankfurt 1975 (2.Auflage)

MANHEIM-VITTERS, Anna: Bucher und Lassalle (1848-1864). Ein Beitrag zur Geschichte politischer Ideenbildung im 19. Jahrhundert. Diss. Leipzig 1930

MARIAN, Joan: Ein Beitrag zur Untersuchung der Grundrentennatur. Darstellung und Kritik der Rodbertus'schen Theorie der Grundrente. Diss. Berlin 1907

MARX, Karl: (Randglossen zu Adolph Wagners "Lehrbuch der politischen Ökonomie") MEW Bd.19, S.355-383

MARX, Karl: Theorien über den Mehrwert. MEW Bde.26,1-3

MARXHAUSEN, Thomas: Bürgerliche Deutungen der Beziehungen zwischen den ökonomischen Theorien von Karl Marx und David Ricardo. *MARX-EN-GELS-JAHRBUCH* 8, 1985, S.130-151

de MARTINO, Francesco: Wirtschaftsgeschichte der Antike. München 1985

MAYER, Gustav: Die Trennung der proletarischen von der bürgerlichen Demokratie in Deutschland, 1863-1870. in: ders.: Radikalismus, Sozialismus und bürgerliche Demokratie. Hrgg. v. Hans-Ulrich Wehler. Frankfurt ²1969, S.108-178

MAYER, Gustav: Arbeiterbewegung und Obrigkeitsstaat. Hrgg. v. Hans-Ulrich Wehler. Bonn-Bad Godesberg 1972 (=Schriftenreihe des Forschungsinstituts der Friedrich-Ebert-Stiftung, Band 92)

MAYER, Gustav: Lassalles Briefwechsel mit Karl Rodbertus-Jagetzow. Zur Einführung. in: F.Lassalle: Nachgelassene Briefe und Schriften Bd.VI, Stuttgart/Berlin 1925, S.285-297

MAYER, Gustav: Friedrich Engels. Eine Biographie. 2 Bde. Frankfurt/Berlin/Wien 1975

MEEK, R.L.: Ökonomie und Ideologie. Frankfurt 1973

MEHNER, Hermann: Eine alte Schrift von Rodbertus. (Rezension von Rodbertus: "Zur Erkenntniß ...") *DEUTSCHE WORTE* 4.Jg., 1884, S.306-309

MEHRING, Franz: Der Briefwechsel Lassalle - Rodbertus. *DIE GRENZBOTEN* 37.Jg., 2.Bd., 1878, S.172-178

(MEHRING, Franz): Einiges über Rodbertus I-III. *DEMOKRATISCHE BLÄTTER* Nrn.19-21, Mai 1885, S.145-147; S.153-155; S.161-162

MEHRING, Franz: Zur neueren Rodbertus-Literatur. *DIE NEUE ZEIT* Bd.13,1 1895, S.523-530

MEHRING, Franz: Geschichte der Sozialdemokratie. 2 Bde. Berlin 1960 (=Gesammelte Schriften 1 u. 2)

MENGER, Anton: Das Recht auf den vollen Arbeitsertrag in geschichtlicher Darstellung. Stuttgart ²1891

MENZ, Heinrich: Karl Rodbertus als Politiker in den Jahren 1848 und 1849. Diss. Greifswald 1911

MERAN, Josef: Theorien der Geschichtswissenschaft. Die Diskussion über die Wissenschaftlichkeit der Geschichte. Göttingen 1985 (=Kritische Studien zur Geschichtswissenschaft 66)

MEYER, Ahlrich: Frühsozialismus. Theorien der sozialen Bewegung 1789-1848. Freiburg/München 1977

MEYER, Rudolf: Der Kapitalismus fin de siècle. Wien/Leipzig 1894

MICHAELIS, Karl: Die Staatstheorie des Karl Karl Rodbertus und ihre Stellung in der Sozialphilosophie des 19. Jahrhunderts. Diss. Göttingen 1926

MICHELS, Robert: Rodbertus und sein Kreis. in: K. Rodbertus: Neue Briefe über Grundrente, Rentenprinzip und soziale Frage. Karlsruhe 1926, S.1-84

MICHELS, Robert: Die Verelendungstheorie. Studien und Untersuchungen zur internationalen Dogmengeschichte der Volkswirtschaft. Leipzig 1928 (=Philosophisch-soziologische Bücherei Bd.XXXVII)

MIESZANKOWSKI, Mieszyslaw: Teoria Renty Absolutnei. Warzawa 1964

MILLER, Susanne: Das Problem der Freiheit im Sozialismus. Freiheit, Staat und Revolution in der Programmatik der Sozialdemokratie von Lassalle bis zum Revisionismusstreit. Berlin/Bonn-Bad Godesberg 1977 (=Internationale Bibliothek Bd.78)

MOMBERT, Paul: Geschichte der Nationalökonomie. Jena 1927 (=Grundrisse zum Studium der Nationalökonomie, Bd.2)

MOTTEK, Hans: Wirtschaftsgeschichte Deutschlands. Ein Grundriß. Bd.2. Berlin 1973

MUCKLE, Friedrich: Die Geschichte der sozialistischen Ideen im 19. Jahrhundert. Leipzig/Berlin 1911

MÜLLER, Hans: Ursprung und Geschichte des Wortes Sozialismus und seine Verwandten. Hannover 1967

MÜLLER, Johann Baptist: Der deutsche Sozialkonservatismus. in: H.G.SCHUMANN (Hg.): Konservativismus. Köln 1974, S.199-221

MÜSSIGGANG, Albert: Die soziale Frage in der historischen Schule der deutschen Nationalökonomie. Tübingen 1968 (=Tübinger Wirtschaftswissenschaftliche Abhandlungen, Bd.2)

MUHS, Karl: Rodbertus, Karl. in: Pommern des 19. und 20. Jahrhunderts. Hrgg. von A.Hofmeister, E.Randt, M.Wehmann. Stettin 1934 (=Pommernsche Lebensbilder Bd.1) S.117-122

MUZIOL, Roman: Karl Rodbertus als Begründer der sozialrechtlichen Anschauungsweise. Jena 1927

NA'AMAN, Shlomo: Die theoretischen Grundlagen der Aktion Lassalles im Briefwechsel mit Rodbertus. INTERNATIONAL REVIEW OF SOCIAL HISTORY, VI, 1961, S.431-455

NA'AMAN, Shlomo: Lassalle. Hannover 21971

NACHT, Z. Oskar: Rodbertus Stellung zur sozialen Frage. Diss. Berlin 1908

NEDELSCHEFF, Iwan: Rodbertus Jagetzow's ökonomische Theorie. Zürich 1915 (Diss. Bern 1912)

NEUMANN, Karl: Die Lehren K.H.Rau's. Ein Beitrag zur Geschichte der Volkswirtschaftslehre im 19. Jahrhundert. Diss. Gießen 1927

NEUMANN, Walter: Die formale Struktur des Staatssozialismus bei Rodbertus und Wagner und das Problem der Gemeinschaft. Diss.1929 (im Lebenslauf 1919)

NEUMARK, Fritz: Zyklen in der Geschichte ökonomischer Ideen. in: Symposium in memoriam Edgar Salin. KYKLOS 28, 1975, S.16-42

NEUSÜSS, Arnhelm: Marxismus. Ein Grundriß der Großen Methode. München 1981

NIPPERDEY, Thomas: Deutsche Geschichte 1800-1866. Bürgerwelt und starker Staat. München 1983

NOACK, Richard: Die Revolutionsbewegung von 1848/49 in der Saargegend. *MITTEILUNGEN DES HISTORISCHEN VEREINS FÜR DIE SAARGEGEND* 18, Saarbrücken 1929, S.137-284

NOLTE, Ernst: Marxismus und Industrielle Revolution. Stuttgart 1983

NUTZINGER, Hans G./WOLFSTETTER, Elmar (Hg.): Die Marxsche Theorie und ihre Kritik der Politischen Ökonomie. Frankfurt/New York 1974

OBERT, Barbara: Nationalökonomie und Politik bei Bruno Hildebrand. Marburg 1979 (MS)

OBERMANN, Karl: Deutschland von 1815 bis 1849 (Von der Gründung des Deutschen Bundes bis zur bürgerlich-demokratischen Revolution). Berlin 1967 (=Lehrbuch der deutsche Geschichte, Beiträge, Bd.6)

OBERMANN, Karl: Zur Klassenstruktur und zur sozialen Lage der Bevölkerung in Preußen 1846-1849. *JAHRBUCH FÜR WIRTSCHAFTSGESCHICHTE* II, 1973, S.79-120

OFFERMANN, Toni: Arbeiterbewegung und liberales Bürgertum in Deutschland 1850-1863. Bonn-Bad Godesberg 1979

ONCKEN, Hermann: Lassalle. Eine politische Biographie. Stuttgart/Berlin ³1920

OPPENHEIMER, Franz: Rodbertus' Angriff auf Ricardos Renten-Theorie und der Lexis-Diehl'sche Rettungsversuch. Diss. Kiel 1908

OPPENHEIMER, Franz: Kapitalismus - Kommunismus - Wissenschaftlicher Sozialismus. Berlin/Leipzig 1919

ORTLIEB, Heinz-Dietrich/LÖSCH, Dieter: Sozialismus II: Sozialismus als Leitbild der Wirtschaftsordnung. in Handwörterbuch der Wirtschaftswissenschaften Bd.7, 1977, S.28-41

OTT, Alfred E.: Bemerkungen zu der Landaufteilung in Platos "Gesetzen". *JAHRBÜCHER FÜR NATIONALÖKONOMIE UND STATISTIK* Bd.168, 1956/57, S.416-425

OTT, Alfred E./WINKEL, Harald: Geschichte der theoretischen Volkswirtschaftslehre. Göttingen 1984 (=Grundriß der Sozialwissenschaft. Bd.31)

PANKOKE, Eckart: Sociale Bewegung - Sociale Frage - Sociale Politik. Grundfragen der deutschen "Socialwissenschaft" im 19. Jahrhundert. Stuttgart 1970 (=Industrielle Welt. Schriftenreihe des Arbeitskreises für moderne Sozialgeschichte Bd.12)

PAULSEN, Ingwer: Viktor Aimée Huber als Sozialpolitiker. Berlin 1956 (=Friedewalder Beiträge zur sozialen Frage Bd.7)

PERNERSTORFER, Engelbert: Drei deutsche Meister. *DEUTSCHE WORTE* 4.Jg., 1884, S.289-298

PETERMANN, Thomas: Claude-Henri de Saint-Simon: Die Gesellschaft als Werkstatt. Berlin 1979 (=Beiträge zur Politischen Wissenschaft Bd.34)

PETERS, Hans-Rudolf: Politische Ökonomie des Marxismus. Anspruch und Wirklichkeit. Göttingen 1980

PHAN-HUY-KLEIN, Hilde: Die Theorien von Rodbertus und Marx. Ein Vergleich. Diss. Zürich 1976

PLECHANOV, G.W.: Selected Philosophical Works. 5 vol. Moscow 1976ff.

PLESSEN, Marie-Louise: Die Wirksamkeit des Vereins für Socialpolitik von 1872-1890. Studien zum Katheder- und Staatssozialismus. Berlin 1975 (=Beiträge zur Geschichte der Sozialwissenschaften H.3)

QUARCK, Max: Das "Problem" des Nachlasses von Rodbertus. *MONATSSCHRIFT FÜR CHRISTLICHE SOCIALREFORM* 1884, S.369-380

(QUARCK, Max): Zwei verschollene Staatswirtschaftliche Abhandlungen von Rodbertus. Neu herausgegeben und eingeleitet von M.Quarck. Wien 1885

QUARCK, Max: Die erste deutsche Arbeiterbewegung. Geschichte der Arbeiterverbrüderung 1848/49. Ein Beitrag zur Theorie und Praxis des Marxismus. Leipzig 1924

RAMM, Thilo: Ferdinand Lassalle als Rechts- und Staatsphilosoph. Meisen-
heim/Wien 1953 (=Schriften zur Geschichte und Theoretiker des
Sozialismus, Bd.1)

RAMM, Thilo: Die großen Sozialisten als Rechts- und Sozialphilosophen. 1.
Band: Die Vorläufer. Die Theoretiker des Endstadiums. Stuttgart 1955

RAUSCHER, Anton: Die soziale Rechtsidee und die Überwindung des wirt-
schaftsliberalen Denkens. Hermann Roesler und sein Beitrag zum
Verständnis von Wirtschaft und Gesellschaft. München/Paderborn/Wien
1969 (Abhandlungen zur Sozialethik Band 2)

REAL, Willy: Der Deutsche Reformverein. Großdeutsche Stimmen und Kräfte
zwischen Villafranca und Königsgrätz. Lübeck/Hamburg 1966
(=Historische Studien Heft 395)

REPGEN, Konrad: Märzbewegung und Maiwahlen des Revolutionsjahres 1848
im Rheinland. Bonn 1955 (=Bonner Historische Forschungen Bd.4)

REULECKE, Jürgen: Englische Sozialpolitik um die Mitte des 19. Jahrhunderts im Urteil deutscher Sozialreformer. in: W.J.Mommsen (Hg.): Die
Entstehung des Wohlfahrtsstaates in Großbritannien und Deutschland
1850-1950. Stuttgart 1982 (=Veröffentlichungen des Deutschen Historischen Instituts London, Bd.11) S.40-56

REULECKE, Jürgen: Sozialer Friede durch soziale Reform. Der Centralverein
für das Wohl der arbeitenden Klassen. Wuppertal 1984

REULECKE, Jürgen: Die Anfänge der organisierten Sozialreform in Deutsch-
land. in: R.v.BRUCH (Hg.): Weder Kommunismus noch Kapitalismus.
Bürgerliche Sozialreform in Deutschland vom Vormärz bis zur Ära
Adenauer. München 1985, S.21-59

RINGLEB, Waldemar: Das Verhältnis von Rodbertus zu Fichte. Diss. Frankfurt
1931

RODBERTUS, Otto: Zur Herkunft des Nationalökonomen Karl Rodbertus. Zur
100. Wiederkehr seines Todestages. *BALTISCHE STUDIEN* N.F. Bd.61,
(Bd.107), 1975, S.62-74

RODBERTUS, Otto: Das Handelshaus Rodbertus in Barth in familiengeschichtlicher Sicht. *GENEALOGIE* Jg.28, Bd.14, H.3, 1979, S.465-481; H.4,
S.507-524

ROSCHER, Wilhelm: Geschichte der National-Oekonomik in Deutschland.
München 1874

ROSOWSKY, L.: Rodbertus als Theoretiker der Grundrente. Eine kritische
Studie. *AGRAR-PROBLEME* Bd.3, H.1/2, 1930, S.1-33

RUDOLPH, Günther: Ökonomie und utopisch-sozialistische Aspekte im Werk
von Karl Rodbertus-Jagetzow (1805-1875). in: Sitzungsberichte der
Akademie der Wissenschaften der DDR, 20, 1973, Beiträge zur Marx-En-
gels-Forschung. Dem Wirken Auguste Cornus gewidmet. Berlin 1975,
S.92-130

RUDOLPH, Günther: Der Sozialismus in der Interpretation von Karl Rodber-
tus. in: Bürgerliche und kleinbürgerliche ökonomische
Sozialismuskonzeptionen. Hrgg. in deutscher Sprache von Werner
Krause. Berlin 1976, S.93-106

RUDOLPH, Günther: Von Desiderius Erasmus zu Rodbertus-Jagetzow.
Untersuchungen zum vormarxistischen ökonomischen Denken unter be-
sonderer Berücksichtigung der Eigentumskonzeption. Ein Beitrag zur
Geschichte und Kritik sozialökonomischer Ideologien in Deutschland.
Diss. Berlin/DDR 1977 (MS)

RUDOLPH, Günther: Karl Rodbertus (1805-1875) und die Grundrententheorie.
Politische Ökonomie aus dem Vormärz. Berlin 1984

RUDOLPH, Günther: Thünen und das Problem der Grundrente. *WISSEN-
SCHAFTLICHE ZEITSCHRIFT DER WILHELM-PIECK-UNIVERSITÄT
ROSTOCK* Naturwissenschaftliche Reihe, 33.Jg. 1984, H.1/2, S.56-59

RUHKOPF, Karl: Rodbertus' Theorie von den Handelskrisen. Darstellung und Kritik. Eine Studie. Diss. Leipzig 1892

SAERBECK, Werner: Die Presse der deutschen Sozialdemokratie unter dem Sozialistengesetz. Pfaffenweiler 1986 (Reihe Geschichtswissenschaft Bd.5)

SAILE, Wolfgang: Hermann Wagener und sein Verhältnis zu Bismarck. Ein Beitrag zur Geschichte des konservativen Sozialismus. Tübingen 1958 (=Tübinger Studien zur Geschichte und Politik Nr.9)

SALIN, Edgar: Geschichte der Volkswirtschaftslehre. Bern/Tübingen ⁴1951

SANDKÜHLER, Hans Jörg (Hg.): Natur und geschichtlicher Prozeß. Frankfurt 1984

SCHAAF, Fritz: Der Kampf der deutschen Arbeiterbewegung um die Landarbeiter und werktätigen Bauern 1848-1890. Berlin 1962 (=Deutsche Akademie der Wissenschaften zu Berlin. Schriften des Instituts für Geschichte Band 16)

SCHÄFFLE, Albert Eberhard Friedrich: Die Quintessenz des Sozialismus. Gotha ⁵1878

SCHÄFER, Ulla G.: Historische Nationalökonomie und Sozialstatistik als Gesellschaftswissenschaften. Forschungen zur Vorgeschichte der empirischen Sozialforschung in Deutschland in der zweiten Hälfte des 19. Jahrhunderts. Köln 1971 (= Neue Wirtschaftsgeschichte Bd.2)

SCHÄUBLE, Gerhard: Theorien, Definitionen und Beurteilungen der Armut. Berlin 1984 (=Sozialpolitische Schriften H.52)

SCHEEL, Wolfgang: Das "Berliner Politische Wochenblatt" und die politische und soziale Revolution in Frankreich und England. Ein Beitrag zur konservativen Zeitkritik in Deutschland. Göttingen/Berlin/Frankfurt 1964 (=Göttinger Bausteine zur Geschichtswissenschaft Bd.36)

SCHIEDER, Theodor: Vom Deutschen Bund zum Deutschen Reich 1815-1871. München 1975 (=Gebhardt Handbuch der deutschen Geschichte Bd.15)

SCHIEDER, Wolfgang: Das Scheitern des bürgerlichen Radikalismus und die sozialistische Parteibildung in Deutschland. in: H.Mommsen (Hg.): Sozialdemokratie zwischen Klassenbewegung und Volkspartei. Frankfurt 1974, S.17-34

SCHIEDER, Wolfgang: Sozialismus. in: Geschichtliche Grundbegriffe. Bd.5. Stuttgart 1982, 923-996

SCHIERBAUM, Hansjürgen: Die politischen Wahlen in den Eifel- und Moselkreisen des Regierungsbezirks. Trier 1849-1867. Düsseldorf 1960 (=Beiträge zur Geschichte des Parlamentarismus und der politischen Parteien, Bd.19)

SCHIPPEL, Max: Staatliche Lohnregulirung und Sozialreformatorische Bestrebungen der Gegenwart. in: E.H.Lehnsmann (Hg.): Soziale Zeitfragen. Ein Sammlung von gemeinverständlichen Aufsätzen. H.10. Minden 1885

SCHLEIFSTEIN, Josef: Ein Einführung in die Lehren von Marx, Engels und Lenin. München 1972

SCHLETTWEIN, Carl: Johann August Schlettwein 1731-1802. Verzeichnis seiner Schriften. Basel 1981

SCHMIDT, Hans: Staatssozialistische Bestrebungen im Verein für Socialpolitik. Diss. Köln 1941

SCHMIDT, Siegfried/CZICHY, Eldrid: Zentralverein für das Wohl der arbeitenden Klassen (ZWAK) 1844 bis zum ersten Weltkrieg. in: D. Fricke (Hg.) Die bürgerlichen Parteien in Deutschland 1830-1945. Bd.2, Berlin 1968, S.872-876

SCHMITZ, Fr.: Rodbertus' Lehre vom Wert und Mehrwert in Beziehung zu verwandten Theorien. Diss. Heidelberg 1889

Die Entwicklung der deutschen Volkswirtschaftslehre im neunzehnten Jahrhundert. Gustav SCHMOLLER zur siebenzigsten Wiederkehr seines Geburtstages. Leipzig 1908

SCHNEIDER, Heinz Richard: Bürgerliche Vereinsbestrebungen für das «Wohl der arbeitenden Klassen» in der preußischen Rheinprovinz im 19. Jahrhundert. Diss. Bonn 1967

SCHÖNBACH, Armin: Zur älteren historischen Schule der politischen Ökonomie und ihrer Methode. ZEITSCHRIFT FÜR GESCHICHTSWISSENSCHAFT 18.Jg., H.8, 1970, S.1053-1060

SCHÖNBER, Gustav von (Hg.): Handbuch der Politischen Ökonomie. Volkswirtschaftslehre. 1. Bd. Tübingen [4]1896

SCHRAMM, Carl August: K.Kautsky und Rodbertus. DIE NEUE ZEIT 2.Jg. 1884, S.481-493

SCHRAMM, Carl August: Antwort an Herrn K.Kautsky. DIE NEUE ZEIT 3.Jg. 1885, S.218-224

SCHRAMM, Carl August: Rodbertus, Marx, Lassalle. Socialwissenschaftliche Studie. München (1886)

SCHULTZ, Wilhelm: Die Arbeit als Quelle und Maass des Werthes. Die Werttheorien von Adam Smith, David Ricardo und Rodbertus-Jagetzow. Diss. Leipzig 1882

SCHUMPETER, Joseph Aloys: Epochen der Dogmen- und Methodengeschichte. in: Grundriss der Sozialökonomik. I. Abteilung: Wirtschaft und Wirtschaftswissenschaft. Bearbeitet von K.Bücher, J.Schumpeter, Fr. Freiherr von Wieser. Tübingen 1914, S.19-124

SCHUMPETER, Joseph Aloys: Geschichte der ökonomischen Analyse. Nach dem Manuskript herausgegeben von Elizabeth B.Schumpeter. Göttingen 1965 (=Grundriß der Sozialwissenschaft Bd.6)

SCHWAN, Alexander: Deutscher Liberalismus und nationale Frage im 19. Jahrhundert. in: M.FUNKE/H.-A.JACOBSEN/H.-H.KÜTTNER/H.-P.SCHWARZ (Hg.): Demokratie und Diktatur. Geist und Gestalt politische Herrschaft in Deutschland und Europa. Bonn 1987, S.46-59 (=Schriftenreihe der Bundeszentrale für politische Bildung Bd.250)

SIEFERLE, Rolf Peter: Die Revolution in der Theorie von Karl Marx. Frankfurt/Berlin/Wien 1979

SILBERNER, Edmund: Johann Jacoby. Politiker und Mensch. Bonn-Bad Godesberg 1976

SPANN, Othmar: Die Haupttheorien der Volkswirtschaftslehre. Leipzig 1923 (=Wissenschaft und Bildung. Einzeldarstellungen aus allen Gebieten des Wissens, 193/194)

SPECHT, Arnold Hermann: Das Leben und die volkswirtschaftlichen Theorien Johann August Schlettweins. Diss. Gießen o.J.

SPITZ, Philipp: Das Problem der allgemeinen Grundrente bei Ricardo, Rodbertus und Marx. JAHRBÜCHER FÜR NATIONALÖKONOMIE UND STATISTIK 106. Bd., III. F., 51. Bd., 1916, S.492-524; S.593-629

SPRENG, Karl: Studien zur Entstehung sozialpolitischer Ideen in Deutschland auf Grund der Schriften Franz von Baader's und Franz Josef von Buß. Diss. Gießen 1932

STADELMANN, Rudolf: Soziale und politische Geschichte der Revolution von 1848. München 1948

STAVENHAGEN, Gerhard: Geschichte der Wirtschaftstheorie. Göttingen [4]1969

(STEIN, Lorenz): Socialismus in Deutschland. DIE GEGENWART 1852, S.521-528

STEINBERG, Hans-Josef: Sozialismus und deutsche Sozialdemokratie. Zur Ideologie der Partei vor dem I. Weltkrieg. Berlin/Bonn [5]1979

STIEBEL, Nora: Der «Zentralverein für das Wohl der arbeitenden Klassen» im vormärzlichen Preußen. Ein Beitrag zur Geschichte der sozialreformerischen Bewegung. Diss. Heidelberg 1922 (MS)

STIRNER, Hartmut: Die Agitation und Rhetorik Ferdinand Lassalles. Marburg 1979 (=Schriftenreihe für Sozialgeschichte und Arbeiterbewegung Bd.16)

STOLLBERG, Gunnar: Zur Geschichte des Begriffs «Politische Ökonomie». *JAHRBÜCHER FÜR NATIONALÖKONOMIE UND STATISTIK* Bd.192, 1977, S.1-35

STOLLBERG, Gunnar: Marx, Engels und der Historische Materialismus. *GESCHICHTE IN WISSENSCHAFT UND UNTERRICHT* 9, 1978, S.541-565

STORCH, Ludwig: Karl Rodbertus und Adolph Wagner als Staatssozialisten. Diss. Gießen 1930

STUKE, Horst: Philosophie der Tat. Studien zur «Verwirklichung der Philosophie» bei den Junghegelianern und den Wahren Sozialisten. Stuttgart 1963 (=Industrielle Welt Bd.3)

STUKE, Horst: Sozialismus I: Geschichte. Handwörterbuch der Wirtschaftswissenschaften, Bd.7, 1977, S.1-28

SULTAN, Herbert: Rodbertus und der agrarische Sozialkonservativismus. *ZEITSCHRIFT FÜR DIE GESAMTE STAATSWISSENSCHAFT* Bd.82, 1927, S.71-113

TENNSTEDT, Florian: Vom Proleten zum Industriearbeiter. Arbeiterbewegung und Sozialpolitik in Deutschland 1800 bis 1914. Köln 1983 (=Schriftenreihe der Otto Brenner Stiftung 32)

TEUTLOFF, Wilhelm: Die Methoden bei Rodbertus unter besonderer Berücksichtigung der Fiktionen. Diss. Halle-Wittenberg 1926

THIER, Erich: Rodbertus. Lassalle. Adolph Wagner. Ein Beitrag zur Theorie und Geschichte des deutschen Staatssozialismus. Diss. Leipzig 1930

UEXKÜLL, Gösta von: Ferdinand Lassalle in Selbstzeugnissen und Bilddokumenten. Reinbek 1974

VALENTIN, Veit: Geschichte der deutschen Revolution von 1848-49. 2 Bde. Berlin 1931

VOLKMANN, Heinrich: Die Arbeiterfrage im preußischen Abgeordnetenhaus 1848-1869. Berlin 1968 (=Schriften zur Wirtschafts- und Sozialgeschichte, Bd.13)

VOPELIUS, Marie-Elisabeth: Die altliberalen Ökonomen und die Reformzeit. Stuttgart 1968 (=Sozialwissenschaftliche Studien H.11)

WAGENER, F.W.H.: Die Mängel der Christlich-Sozialen Bewegung. in: E.H.Lehnsmann (Hg.): Soziale Zeitfragen. Eine Sammlung von gemeinverständlichen Aufsätzen. H.1. Minden 1885

WAGENFÜHR, Horst: Carl Rodbertus-Jagetzow. *HOCHSCHULE UND AUSLAND* 14.Jg., H.1, 1936, S.26-34

WAGNER, Adolph: Grundlegung der politischen Ökonomie. Leipzig ³1892

WAGNER, Adolph: Staat (in nationalökonomischer Hinsicht) in:Handwörterbuch der Staatswissenschaften. Bd.7, Jena ³1911, S.727-739

WALTHER, Rudolf: Marxismus. in Geschichtliche Grundbegriffe. Bd.3. Stuttgart 1982, S.937-976

WANSTRAT, Renate: Johann Karl Rodbertus. Zur 75. Wiederkehr seines Todestages. *SCHMOLLERS JAHRBUCH FÜR GESETZGEBUNG, VERWALTUNG UND VOLKSWIRTSCHAFT* H.4, Jg.70, 1950, S.385-408

WARNINGHOFF, Albert: Die Bestrebungen um die Neugestaltung des landwirtschaftlichen Kredits seit Rodbertus. Diss. Hamburg 1938

WEBER, Max: Die römische Agrargeschichte in ihrer Bedeutung für das Staats- und Privatrecht. Amsterdam 1966 (=Reprint der Ausgabe Stuttgart 1891)

WEHLER, Hans-Ulrich: Deutsche Gesellschaftsgeschichte 1815-1848/49. München 1987

WENDE, Peter: Radikalismus im Vormärz. Untersuchungen zur politischen Theorie der frühen deutschen Demokratie. Wiesbaden 1975 (=Frankfurter Historische Abhandlungen Bd.11)

WENDT, Siegfried: Rodbertus, Karl in: HdSW Bd.9, 1956, S.21-25

WINKEL, Harald: Die deutsche Nationalökonomie im 19. Jahrhundert. Darmstadt 1977 (Erträge der Forschung Bd.74)

WINKEL, Harald: Die Volkswirtschaftslehre der neueren Zeit. Darmstadt 1978 (Erträge der Forschung Bd.18)

WINKEL, Harald: Adam Smith und die deutsche Nationalökonomie 1776-1820. Zur Rezeption der englischen Klassik. in: Harald SCHERF (Hg.): Studien zur Entwicklung der ökonomischen Theorie V. Berlin 1986, S.82-109 (=Schriften des Vereins für Socialpolitik. Gesellschaft für Wirtschafts- und Sozialwissenschaften. N.F. Bd.115/V)

WIRTH, Moritz: Eine Mittheilung über Textbeschäffenheit und Bezugsquellen einiger Schriften von Rodbertus. ZEITSCHRIFT FÜR DIE GESAMTE STAATSWISSENSCHAFT 37.Jg., 1881, S.587-589

WIRTH, Moritz: Bismarck, Wagner, Rodbertus, drei deutsche Meister. Betrachtungen über ihr Wirken und die Zukunft ihrer Werke. Mit einem Beitrage: Das moderne Elend und die moderne Überbevölkerung. Ein Wort gegen Kolonien. Leipzig 1883

WIRTH, Moritz: Rodbertus. ADB 28, 1889, S.740-763

WISKEMANN, Erwin/LÜTKE, Heinz (Hg.) Der Weg der deutschen Volkswirtschaftslehre. Ihre Schöpfer und Gestalten im 19. Jahrhundert. Berlin 1937

WITT, Cornelius: Platon und Rodbertus. Diss. Kiel 1921

WYGODSKI, Witali Solomonowitsch: Die Geschichte einer grossen Entdeckung. Über die Entstehung des Werkes «Das Kapital» von Karl Marx. Berlin 1970

ZADDACH, Carl: Lothar Bucher bis zum Ende seines Londoner Exils (1817-1861) Heidelberg 1915 (=Heidelberger Abhandlung H.47)

ZINN, Karl Georg: Arbeitswerttheorie. Zum heutigen Verständnis der positiven Wirtschaftstheorie von Marx. Herne/Berlin 1972

ZELLER, J.: Zur Erkenntniß unserer staatswirthschaftlichen Zustände. Berlin [2]1885

ZEISE, Roland: Der Kongreß deutscher Volkswirte und seine Rolle beim Abschluß der bürgerlichen Umwälzung (1858-1871). ZEITSCHRIFT FÜR GESCHICHTSWISSENSCHAFT 21, 1980, S.147-167

ZIMMERMANN, Clemens: Reformen in der bäuerlichen Gesellschaft. Ostfildern 1983

ZWAHR, Hartmut: Zur Konstituierung des Proletariats als Klasse. Strukturuntersuchung über das Leipziger Proletariat während der industriellen Revolution. München 1981